Wolfgang Faust (Hrsg.)

Mit Kopf und Körper

Merleau-Pontys Leibphänomenologie für die Soziale Arbeit

 Fachhochschulverlag
DER VERLAG FÜR ANGEWANDTE WISSENSCHAFTEN

Wolfgang Faust (Hrsg.)
Mit Kopf und Körper
Merleau-Pontys Leibphänomenologie für die Soziale Arbeit

ISBN 978-3-947273-53-9

DTP: Sarah Kalck
Druck und Bindung: docupoint GmbH, 39179 Barleben

Preis: 20,– €
(zuzüglich Portokosten)

Bestellungen:
Fachhochschulverlag.
DER VERLAG FÜR ANGEWANDTE WISSENSCHAFTEN E.K.

Kleiststr. 10, Gebäude 1
60318 Frankfurt am Main

Telefon (069) 1533 2820
Telefax (069) 1533 2840
bestellung@fhverlag.de
http://www.fhverlag.de

Bibliografische Information der Deutschen Nationalbibliothek:
Die Deutsche Nationalbibliothek verzeichnet diese Publikation
in der Deutschen Nationalbibliografie; detaillierte bibliografische
Daten sind im Internet über http://dnb.dnb.de abrufbar.

INHALT

Einordnung der Beiträge

Wolfgang Faust

Die Bücher, die zum Thema Sozialarbeit und Handlungspraxis auf dem Markt sind, dürften inzwischen kaum mehr gezählt werden können. Allein die Methoden der Sozialen Arbeit machen eine gewaltige Bibliothek für sich aus. Und praxisorientierte Handlungsempfehlungen sind seit der Modularisierung des Studiums Sozialer Arbeit in Mode gekommen. Noch mehr Holz wird verbraucht werden, um noch mehr Bücher zum Thema zu publizieren. Die Frage ist freilich, ob dadurch wenigstens ein Erkenntnisgewinn für die Soziale Arbeit bleibt, von der theoretischen Fundierung der Sozialen Arbeit ganz zu schweigen. Die Bilanz des bisherigen Bachelorstudiums Soziale Arbeit sieht eher so aus, dass deren Akteure zwar das Defizit theoretischer Gehalte konstatieren, jedoch gleichzeitig die eigene Tätigkeit als befriedigend beurteilen. Einerseits wird inzwischen thematisiert, wieso das Studium auf dem Gebiet der Sozialen Arbeit auf interdisziplinärem und offenem Denken beruht, andererseits bleibt der sozialphilosophische Bereich aus der Diskussion bisher weitgehend ausgeblendet. Was das Studium der Sozialen Arbeit betrifft, handelt es sich beim Theorie-Praxis-Verhältnis in der Tat um ein strukturelles Problem der curricularen Modularisierung. Natürlich hat an starren Begriffen wie: *die* Theorie und *die* Praxis, die weder der wissenschaftlichen noch der sozialarbeiterischen Situation entsprechen, keine Studierende und kein Studierender Interesse – mehr dagegen an sozialphilosophischen Theoriegebäuden, die Denk- und Handlungshilfen geben. Denn sozialphilosophisches, genauer: leibphänomenologisches Analysieren von Mensch und Welt will mögliche andere Praxis antizipieren. Genau diesen Weg will das vorliegende Buch aufzeigen. Das Credo ist eindeutig: Die Absage an den Praxisbezug von Sozial- und Leibphilosophie und die Verklärung von Praxis, die angeblich ohne Theorie auskäme, ist ein Irrweg. Mit anderen Worten: Für mich als Hochschullehrer ist das ein Dorn im Auge. Wenn ich nun sage, dass das Studium der Sozialen Arbeit wesentlich durch das Strukturmerkmal der Menschenrechtsprofession bestimmt ist, muss ich dann nicht viel stärker nachsetzen, nämlich: Ist die Frage eines gelingenden Berufsbildes nicht vor allem eine der Gerechtigkeit, mithin der Ethik, letztendlich der Sozialphilosophie? An dieser Stelle liegen meine Schwierigkeiten: Die Tatsache, dass die Soziale Arbeit gebunden ist an das Postulat der Gerechtigkeit, ergänzt die Feststellung (und die Antwort), dass die sozialarbeiterischen Akteure als sozial Handelnde fortlaufend nach gesellschaftlich relevanten und praktischen Kalkülen operieren, in denen die von ihnen (mehr oder weniger) genutzten sozialphilosophischen Denkgebäude kaum vorkommen.

In Anspielung auf die philosophische Rede von der *Seins-*, wir können auch sagen: *Selbstvergessenheit,* spreche ich hier allgemein von *Philosophievergessenheit Sozialer Arbeit.* Die sozialarbeiterische Beschäftigung mit den Zusammenhängen von Philosophie und Professionalität steht noch ganz am Anfang. Zwar liegen aus den vergangenen Jahren einzelne Schriften in Richtung: *Theorien für die Soziale Arbeit* vor, für diese stehen jedoch die üblichen soziologischen Klassiker außer Frage (Habermas und Beck, Bourdieu und Schütz und Berger/Luckmann, und immer wieder Thiersch) und ist die Überprüfung sozialphilosophischer Fundamente kein Gegenstand. Zudem werden leibphänomenologische Brückenschläge in die Sozialarbeit eher ausgeblendet, bestenfalls gestreift. Der den genannten Autoren (bei allen Differenzen) gemeinsam unterlegte Grundansatz wird zumeist in der Vorstellung des von Kopf und Körper abgelösten, ja gleichsam emanzipierten, eigengesetzlichen Theoretischen und Wissenschaftlichen gewürdigt. Die leibphänomenologischen Quertreiber (v. a. Maurice Merleau-Ponty, von Helmuth Plessner ganz zu schweigen) brauchte man seit Descartes Vereinnahmung für die *denktheoretische* Überwindung der Ganzheitlichkeit nicht weiter ernst zu nehmen. In ihrer partikularen Ausarbeitung entwickelte die wissenschaftlich reine Soziologie und ebensolche Philosophie eine eigenständige Handlungs- und Existenztheorie, deren Basis die Cartesianische Konzeption des körperlosen Menschen und seiner Kopf-Vernunft-Bilanzen darstellte. Ihre zeitgenössischen Protagonisten führen immer noch vor, wie weitgehend es modelltheoretisch möglich ist zu zeigen, wie dieser leib- und reglose Mensch zunehmend alle Lebensbereiche unter die Logik seiner Kopfgeburten zu zwingen vermag. Nur der Körper fehlt noch zur Komplettierung der Theorie und der Philosophie. Wo ist der eigentlich? Keinerlei Körper? Keine gedankliche theoretische, wissenschaftliche Durchdringung mit leibphilosophischen Fragen? Bestenfalls die des kopflastigen Raisonierens eines auf dem Wege zur Menschwerdung begriffenen Affen? Tatsächlich aber ist durchaus das Gegenteil der Fall: In der philosophischen Tradition dessen, was man Leibphänomenologie nennt, findet sich reichhaltiges Denken über die Körperlichkeit menschlichen Handelns. Allerdings mit einem von vornherein zentralen Unterschied zum heutigen theoretischen Selbstverständnis: Menschsein kann nicht als trennbare, vom Kopf und Körper separierbare Sphäre begriffen werden. Für mich liegt hierbei der Ausgangspunkt bei Merleau-Ponty, bei dem man auf einen *kopf- und körpergemäßen* Menschen gestoßen wird. Insofern spreche ich hier von einer ganzheitlichen Philosophie und *Re*-Körperlichkeit der so verstandenen Sozialphilosophie, eben der Leibphänomenologie. Was uns im vorigen Jahrhundert wieder in den französischen und deutschen philosophischen Debatten von Existenz oder auch des Daseins begegnet, erhascht wieder einen Zipfel von dem Selbstverständnis der Aristotelischen Philosophie, die einzig im Zusammenhang mit Kopf und Körper, Ethik und Egalität thematisierungsfähig und -würdig erschien. Dieses trotz gelegentlicher Gegenbewegungen bis in die Gegenwart hinein als überholt titulierte ganzheitliche Denken steht wieder zur Neubesinnung an. Und zwar offenbar gerade in dem Maße, wie die neuzeitliche Cartesianische Dichotomie von Bewusstsein versus Leib, Kopf versus Körper nicht nur in der Philosophie, sondern in der Wissenschaft selbst zum Problem avancierte. Aber mehr noch: Das Cartesianische Paradigma, nicht nur den Körper, sondern überhaupt Natur und Kreatur als Maschine oder Apparat zu verstehen, bestimmt wesentlich den Denk- und Handlungshorizont der gegenwärtigen Gesellschaften in Europa und Amerika.[1] Doch wie viel von diesem Erbe lässt sich auch in der Sozialen Arbeit finden?

Bezöge man vor einem somit angedeuteten geistesgeschichtlichen Hintergrund ebenfalls die Soziale Arbeit in die Betrachtung mit ein, so erwiese

---

1 Ein interessantes Ingrediens für diese Maschinen- und Apparathaftigkeit unserer heutigen westlichen Welt ist das Spiegel-Interview mit den Schauspielerinnen Birgit Minichmayr und Verena Altenberger, über die Rolle der Buhlschaft bei den Salzburger Festspielen. Nicht nur weil die Spiegel-Redakteure fragen, wie die Kritikerinnen und Kritiker „über die Körper von Schauspielerinnen und Schauspielern schreiben (sollten)", und „der Körper (...) ein wesentliches Instrument (der) Darstellungskunst (ist)", sondern auch weil sich selbst bei den beiden Schauspielerinnen (*selbst*, weil diese ja *eigentlich* intellektuelle Interpretation und körperliche Artikulation im künstlerischen Ausdruck vereinen sollten) Sprecharten eingebürgert haben, in denen ein durchaus routinierter Cartesianismus sichtbar wird: Denn „die Leute (sollen) über die Funktionalität des Körpers schreiben", so Frau Altenberger, und Frau Minichmayr fügt hinzu: „Klar ist der Körper ein Ausdrucksmittel" (DER SPIEGEL Nr. 33/14.8.21, S. 111). Die denkbar kürzeste und bündigste Formel für diesen robusten Cartesianismus ist instrumentelles („Instrument") und funktionales („Funktionalität") Denken und Handeln. Man könnte sagen, der Körper sei das Andere („die und der Körper") und bleibe das Fremde („des Körpers"). Sozusagen ein sich selbst genügendes *Bewusstseinbewusstsein*, weil es ein Minimum an Ganz- und Einheitlichkeit nicht mitbenenne. Mit anderen Worten: Das Bewusstsein ohne den Leib in einem Bewusstsein isoliert. Günter (Stern) Anders Absicht ist es nicht zuletzt, mit dem phänomenologischen Traktat: „Wir Eichmannsöhne" (1964) die Spielarten dieser konsequenten (und das heißt: Cartesianischen) Technisierung der menschlichen Existenz zu entlarven. Auf diese Argumentationslogik: *Kinder der Descartes- oder Eichmannwelt* greifen wir im Rahmen des Abschnitts: „Der neue Partikularismus: Philosophie im Detail" (und einige Fußnoten weiter unten) zurück (vgl. meinen Beitrag: „Erkennen und Handeln").

sich die Denkgeschichte der Philosophie als Wissenschaft womöglich auch als eine zunehmende Ablösungsgeschichte: sowohl vom Kopf-Körper-Bezug als auch von einer damit verbundenen Vorstellung von theoretischer und wissenschaftlicher Sozialarbeit. So angegangen könnte *Philosophievergessenheit Sozialer Arbeit* mehr heißen als die bloße Feststellung der Tatsache, dass der Körper in den herrschenden sozialwissenschaftlichen und sozialphilosophischen Theorien keinen Rang innehat, nicht vorkommt und in diesem Sinne vergessen ist. Es könnte auch meinen, dass die modernen Theorien ganzheitliche Reflexionen innerhalb eines auch sozialarbeiterischen umgreifenden Rahmens vergessen und verloren haben. Dass also ein anderes Denken und Handeln vorliegen könnte und müsste. So erhebt sich die Frage: Ob die Einheit von Kopf und Körper womöglich auch eine zutreffendere Theorie und Praxis der Sozialen Arbeit fundieren würde? Das ist eine Frage, die von der sozialarbeiterischen Profession noch kaum aufgenommen worden ist. Vielmehr bezeichnet sie ein anderes Theorie- und Praxisverständnis, welches quer zur üblichen Lesart der Wissenschaftlichkeit zuallererst die Cartesianische Dichotomie aufzugeben hätte, um nicht nur die Körperlichkeit anzuerkennen, sondern darin Gedanken enthalten zu sehen, an die ganzheitlichkeitsorientiert anzuknüpfen fruchtbar wäre. Freilich wird diese Einheit von Kopf und Körper eher ausgeblendet, auch in der Sozialarbeit.

Das Seminar „Wenn die *Alten* erzählen: Sprachproduktion und Ausdrucksform im kulturellen *Feld*", das ich vom Sommersemester 2019 bis zum Sommersemester 2020 am Fachbereich 4 Soziale Arbeit und Gesundheit der Frankfurt University of Applied Sciences (FRA-UAS) durchführte, war bemüht, diese Tabus nicht zu reproduzieren, um damit zu ersten Ansätzen eines leibphänomenlogischen Rahmens für die Sozialarbeit zu kommen. Das Schwergewicht auf das Merleau-Pontysche *Zur-Welt-sein* zu legen, war uns dabei wesentlich, gerade weil dieses als menschlicher Existenzcharakter in der bisherigen sozialarbeiterischen Theorie und Praxis zu kurz gekommen ist. Damit verwoben wird man just bei Merleau-Ponty darauf gestoßen, dass er der Einheit von Leib und Bewusstsein, Kopf und Körper das Wort redet. Der methodologischen Aufgabe, gegen den Strom des üblichen und dominanten Cartesianismus, das Vergessene und Verdrängte zu heben, wird hier versucht, in der Weise gerecht zu werden, indem der Verleiblichung des Denkens zugesprochen wird, die jeder Theorie und Praxis vorausgeht.

Das vorliegende Buch ist die Veröffentlichung der unter vorgenannten Gesichtspunkten geschriebenen und überarbeiteten Bachelorarbeiten an der FRA-UAS, die vor dem Hintergrund des Seminars entstanden sind. Ich füge hinzu: Dem Buch gehören zwei Beiträge des Herausgebers und drei Beiträge der Bachelorautorinnen an. An dieser Stelle sei meiner Frau Gaby herzlich gedankt, die nicht durch einen Beitrag in diesem Band vertreten ist.

Ohne sie hätte sich so mancher grammatikalische und semantische Fehler im Buch gehalten. Danke auch an Sarah Kalck (Fachhochschulverlag), die zum Gelingen dieses Buches mit viel Geduld wesentlich beigetragen hat. Auch wenn keine lehrbuchmäßige Aufbereitung und endgültige Festlegung erwartet werden können, so führt der Merleau-Pontysche Denk- und Handlungsansatz doch geradewegs in die Soziale Arbeit: Im Reflektieren über die Sache befindet man sich automatisch im Zentrum der Sozialen Arbeit, nämlich beim Menschen.

So bleibt zu hoffen, dass unsere Veröffentlichung dazu beitragen möge, dass die Soziale Arbeit, ihre gesellschafts- und universitärweiten Veränderungen und nicht zuletzt die arbeitenden Sozialarbeiterinnen und Sozialarbeiter in der andauernd schwelenden (mehr oder weniger politischen) Professionalisierungsdebatte die kritische und leibphänomenologische Aufmerksamkeit finden, die ihnen zukommt.

Wolfgang Faust beschäftigt sich einleitend mit Merleau-Pontys leibphänomenologischer Philosophie. Er zeigt, dass die Menschen von Anfang an, durch Sprache und Ausdruck wesentlich strukturiert und geprägt sind. Mehr noch, dass die heutige Lebensweise nicht ohne ihre sprachphilosophischen Gehalte denk- und verstehbar sind. Das begründet den Fokus auf die inneren Zusammenhänge von Sprache und Individuum in der Gesellschaft. Faust macht deutlich, dass diese Überlegungen zum einen für eine radikaldemokratische und egalitaristische Politik taugen; dass sie zum anderen in Widerspruch zum politischen Handeln Merleau-Pontys stehen. Vor diesem Hintergrund arbeitet er wesentliche Implikationen für die aktuelle sprachpolitische Theorie- und Praxisdebatte heraus und formuliert seinen universitären Appell in Richtung Sozialer Arbeit für eine sozialarbeiterisch-politische statt nur innerdisziplinär-fachliche Sicht. Er hebt die Notwendigkeit des sozialphilosophischen Blicks auf die Ganzheit von Mensch und Welt, nicht nur auf die meist nur untersuchten Partikularinteressen hervor. Dieser Blick – den man eher in der Sozialphilosophie als in der Sozialarbeit findet – zeigt, dass eine grundlegende Revision des Cartesianischen Dualismus notwendig ist. Der zeigt sich nicht nur in der strikten Trennung von Kopf und Körper, sondern auch in den aktuellen sprachpolitischen Debatten, die viel zu oft ihre polarisierende Landschaft in schwarz-weiß malen. Die derzeitigen identitätspolitischen Auseinandersetzungen wirken als Katalysator beschleunigend auf dieses dualistische und ideologische Denken und Handeln. Die zunehmende Tendenz zur Ideologisierung der Sozialen Arbeit wird als Schritt hin zu einer Interpretationseinfalt statt –vielfalt kritisiert. Faust leitet genau daraus die anwachsende Bedeutung eines dritten und emanzipatorischen Weges auch für die Soziale Arbeit ab. Diese kritische Sichtweise begründet sich nicht zuletzt in der Auseinandersetzung um das Gomringer-Gedicht: *Avenidas*, die nicht nur quer zum universitären Freiheitspostulat, sondern auch zur sozialarbeiterischen Menschenrechtsprofession verläuft. Eine Rekonstruktion der *Philosophievergessenheit* sozialwissenschaftlicher Theorien der Moderne, vorausgesetzt, spürt Faust das hier offensichtlich verschüttete leibphänomenologische Denken auf, das bemüht war und ist Kopf und Körper als Einheit zu denken. Ausgehend von dieser Einheit geht es auch um eine Kritik des Partikularismus (Spezialismus?) und des Dualismus (Antagonismus?), darüber, was passiert, wenn Zusammenhänge verlorengegangen sind, wenn ein Akteur sich als per se wahrheitsschützerisch versteht. Damit werden sozialphilosophische Bezugspunkte geliefert für eine leibphänomenologische und damit ganzheitliche Neubesinnung der sozialarbeiterischen Wissenschaft in heutiger Zeit.

Katrin Fischer sieht die (Leib-)Phänomenologie unter den im vorangehenden Beitrag genauer beschriebenen Implikationen und vorgenommenen Interpretationen dadurch charakterisiert, dass sie im Fokus der Diskrepanz zwischen Erde und Mensch steht. Für ihre Ideen einer Wiederannäherung mit Hilfe von Körperwahrnehmungstechniken macht sie sich nicht nur die Merleau-Pontysche Leibphänomenologie zu nutze, sondern erweitert diese mittlerweile klassisch zu nennende *phénoménologie existentiell* durch Autoren wie Böhme und Fuchs, um so die phänomenologische Sichtweise mit dem naturphilosophischen Diskurs zu koppeln. Darauf aufbauend stellt Fischer die These auf, dass eine solche Wiederannäherung des Menschen an seine Natur eben durch Körperwahrnehmungstechniken möglich ist und ein damit einhergehender achtsamer Umgang mit der Umwelt ein Schritt hin zu einer Lösung der ökologischen respektive gesellschaftlichen Probleme beinhaltet. Diese Notwendigkeit einer Wiederannäherung geht einher mit einer grundlegenden Entfremdung des modernen Menschen zu seiner Natur. (Von *Seins-* oder *Selbstvergessenheit* wurde übrigens im Rahmen dieser Sichtweise bereits weiter oben gesprochen.) Gerade die Fähigkeit des Menschen, im Ganzen zu denken und zu handeln, begründet die vorliegende interdisziplinäre und phänomenologische Vorgehensweise dieses Beitrags. Der Merleau-Pontysche Ansatz seiner Leibphänomenologie, also die existenzielle Verbindung und Verschränkung von Kopf und Körper steht in diesem Kontext: Er stellt für die Autorin ein ganzheitliches Ausdrucksparadigma dar, das vor allem auf den Tanz zielt, und zwar im Sinne einer Entgrenzung des psychisch und physisch gegebenen Raumes. Mithin einer Entgrenzung, die eine Aufhebung des Cartesianischen Gegensatzes von Subjekt und Objekt, des Dualismus von Mensch und Welt beinhaltet. Diese Einbeziehung der Körperwahrnehmungstechniken, genauer: des Tanzes, führt die Autorin geradewegs in das Feld der Sozialen Arbeit. Sie erläutert ihre These genauer mittels der Tanztherapie sowie der körperorientierten Biographiearbeit, um hier unmittelbar mit Bewegung und Tanz in der Sozialen Arbeit agieren zu können. Sie folgert daraus die Diagnose, dass Sozialarbeiterinnen und Sozialarbeiter in diesem Feld der Körperwahrnehmungstechniken verstärkt arbeiten sollen, um so einerseits selbst ihren belastenden Momenten besser begegnen zu können und um andererseits Anregungen an die Klientinnen und Klienten weitergeben zu können. Indem Fischer auf die bewusste geistige und körperliche Beweglichkeit insistiert, erscheinen die wichtigsten Kontroversen der letzten Jahrzehnte bezüglich der Professionalisierung, letztlich der Cartesianisierung in der Sozialen Arbeit in einem neuen Licht. Für die Wahrnehmung dieser Möglichkeiten, also die Option auf eine ganzheitlich orientierte Sozialarbeit nicht nur innerhalb der Fachdisziplin, plädiert Fischer, deren Thesen letztlich in einer Frage münden. Sie resümiert: Tanzend in eine bessere Welt?

Karen Barnes, die die Frage nach den Chancen von Therapeutinnen und Sozialarbeiterinnen im Handlungsfeld der Traumata und Gefühlserbschaften mit Bezug auf Merleau-Pontys Leibphänomenologie theoretisch und auch empirisch (mittels narrativer Interviews) thematisiert, ist in dieser Hinsicht grundlegend optimistisch: Sie diagnostiziert den prinzipiell leibhaften Charakter unserer Existenz und betont die Konsequenz der ganzheitlichen Sichtweise für die Soziale Arbeit. Sie hebt hervor, dass die Leibphänomenologie Merleau-Pontys Menschsein oder Existenz als unhintergehbare Verschränkung von Leib und Welt, also als etwas Ganzheitliches denkt. Die Aneignung der Leibphänomenologie in der Sozialen Arbeit hat, besser: hätte so ein Ensemble von Möglichkeiten der Überwindung von Traumata im Gepäck. Von daher lässt sich die Leibphänomenologie als Wiederaneignung der Natur, und darunter zählt nicht zuletzt der Mensch, begreifen. Sie erzeugt damit die Gleichrangigkeit der Einstufung über therapeutische und sozialarbeiterische ebenso wie gesellschaftliche und politische Probleme und Handlungsfelder. Vor diesem Hintergrund muss (sagt Barnes unter Berufung auf Staub-Bernasconi) *Soziale Arbeit als Menschenrechtsprofession* die zentrale formierende Gegenkraft in Bezug auf die gesellschaftliche Ökonomisierung und Selbstoptimierung allgemein und die verweigerte Solidarität gegenüber Opfern von Krieg und Vertreibung speziell bilden. Aber es handelt sich dabei von vornherein auch um die Abstraktion von Menschenrechten, nicht nur um die angegeben Beispiele. Konstitutiv dafür ist die Wiederaneignung unserer Leiblichkeit, die durch die zunehmende Dominanz des Verstandes ausgegrenzt wurde und wird. Menschsein wird dadurch zur instrumentellen und inhaltsleeren Vernunft, die produktiv eingesetzt wird. Es verliert den Bezug zu seiner eigenen existenziellen Verschränkung. Die aus dieser reduzierten und entleiblichten Vernunft entspringende Verdinglichung oder Entfremdung (respektive *Seins-* oder *Selbstvergessenheit*, von der bereits an mehreren Stellen gesprochen wurde) wird zum Kennzeichen der Gesellschaft selbst, nicht einfach des Individuums. Das lebendige und leibliche Subjekt verschwindet aus Denken und Handeln. Der Mensch wird dadurch abstrakt, wird Produktionsfaktor, also Instrument und Funktion der Systembedienung. Barnes verweist hier auf den „traumatisierten", auf den „gefallenen Helden und Soldaten", letztlich auf die „traumatisierte Gesellschaft Israels", die für posttraumatische Belastungsstörungen in allen Generationen steht. Menschlichkeit wird mit zunehmender Vorherrschaft des entleiblichten Verstandes reduziert auf das entmenschlichte Maß der nimmersatten Produktivität und maschinellen Vernichtung: die Konzentrationslager der Nazis legen hiervon ein barbarisches Zeugnis ab. Menschlichkeit, insbesondere der Leiden angesichts des Holocaust, also der organisierten Vernichtung der europäischen Juden, sieht sich der ständigen Gefährdung der Sprachlosigkeit ausgesetzt. Barnes Schluss zielt mit Merleau-Ponty gegen diese Sprachlosigkeit: Wenn Sprache nicht das Denken voraussetze, sondern es vollbringe, weil alles Denken im Ausdruck seine Vollendung suche, dann benötige ich für jeden Gegen- und Tatbestand einen Namen, ein Wort, damit sie mir nicht fremd bleiben. Leib und Sprache oder auch menschliche und damit ganzheitliche Vernunft, öffnen, wie Barnes hervorhebt, die Tür zu einer Benennung der Dämonen, um so überhaupt zu einer Heilung zu gelangen.

Isabell Sonneborn überträgt die Merleau-Pontysche Phänomenologie zwar ebenfalls in den Kanon moderner Organisationen, doch hebt sie die Notwendigkeit des leibphänomenologischen Blicks auf die Diskussion um Hierarchie und Team hervor. Dieser Blick zeigt, dass Sprache und Ausdruck institutionelle Schlüsselkategorien sind, eben grundlegende Größen, um Kommunikation in Sozialen Organisationen begreifen zu können. Vor diesem Hintergrund geht sie in ihrem Beitrag u. a. die Fragen an, welche Faktoren oder Aspekte Einfluss auf die Art und Weise nehmen, wie wir etwas zur Sprache und zum Ausdruck bringen. Auch, was unsere Kommunikation wohlmöglich einschränkt, was sich hieraus für Sozialarbeiterinnen und Sozialarbeiter als Teil eines Teams ergibt, steht zur Diskussion. Auf der Suche nach Antworten bedient sich die Autorin interdisziplinärer Perspektiven: So erschließt sie ihren weiten Forschungsgegenstand, mithin das Phänomen der Teamarbeit in bestehenden Kommunikations- und Organisationsstrukturen, mittels verschiedener Wissenschaftsströmungen. Sie beschreibt in einem ersten Schritt die strukturellen Rahmenbedingungen von Organisationsgestaltung. Hierfür bedient sie sich eines soziologischen und eines ökonomischen Ansatzes, nämlich dem Max

Weberschen Bürokratiemodell und der Neuen Institutionenökonomik. Die damit verbundenen bürokratischen und institutionellen Arrangements werden in einem nächsten Schritt um sprachanalytische und kommunikationstheoretische Sichtweisen erweitert. Die Merleau-Pontysche Leibphänomenologie veranschaulicht, wie Kopf und Körper in unserer Kommunikation verflochten sind; zudem macht sie die Vielschichtigkeit und Mehrdeutigkeit unserer Kommunikation deutlich. Ergänzt durch Watzlawicks Axiomatik wird die Merleau-Pontysche Leibphänomenologie in die organisatorische Praxis transferiert: Es zeigt sich ein gangbarer Weg zur Teamarbeit in der Sozialen Arbeit. Mit diesem wird, so die Diagnose, den Sozialarbeiterinnen und Sozialarbeitern ihre eigene Körperlichkeit und damit ihr eigener Ausdruck in strukturellen Situationen deutlich. Sich ihrer eigenen geistigen und leiblichen Rolle im Team bewusst werdend, werden die Sozialarbeiterinnen und Sozialarbeiter selbst zum organisatorischen Mitgestalter. Sie sind nicht mehr, wie im betriebswirtschaftlichen Jargon, bloße Produktionsfaktoren. Arbeit in Sozialen Organisationen könnte damit auch etwas grundsätzlich anderes als die derzeitige marktfundamentalistische Ökonomisierung am Sozialen werden.

Wolfgang Faust stellt abschließend in seinem zweiten Beitrag, einem im Wesentlichen schon vor einigen Jahren verfassten Vortrag, die philosophische und politische Genese der Merleau-Pontyschen Leibphänomenologie dar. Deutlich wird zum einen, dass das Verhältnis von konkretisierter Phänomenologie und praktischer Politik bei Merleau-Ponty durch eine intellektuelle Kontingenz charakterisiert ist. Dieser Gedankengang mündet in der These, dass Merleau-Ponty von einer Verantwortung des Denkens, einer Sorgfalt des Denkens weit entfernt war. Zum anderen wird das Argument aus seinem ersten Beitrag aufgenommen, dass die Merleau-Pontysche Leibphänomenologie dennoch dazu taugt, gesellschaftliche und organisatorische Entwicklungsprozesse zu verstehen und (bestenfalls) zu gestalten. Freilich nur, wenn man die Verantwortung für die Tätigkeit des Denkens nicht abweisen will. Dass es hier nicht um das Denken im Sinne irgendeiner *Inspiration* oder *Imagination* geht, ist plausibel. Wohl aber greift die Verantwortung beim Denken, wenn man sich denkend an eine Andere oder einen Anderen wendet, wenn das Denken *tätig* und *öffentlich*, also *verantwortlich* wird. Es scheint, das geht nicht nur die Dichter und Denker, sondern alle an. Damit bricht Faust (wie alle drei Autorinnen dieses Bandes) eine Lanze für die sozialphilosophische Verbindung von Theorie und Praxis oder Denken und Handeln. Davon ausgehend wäre es platt, von einem Primat der Theorie vor der Praxis oder der Praxis vor der Theorie zu sprechen. Das Motto des Autors und der drei Autorinnen lautet sinngemäß mit Merleau-Ponty: Es geht um das leibphänomenologische *Dazwischen*.

Erkennen und Handeln. Zum Theoretischen und Praktischen in der Philosophie zu Beginn des Jahrhunderts. Am Leitfaden der Merleau-Pontyschen Leibphänomenologie

Wolfgang Faust

Es gibt ein Bild von *Klee*, das *Angelus Novus* heißt. Ein Engel ist darauf dargestellt, der aussieht, als wäre er im Begriff, sich von etwas zu entfernen, worauf er starrt. Seine Augen sind aufgerissen, sein Mund steht offen und seine Flügel sind ausgespannt. Der Engel der Geschichte muss so aussehen. Er hat das Antlitz der Vergangenheit zugewendet.[1]

Wie ein falscher Akkord
Am Anfang eines Lieds
Ich bin nicht mehr ich
Nicht die Person die du siehst
Du siehst nur den *Schatten*
Meines früheren Ichs
Schnee von gestern
Nur nie wirklich mich[2]

1 Vorbemerkung und Fragestellung

Ich will zunächst verraten, woher die beiden grundverschiedenen Texte stammen, die meinem Aufsatz vorangestellt werden. Der erste Text findet sich im *Begriff der Geschichte* bei Walter Benjamin. Im Rahmen geschichtsphilosophischer Themen wird dort vor allem gegen die Vorstellung von der Geschichte als eines Ablaufs und Fortschritts argumentiert. In Benjamins Interpretation von Klees: *Angelus Novus* greifen Gegenwart und Vergangenheit ineinander, die Zeitebenen verschwimmen, der Gesamtsinn kann nur über die Bilddeutung angeeignet werden. Das Bild von den *Schatten* als einem zu lesenden Buch, das zu entziffern und recht zu lesen sei, ist auch

1 Walter Benjamin, Über den Begriff der Geschichte (1939), in: Gesammelte Schriften, Bd. I/2: Abhandlungen, Frankfurt am Main, 2. Auflage, 1978, S. 697.

2 Stephan Weidner, Schatten, auf: schneller, höher, Weidner, 2008.

bei Stephan Weidner die tragende Mensch- und Weltdeutungsmetapher. Mensch und Natur sind zwar ein geöffnetes Buch, kein geschlossenes, aber man muss es entziffern können und wollen. Hier wird nun die Überlegung wichtig, die darauf abzielt, dass der Mensch als Fragender und Erkennender es mehr oder weniger mit Signaturen und Zeichen zu tun hat, die es zu übersetzen gilt. Darum hängen beide Texte eng mit Maurice Merleau-Pontys Behandlungsweise des *Sichtbaren und Unsichtbaren* zusammen. Dieser Zusammenhang lässt sich bündeln in der Frage: Wie lässt sich durch eine sichtbare Gestalt das unsichtbare Ding ans Licht zerren und in eine Form bringen? Im Fokus der Merleau-Pontyschen *phénoménologie existentielle* soll diese Frage ein Stück weit geklärt und der leibphänomenologische Bezug hergestellt werden.

Im Rahmen dieser leibphänomenlogischen Anstrengung für Soziale Arbeit möchte ich vorausschicken: Philosophie zum unmittelbaren Nachbarn der Sozialarbeit, weiter gefasst: der Praxis zu machen, hieße ebenfalls, ein in allen Dingen schlummerndes Wissen zu erwecken, das uns endgültig zu Meistern unseres Tuns erheben würde. Meister unseres Tuns aber sind und werden wir nicht. Mit anderen Worten: Grundsätzlich muss man sich wohl fragen, ob Philosophie überhaupt ein Unterfangen ist, das wesentlich im Zeichen der Praxis zu erörtern sei. Und ist das traditionelle Interesse der Philosophie, nämlich die Systematisierung des Wissens und damit ein Wissen über die Welt und somit Erhellung und Orientierung zu geben, angesichts einer Wissensexplosion und Komplexitätsdiffusion nicht weit über Gebühr belastet? Wie wir noch genauer sehen werden, wird die sozialarbeiterische Betrachterin in der Leibphänomenologie mehr als nur einen Brückenschlag in verschiedene Handlungsfelder erkennen.[3] Warum? Tatsächlich handelt es sich um wesentlich mehr. Die Leibphänomenologie macht nämlich Schluss mit den Ideologien im Politischen, indem sie anhand des *Zur-Welt-seins* eine Vielzahl von widerstreitenden Parteien im Bereich desselben gesellschaftlichen *Feldes* ausmacht, die alle über *eine* Wahrheit zu verfügen glauben. Die leibphänomenologischen Anstrengungen decken nun diese ideologischen und politischen Denk- und Handlungsstrukturen auf, um einen eigenen *dritten und vermittelnden Weg* ans Licht der Praxis zu bringen. (I.S.v. dritter Terminus, dritter Dimension, dritter Richtung, einer Vermittlungsbewegung (vgl. dazu Waldenfels 1994, S. 62, 1998,

---

[3] Nun ist die Soziale Arbeit immer noch die Domäne von Student*innen*, daher gebrauche ich passagenweise die grammatisch feminine Personenbezeichnung. Eine solche Vorgehensweise lässt sich im Sinne des linken Intellektuellen und französischen Soziologen Didier Eribon verstehen, der im Spiegel-Interview auf die Frage antwortet, ob er gendere: „Ja, wenn es einfach ist oder notwendig, aber eher selten. Ich finde, dass das Gendern Texte recht unleserlich macht" (DER SPIEGEL Nr. 24/12.6.21, S. 110).

S. 150).)[4] Diese Anstrengungen kosten ihren theoretischen Preis, der sich an dem oben genannten *Gesamtsinn* und der *Schattenmetapher* ablesen lässt. Besonders deutlich wird das bei der Beurteilung der Frage, ob das *Zur-Welt-sein* ein taugliches Drehbuch (in Theateranalogie) liefert für ein Primat der Praxis und das heißt hier auch für die Soziale Arbeit. Vor allem ist zu unterstreichen, dass der Bedarf nach einem solchen Drehbuch groß ist, und dieser Bedarf macht sich m. E. an der sozialarbeiterischen gelehrten Blindheit gegenüber bestimmten Fragen und Theorien fest: Eine Blindheit auch gegenüber der universitären Freiheit von politischer und weltanschaulicher Bindung. Diese Freiheit ist Fundament und Wesen der Universität, und sie wird ironischerweise in der *Menschenrechtsprofession Soziale Arbeit* (um diese Formulierung von Silvia Staub-Bernasconi zu übernehmen) nicht uneingeschränkt anerkannt. (Wie überhaupt Extreme einen Platz in den Debatten der letzten Zeit über ‚Sprachkorrektheit' und ‚Multikulturalismus' gefunden haben.) Gemäß der Maxime: Schuster, bleib bei deinen (universitären) Leisten! sehe ich daher als Hochschullehrer die wesentliche Aufgabe meines Beitrags darin, diese *blinden Flecken* in der Sozialen Arbeit bewusst zu machen. Keinen Raum haben also irgendwelche sozialarbeiterischen Handlungsfelder und Handlungsoptionen, sondern hier haben grundsätzliche und leibphänomenologische Klärungen ihren Ort. Wie gesagt: mit Blick auf die Menschenrechtsprofession Soziale Arbeit. Aus Gründen, die später klarwerden, möchte ich hierzu auch andere Philosophen kommentieren.

Damit ergibt sich im Rahmen einer solchen Klärungsarbeit, dass wir andere Philosophien und Lehren nicht vergessen, die in Wechselwirkung stehen. Der erste Schritt zu einer Beantwortung der gestellten Fragen ist die Skizzierung des relevanten philosophiegeschichtlichen Hintergrunds. Deshalb muss und kann man im Rahmen eines Aufsatzes auch nicht die Welt- und Philosophiegeschichte herausfordern, sondern ich werde mich zunächst damit beschäftigten, wie die Philosophien im neunzehnten und zwanzigsten Jahrhundert, aber auch zu Beginn des einundzwanzigsten Jahrhunderts zu verstehen sind. Um hier die behandelte Thematik des Erkennens und Handelns oder des Theoretischen und des Praktischen in der Philosophie respektive Leibphänomenologie etwas näher zu kennzeich-

---

[4] Dies führt zur Konsequenz, dass dieser *dritte und und vermittelnde Weg* für einen politischen und das heißt egalitaristisch-demokratischen Zwischenweg, nämlich *zwischen* den Extremen des Ich und des Wir, des Liberalismus und des Sozialismus genutzt werden kann. Die Aufspaltung in zwei Absoluta, die leibphänomenologischen Anstrengungen hier, die rechtsextremen Wirrköpfe da, könnte tiefer nicht sein (um an diesen aktuellen *kruden und ideologischen dritten Weg* zu erinnern). Zumal im Rahmen dieses Aufsatzes der Interpretationsversuch unternommen wird, die Leibphänomenologie für eine Egalisierung und Demokratisierung der Gesellschaft zu öffnen.

nen, sei zunächst kurz umrissen, dass wir es im neunzehnten Jahrhundert bis zur Jahrhundertwende mit einem umfassenden Bild von Mensch und Welt zu tun haben. Damit hat es im zwanzigsten Jahrhundert ein abruptes Ende. Hier kündigt sich so etwas wie Desillusionierung und Partikularismus an, die ihren Ursprung im Ersten und Zweiten Weltkrieg haben. Es mag überraschend klingen, wenn ich in der heutigen Szenerie eine Desintegration der Philosophie *selbst* diagnostiziere. Aber Tatsache ist, dass wer die philosophische Disziplin, besser: Disziplinierung betrachtet, zu einem ähnlichen Ergebnis kommen kann. Wie gesagt: Man könnte zu ähnlichen Schlussfolgerungen wie den meinigen gelangen, weil unmittelbar ins Auge fällt, dass im Fachjargon des westlichen und somit deutschen Tiefsinns sich verschiedene Spielarten der akademischen Beschaulichkeit und Detailverliebtheit finden. Sie wird nach meiner Einschätzung die nächste Zeit bestimmen. Es sind diese Spielarten, über die ich mich äußern will, der Einfachheit halber verwende ich die gängigen Etikettierungen der analytischen und hermeneutischen Schule. Dabei mache ich mir im ersten Schritt die These zu Eigen, dass wir immer noch philosophischen *Schattengestalten* anhängen (um bei dieser Metapher zu bleiben), wobei freilich die Namen von Kant und Hegel bis zu Marx jetzt durch die Namen von Wittgenstein und Heidegger oder auch Benjamin ersetzt sind.

Aus einer gewissen Perspektive stimmen die zuletzt genannten Philosophen überein: alle handeln davon, dass die Sprache die Sicht der Welt prägt. Allerdings wird der Begriff der Sprachform hier in einem äußerst engen Sinn gebraucht, und nur dem Cogito respektive dem Bewusstsein die Fähigkeit zur Sprache zugeschrieben. Diese Philosophien verlangen und schärfen uns ein, auf keinen Fall etwa Leibliches in sie einzuschmuggeln: Dieser Bereich hätte in der Sprachphilosophie unbedingt unerwähnt zu bleiben. (Es kommt hier für die Leserin weniger darauf an, die Sprache auf die Kommunikation zu beschränken, als auf das Menschsein *selbst* zu beziehen, das einem solchen Sprach- und Philosophieverständnis zu Grunde liegt.) Wir können uns vorstellen, dass wir mit einer auf den Leib ausgerichteten Trennung des Menschseins methodisch nicht weit kommen. Es zeigt sich nämlich, dass in unserer Sprache der Leib immer schon involviert ist, und zwar in dem Maße, in dem sich der Leib als lebendiger Leib von der exzentrischen Person nicht isolieren lässt. Vorgreifend lässt sich schon sagen: Wenn die Deutung der Sprache und das heißt des Menschen schon mit Bezug auf den Leib zweifelhaft erscheint, dann hat diese Sprachphilosophie weniger Anrecht darauf, als das einzige und seriöseste Paradigma einer strengen und enggefassten Sprachform für die Wissenschaften vom Menschen zu gelten, was die Motivation für eine ausreichend weite respektive ganzheitliche Sprachdeutung erhöht. Für diese Motivation ist Merleau-Ponty ein guter Ausgangspunkt, denn er hat sich zum Ziel gesetzt, die geschwächte moderne und das heißt Cartesianische Existenz mittels seiner Leibphänomenologie zu retten, die, indem sie die Existenz in das *Zur-Welt-sein* zentriert, aus ihr die exzentrischen und das heißt leiblichen Kräfte nicht eliminiert.

In meinem zweiten Schritt möchte ich daher versuchen, die Merleau-Pontysche Leibphänomenologie etwas zu erhellen. Dabei werde ich meine Auseinandersetzung durch eine Klärung des Gegensatzes strukturieren, der m. E. zwischen den Kategorien Sprachanalytik und Sprachhermeneutik besteht. Einen Mittelweg finden wir in der Exzentrizität von Merleau-Ponty, der sich mit dem faszinierenden Ausdruck des *Zur-Welt-seins* auf eine wissenschaftliche Positionalität bezieht, die weder nur auf Analytik noch Hermeneutik setzt. In diesem Fall können wir davon sprechen, dass Merleau-Ponty ein philosophischer und wissenschaftlicher Grenzgänger ist: Er pendelt nicht nur zwischen Philosophien und Denkschulen, sondern auch zwischen Geistes- und Humanwissenschaften und unterläuft durch diese wechselseitige Durchdringung die traditionellen Disziplingrenzen. Dem könnte hinzugefügt werden, dass diese Dekonstruktion der Gegensätze zu einer philosophischen Neubestimmung des Verhältnisses von Natur und Bewusstsein führt, eben zur *phénoménologie existentielle*. In diesem Zusammenhang werde ich also nicht nur die genannten Philosophien mit Merleau-Pontys Exzentrizität in Einklang bringen, sondern auch diese Neubestimmung als eine Verwobenheit und Doppeldeutigkeit, mehr noch: einer Ambiguität von Reflexivität und Faktizität oder von Erkennen und Handeln rekonstruieren. Dabei soll im Folgenden nicht nur die Frage nach dieser Dekonstruktion der Denkschulen gestellt werden, sondern auch, unter welchen Bedingungen überhaupt die Merleau-Pontysche Leibphänomenologie als Ambiguitätsmethodologie sich ihr Erkennen und Handeln zum philosophischen und politischen Gegenstand und m. E. zum eigenen Problem macht.

Daher werde ich im dritten und letzten Schritt versuchen zu zeigen, wie es sich darstellt, wenn man demokratische und das heißt hier egalitaristische Politik in den Kontext von Merleau-Pontys Leibphänomenologie stellt. Es sei wiederholt: Ich kann hier nichts zur Unterstützung der Sozialen Arbeit anbieten, was auch nur im Entferntesten einer Handlungsanweisung gleichkommt, basierend auf professionellen und praktischen Voraussetzungen. Das Beste, was ich tun kann, um diesen Brückenschlag zu ermöglichen, ist der universitäre Fingerzeig an ausgewählten Kategorien, um zu zeigen, wie die leibphänomenologische Philosophie aus sozialarbeiterisch-politischer anstatt innerdisziplinär-fachlicher Sicht aussieht. (Dies ist etwas, was m. E. andernorts noch nicht ansatzweise versucht wurde.) Ich denke, für einen solchen Brückenschlag eignet sich die Merleau-Pontysche Leibphänomenologie hervorragend, weil sie eine Illustration und Interpretation des ganzen Lebens ist, um der scheinbaren Unüberwindbarkeit zwischen den genannten Polen entgegenzuwirken. Besonders dann, wenn man sich in der Sache des Interpretierens nicht der einzigen gültigen und richtigen Interpretationsweise verbunden fühlt, sondern die für mich einzig sinnvolle und legitime Position vertritt: Texte, zumal philosophische, sind offenbar auf verschiedene Weise les- und verstehbar.[5] Deshalb zeigt sich nun der Schlüssel philosophischen Verstehens in den genannten Pendelbewegungen und Grenzgängen, die gegen ein methodisch verengendes gerichtet sind, nämlich immer auf der Suche nach neuen und passenden Interpretationen unseres Welt- und Selbstverständnisses ist. Übrigens ist es deshalb auch nicht richtig zu meinen, dass es eine Philosophie oder Ethik der Sozialen Arbeit geben könne oder solle: denn zumindest muss eine Philosophie oder Ethik das ganze Leben erfassen, um nicht ins Triviale abzugleiten, und zugleich muss sie Rechnung tragen, die richtigen und endgültigen Interpretationen nie im Besitz zu haben; und das ist gegenüber dem praktischen Anspruch der sozialarbeiterischen Professionalität doch einigermaßen unvollkommen und vorläufig. Bei all dem ist die Kehrseite der Vielfalt natürlich die Einfalt, nicht zu vergessen: die Beliebigkeit. Das wiederum heißt, dass eine Interpretationsvielfalt die permanente Suche nach zeitgemäßen und derart gültigen Interpretationen als wesentliche Form der Philosophie *selbst* wäre. Es gibt auch keinen leibphänomenlogischen Grund, warum die Soziale Arbeit eine Vielfalt von Interpretationen nicht nur zulassen, sondern auch *selbst* für sinnvoll hält, da nur so die kritische Relativierung der eigenen Position gewährleistet werden kann, wenn man dies als notwendig erachtet. Dass sie jedoch keineswegs davor gefeit ist, in eben jener abstrusen Einfalt zu enden, die man von Karl Mannheim her *Ideologie und Utopie* zu nennen pflegt, werde ich der Leserin noch in Bezug auf das Gomringer-Gedicht: *Avenidas* vor Augen stellen. (Hier sei an die oben genannten *blinden Flecken* erinnert.)

Daraus ergibt sich, dass mein Grund dafür, Merleau-Ponty vorzuziehen, nicht ist, dass ich glaube, er hätte Sprache und Leib richtig verstanden, und andere Philosophen verstehen sie falsch. Ich denke, es gibt hier nichts richtig und falsch zu verstehen. Konzepte, die so abstrakt sind wie Reflexivität und Faktizität oder Erkennen und Handeln, stehen zur sozialphilosophischen und sozialpolitischen Debatte. Sie sind Material, dem Form gegeben werden

5 Einen hermeneutischen Akzent setze ich in meinem Buch: Abenteuer der Phänomenologie. Philosophie und Politik bei Maurice Merlau-Ponty, Würzburg, 2. Auflage, 2012. Hier orientiere ich mich stärker an einer zeitgeschichtlichen und lebensweltlichen Interpretation.

muss, keine Essenzen, die endgültig erfasst werden könnten. Wichtig ist nur, welche Formgebung sie auf lange Sicht für demokratische respektive egalitaristische Politik nützlicher macht. Die Philosophien haben lange versucht, Sprache theoretisch zu verstehen, es kommt aber darauf an, sie zu verändern, um sie praktischer zu machen. Merleau-Pontys Leibphänomenologie ist für mich auch ein Vorschlag, wie man Philosophie für demokratische und praktische Politik nützlicher macht.

Zum Schluss meines Einstiegs will ich gern gestehen, dass dies alles auch anders kommen kann, genauer: gekommen ist, weil die Apologie und Ideologie die ins politische *Feld* strebende Leibphänomenologie unabweisbar wie ein *Schatten* begleitet. Ich habe in meinem Aufsatz: „Geschichte und Sprache" (vgl. diesen Band) nur Gedanken über Merleau-Pontys politisch-historisches Scheitern geäußert, weil er seine leibphänomenlogischen Kategorien zur Rechtfertigung von Terror und Gewalt missbraucht. Folgt daraus nun, dass die *phénoménologie existentielle grundsätzlich nicht* für das politisch-demokratische *Feld* taugt? So verstanden ist *nur* Merleau-Pontys Interpretation gescheitert. Dem füge ich heute die Interpretation hinzu, von der noch die Rede sein wird, dass die leibphänomenlogische Philosophie für die demokratische Politik *grundsätzlich taugt*, weil Philosophie und Politik durch sie ihre starren Fronten verlieren könnten, um in einem *Dazwischen* zusammenzufinden. Dass dem so ist, ist gut so.

2 Die neue Tagesordnung: Philosophie ohne Ganzheit

Schauen wir uns die Philosophie im neunzehnten Jahrhundert an, dann stoßen wir auf die Formulierung anspruchsvoller Denksysteme. Im Allgemeinen konnte der jeweilige Standpunkt durch ein markantes Thema gefasst werden: So finden wir im deutschen Idealismus Hegels das Postulat, dass die Wirklichkeit das Produkt des Geistes, im dialektischen Materialismus Marx' die Lehre, dass die Wirklichkeit das Produkt der Sozialität ist. Um nur zwei Vertreter zu nennen. Die Ansätze sind durchgängig dieselben: Immer handelt es sich um eine weitreichende Theorie, die sich um eine einzige Leitidee dreht. Beim jungen Hegel die *Phänomenologie des Geistes* da, beim jungen Marx (und ebenso jungen Engels) das *Manifest der Kommunistischen Partei* dort.[6] Vereint in einem scharf fokussierten und systematischen

---

[6] Man kann fragen, warum ich zwischen *jung* und dementsprechend *alt*, *früh* und *spät* unterscheide. Damit spiele ich auf einen Wandlungsprozess an, der sich bei Hegel und Marx vom Früh- zum Spätwerk vollzieht. Bei Hegel fällt diese Wandlung mit seiner zunehmenden *politischen* Desillusionierung, bei Marx mit seiner stärkeren

Wesenskern. Von oben besehen, bestand demnach das Philosophieren im neunzehnten Jahrhundert in dem Bestreben, weitreichende philosophische Probleme mittels kompakter Prinzipien anzugehen. Auch die Philosophien der Jahrhundertwende trugen immer noch am Erbe dieser Epoche, wie sich am Nihilismus Nietzsches oder am Vitalismus Bergsons unschwer ablesen lässt. Noch immer waren die Philosophen damit beschäftigt, verschiedene umfassende Prinzipien respektive Theorien zu formulieren, die gewichtig genug waren, ein umfassendes Bild von Mensch und Welt zu zeichnen. Vergleichen wir damit das Selbstverständnis der klassischen Phase der antiken Philosophie, wie es bei Sokrates, Platon und Aristoteles zur Sprache kommt. Da sehen wir, dass Philosophie grundsätzlich die Aufgabe hat, die Welt zu erklären und den Menschen in ihr zu situieren. Aus dieser Logik erklärt sich auch die Rolle des ältesten Systemprogramms des deutschen Idealismus, wie man unschwer dem intellektuellen Gedankenaustausch zwischen den Jugendfreunden Hegel, Schelling und Hölderlin entnehmen kann. Das Postulat, mit Kant sei über Kant hinauszugehen, wurde konsequent und gedankenreich ausgefüllt. Von der antiken Philosophie mit der Einheit von Mensch und Welt und von da zum Interesse des ältesten Systemprogramms des deutschen Idealismus, der die Metaphysik ins *Feld* führt, reicht der Bogen. Und er endet in der Philosophie der Jahrhundertwende auf der Basis eines skeptischen und destruktiven Weltbildes. Das alles und mehr muss man im Blick haben, wenn man das facettenreiche Etikett der Philosophie umsichtig benutzen und nicht zur leeren Hülle verkommen lassen will.

Dieses Unterfangen des neunzehnten Jahrhunderts erhielt also, wie sich schon abzeichnet, ein jähes Ende seitens des zwanzigsten Jahrhunderts. Der Wendepunkt ist klar auszumachen: Der Erste Weltkrieg brachte eine gewaltige Desillusionierung bezüglich der politischen Systeme hervor und erzeugte gleichermaßen eine Verachtung gegenüber den philosophischen Systemen. Mit anderen Worten: Die Systeme der Vergangenheit wurden verabschiedet und es entfaltete sich ein negativistisches Denkklima, zumindest in Europa und Amerika. (Nicht zu vergessen: Die Spanische Grippe. Krieg und Pandemie waren zusammen etwas viel für die Psyche und die Philosophie.) Die skeptische Übereinkunft bestand darin, dass die Systematisierung der traditionellen Art preiszugeben sei, dass über Metaphysik und Ethik nichts Vernünftiges und Sinnvolles mehr gesagt werden könne, dass Schweigen der beste Weg sei, genau so, wie es der frühe Ludwig Wittgenstein betont hatte. Im Ganzen heißt es im *Tractatus*: „Wovon man

---

Hinwendung zur sozialökonomischen Entwicklungs*gesetz*lichkeit zusammen. Auf dieser Basis sollte man sich allen Großdenkern nähern, auch wenn das an dieser Stelle und im Folgenden nur in wenigen Worten angesprochen werden kann.

nicht sprechen kann, darüber muss man schweigen" (1989 (1921), S. 85). Ich möchte diesen Sinn des Schweigens kurz aufgreifen. Zunächst geht es darum, dass sich diese Nachricht, schärfer: dieses Redeverbot auch an die obenstehenden Jugendfreunde Hegel, Schelling und Hölderlin richtet, weil sie, zumindest in der Wittgensteinschen Auffassung, eine idealistische oder spekulative und keine logische Philosophie betreiben. Diese Auffassung ist vor dem Hintergrund der genannten idealistischen Desillusionierung nicht unplausibel und wird von Wittgenstein auch in den Sätzen vertreten: „Die Logik erfüllt die Welt" (ebd., S. 26), „die Mathematik ist eine logische Methode" (ebd., S. 76) und „alle Philosophie ist Sprachkritik" (ebd., S. 26). Jetzt zeigt sich bei näherem Hinsehen, dass nicht bloß ein *Schweigen* beabsichtigt wird, sondern dass die *richtige* Philosophie streng an der logischen und mathematischen Methode orientiert werden soll. Ob die von Wittgenstein gesuchte logische *Sprachkritik* tatsächlich die *richtige* Philosophie ist, kann man mit Grund bezweifeln. Ich werde darauf zurückkommen. Aber auch unabhängig davon lässt sich diese Suche nach einer zeit- und raumlosen mithin weltabbildenden *Idealsprache* leicht relativieren. Denn es ist die Suche nach einer idealen und das heißt theoretischen Sprache, die jenseits historischer und umgangssprachlicher Sprachformen alle geistigen Gebilde, die in der Sprache stecken, restlos zur Präsenz bringen soll. Der *Tractatus* ist das Paradebeispiel. (So könnte man ironischerweise sagen, mit seiner *Ideal*sprache lässt er sich wieder mit den Fragen und Problemen ein, in welche vor ihm schon die deutschen *Ideal*isten geraten sind. Das ließe sich dadurch stützen, dass man auch bei Wittgenstein das *Schweigen* um die gesuchte *Idealsprache* wiederfände. Man kann dabei an die Wittgensteinsche *Sprachpragmatik* denken.) Ich nehme an, beim späten Wittgenstein verliert sich das Ideal einer geistesadäquaten Sprachgestaltung, um diese *Sprachkritik* zu vermeiden und damit dieses *Schweigen* zu umgehen, denn ins Zentrum rückt nun das konkrete Funktionieren der Sprache, die sogenannten *Sprachspiele*. Außergewöhnlich ist, dass diese Wende zum Lebensweltlichen und Pragmatischen untersucht, wie die Sprache es *macht*, dass sie in vielfältigen konkreten Lebenswelten von der Sprecherin gebraucht, von der Hörerin verstanden und von beiden anstandslos weitergenutzt werden kann. Das Außergewöhnliche ist, dass sich Sprache in der pragmatischen und praktischen Lebenswelt beweisen und produzieren muss, nur so ist sie offen für Wandlungen. Damit ist klar, dass sich Sprache nicht vollständig verobjektivieren, mithin theoretisch und naturwissenschaftlich erfassen lässt, weil wir es mit einem Sprachsubjekt zu tun haben, dass Sprache und Wissen reproduziert und interpretiert. So kann man sagen: Es ist unsere Sprache und unser Wissen. Von daher lässt sich ein Band zu Merleau-Pontys Sprachphilosophie ziehen: Es gibt die Welt, in der wir handeln, bevor wir in der Welt handeln, und nur weil wir das wissen, vermögen wir überhaupt in der Welt zu handeln. Merleau-Ponty zielt genau darauf: Wissen und Sprache sind ein Bild von der Welt, einer Welt, mit der wir dank unserer Handlungsinteressen praktisch umgehen. In Anbetracht dieser Situation kann festgehalten werden, dass die Sprache *das* philosophische Thema des zwanzigsten Jahrhunderts ist. Es geht darum, den universalen Charakter der Sprache ontologisch zu begründen. Natürlich ist die Sprache das eigentliche Werkzeug der Philosophie und stiftet einen Bezug zu Welt. Deshalb sagt Martin Heidegger: „Die Sprache ist das Haus des Seins" (1978 (1946), S. 11). Diesem Phänomen der Sprache als einem Modus der Existenz versucht auch Merleau-Pontys Leibphänomenologie gerecht zu werden. (Die Tatsache, dass Wittgenstein, Merleau-Ponty und Heidegger die Sprache als Welt- und Mensch*sein* erscheinen lassen, ist erklärungsbedürftig; zumal diese Sprachphilosophien nicht in die gleiche Richtung gehen. Ich komme darauf unten in Abschnitt 4 zurück.)

Ich möchte die Bedeutung der Sprache deshalb so weiterverfolgen, dass ich über Wittgensteins Idealsprache hinaus frage, ob diese gesuchte Klarheit und Genauigkeit nicht einer allgemeinen Herangehensweise entsprach, für die die Naturwissenschaft das Vorbild abgab. Denn ich verstehe und ergänze den zitierten Wittgensteinschen Satz folgendermaßen: *Alle richtige Philosophie ist logische und das heißt mathematische Sprachkritik.* Diese Sicht führt zu einer Einstellung, die, wie ich meine, einen leidenschaftslosen und enthumanisierten (Forschungs-)Standpunkt einnimmt. Tatsächlich war die moderne Naturwissenschaft in den Vor- wie Nachkriegsbemühungen um die Einheit der Wissenschaft allgemein von großer Bedeutung: Nahezu einstimmig nahm der Wiener Kreis an, die Regeln der Physik hätten zugleich den Rahmen für die Philosophie festgelegt. Wo vormals der *Geist* sein Unwesen trieb, da herrschte nun die *Kausalität*. Man muss nun im Auge behalten, dass der frühe Wittgenstein in das Wiener Milieu von Schnitzler und Kraus, Carnap und Freud gehört. Vereint im Kampf gegen die Kräfte der Irrationalität, vereint mit den Modernen der Architektur und (zeitweise) verbunden mit der austromarxistischen Politik. Auch verwundert es nicht, dass ihr Gegner zuerst die Geistlichkeit war, später der Nationalsozialismus, durchgehend die Metaphysik. In der Tat: Die Erfolge der Bauhausbewegung in Dessau, aber auch die Blüte der Gemeinwohlökonomie bedeuteten für den Wiener Kreis einen Schritt zum Sieg über das, was sie in der Philosophie, Politik und Kultur ablehnten. Ihre Bewegung war, wie sie selbst betonten, mehr als eine philosophische: Es war die Suche nach einer neuen Lebensgestaltung.

Von hier aus fällt ein neues Licht auf die bereits mehrmals genannte und wiederholt abgelehnte Metaphysik. Es stimmt schon: Auch das Projekt der Metaphysik ist ein Unterfangen, das Leben lebbar zu machen. Das geht aber nur um den Preis des weltlichen Elends, denn die Physik des Lebens erweist sich als Schmerz, Angst und Tod. Wenn man nun die Wirklichkeit, an der man leidet, zur Oberfläche erklärt, dann bietet sich ein Blick in die (mehr oder weniger) lebenswerte Tiefe an. Wir müssen jetzt nicht unbedingt unterscheiden, ob dieser Blick von Sokrates, Descartes oder Hegel stammt, mehr geistig, religiös oder spekulativ ist. (Auch diese Namen werden uns noch in Abschnitt 4 begegnen.) Es verhält sich so: Wir können die gesamte Metaphysik als einen einzigen (*Geistes*- oder *Glaubens*-)Versuch lesen, das *Wesen* der Wirklichkeit oder die *Eigentlichkeit* der Welt *ent-decken* zu können. So verstanden ist die Metayphysik, ebenso wie die Metaphorik des Höhlengleichnisses des Platon (der ebenfalls namentlich in Abschnitt 4 nochmals auftauchen wird) in den Zusammenhang der *Lesbarkeit der Welt* zu stellen, indem sie von einer Geheimschrift ausgeht, deren Sinn sich entziffern lässt. Das ist natürlich nicht die Sache des Wiener Kreises.

Blicken wir noch einmal zurück auf das Manifest des Wiener Kreises. Sie wollten im Kern Jahrtausende alte Spekulationen in Bausch und Bogen verwerfen. Die bedeutendsten logischen Positivisten des Wiener Kreises sahen im Projekt der spekulativen Philosophie eine Angelegenheit von Täuschung und Verblendung und schlugen vor, die Fragen der Sprache naturwissenschaftlich zu beantworten. Auch die Anhänger der analytischen Schule bestanden darauf, dass die traditionelle Philosophie aufzugeben sei, waren aber eher durch die Kulturwissenschaften inspiriert, weniger durch die Naturwissenschaften. Ihnen ging es um eine Exegese des Sprachgebrauchs, also nicht darum, was *Wahrheit* und *Gerechtigkeit* und *Schönheit* etc. *sind*, sondern wie diese Ausdrücke in der Sprache *gebraucht werden*. Ähnlich insistierte auch der späte Heidegger in seiner Daseinsontologie darauf, sich philosophisch auf die prosaischen Angelegenheiten des alltäglichen Lebens zu beschränken und Abstand gegenüber spekulativen und metaphysischen Themen der traditionellen Philosophen zu halten.

Ich mache hier noch einen Sprung zum frühen Heidegger und zu Benjamin. Am Ende des Ersten Weltkriegs meldet sich Benjamin mit seinem *Programm der kommenden Philosophie* zu Wort. Im Jahre 1918 steht der junge Benjamin noch am Beginn seiner denkerischen Karriere. Mit seiner Programmskizze will Benjamin auf einen *höheren Erfahrungsbegriff* hinarbeiten, der auch eine metaphysische Perspektive eröffne. Ein „systematisches Erfahrungskontinuum“ (Benjamin 1977 (1914/20), S. 164) soll einerseits die Subjekt-Objekt-Entitäten überwinden und damit andererseits einen Begriff ermöglichen, der sowohl Erkenntnis als auch Erfahrung beinhaltet: Diese „Reinigung der Erkenntnistheorie“ (ebd., S. 163) fordert die Beseitigung der „Reduktion aller Erfahrung auf die wissenschaftliche“, geht gegen die „Aufteilung der Erfahrung in die einzelnen Wissenschaftsgebiete“ (ebd., S. 164), verlangt die Änderung „der extremen Ausbildung der mechanischen Seite des relativ leeren aufklärerischen Erfahrungsbegriffes“ (ebd., S. 165). Philosophie hat also nach dem Benjamin jener frühen Periode die Aufgabe, die „Sphäre der Erkenntnis jenseits der Subjekt-Objekt-Terminologie autonom zu begründen“ (ebd., S. 167), denn „Erfahrung ist die einheitliche und kontinuierliche Mannigfaltigkeit der Erkenntnis“ (ebd., S. 168). Bei aller Vorläufigkeit der knappen Andeutungen weist der Programmtext von Benjamin eine erstaunliche Nähe auf zu Heideggers existenziell fundiertem Erfahrungsbegriff. Die Linien, die zu Heideggers Programm eines radikalisierten Fragens führen, können im dialektischen Zug eines Verstehens festgehalten werden. Durch die Forderung nach Frageursprünglichkeit gelangt der alte Text zur neuen Sprache, denn die vermeintlichen Antworten der vergangenen Positionen sind zu verwerfen, weil sie kein Licht auf unsere eigene Lage spenden. Kurzum, und wie eingangs angedeutet, alle philosophische Problemstellung geht von Texten aus, und Texte stehen immer in gewisser Distanz zum Nachfolgenden, selbst wenn sie jüngst erst geschrieben worden sind, was dazu führt, dass wir immer nur auf bestimmten Spuren zu schreiben beginnen. Das regelt die Dinge so, dass wir nicht durchgehend auf den von Vorbildern gebahnten Wegen laufen können, sondern eigene Pfade gehen müssen. Doch zurück zu Benjamins Erfahrungskontinuum und Heideggers Frageursprünglichkeit: Beide berühren sich dort, wo unser aktuelles Dasein authentischer und praktischer wird. Nicht zufällig ist das ebenfalls das Programm von Merleau-Pontys Leibphänomenologie, der freilich eigene lebensweltliche Gedanken anstellt. In der Tat hat sich auf dem hier angezeigten Weg eine bis heute etablierte Sicht entwickelt. Was das inhaltlich auf die verschiedenen intellektuellen und politischen Zielsetzungen bedeutet, lasse ich beiseite.

Es ist naheliegend: Die bedeutendsten Denker der Nachkriegsgeneration hielten nicht viel von der Philosophie des neunzehnten Jahrhunderts und schlugen eine Reformierung des bisherigen Weltverständnisses vor, indem sie dessen Basis philosophisch verzahnter Prinzipien auf wissenschaftliche Disziplinen verlagerten: auf die Naturwissenschaften und Mathematik, auf die Sprache und Logik oder was auch immer. Dieses intellektuelle Denkklima in der Epoche nach dem Ersten Weltkrieg, wurde selbst vom Flammenmeer des Zweiten Weltkriegs verschlungen. Vielen Intellektuellen widerstrebte es, normative Unterscheidungen und ethische Begründungen auf die Müllhalde überholter Denkweisen zu werfen. Es kann nicht überraschen, dass sich nach dem Zweiten Weltkrieg viele Intellektuelle der jüngeren Generation von der akademischen Philosophie insgesamt abwandten, dass sich andere mit philosophischem Blick soziologisch und psychoanalytisch inspirierten Formen kultureller Spekulation zuwandten, was vor allem in Frankreich der Fall war. Davon wird noch bei Merleau-Ponty die Rede sein, der seine Leibphänomenologie auch um literarische und kunsthistorische Ansätze erweiterte. Wieder andere vereinnahmten (mehr oder weniger unverfroren) die marxistische Ideologie für sich oder unternahmen den Versuch, klassische Positionen zu rehabilitieren. In der Folge der damals tonangebenden Stalinisten wird sich auch Merleau-Ponty die kruden Übersteigerungen des Materialismus zu Eigen machen. Insbesondere in „Humanismus und Terror" (1947) wird der anthropologische Kern seiner Leibphänomenologie rundweg verworfen. (Vgl. dazu auch in diesem Band: „Geschichte und Sprache".)

3 Der neue Partikularismus: Philosophie im Detail

Der Rundgang durch die *Philosophie ohne Ganzheit*, wie ich sie eben dargestellt habe, mündet letztlich (über die eben genannte *Rehabilitierung klassischer Positionen*) in einer philosophischen Kehre. Die Antwort auf die Frage: Warum? liegt m. E. darin, dass wir uns nur die Lage in der Welt verdeutlichen müssen. In einer solchen *ek-sistenziellen* oder *ek-statischen* Schieflage (ich drücke das so aus, um den Heideggerschen Zug dieser Situation zu betonen, obgleich mir seine ontologische Doppelbödigkeit bewusst ist) ist es jedenfalls ebenso unweigerlich wie wenig überraschend, dass Philosophie die Aufgabe haben mag, uns diese Welt zu erklären. Denn wir können, meine ich, festhalten, dass solch ein Interesse an der traditionellen Philosophie angesichts der Verbrechen der Hitler- und Stalinregime nicht ausbleiben konnte. Die unsäglichen Gemetzel des Korea- und Vietnamkriegs taten ihr übriges: Philosophinnen und Philosophen wandten sich zunehmend substantiellen Fragen zu. Beispielsweise ethische Themen und deren Anwendung in Wirtschaft und Gesellschaft. Es war ganz im Sinne jener Wende der Philosophie, dass im Gefolge der Ablehnung des Negativismus, dieses Phänomens der Zwischenkriegszeit, wieder alte Fragen neu diskutiert wurden. Nämlich die Grenzen zwischen gut und böse, richtig und falsch und dergleichen mehr. Freilich konnte dieses Wiederaufleben philosophischer Belange früherer Epochen nicht in einer Wiederaufnahme schlechthin stattfinden, sondern nur eine solche von ganz bestimmter Art. Der Versuch, der traditionellen Philosophie zu einer zeitgemäßen Wissenschaft zu verhelfen, wird, wenn man genauer hinsieht, durch eine zunehmende gesellschaftliche Differenzierung und universitäre Arbeitsteilung verhindert. So gesehen stellt sich dieser Rettungsversuch wohl ein wenig anders dar, als es mache Philosophinnen und Philosophen hinstellen. Denn es liegt für mich auf der

Hand, dass er durch einen medusaköpfigen Partikularismus auf anderen Gebieten erkauft ist, der sich freilich durch Komplexität und Heterogenität erklären lässt. Ein Beleg dafür ist das Aufkommen neuer Disziplinen, Teilbereiche und Spezialgebiete. Es ist offenkundig, dass wir es mit einer rapiden Themenausweitung in der Philosophie *selbst* zu tun haben, mit einer partikularistischen und angewandten Philosophie in der Nachkriegsepoche. Für uns heißt dies nun, dass philosophische Reflexion über Detailfragen in Ökonomie und Ökologie, Medizin und Technik und dergleichen, ein strukturelles Merkmal zeitgenössischer Philosophie ist. Die aufgeworfenen Fragestellungen drehen sich um Ethik und Tiere, Feminismus und Film, Körper und Liebe. Mehr noch, nicht nur, dass es diese Detailverliebtheit in Thematiken gibt, mutet es makaber an, dass selbst manche Unternehmen wohl nicht umhinkönnen, irgendeine Philosophie oder Ethik für sich zu beanspruchen. Das Einzige, was daraus folgt, ist ein Streben danach, die Einstellungen des Menschen bezüglich richtigen und falschen Verhaltens durch den *homo oeconomicus* zu ersetzen.

Ich hoffe gezeigt zu haben, dass diese Distanzierung existenzieller Draufsicht irrig ist, und dass deshalb auch zu sehen ist, dass Philosophie *selbst* in zunehmendem Maße desintegriert ist. Dieser Status der Philosophielandschaft sollte uns heute problematisch erscheinen, war doch die Integration von Wissen zugleich Vision und Aufgabe der Philosophie. War sich der Philosoph, Dinge im Ganzen zu sehen, völlig bewusst und hat sie in jeder Hinsicht sorgfältig reflektiert, so kann man das vom momentanen Stil des Philosophierens leider nur selten behaupten. Aus meiner Sicht ist die philosophische Ganzheit unter die systematisierenden Räder gekommen. Es ist daher wohl kein Zufall, dass diese Zerstörung einer philosophischen Kultur durch eine Verlagerung ihrer wissenschaftlichen Inhalte begleitet wurde: Individuum und Gesellschaft werden in die sich zu Beginn des zwanzigsten Jahrhunderts gründenden und etablierenden akademischen Disziplinen von Psychologie und Soziologie verlagert. Offenkundig die reibungslose Ersetzung einer Philosophie durch eine andere Philosophie, mit einer unheimlichen Abstinenz vom großen Ganzen. Ich begründe diese Philosophieersetzung auch damit, dass sich bei alledem Edmund Husserl mit mathematischem Übermut ans wirkungsmächtige Werk macht, das logische Korsett um den kläglichen Rest der spekulativen Philosophie noch enger zu legen. (Wie wir erfahren haben, fragt auch Wittgenstein, wie eine *richtige Philosophie* gedacht werden müsste, in der Logik und Mathematik schlechthin erfüllt sind.) Dabei übersehe ich nicht, dass wir uns in der gegenwärtigen Situation mit diffusen Denkbewegungen beschäftigen müssen. Im Lichte dieser Überlegungen haben wir es in der gegenwärtigen Philosophie mit dem üblichen Prozess der Arbeitsteilung zu tun, nämlich mit akademischen Fach- und Berufsphilosophen.[7] Bei genauerem Blick: mit lauter Detailkrämern. Kant, Hegel, Marx: es war einmal.[8]

---

7 Aus dieser Perspektive schreibt der Münchner Soziologe Armin Nassehi in seinem Essay: „Die wahre Krise der Gegenwart" zwar weniger von arbeitsteiligen Philosophien als vielmehr von der gesellschaftlichen Leistungsfähigkeit durch Differenzierungsprozesse: „Die Leistungsfähigkeit der Moderne ist ein Effekt der Überwindung von ‚Ganzheitlichkeit' als Grundideologie" (DER SPIEGEL Nr. 31/31.7.21, S. 120). Diese Veränderung wiederum prägt die Gesellschaft selbst, die „deshalb ziemlich gut darin (ist), isolierte und spezielle Probleme zu lösen" (ebd.), und das bezieht sich auch auf die vor mir kritisierte *andere* Philosophie. Allesamt besteht also eine Überforderung „mit der Lösung kollektiver Herausforderungen" und „der Kombination und Abstimmung unterschiedlicher (W.F., System-)Logiken" (ebd.). Auch aus dieser (platzgründenbedingt) sehr holzschnittartigen Beschreibung dürfte klar geworden sein: Mit Nassehis Blick auf die gesellschaftliche Situation wird der Fokus gleichermaßen auf die philosophische Perspektive gelegt. Indem es in seiner Kritik vor allem um die Zielkonflikte zwischen den einzelnen systemischen Logiken geht, und er die Frage stellt: „Vielleicht ist das die wahre Krise der Gegenwart (?)" (ebd., S. 121), wenden sich seine Worte gleichermaßen (wenn auch unausgesprochen) gegen jede partikularistische Philosophie. Diese Kritikrichtung wird deutlich in den oben genannten *Spezialphilosophien*: So wird es nicht mehr möglich, Mensch und Welt ganzheitlich und damit in Bezug auf systemüberwindende *Seins- und Selbstkonstitution* zu deuten. In dieser Hinsicht also wäre die von mir so bezeichnete *Seins- und Selbstvergessenheit* (vgl. „Einordnung der Beiträge") ein Zeugnis von dem, was die Charakteristik der Moderne oder der Systeme, besser (und ganz soziologisch) der Subsysteme ausmacht.

8 Hier ein Kontrast: Natürlich ist es eine vertraute Klage, dass die Wissenschaft zunehmend in Spezialdisziplinen zerfallen sei. Gekoppelt mit der These, dass jeder Versuch einer Integration in Oberflächlichkeit enden müsse. Dennoch meine Frage: Was sind die Konsequenzen einer Bildung für Individuum und Gesellschaft, die nicht umfassend genug war, um die humanistische Grundverfassung und die liberale Demokratie auf feste Füße zu stellen? Wo bleibt die Verantwortung, wenn entfremdete Expertinnen und Experten die Konstruktion und Produktion zerstörender Technik (und das heißt Maschinen *und* Organisationen) im Kontext immer abstrakter werdender Arbeitsbedingungen planen und ausführen? Laut Hegel *ist das Wahre das Ganze*, wie ich noch weiter unten genauer anschauen werde. Dieser Befund legt es nahe, dass es darum geht, ob wir Philosophinnen und Philosophen werden – oder Spezialistinnen und Spezialisten bleiben. Es geht also um die technologische und bürokratische Maschinerie, um Vernichtungsmaschinen und Vernichtungslager, in Hannah Arendts Worten: um die funktionalistische und arbeitsteilige *Banalität des Bösen*, und wir fügen mit Günther (Stern) Anders hinzu: es geht darum, dass wir alle *Kinder der Eichmannwelt* sind. (Wir erinnern: In meiner „Einordnung der Beiträge" sprach ich auch von einer *Descartes- oder Eichmannwelt*.) Ich räume ein, dass meine Fragen keine abschließende Antwort zulassen, denn das Dilemma: Moderne *und* Tradition hat keine befriedigende Lösung. Bleibt bei diesen offenen Fragen festzuhalten, dass es auch eine gegenläufige Tendenz zu dieser Fragmentierung gibt: Zumindest zwischen den Spezialwissenschaften nehmen die Querverbindungen zu, nicht ab. Dennoch befürchte ich, dass alle Lebensbereiche zunehmend von abstrakten Formen dominiert werden, mit anderen Worten: die Räume, um authentische Erfahrungen zu machen und selbstbestimmt zu handeln, (ver-)schwinden.

Ich möchte nun an dieser Stelle eine erste Übersetzung in leibphänomenologisches Vokabular versuchen, denn Merleau-Ponty hat philosophische Problemstellungen mit psychologischen und soziologischen Begriffen verkoppelt. Dadurch werden Überschneidungen sichtbar, die in einer üblichen disziplinären Trennung unbeachtet bleiben. Auf den ersten Blick (und letztlich ist dieser erste Blick der richtige, wie ich argumentieren werde), scheint diese Verkoppelung klar genug zu sein, um endlich wieder von einer *existenziellen Draufsicht* sprechen zu können. Als ein Kernstück einer Sozialphilosophie oder Sozialtheorie kann man Merleau-Pontys beide Frühschriften: *Struktur des Verhaltens* (1942) und *Phänomenologie der Wahrnehmung* (1945) betrachten. Offensichtlich behandelt er in der erstgenannten Schrift das Problem der Handlungsstrukturen von außen her, hingegen beschreibt er in der letztgenannten Schrift den Weltbezug von innen her. Auch Waldenfels argumentiert in diese Richtung (1994, vgl. S. 62). Von dieser Einsicht ausgehend ist es nur noch ein kleiner Schritt bis zu einer *Verdoppelungsparadoxie*. Die in doppelte Kontingenz involvierten Individuen stehen *vor* fremden *Strukturen* und sind *in* eigenen *Wahrnehmungen*, die durch gegenseitige Antizipation unauflösbar verkoppelt sind. Die Verdoppelungsparadoxie, in der Innen und Außen gefangen sind, lässt sich mit einem *Hin- und Hergehen* zwischen Ich und Andere(s) beschreiben. Gerade das, was wir geworden sind, ist in dieser *Inkarnation des Sinnes* gebunden und zu finden. Weil eine Trennung nicht greift, bleibt die Existenz diffus. Man mag diese Situation doppelter Kontingenz als unsystematisch und undiszipliniert bezeichnen oder nicht, wichtiger erscheint mir der Hinweis auf eine Schnittstelle zwischen Soziologie und Psychologie, und zwar in einem zentralen Punkt leibphänomenologischer Theorie- und Handlungsbildung. Letztlich bin ich der Auffassung, diese Argumentationslinie ist korrekt, aber es gibt auch einen wichtigen Einwand dagegen, den ich berücksichtigen muss, einen Einwand, der noch eine sorgfältige Untersuchung dessen erfordert, was wir meinen (oder meinen sollten), wenn wir von einer leibphänomenologischen Verbindung zwischen Theorie und Praxis (oder gar einem Primat der Praxis vor der Theorie) sprechen. Aber zunächst noch ein Wort zu den eben genannten Fach- und Berufsphilosophinnen und -philosophen oder Detailkrämern. (Warum wir damit Merleau-Ponty verlassen, ist ein Thema, das ich eben angesprochen habe und auf das ich natürlich noch zurückkommen werde.)

Ich behaupte, dass die Detailkrämerei insofern besonders gravierend ist, als das aus dem Blickfeld geraten des Großen eine Vorherrschaft von Massen darstellt. Richtig scheint mir zu sein, dass Populärwissenschaft und Hollywoodfilme ihre Sirenenrufe ertönen lassen und quacksalberische Rezepte verteilen. Richtig ist weiterhin, dass die Transformation von einer kulturellen Elite respektive großer Persönlichkeiten zur Vorherrschaft einer gesichtslosen Masse jetzt die etablierte Situation ist, sogar in einem so intellektuellen Unterfangen wie die der Philosophie. Nun gut, aber was sagt uns das? Zunächst, dass bis zu gewissem Grad keines der gegenwärtigen Themen (etwa Chancengleichheit, Gerechtigkeit, Menschenrechte) durch irgendeine bestimmte Philosophin und irgendeinen bestimmten Philosophen auf die Tagesordnung gesetzt worden ist, sondern sich durch ein gesellschaftliches Interesse sowie den gemeinsamen Anstrengungen vieler Forschungsbemühungen ergaben. Insofern diese Sichtweise richtig ist, spiegelt in ihrer gegenwärtigen Konfiguration die europäische Philosophie den „Aufstand der Massen“ wider, den José Ortega y Gasset als charakteristisch für unsere Epoche ansah. Das Phänomen der Massengesellschaft zeigt sich nicht nur in Konsumtion und Produktion, sondern auch in der intellektuellen Kultur, einschließlich der Philosophie. Da, wo Ortega selbst es am allerwenigsten erwartet hat. Auf der einen Seite stellte er sich intellektuelle Kreativität als die Arbeit einer kleinen und erlesenen Gruppe vor. Auf der anderen Seite hatte er die Ausbreitung von Wohlstand und Bildung und kreativer intellektueller Anstrengungen im Blick. Ortega zur elitären Tradition und Position der Philosophie: „Wie ist es möglich, (...) dass die Nachkriegszeit (...) den Gelehrten zum Paria der Gesellschaft gemacht hat? Und dabei spreche ich von Physikern, Chemikern, Biologen – nicht von den Philosophen. – Die Philosophie braucht weder Schutz noch Beachtung, noch Sympathie von der Masse. Sie pflegt mit Fleiß den Anschein ihrer völligen Nutzlosigkeit und befreit sich damit von jeder Rücksicht auf den Durchschnittsmenschen“ (1997 (1930/31), S. 82). Und so zeigt sich die Philosophie bei Ortega in einem ganz anderen Gewand, als das der Berufsphilosophie: Sie nehme „heiter ihr freies Schicksal als Singvogel“ auf sich, und wenn sie jemandem etwas nütze, so freue es sie, aber sie lebe nicht davon, Fremden zu nützen: „sie beabsichtigt und erwartet es nicht“ (ebd.). Dieses wohl tatsächlich strukturelle Merkmal der Philosophie macht Ortega greifbar mit der Bezeichnung: „sie ist ein Abenteuer von anderem Range“ (ebd., S. 83). Obzwar mir bewusst ist, dass diese Behauptung nicht vollständig beweisbar ist, bin ich gleichwohl davon überzeugt, dass die Aktivitäten der Philosophieprofessorinnen und -professoren, die, wie alle Professorinnen und Professoren, Beamte sind, keine *geistigen Abenteuer* zulassen. So, als würde man Snoopy (wir erinnern: die Peanuts) in seine Hundehütte sperren und nicht auf dieser in seiner Phantasie den wilden Abenteurer sein lassen. In Ortegas Bild: Der Augenblick der Verbeamtung steckt den *heiteren Singvogel* in einen *ministerialen Käfig*: Schopenhauer und Nietzsche haben bereits im neunzehnten Jahrhundert Spott und Hohn über die staatliche Anstellung *freier Denker* vergossen.[9]

9 Nach allem, was hier über die Philosophie und die Berufsphilosophinnen und -philosophen ausgeführt wurde, wird es nicht überraschen, dass ich Ortega zustimme. Auf mich bezogen findet diese Deutung vermutlich problemlos Anwendung, da ich

Mag dies sein, wie es will, im späten zwanzigsten Jahrhundert sind wir in eine neue philosophische Epoche eingetreten, die durch eine partikularistische Sorge ums provinzialistische Detail getragen ist. Es ist naheliegend, aber zu kurz gegriffen, nur auf die wenigen Auserwählten der traditionellen Philosophie zu verweisen. Vielmehr ist es auch erforderlich, den spezifischen Charakter der heutigen Philosophie in Rechnung zu stellen. Das gegenwärtige Philosophieren ist vornehmlich auf der Ebene programmatischer Einheit und spontaner Arbeitsteilung angesiedelt. Sie unterliegt daher den für diesen Bereich geltenden Logiken und Regeln im Hinblick auf die Frage philosophischer Großsysteme. Aber das ist nicht notwendigerweise etwas Schlechtes, zumal es in dieser Hinsicht sowieso kein Zurück gibt; wohl aber Schlupflöcher, die nicht nur Merleau-Ponty phänomenologisch nutzt.

4 Das neue Kleid: Phänomenologie mit Körper

Ich halte inne, um mich zu vergewissern, wohin unsere Überlegungen uns inzwischen geführt haben. Eingangs habe ich die Philosophie des neunzehnten Jahrhunderts kurz vorgestellt. In einem zweiten, ausführlicheren Schritt sind sodann die Philosophie des zwanzigsten Jahrhunderts und die gegenwärtige Philosophie in Erinnerung gerufen worden, die im Hintergrund der heutigen Kontroverse stehen. Ich werde jetzt in einem abschließenden Teil genauer auf die für unser Leitthema wichtige Leibphänomenologie eingehen. Dabei lenkt mich die Überzeugung, dass die Stunde der großen Verheißungen vorbei ist: Die Töne der gegenwärtigen Philosophie sind viel bescheidener. Wie eingangs gesagt: Überhaupt sollte man im Rahmen eines Aufsatzes auch nicht die Weltgeschichte herausfordern. Daher konzentriere ich mich auf das leibphänomenologische Feld Merleau-Pontys, wohl wissend, dass das *beileibe* nicht alles ist, was philosophisches Interesse beanspruchen darf.

Aus den bisherigen Bemerkungen wird klar, dass sich die akademische Philosophie heute zwischen zwei Hauptrichtungen gliedert: der angelsächsischen Philosophie mit ihrer analytischen Methode und der kontinentalen Philosophie mit ihren hermeneutischen Einstellungen. Beide gespaltenen Schuloppositionen handeln von der Sprache, und wir haben schon erwähnt, dass auch die

---

professionell vorbelastet bin: ich habe Soziologie und Philosophie studiert und bin als Hochschullehrer tätig. Sei es wie es ist, in dieser neuen philosophischen Epoche zählt weniger eine dominante Elite, sondern eine Unmenge geringerer Sterblicher. Ich will verraten, dass mir zu diesem Passus Rainald Grebe im Ohr liegt, nämlich mit seinem Text und Lied: „diese widersprüche widersprüche widersprüche / immer diese widersprüche // simplyfy your live / simplyfy your live // alles wird einfacher / und was war das kompliziert" (alles wird einfacher, auf: 1968, 2008).

Philosophie Wittgensteins und Heideggers vollkommen auf Sprache bezogen wird. Wen das Primat der *Idealsprache* fasziniert, der mag sich auf Wittgenstein und die analytische Schule festlegen, wogegen sich die Hermeneutik von Heidegger dem Paradigma der *Frageursprünglichkeit* zuwendet. Wittgenstein wäre mit seinem *Ideal* einverstanden, dass wir eine Verbindung zur Theorie herstellen. Heidegger würde sich an die Perspektive der Praxis halten, um sein *Fragen* unbeantwortet zu lassen. (Denn Fragen gibt es nur, wo es keine Antworten gibt.) Letztlich liegt die Feststellung nahe, dass Sprache für die analytische Schule wesentlich eine Herausforderung der Theorie ist, während die hermeneutische Richtung daraus ein Praxisproblem macht. Wer dies hört, könnte meinen, wir hätten es mit einer allgemeinen Sprachobsession zu tun. Dieser Punkt ist bedeutsam genug, um eine Wiederholung zu rechtfertigen, denn das *Phänomen der Sprache* wurde schon angesprochen. Daher schließe ich die Bemerkung an: Zweifellos tritt die Sprache heute in den Vordergrund und ist in den jetzigen Zeiten des Philosophierens von vornherein dabei, so auch in der Merleau-Pontyschen Leibphänomenologie.

Aber betrachten wir doch nur einmal den letzten Punkt, die Leibphänomenologie. Deren zentrales Ziel besteht (wie bereits der Titel andeutet) in der Entwicklung einer phänomenologischen Position, die sich jenseits philosophischer Dichotomien bewegt. Seine Analyse des Verhältnisses von Leib und Bewusstsein ermöglicht ihm, philosophische Dualismen zu unterlaufen, und führt ihn zur Annahme des ineinandergreifenden Existenzvollzugs von Leib und Bewusstsein. In umgekehrter Richtung kommt der Leib bei Wittgenstein und Heidegger in den Blick, nämlich als Kontrast zum Bewusstsein, zum Geist oder zur Seele. Kurz: Der Leib kommt nicht in eigener Sache zu Wort, zur Sprache oder zum Ausdruck. Es interessieren mich aber nicht allein die Positionen Wittgensteins und Heideggers. Vielmehr steht im Mittelpunkt der analytischen und hermeneutischen Philosophie eine dualistische Konzeption des Verhältnisses von Leib und Bewusstsein, der zufolge Leib und Bewusstsein voneinander unabhängig und nur getrennt begreifbar sind. Diese Lage, der eine wechselseitige Differenz, schärfer: die Cartesianische Trennung von Geist und Materie zugrunde liegt, scheint mir als äußerst unbefriedigend. Je länger dieser Irrweg dauert, umso deutlicher rücken die Zeichen einer grundsätzlichen Revision in greifbare Nähe. Es hieße dem Prinzip der Denkfaulheit frönen, wollte man die Dinge weitertreiben lassen. Deshalb müssen wir uns damit beschäftigen, wie wir denn über Leibliches und Seelisches sprechen. Und dafür ist Merleau-Ponty ein guter Ausgangspunkt.

Kommen wir kurz auf die Trennung der genannten beiden Substanzen, also Geist und Materie zurück: Nicht genug, dass Sokrates eine philosophische (wir erinnern: letztlich metaphysische) Trennung zwischen Körper und Seele betreibt. So steht auf der einen Seite der Körper, der zu Verfall und Sterben bestimmt ist. Auf der anderen Seite also die Seele, die den Zwecken der Erkenntnis oder des Denkens dient. Für den nicht minder platonischen Sokrates ist die Seele (das Denken) immer schon über den Körper (den Tod) *hinaus*. Dieses *Darüberhinausgehen* heißt: Die Unsterblichkeit der Seele liegt in der philosophischen und eben nicht-leiblichen Selbsterfahrung des zeit- und raumlosen Denkens. Denn der Gedanke *selbst* ist an keine Zeit und an keinen Ort gebunden. Damit entzieht sich das Denken dem naturwissenschaftlichen Verständnis von Zeit und Raum und es ist philosophisch unabhängig von den Begrenzungen des Körperlichen. Hinzu kommt, dass Descartes Dualismus demonstriert, wie die Gewissheit des Denkaktes, der gegen die körperlichen und weltlichen Bedrohungen Schutz gewähren soll, selbst zur Quelle größter Weltlosigkeit und monströser Einsamkeit wird. Tatsächlich hat die neuzeitliche Philosophie, beispielhaft bei Descartes, Mensch und Welt respektive Individuum und Gemeinschaft radikal voneinander getrennt. Genau das ist gemeint mit dem Satz: ‚*ich* denke, also bin *ich*'. In diesem Kontext stellt Rüdiger Safranski fest, dass das Denken der antiken Philosophie hingegen nicht ein einsames Denken ist. Hier bleibt die *wahre* Welt und *wirkliche* Erkenntnis eine *soziale* Welt: „Das zeigt das Beispiel des Sokrates" (1990, S. 120). Ganz auf dieser Linie liegt es, wenn wir zusammenfassen, dass die Zeit- und Raumlosigkeit *des Denkens* sich schnurstracks in eine Welt- und Regungslosigkeit *des Menschen* wandelt. Es ist fast überflüssig, daran zu erinnern, dass Merleau-Ponty mit dieser lebensverachtenden Egologie oder Monadologie des Descartes leibphänomenologisch bricht. (Die gesellschaftlichen Gründe dafür sollen hier nicht erörtert werden, wichtiger in unserem Zusammenhang ist, wie es dem Leib bei alledem erging. Wie er wieder so etwas wie *philosophische Existenz* zu gewinnen sucht.)

Daher möchte ich versuchen, die bei Merleau-Ponty zum Ausdruck kommende Leibphänomenologie etwas zu erhellen. Denn erst Merleau-Ponty lehnt diese Kluft zwischen Leib und Bewusstsein ab und setzt seine leibphänomenologische Konzeption entgegen, die das Verhältnis von Geist und Körper, Intentionalität und Leiblichkeit von vornherein als ein adualistisches begreift. Erst Merleau-Ponty hat die radikalen Konsequenzen aus dieser *Entleiblichung* des Menschen gezogen mit seiner Phänomenologie der *Verleiblichung*, in der der Mensch sein Leib *ist* und ihn als Körper *hat*.

Um das ins Auge zu fassen, werde ich im Folgenden drei Punkte erörtern. Der erste Punkt bezieht sich zu Abgrenzungs- und Klärungszwecken auf den Begriff der Phänomenologie, nur so können wir sie mit unserem Reden über Leibliches kontrastieren. Dabei interessiert mich im Wesentlichen die Position von Merleau-Pontys *phénoménologie existentielle*. Wenn ich auf andere Philosophen eingehe, dann soll dadurch der besondere Fall von Merleau-Pontys Phänomenologie ins Licht gesetzt werden. Dieser Punkt ist vor allem für das Verhältnis von Leib und Bewusstsein von Belang. Der zweite

Punkt ist gewichtiger und betrifft das Verhältnis, genauer: das Ineinandergreifen von Erkennen und Handeln oder von Theorie und Praxis, das der Merleau-Pontyschen *phénoménologie existentielle* zugrunde liegt. Dadurch soll auch die Merleau-Pontysche Sprachphilosophie ins Profil gesetzt werden. Hier tritt uns die schwierigste Aufgabe entgegen, denn es ist von der Grundannahme zu handeln, dass Philosophie auch für die Praxis taugt. Eng damit verzahnt ist der dritte Punkt, an dem ich den bescheidenen, dem einen Aufsatz angemessenen Versuch unternehmen werde, die Sprach- respektive Leibphänomenologie ins politische und das heißt hier egalitaristische Feld zu führen. Davon habe ich schon eingangs gesprochen und werde nun die wichtigsten Positionen der *phénoménologie existentielle* nachzeichnen und mich dabei letztlich auf die Frage nach der Tauglichkeit von Merleau-Pontys leibphänomenologischer Philosophie für demokratische Politik beziehen.

4.1 Verstand und Schatten

Zunächst will ich die oft erwähnte Phänomenologie erörtern, derzufolge die Philosophin und der Philosoph mit der Aufgabe betraut ist, sich der Lehre von den Erscheinungen respektive vom Schein zu widmen. Was aber bedeutet das: Sich ganz auf die Erscheinungen einzulassen? Es ist hilfreich, die Frage mit Platon weiterzuspinnen: Sein Höhlengleichnis macht klar, dass man nur durch den Verstand zum *Ding an sich* gelangen kann.[10] Denn die Welt ist eine Schattenwelt, in der die Dinge, so wie sie sind, nicht vor unseren Augen liegen. Das Platonische Höhlengleichnis (auf das sich auch Nietzsches *Zarathustra* stützt) erzählt von gefesselten Menschen, die, von der wahren Wirklichkeit abgesperrt, an Schattenbilder glauben und sich so um ihr Lebendigsein und letztlich um die Wahrheit betrügen. Erst auf diesem Hintergrund wird der ganze Sinn des Schattenspiels deutlich: Wir können die Welt nur durch den Verstand erkennen. Diese Überlegung zu unserer Frage übersetze ich bildhaft wie folgt: Durch den Verstand können wir den Schatten eines Baumes *als* Schatten erkennen. Die Gemeinsamkeit des Phänomenologisieren ist, dass diese stets und unabdingbar im Rahmen der Schatten-Baum-Erkenntnis erfolgt. Die Alternativen sind nun, dass man je nach Sichtweise zur Seite des Schattens oder des Baumes tendieren kann.

10 Ich rekurriere hier auf Kants *Ding an sich*, in dessen *phaenomenologia generalis* vor allem zu unterstreichen ist, dass das Phänomen als Erscheinung eines anderen und absoluten Seins gegeben ist. In unserem Fall ist dieser Kontext durch das Verhältnis: Schatten und Verstand respektive Baum bestimmt. Wir können sagen, dass das *Ding an sich* im Sinne von *den letzten Dingen* zu verstehen ist.

Dabei gilt zugespitzt, dass man den Baum als *Ding an sich* versteht, und umgekehrt der Schatten diesen Rang erhalten hat. Beide Erkenntnisweisen gehören zur Phänomenologie. Also müssen wir jeweils durch das Fegefeuer argumentativer und phänomenaler Logik hindurch.

Wir erinnern: In der Einführung habe ich eine Passage aus dem Weidner-Lied *Schatten* angeführt. Wie sich nun zeigt, präsentiert Weidners Poesie über die Verwerfungen des Ichs, genauer: über die Melancholie oder Depression die erstgenannte phänomenologische Position, nämlich den Schatten *als* Schatten eines Ichs. Der springende Punkt: Hier berührt die Rockpoesie die Philosophie. Mit anderen Worten: Ich finde es reizvoll, dass das, was ich hier vertrete, nämlich die Verzahnung von Rockpoesie und Philosophie, uns einen Weg zu einem ästhetischen Sprach-/Spielaum zeigt: dieser Weg vermag unseren Blick auf die Möglichkeiten und Unmöglichkeiten im menschlichen Handlungs*feld* zu schärfen, und so können wir uns m. E. klarmachen, was schiefgelaufen, aber auch, was richtig gewesen ist. Von hier aus fällt ein neues Licht auf die Merleau-Pontyschen *Grenzgänge* (um an dieses Wort zu erinnern, das ich eingangs gesetzt habe): So verstanden ist mein ästhetisches Spiel ein *Grenzgang*, den ich weiterhin betreiben werde.

Zurück zur Philosophie. Nun, die Herangehensweise, Phänomenologie zu betreiben, bedeutet grundsätzlich, dass das, was phänomenal evident ist, als Erscheinung *von etwas* genommen wird, was nicht die Erscheinung selbst ist. Wenn wir die Erscheinung mit dem *Ding*, wie wir es uns als *an sich* vorstellen, verwechseln, fallen wir in Irrtum. Das ist der Hegelsche Typ der Phänomenologie, dem seine propädeutische Stufenlehre der *Phänomenologie des Geistes* folgt. Oder aber das, was phänomenal evident ist, wird als die Sache selbst genommen. Wenn wir also das Phänomen nicht als das Wahre nehmen, führt dies ebenfalls auf Abwege. Das ist der Heideggersche Typ der Phänomenologie von *Sein und Zeit*. Die beiden phänomenologischen Deutungen legen nahe: Hegel zielt darauf, dass wir das Phänomen als Erscheinung *eines Anderen*, Heidegger hingegen, dass wir das Phänomen selbst als das Dasein *eines Absoluten* begreifen. Die Pointe ist: Einmal begreifen wir den Schatten als Schatten eines Baumes, mithin ist der Baum das *Ding an sich*. Ein andermal ist der Schatten selbst das *Ding an sich*, der Baum muss zwar in seiner Existenz nicht geleugnet werden, aber er spielt methodisch keine Rolle.

Ich gebe ein Beispiel. In der oben genannten „Phänomenologie des Geistes" will Georg W.F. Hegel aufzeigen, dass die Welt in Wirklichkeit nicht so ist, wie sie uns erscheint. Dieses Bewusstwerden, dass Erscheinung und Wesen nicht identisch sind, ist der Anfang der Wahrheit. Das, was den Gang dieser Erfahrung bestimmt, ist die wechselnde Beziehung zwischen Mensch und Welt. Der fortschreitende Erkenntnisprozess sieht also hinter die Erscheinungen, um diese Erscheinungen in ihrem Wesen zu entdecken. Dass wir die Erscheinungen nur als Oberfläche oder als Schatten der Wirklichkeit betrachten, bedeutet in Hegels Worten: „Das Wahre ist das Ganze“ (1986 (1806/07), S. 24), vom anderen Beispiel her: Schatten *und* Baum. Dass wir „hinter (den) sogenannten Vorhang(e)“ (ebd., S. 135) schauen müssen, denn erst, wenn wir den Vorhang weggezogen haben, erkennen wir, dass Mensch und Welt wesensmäßig anders sind als es bisher zu sein schien. Dass wir so, durch diese erkenntnistheoretische Haltung hindurch, in das „*Reich der Sittlichkeit*“ (ebd., S. 264), in die „*sittliche Wirklichkeit*“, die „*lebendige sittliche* Welt“ (ebd., S. 325f.) gelangen. Hegels Logik, die einen weiten Bogen der sich entwickelnden Menschheitsgeschichte aufspannt, ist daher als eine phänomenologische anzusehen, weil dort Kategorien wie *Selbstbewusstsein*, *Wahrheit* und *Sittlichkeit* auftreten, die sich erst in ihrer zu erlangenden Einheit entfalten. In unseren Worten: Vom Schatten *zum* Baum. Soviel zu Hegel. Wir werden nun keinen Umweg machen und uns der Phänomenologie und Daseinsanalyse Heideggers vom entgegengesetzten Ende her nähern. Dieser Punkt ist vor allem für die Prüfung der Heideggerschen Praxis- und Handlungsterminologie von Belang, die hier unerwähnt bleiben. Sondern fragen: Um welche Art Phänomenologie handelt es sich nun bei Merleau-Ponty?

Nun, die Antwort überrascht nur bedingt, denn vor dem Hintergrund des bereits Gesagten hebt sich mittlerweile schon ab: Es handelt sich bei ihr *weder* um eine Erscheinungslehre Hegelschen, *noch* Heideggerschen Typs, sondern vielmehr um eine solche, die sich in einem *Dazwischen* bewegt. Ausgehend von der Überzeugung, man könne *zwischen* den Phänomenen und dem Absoluten die Existenz ergreifen, dürfte es nicht schwerfallen, festzustellen, dass wir es nun mit einem der originellsten phänomenlogischen Vertreter zu tun haben. Daher lässt sich Merleau-Ponty in seiner Philosophie nicht mehr durch die Tabus theoretisch-analytischer oder lebensweltlich-hermeneutischer Traditionsverwaltung einschnüren. Jedoch im Unterschied zu den vielen anderen gründet seine undogmatische Einstellung nicht in einer kompensatorischen Hinwendung zu philosophischen Überlieferungen: Merleau-Ponty greift auf das Denken der objektivistischen *und* subjektivistischen Philosophien zurück, rezipiert Hegel *und* Heidegger, nutzt Proust, den sperrigen Denker einer abgründigen Moderne *und* Cézanne, den modernen Maler des *wilden oder rohen Seins*, für seine *phénoménologie existentielle*. Anders gesagt, seine Eigenständigkeit ist das Ergebnis einer Durchbrechung der genannten Methodenstränge und wurzelt in einer systematischen Überbietung ihres Disziplinverständnisses, was in seinem Interesse an Soziologie und Ethnologie, Neurologie und Pathologie, Literatur und Malerei zum Ausdruck kommt. Das führt zu einem gehaltvollen und wirklichkeitsfreundlichen Philosophiebegriff, der sich nicht die schwierigen menschlichen Selbst- und Weltverhältnisse durch reduktionistische Strategien verstellt.

In groben Zügen ließen sich die Grundzüge dieses *dritten und leibphänomenologischen Weges* wie folgt beschreiben: Merleau-Ponty geht davon aus, dass Leib und Bewusstsein oder Äußeres und Inneres zutiefst miteinander verschränkte Begriffe sind, die er zwar in traditionellen Begriffen diskutierte, aber in einer Weise, die dieser Tradition entgegensteht. Das bedeutet, dass es ihm um die Dekonstruktion dieser Gegensatzpaare ging. Worauf Merleau-Pontys damit hinaus will, ist verständlich: Dem (ungelösten) Problem von Erkennen und Handeln oder von Theorie und Praxis sucht er dadurch beizukommen, dass er beides grundsätzlich als Arten vom *Zur-Welt-sein* zu verstehen versucht, das er als den Grundcharakter des Menschen herausstellt. Auf den ersten Blick wird klar, dass wir auf dieses *Zur-Welt-sein* noch genauer eingehen und interpretieren werden.

An diesem Punkt stoßen wir auf eine knifflige Frage: Sind Erkennen und Handeln oder Reflexivität und Faktizität als bloße Arten des *Zur-Welt-seins* oder der Exzentrizität vielleicht ein und dasselbe oder umgekehrt: etwas je Verschiedenes, und inwiefern stehen sie dann in einem Verhältnis zueinander? Wer konsequent der *phénoménologie existentielle* folgt, sollte hier keine Probleme haben, zunächst der zweiten Option in meiner Frage zuzustimmen. In diesem Fall sind Reflexivität und Faktizität keine besonderen Arten von Exzentrizität, sondern sind dann vielmehr ein diffuses Verhältnis der Existenz *selbst*. Zur Verdeutlichung dieses Punkts könnten wir sagen, dass, wenn man Erkennen und Handeln unauflösbar verkoppelt, letztlich auch diese Frage verschwindet. Für sich genommen haben Erkennen und Handeln gar keine klare Bedeutung außerhalb der *Struktur* und der *Wahrnehmung* des *Zur-Welt-seins selbst*. Solch ein Sachverhalt wäre für das charakteristisch, was ich weiter oben als *Verdoppelungsparadoxie* bezeichnet habe (und gleich als *Doppeldeutigkeit-/perspektivität* benennen werde). Wichtig erscheint mir hier, dass sowohl die Reflexivität als auch die Faktizität einer phänomenologischen Grauzone verhaftet sind: Merleau-Pontys Ansatz zur Interpretation der Existenzialität begreift diese nicht so, dass man dabei von einer Innerlichkeit zu einer Äußerlichkeit gelangt, sondern über die Entfaltung unserer Inkarnation, über welche wir immer schon verfügen. An dieser Stelle mache ich darauf aufmerksam, dass das oben genannte *Dazwischen* für diese Inkarnation steht. (Wie sich noch herausstellt, versucht Merleau-Ponty diesen Gedanken in seiner Metapher von *wild und roh* zu erfassen. Beim späten Merleau-Ponty kommt die hier nicht genannte Stilfigur *Chiasmus* und Metapher *Fleisch* auf. Meines Erachtens gibt es die einfache Möglichkeit, die latenten Spannungen in den Grauzonenmetaphern im *Symbolismus der Leiblichkeit*, auch: *Interkorporalität* aufzulösen.) Diese Perspektive von Merleau-Ponty muss noch um die an mehreren Stellen genutzte Schattenmetapher ergänzt werden, nämlich dahingehend, dass innerhalb seiner Leibphänomenologie weder der Baum noch der

Schatten das *Ding an sich* sind, um obiges Beispiel fortzuschreiben, sondern er begreift das Phänomen in einer Zwischen-, eben: Grauzone. Sicherlich ist diese existenzielle und interpretatorische Grauzone derart undurchsichtig und paradox, dass man sie nicht ohne weiteres als Methode leibphänomenologischer Handlungsstrategien nutzen kann. Wir werden noch sehen, dass hier große Vorsicht geboten ist. Dies schließt auch die Formulierung irgendeines Postulats oder Primats mit ein, auf die ich unten kurz eingehen werde. Im Übrigen bin ich selbst der Auffassung, dass etwas, das man Primat der Praxis vor der Theorie und umgekehrt bezeichnen könnte, mit dieser *Paradoxie* steht und fällt. Wer anderer Meinung ist, ist einfach keine Vertreterin der *phénoménologie existentielle*, zumindest nicht, was diesen Punkt angeht. Zugegeben, dieser Punkt erfordert auch zu sagen, dass das *Zur-Welt-sein* immer schon ein Primat der Praxis beinhaltet, mithin so etwas wie einen Anstrich von konkreter Politik und realen Wirkungen in der Welt hat. Wenn wir jedoch keine offene Diskussion darüber austragen, wie man Gesellschaft verändern kann, dann bleibt es nur ein Anstrich. Das werde ich noch in diesem Aufsatz beleuchten. Ich möchte dies als ein voraus greifendes Werturteil verstanden wissen und damit die Logik und den Rahmen für das Folgende schaffen.

Vor diesem Hintergrund scheint es, zumindest dann, wenn man um eine Klärung der *phénoménologie existentielle* bemüht ist, ratsam, sich nach weiteren Stimmen umzusehen, die diese Art von Neubestimmung des Verhältnisses von Natur und Kultur ins Auge fassen. Auch wenn es eine ganze Literatur zum Thema gibt, zwei Autoren sollen genügen: Bernhard Waldenfels geht davon aus, dass Merleau-Ponty mit seiner *phénoménologie existentielle* eigene Denkwege beschritten hat (1998, vgl. S. 47, 142). Und Marc Richir betont, dass sich seine Phänomenologie durch eine Neuartigkeit auszeichnet, indem er über den *Cartesianismus* hinausgeht (1986, vgl. S. 87, 98). Zusammengenommen geht es offenbar und wiederholt darum, dass Merleau-Ponty die traditionelle Reflexionsphilosophie von ihrem erdrückenden theoretischen Gewicht befreit. Für ihn ist die Undurchdringlichkeit der Lebenswelt, ihre Faktizität, nicht aufhebbar. Insofern *geht* er eben über die oben genannten, Hegel, Heidegger und Wittgenstein *hinaus*.

4.2 Existenz und Sprache

Indem ich nun übergehe zum (vor)letzten Schritt, ist davon auszugehen, dass die Merleau-Pontysche Phänomenologie die *Leiblichkeit des Menschen* auf den Punkt bringt, weil in der *phénoménologie existentielle* die unauflösliche Verbindung von Geist und Körper aufs Deutlichste zum Ausdruck kommt. Nun sieht eine solche *Verleiblichung* zunächst durchaus trivial aus. Doch diese augenscheinliche Trivialität trügt, denn dasjenige, was in einer bloß oberflächlichen Betrachtung trivial erscheint, erweist sich in einer philosophisch relevanten Explikation als Schlüssel zur Auflösung der Dilemmata, in die die Versuche hineingeraten müssen, Mensch und Welt auf einen ausschließlich dualistischen Nenner zu bringen. Allerdings benötigt man dazu einen Standpunkt, der sich nicht in philosophischer Orthodoxie und phänomenologischer Heterodoxie erschöpft. Ein Ansatz dieser Art liegt meiner Ansicht nach vor, wie ihn Waldenfels artikuliert hat (1998, vgl. S. 48). Ich stimme ihm gern zu, dass die *phénoménologie existentielle* auf die folgenden drei Grundmotive ausgelegt ist: dem des *Leibes*, dem des *Anderen* und dem der *Freiheit*. Aber ich sehe weiterhin, dass das Leitmotiv der *Sprache* auf die Liste gesetzt werden muss. Erst von hier aus lässt sich Merleau-Pontys wichtiger Beitrag besonders scharf herausarbeiten, den er im Rahmen seiner *phénoménologie existentielle*, anders gewendet: mit Blick auf die *Problematik der Existenz* leistet.

So, wie ich es sehe, findet die Merleau-Pontysche Erneuerung der Philosophie in seiner „Phänomenologie der Wahrnehmung" statt. Dort finden wir genaueres, wenn es um Leib, Andere, Freiheit und Sprache geht. Und dort finden wir zu Beginn Merleau-Pontys Frage: „Phänomenologie – was ist das?" (1966 (1945), S. 3).[11] Die Antwort kennen wir bereits und führt uns zum Leitmotiv der Merleau-Pontyschen Phänomenologie, nämlich die uns aus eigener Erfahrung wohlverstandene spannungsvolle Doppeldeutigkeit menschlicher Selbst- und Weltverhältnisse. Menschliches Erkennen und Handeln beruht auf einer angespannten Balance zwischen subjektiver und objektiver Perspektive, zwischen unzugänglichem Innen und offenem Außen, mithin zwischen Unsichtbarkeit und Sichtbarkeit. Jede dieser Perspektiven findet in der je anderen ihre Grenze, beide bedingen sich gleichermaßen. Somit entfaltet „die Reflexion niemals die Welt als Ganzes", sondern „(verfügt) stets nur über einen begrenzten Gesichtskreis und ein beschränktes Vermögen" (ebd., S. 85). Wir vermögen uns durch die Reflexion einerseits von unseren Sichtweisen zu distanzieren und einen theoretischen und praktischen Standpunkt zu beziehen. Wir sind andererseits aber auch unauflöslich an eine egozentrische Einstellung und faktische Situation gebunden. Das *Mein* des eigenen Bewusstseins, des eigenen Körpers, des lebensweltlichen Umfelds ist mit den auf einen Egalitarismus der Dinge und der Personen ausgerichteten wissenschaftlichen und philosophi-

11 Merleau-Ponty gibt seine Antwort postwendend, nämlich schon ein paar Zeilen später: *„Phänomenologie ist vollziehbar und ist erkennbar als Manier oder Stil, sie existiert als Bewegung"*, und einige Seiten weiter: sie gebe sich „eher als eine Bewegung denn als System" (1966 (1945), S. 4, 18). *Manier, Stil* und *Bewegung*: Merleau-Ponty zielt hier auch gegen das Hegelsche Systemdenken, indem er das *phänomenonale Feld* mit der *menschlichen Ambiguität* verzahnt. Doch werden wir diesen *Grenzgang* nicht weiterverfolgen.

schen Cartesianismus nicht aufklärbar. Aus diesem Grund notiert Waldenfels in seinem *Reisetagebuch*, dass für Phänomenologinnen und Phänomenologen gilt, dass sie „der sinnlichen, leiblichen und zeiträumlichen Erfahrung großes Gewicht beimessen“ (2020, S. 13), und er spricht davon, dass seine Frage, die er als Gast am 23.2.90 an der Sorbonne stellte, „wie es für einen reinen Geist im Sinne Descartes' überhaupt Berg und Tal geben könne, (...) im Staub der Gelehrsamkeit (versickert)“ (ebd., S. 49). Das gehört in der akademischen Philosophie leider zusammen.

Sortieren wir das Gesagte und stellen uns nochmals die Frage: Was ist Phänomenologie? Aus all dem ergibt sich, dass Merleau-Pontys eigene Argumentation es verlangt, auf die Frage zu antworten, dass die grundlegende Bedeutung der Phänomenologie die Reflexion auf Unreflektiertes ist, und als solche schließt sie die Existenzialität, die Faktizität und die Doppeldeutigkeit des Menschen *in sich*. In dieser Hinsicht erläutert Merleau-Ponty: „Vor allem Bewusstwerden existiert das Soziale“, denn „das Soziale ist je schon da, ehe wir es erkennen“ (1966 (1945), S. 414). In der Doppelperspektivität des Menschen, in der tief prägenden Spannung zwischen Außen und Innen, erblickt Merleau-Ponty das grundlegende Existenzkriterium: Auch, wenn er ausdrücklich vom „beständig benommen von der Welt“ spricht (ebd., S. 23), so entfaltet er das Subjekt doch ganz am Leitfaden des „absolute(n) Ursprungs“, das erst einen Horizont „für-mich-sein“ lässt (ebd., S. 5). In diesem Sinne lässt sich Merleau-Pontys Phänomenologie dahingehend verstehen, dass die Existenz des Subjekts ein „*Zur-Welt-sein*“ ist (ebd., 10), und damit das Ich und die Anderen einander vorgegeben sind, was zugleich bedeutet, dass sie wesentlich voneinander abhängig sind, eben: „durch und durch Verhältnis zur Welt sind“ (ebd.). An die Stelle des *Ich denke* Cartesianischen Zuschnitts tritt bei Merleau-Ponty die Zugehörigkeit *zum Leib*, die sich nicht auf eine bloße Metapher stützt. Als *Zur-Welt-sein* wird hier eine Position bezeichnet, die die Existenz genuiner, irreduzibler „Weltsetzung“ und „Weltwahrnehmung“ und „Weltinteresse(s)“ (ebd., S. 11) behauptet, also die Möglichkeit der Erkenntnis nicht in einem reinen subjekttranszendenten Verfahren begründet, sondern die Fähigkeit zur Reflexion mit der Existenz und damit Doppeldeutigkeit gleichsetzt, sie damit also in der menschlichen Natur und in der Einheit von Leib und Bewusstsein verankert. Die von Merleau-Ponty vorgebrachte Doppelperspektivität nimmt ihren Ausgang zwischen Innen und Außen, um in Bezug auf sie den Existenzcharakter als für dieses *Dazwischen* herauszuarbeiten, der einen unverwischbaren Bezug zur Leiblichkeit markiert. Deswegen, so schließt Merleau-Ponty, sei die Verbindung von Leib und Bewusstsein keine willkürliche Verbindung, sondern diese vollziehe sich vielmehr „von Augenblick zu Augenblick in der Bewegung der Existenz selbst“ (ebd., S. 114). Der Witz an Merleau-Pontys Argumentation im

Vergleich zur traditionellen Philosophie liegt eben darin, dass er von einer ursprünglichen Verleiblichung des Denkens ausgeht, die jeder Theorie und Praxis vorausgeht, und als unverzichtbar für das Verstehen des Menschen stark macht. Es ist Merleau-Ponty zufolge eben diese „Ständigkeit des eigenen Leibes", diese „Ständigkeit *meinerseits*" (ebd., S. 115), die den Leib als das „Vehikel des Zur-Welt-seins" (ebd., S. 106) charakterisiert. Zugleich hält er damit ein Legitimationskriterium für den Feldbegriff in den Händen: Die gesamte menschliche Existenz ist in einem *Feld* verankert, weil das *Zur-Welt-sein* den Menschen von Geburt an prägt. Merleau-Pontys Feldmetapher ist ein Spiegelbild der bedingten menschlichen Existenz: Wir können in einem *Feld* zwar manches sehen, doch anderes bleibt für uns unsichtbar, denn wir befinden uns immer schon in einem *Feld*. Daher gibt es für Merleau-Ponty auch keine absolut bestimmte Freiheit: „Freiheit gibt es nicht ohne ein Feld" (ebd., S. 499). Merleau-Ponty traut seiner Feldkonzeption weitaus mehr zu, als einen unbegrenzten (und m. E. grundsätzlich zweifelhaften) Handlungsbegriff zu begründen, wie etwa Jean-Paul Sartre, seinem intellektuellen und politischen Mitstreiter (vgl. diesen Band: „Geschichte und Sprache"). Denn der Transfer der Feldbedeutung geht mit dem Sartreschen Handlungsverständnis in genau umgekehrter Richtung vonstatten: Nach Merleau-Pontys Deutung kann unsere Handlung nicht absolut frei sein, weil jede Handlung ein *Feld* benötigt, in dem sie sich äußern kann. Dabei ist im Auge zu behalten, dass für Merleau-Ponty mit dem Feldbegriff noch nicht die genannte Doppelperspektivität ausgeschöpft ist, im Gegenteil: Auf der einen Seite ist die Welt bereits konstituiert und sind wir von ihr „in Anspruch genommen", und auf der anderen Seite ist sie dies nie vollständig und wir sind offen für „unendliche Möglichkeiten" (ebd., S. 514). Merleau-Ponty ist der Überzeugung, dass der Mensch in beiden Verhältnissen existiert: Es gibt keine absolute Freiheit und keinen völligen Determinismus, was bedeutet, dass wir nie bloßes Ding und nie nacktes Bewusstsein sind. Das *Dazwischen* entscheidet demnach über den Sinn der Handlung, was insbesondere heißt, dass sich die Sinngebung nicht isoliert zuordnen lässt. Demnach ist die Rede von: ‚Welt hier' und ‚Subjekt da' unzulässig und bedeutungslos, da Außen und Innen wesentlich und existenziell verwoben sind.

Also: Wird durch das *Feld* die *Freiheit* in dem Sinne geleugnet, dass die Anerkennung der Bedingtheit auf eine Form des Skeptizismus oder Nihilismus hinausläuft? Ganz so, wie sich in Theodor Fontanes Roman *Effi Briest* Konvention und Lebendigkeit unversöhnlich begegnen, und sich diese Begegnung in Briests *(Ge-)Rede* von: *das ist ein zu weites Feld* (floskel- und marionettenhaft) abspielt? Die Antwort ist ein klares Nein, und zwar aus dem Grund, der hier vorgetragen wurde: Der Mensch kann immer zu anderen und neuen Sinn- und Handlungskonstellationen gelangen. Diese Existenzdeutung kann darauf ein Licht werfen, dass wir nicht *trotz* der Bedingungen und Motivationen, sondern *durch sie hindurch* frei entscheiden und handeln können. Zu diesen *bestimmt-unbestimmten* Möglichkeiten gehört, dass sich der Mensch seinen Weltzugang nicht selber gibt, sondern mit seiner Leibstruktur übernommen hat. In dem Maße, in dem unsere Handlung als begrenzt erfahren werden kann, gibt es für uns nur bedingte Freiheit. Trotzdem gilt auch für diesen Fall: es *gibt* Freiheit.[12]

Damit ist das Stichwort für Merleau-Pontys Sprachphänomenologie gegeben, denn das vorstehend angeschnittene *Feld* findet auch hier seinen Ausdruck. Ein Beleg für die besondere Herangehensweise an das *Feld der Sprache* sind die gewählten poetischen Worte: „Diesseits des Lärms der Worte" sucht Merleau-Ponty „das ursprüngliche Schweigen" (ebd., S. 218). Als Bedingung der Lösung des Problems einer solchen phänomenlogischen Grundlegung unterscheidet Merleau-Ponty zwei Spielarten der Sprache: „Die *Sprachen*, als bereits konstituierte (...) Systeme uns als empirisch vorhandene *Ausdrucksmittel*, sind Niederschlag und Sedimentation des *Sprechens*, in dem der noch unformulierte Sinn nicht nur ein Mittel äußerer Bekundung findet, sondern überhaupt erst ein Dasein für sich selbst gewinnt, als Sinn erst eigentlich geschaffen wird" (ebd., S. 232). In diesen Sätzen wird die nicht zu unterschätzende direkte Wirkung deutlich, die der Begründer der modernen Linguistik, nämlich de Saussure auf Merleau-Pontys Denken ausübt, die letztlich mit der Unterscheidung zwischen *sprechender Sprache* (*Wahrnehmung*) und *gesprochener Sprache* (*Struktur*) zusammenfällt: „In der sprechenden Sprache (...) polarisiert die Existenz sich in einem gewissen *Sinn*, der sich durch keinen natürlichen Gegenstand definieren lässt; vielmehr jenseits des Seins sucht die Existenz aufs neue zu sich selbst zu kommen; und sie schafft sich das Wort als empirische Stütze ihres eigenen Nichtseins" (ebd.). Damit greift Merleau-Ponty einer-

[12] Nimmt man Merleau-Pontys genutzte Metapher vom *Feld der Freiheit* allzu wörtlich, so bedeutet das mit Charles Taylor, dass wir unsere Lebenswelt wohl als *Quasi-Gefängnis* wahrnehmen. Er entfaltet unser Bild von der Welt als Orientierungs- und Vermeidungszone: „Eine Felsenklippe begrenzt nicht nur eine Zone der Erreichbarkeit, sondern auch eine solche der Sicherheit, weil Handeln und Leiden miteinander verschränkt sind. Meine Umgebung ist voll von Hindernissen, so dass ich mich nicht einfach fortbewegen kann; deshalb mag ich sie als Quasi-Gefängnis erfahren" (1986, S. 199). Überträgt man die Feldmetapher in die Rockpoesie, könnte man mit Gerhard Gundermann zur Auffassung gelangen, dass wir an einer *Leine hängen*. Diese Verbindung liegt darin: „jeder kaiser dem ich dienen wollte // ist schon gehenkt // jedes schiff auf dem ich singen wollte // ist schon versenkt // jeder säbel den ich schwingen wollte // schon voller rost // ich bin nurn armer hund aber bin // ich wirklich von der leine los" (leine los, auf: Engel über dem Revier, 1997). Es zeigt sich: Philosophie und Rockpoesie stiften einen Ort der Erfahrung und der Erschütterung des erlebten (Nicht-)*Telos* oder (Nicht-)*Sinns*.

seits auf die Einsicht von de Saussure zurück, dass die gesprochene Sprache, die das alltägliche Leben beherrscht, einen Teil des Phänomens der Sprache umfasst. So gesehen, wird durch das Sprechen die bereits gesprochene Sprache aufgegriffen und in einen neuen Kontext gestellt, d.h. ihr Sinn wird neu bestimmt. Grundlage der Sprache ist allerdings andererseits, und hier weicht Merleau-Ponty radikal von de Saussure ab, die *Verleiblichung*: Die Sprache als sprechendes Verhalten kann nur als Ausdruck des leiblichen *Zur-Welt-seins* betrachtet werden, indem sich der Gedanke unmittelbar im ausgedrückten Sprechen inkarniert. Diese Struktur der Sprache besteht kurz gesagt in Folgendem: „Gedanke und Ausdruck konstituieren sich somit in eins und zumal" (ebd., S. 217). Die sprechende Sprache ist daher, wie Merleau-Ponty sich ausdrückt, *„ein Denken in der Sprache*" (ebd., S. 213). Im Mittelpunkt der Sprachphänomenologie Merleau-Pontys steht also die sprechende Sprache, in der sich, wie im leiblichen Verhalten, die Existenz, das *Zur-Welt-sein selbst* artikuliert. Das macht somit die Bedeutung aus, die die sprechende Sprache für Merleau-Ponty besitzt: Die sprechende Sprache übernimmt die vorhandenen leibhaften Sinnstrukturen und führt diese fort, wir können sagen, dass sie sich an einem Fundus ausgesprochener Sprache bedienen kann und diesen immer wieder neu bereichert und neu bestimmt. In seiner letzten Konsequenz resultiert aus diesen Überlegungen die Ambiguität der Sprache: „So ist die Sprache denn die paradoxe Leistung, in der wir mit Worten, deren Sinn gegeben ist, und mit verfügbaren Bedeutungen eine Intention erfüllen, die grundsätzlich den Sinn der Worte, in die sie sich überträgt, überschreitet und modifiziert und selbst erst letztlich fixiert" (ebd., S. 443). Mit Hilfe dieser Deutung wäre auch das ‚Alles oder Nichts' der Sprache in Frage gestellt. Den entscheidenden Irrtum eines solchen Sartreschen Standpunktes erblickt Merleau-Ponty allgemein im erkenntnistheoretischen Ansatz, und speziell bei Sartre, der, wie eben bemerkt wurde, sich auf einen unbegrenzten Freiheits- und Handlungsbegriff festlegt. Dem stellt Merleau-Ponty seine *Feldkonzeption* entgegen. All das scheint nun weit zurückzuliegen, der Streit existiert heute nicht mehr, so könnte man sagen; er ist, mit einem Wort, *nur noch* Vergangenheit.

Vielmehr sieht es aber so aus, dass Merleau-Pontys recht verstandene Sprachphänomenologie angesichts der gegenwärtigen sprachpolitischen Debatten zweifellos aktuelle Züge besitzt. Indem Merleau-Ponty die Sprache in einer *Feld- und Grauzone* ausmacht, die der menschlichen Ambiguität und seiner diffusen Existenz entspringt, öffnet er einen Bereich, in dem auch die Absolutheit und das heißt die Wahrheit aufgehoben wird. Es soll hier nicht der Ort sein, Merleau-Pontys Wahrheitsbegriff zu problematisieren. (Das Merleau-Pontysche *vieldeutige Wahrheitsfeld* wird noch in Abschnitt 4.3 angesprochen.) Entscheidend ist vielmehr, dass mit Hilfe dieser Deutung sich die gegenwärtige Rede vom ‚Alles oder Nichts' der Sprache in einem anderen

Licht betrachten lässt. Wenn man sich die sprachpolitischen Debatten der Gegenwart anschaut, wird man zweifellos eine grundsätzliche Gemeinsamkeit feststellen, etwas grob formuliert: einen Sprach- und Kultur*kampf*. Genau hier vermag die so verstandene Sprachphänomenologie der menschlichen Verantwortlichkeit zur Seite zu springen und ihr unter die Arme zu greifen. Sie lässt sich also, oft verblüffend, doch letztlich, als Interpretationsquelle eines permanenten Wandels der Sprache begreifen und damit einer pluralistischen Historizität respektive historischen Zeit, so dass der Blick des Menschen auf die Verantwortung für seine eigene Zeit fällt. Zugespitzt formuliert: In dieser Disponibilität und Verfügbarkeit über *die* Sprache und *die* Zeit liegen zugleich Chancen und Grenzen, durch die die Gesellschaft als offener und demokratischer Spielraum menschlicher Lebensmöglichkeiten generiert wird. Ich werde diesen Gedanken- und Interpretationsgang an anderer Stelle nochmals übernehmen, und zwar im Rahmen der hochschulpolitischen und sozialarbeiterischen *blinden Flecken*. Wenn wir ihn aber übernehmen, können wir nicht annehmen, die ideologischen Denk- und Handlungsstrukturen seien völlig aus der Welt verschwunden. Wir müssen annehmen, die Welt besitze eine ambique und diffuse Struktur. Die leibphänomenologische Interpretation könnte aber darauf hinauslaufen, dass es für Ideologien und das heißt Menschenverachtung keine Entschuldigung mehr gilt.

So weit, so gut. Merleau-Ponty ersetzt also, plakativ gesagt, die Konzeption des theoretischen Erkennens durch den Gedanken des praktischen Handelns. Daraus ergibt sich die Methode seines eigenen leibphänomenologischen Unterfangens, nämlich beides, Denken und Handeln, Sprache und Geschichte in ihren unauflöslichen Zusammenhang zu stellen. Und so ergibt sich für die (sprechende) Sprache, dass diese als ein Modus der Existenz durch die stete Übernahme leiblich und sprachlich sedimentierten Wissens begründet ist. Dass sie grundsätzlich im natürlichen Leben verankert ist, diesem nachfolgt, es aufgreift und sowohl Leben wie Sprache neu bestimmt. Der existenzielle Standpunkt Merleau-Pontys ergibt sich aus dieser Phänomenalität, die er in seinem Frühwerk: „Phänomenologie der Wahrnehmung" formuliert. Auf dieser Basis nähert sich Merleau-Ponty auch der Frage nach einer neuen Ontologie, welche die Wurzeln der *wilden oder rohen* Welt enthüllen soll, und skizziert seinen Ansatz in den Schriften: „Das Auge und der Geist", „Die Prosa der Welt" und nicht zuletzt in seinem Manuskript und den Arbeitsnotizen: „Das Sichtbare und das Unsichtbare". In „Die Prosa der Welt" dockt Merleau-Ponty an der oben beschriebenen Feldmetapher an, indem er die Auffassung vertritt, dass die Sprache ein originäres *Feld* der Ausdruckskreativität des Menschen bildet. Ebenfalls ist bekannt, dass für Merleau-Ponty die Sprache ihrer Struktur nach offen für permanente Bedeutungsverschiebungen und Sinnverweisungen ist. Durch diese kurze, aber gewichtige Phänomenkette wird der eigentliche erkenntnistheoretische Kern seines Projekts sichtbar: Notwendig für eine phänomenologische Begründung der Sprache ist nach Merleau-Pontys Ansicht nicht zuletzt die Verbindung der äußeren mit der inneren Wahrnehmung, und das heißt: das Ablesen der geistigen Gehalte an körperlichen Realitäten. Die Meister dieses Tuns aber sind für Merleau-Ponty die Maler. (Damit verwenden wir ein Bild, dass wir schon eingangs hatten, nämlich: *ein in allen Dingen schlummerndes Wissen zu erwecken*. Allerdings für die Philosophie, nicht die Malerei.) Näher betrachtet behandelt er nun direkt die Malerei als Sprache, und bezeichnet das mit den tiefgreifenden Worten: „Sein Blick (Maler, W.F.) fängt Entsprechungen, Fragen und Antworten ein, die in der Welt nur dumpf angedeutet und stets durch die Stumpfheit der Dinge erstickt sind, er entbindet sie, befreit sie und sucht für sie einen wendigeren Leib" (1993 (1952), S. 69). Wichtig ist für Merleau-Ponty natürlich, dass sich auch im Malen eine „Verwandlung" vollziehe (ebd., S. 70), und so sieht er in dieser „Parallelisierung ein legitimes Prinzip" (ebd., S. 69). Betrachtet man diese Analogie zur Malerei etwas näher, so lässt sich hier seine Suche nach dem *wilden und rohen* Geist ausmachen. Den *wilden oder rohen* Geist kann man auch *wilde oder rohe* Welt und *wildes oder rohes* Sein nennen. (Der Herold dieser *avantgardistischen Malerei*, um der imaginären Sache einen Namen zu geben, war für Merleau-Ponty zweifellos Cézanne, und zwar genau in dem Maße, wie ich ihn oben als *modernen Maler* bezeichnet habe.) Er ist so etwas wie der Kerngedanke dessen, was Merleau-Ponty in „Das Sichtbare und das Unsichtbare" die „Enthüllung einer Ideenwelt" genannt hat (1994 (1959/69), S. 196). Als phänomenologischer Punkt präsentiert es sich in einer Sprache, „wenn sie erobernde, tätige und schöpferische Sprache ist und wenn wirklich etwas gesagt wird" (ebd., S. 200). Diese Unsichtbarkeit im Sichtbaren ist unvermeidlich, denn, um es paradox zu sagen, ein Bild verkörpert, was man noch nicht sieht. Für Merleau-Ponty haben Bildobjekte den prekären Status, in ihrer sichtbaren Präsenz gewissermaßen abwesend zu sein. Es ist bildphänomenologisch charakteristisch für Merleau-Ponty, dass das Schöpferische eben deshalb nicht klar und deutlich gesehen werden kann, weil es als solches erst im Entstehen begriffen ist. Mit anderen Worten: Nicht die gegebene Sichtbarkeit ist von Interesse, sondern die Entdeckung einer bildlichen, in Unsichtbarkeit versteckten Sichtbarkeit. Paul Klee, der intellektuelle Maler, ließ in „Schöpferische Konfession" (1920) das Pendel ebenfalls in diese Richtung ausschlagen: „Kunst gibt nicht das Sichtbare wieder, sondern macht sichtbar" (zit. n. Partsch 2020, S. 54). Er schreibt weiter, „dass das Sichtbare im Verhältnis zum Weltganzen nur isoliertes Beispiel ist, und das andere Wahrheiten latent in der Überzahl sind" (ebd., S. 42). (Ich habe schon darauf hingewiesen, dass wir hier diesem Phänomen der Wahrheiten nicht weiter nachgehen.) Mit Merleau-Ponty kann man sagen: „Das Bild eines Seins, das – wie die Farbflecken von Klee – das allerälteste und das Sein ‚am ersten Tag' (Hegel) ist, es ist das, worauf das regressive Denken stößt", es ist „das *wilde* Prinzip des Logos" und das bereits genannte „wilde oder rohe Sein" (1994 (1959/69), S. 269). Wir haben es hier mit einem scheinbaren Paradox zu tun: Einerseits gibt es keine Sichtbarkeit ohne Unsichtbarkeit, andererseits gibt es im Bild verschiedene Phänomene zu entdecken, freilich nur, wenn wir es mit verschiedenen Blicken betrachten. Dieses Paradox ist also grundsätzlich deshalb auflösbar, weil die Sprache nicht nur reproduziert, sondern kreiert. Menschen sind Bastler, auch Künstler, nicht Apparate. Dieses Neue bringt es mit sich, dass es in letzter Instanz die modernen Maler sind, die für Merleau-Ponty die sichtbaren und sichtbarmachenden Formen des Bildes zustande bringen. Es liegt auf der bildphänomenologischen Hand, dass der eben genannte Klee in seinem Bild (s)eine *neue* Sichtbarkeit und das heißt (s)eine *neue* Welt findet. Auch deshalb finden wir eingangs Benjamins Interpretation des Klee-Bildes: *Angelus Novus*. Die unvorhersehbare Zukunft, die sich in einer leidvollen Gegenwart findet, erhält ihre Bedeutung von ihrer grausamen Geschichte her. Wir können dieses Schöpferische der Modernen etwas allgemeiner fassen und philosophisch formulieren und mit Merleau-Ponty sagen: „Die Proustsche Leiblichkeit als Hüterin des Vergangenen, das Eintauchen in ein transzendentes Sein, das nicht auf ‚Perspektiven' des ‚Bewusstseins' reduziert ist – es enthält einen intentionalen Verweis, (...) wo die Vergangenheit mit der Gegenwart im engeren Sinne ‚simultan' ist" (ebd., S. 308). Genau in diesem Sinne notiert Waldenfels in seinem *Reisetagebuch*, und zwar bei seinem Besuch im Louvre am 23.2.90, wo es um Draperien und Faltenspiel bei Leonardo da Vinci geht: „Leonardo ist Maler durch und durch. Ich denke an Merleau-Pontys Motiv der Falte (pli), in der sich etwas ‚abzeichnet', so dass Gegenwärtiges ausgespart wird" (2020, S. 49). Diese *Abzeichnung* oder dieses *Ineinander* der Zeitlichkeit wird auch in Benjamins Klee-Interpretation zum Ausdruck gebracht. Die Differenz wird in der Merleau-Pontyschen Proustschen *Leiblichkeit* sichtbar. (Bei alledem interessieren uns hier weniger die Schriftsteller, sondern die Maler, letztlich die Leiblichkeit.)

Ich möchte daran erinnern, dass wir im Rahmen dieses Aufsatzes über Wittgenstein und Heidegger gesprochen haben, und fasse noch einmal kurz zusammen: Für Wittgenstein gibt es eine *Idealsprache*, später auch *Sprachspiele* und für Heidegger ist die Sprache das *Haus des Seins*. Mein weiter oben genannter Punkt war, dass ihre Sprachphilosophien nicht in die gleiche Richtung zielen. Hierzu möchte ich noch folgendes äußern. Zwar gehen beide Denker und Denkschulen von der Sprachgebundenheit unseres Weltbildes aus: So erblickt Wittgenstein, der Analytiker, in Phänomenen der Sprache ein äußerst verwickeltes Rätsel, im Vertrauen darauf, mit naturwissenschaftlicher Logik müsse die harte Nuss endlich zu knacken sein. Heidegger sieht, seiner hermeneutischen Herkunft gemäß, in Sprache eine Art von Offenbarung im Reich des Handelns, der Sozialität und der Geschichte. Doch wird uns mehr zuteil, als wir verdienen, und wir tun gut daran, die Sprache einigen Dichtern und Denkern zu überlassen. Im Lichte von Merleau-Pontys Leiblichkeit wird die Kluft zwischen diesen Schulen deutlich: Auf Wittgenstein und Heidegger bezogen herrscht bei beiden eine Fremdheit, wenn es um den Leib geht, kurz: er kommt nicht in eigener Sache zu Wort. Auf der Basis der Sprachsysteme eröffnet Merleau-Ponty komplexere Wirklichkeiten, indem er sich legitimiert sieht, sämtliche menschliche Ausdrucksleistungen als Sprache zu behandeln. Diese Legitimation finden wir bei Wittgenstein und Heidegger nicht. Betrachtet man ebenfalls die weiter oben angesprochene Position Benjamins, so fällt einerseits auf, dass auch er, wie Merleau-Ponty, eine Erkenntnis jenseits der Subjekt-Objekt-Terminologie, anders gewendet: eine umfassende Erfahrung als einheitliche Erkenntnis für seine Arbeit nutzbar zu machen sucht. Erstaunlich ist aber auf der anderen Seite nicht weniger, dass sich der Philosoph offenbar überhaupt nicht beeinflusst zeigt von Leib und Ausdruck. Merleau-Ponty beansprucht sie als ein Derivat des Lebens. Zurück zu Wittgenstein und Heidegger. Unter dem Blickwinkel von Wittgenstein zeigt sich nicht nur seine Idealsprache, sondern selbst die Sprachspiele als bloßer Anwendungsfall einer Regel. Eben daran zeigt sich, dass wir es bei ihm mit dem Primat des Erkennens vor dem Handeln zu tun haben. Man könnte meinen, indem man Heideggers *In-der-Welt-sein* (vgl. *Sein und Zeit*) das (angebliche) Primat des Handelns vor dem Erkennen zuschreibt, lege man sich fest, dass das auch gegenüber Merleau-Pontys *Zur-Welt-sein* bruch- und unterschiedslos zu gelten hat. Meiner Meinung nach ist diese nahtlose Gleichsetzung jedoch ein Fehler. Denn Heidegger schwebt in seiner Sprachphilosophie eine Verbindung von *auserwählten Menschen* und *geschichtlicher Sprache* vor. So gesehen zielt Merleau-Pontys *schöpferische Sprache* auf eine gemeinsame und intersubjektive Welt. Daher ist Merleau-Pontys *wildes oder rohes Sein* nicht mit Heideggers *Haus des Seins* zu verwechseln. (Wie Heidegger weiter oben zitiert wurde.) Es bleibt allerdings richtig, festzustellen, dass das Primat des Handelns oder der Praxis in der Merleau-Pontyschen Leibphänomenologie noch entwickelt werden muss, da es von ihm selbst nicht nur auf die Probe gestellt wurde, sondern auch den Rückfall in interpretatorischen Fatalismus heraufbeschworen hat. Dies erfordert große Vorsicht in der Methode und Interpretation bei der Nutzung leibphänomenologischer Politik- und Handlungsstrategien. (Das habe ich bereits weiter oben behauptet, als es um den etwas anderen Blickwinkel der Verdoppelungsparadoxie ging und wird in diesem Aufsatz noch weiter dingfest gemacht werden können.) Doch ich denke, dass diese dem

Zweck demokratischer Gesellschaften erfolgreich dienen können, was ich noch im letzten Punkt betrachten werde. Denn in der letzten Konsequenz geht es Heidegger um die *Entmenschung des Menschen*, Merleau-Ponty unternimmt mithin eine Begründung des *Symbolismus der Leiblichkeit.*[13]

Insofern rückt Merleau-Ponty in seinem letzten Aufsatz: „Das Auge und der Geist" die rätselhafte Struktur unseres Leibes ins Licht: „Indem der Maler der Welt seinen Leib leiht, verwandelt er die Welt in Malerei" (2003 (1961), S. 278). Das Rätsel des Leibes liegt nun in seiner Doppelseitigkeit, zugleich sehender und sichtbarer, berührender und berührter zu sein: „Er sieht sich sehend, er betastet sich tastend, er ist für sich selbst sichtbar und spürbar" (ebd., S. 280). Dieser Punkt ist so bedeutsam, dass mit ihm die dualistischen Kategorien von Sichtbarkeit und Unsichtbarkeit unterlaufen werden. Betrachten wir den Leib, so vollzieht er die Metamorphose des Sehenden und des Sichtbaren, betrachten wir den Maler, so bringt er diese Metamorphose zum Ausdruck. Merleau-Ponty interpretiert diese Metamorphose so, dass die Dinge im Leib „ein Echo" fänden, die vom Maler in einen „sichtbare(n) Linienzug" übersetzt würden (ebd., S. 281), daher sei das Sehen des Malers „eine fortwährende Geburt" (ebd., S. 287). Die Malerei ist nach Merleau-Ponty daher die Ausdruckhandlung unseres Leibes, in dem sich Kunst und Existenz, Sinn und Welt vermischen. Dies ist gleichsam der höchste Punkt von Merleau-Pontys Leibphänomenologie und zugleich der Grundgedanke seiner Sprach- und Bildphänomenologie, die er in seinen späteren Schriften in ihren Grundzügen entwickelt hat, und die in den Worten gipfeln: Indem aber „keine Malerei die Malerei abschließt" und „kein Werk je fertig wird", sind auch „die Schöpfungen kein Besitz, der ein für allemal erworben ist", und haben „fast ihr ganzes Leben noch vor sich" (ebd., S. 317). Merleau-Ponty denkt: „Die ersten Höhlenwandmalereien steckten ein Feld unbegrenzter Erforschungen ab, sie machen die Welt zu einem Gegenstand des Malens und Zeichnens, sie eröffneten für die Malerei eine unbestimmte Zukunft" (1993 (1952), S. 92). Darin findet sich die Behauptung, dass in der bildenden Kunst die kulturgeschichtlichen Handlungen überhaupt stecken. Darauf werde ich zurückkommen.

Nimmt man diese Sicht ernst, so hat das sowohl sprachphilosophische als auch historiographische Konsequenzen. Wenn wir akzeptieren, dass auch Malerei eine Sprache ist, dann sind phänomenlogisch alle Formen und Figuren, also Zeichen zu untersuchen, in denen sich die menschlichen Aus-

---

[13] Zur Bedeutung von Heideggers Fundamentalontologie für Merleau-Pontys Anthropologie vgl. Wolfgang Faust, Abenteuer der Phänomenologie. Philosophie und Politik bei Maurice Merleau-Ponty, Würzburg, 2. Auflage, 2012. Zur Auseinandersetzung mit Heideggers Seinsdenken vgl. auch Hassan Givsan, Heidegger – das Denken der Inhumanität. Eine ontologische Auseinandersetzung mit Heidegger Denken, Würzburg, 1998.

drucksleistungen manifestieren. Sofern jeglicher Ausdruck in die Sprache eingebettet wird, verweist das darauf, dass alle Kunst- und Kulturformen, von Tanz und Musik über Bauwerke und Organisationen als Sprache begriffen werden können, schärfer: müssen. In diesem Sinne muss sie einer Ganzheit Genüge tun und bietet so Querverbindungen nicht nur zwischen den Humanwissenschaften, sondern auch in das Handlungsfeld der Sozialen Arbeit. Mit seiner leibphänomenologischen Überwindung der intellektualistischen und erkenntnistheoretischen Voraussetzungen und Streitfragen moderner Philosophie, schafft Merleau-Ponty die Grundlage zu (s)einer Lösung eines Brückenschlags vom Subjekt zum Objekt, und zwar durch Rekurs auf den ganzen Menschen. Durch diesen ganzheitlichen Ansatz kann er den üblichen und weiter oben thematisierten Partikularismus unterlaufen. Und wenn wir akzeptieren, dass bereits die ersten Höhlenzeichnungen an eine unbegrenzte Zukunft appellierten, dann ist unsere Aufmerksamkeit auf die Charakterisierung einer offenen Geschichte und ebensolchen Gesellschaft, auf ihre Struktur und Dynamik zu richten. Jedenfalls ist es dann nicht angebracht, das Ende irgendeiner dialektischen Geschichte zum Ausgangspunkt einer sozialphilosophischen Untersuchung zu machen. Solchen Überlegungen folgend, sollte Soziale Arbeit versuchen, vorhandene Standardperspektiven und Dualismen zu vermeiden oder sie doch zumindest zu unterlaufen. In Anlehnung an Merleau-Ponty könnte man diesen Zugang als leibphänomenologisch bezeichnen. Ich möchte zumindest einen gewissen Sinn zu wecken zu suchen, was es heißt, in eine ideologische Praxis und damit in nicht hintergehbar politische Situationen verwickelt zu sein. Ich behaupte mit Merleau-Ponty: „In diesem Sinne wäre die Geschichte (...) der Ort unseres Fragens und Staunens“ (2003 (1961), S. 155). Wir werden sehen, inwiefern Merleau-Ponty seine Worte in den Wind schlagen wird.

Lassen wir das noch an dieser Stelle beiseite und stellen zunächst zusammenfassend fest: Merleau-Pontys Vorgehensweise der Begründung des existenziellen *Dazwischen* verliert sich nicht im Unverbindlichen und Chimärischen. Er kann plausibel machen, dass die Unterscheidung von Innen und Außen, Leib und Geist nicht getroffen werden sollte. Aus dieser grundsätzlichen und unauflöslichen Verwobenheit von Leib und Geist, dieser Irreduzibilität der Inkarnation des *Zur-Welt-sein*, erschließt sich die Merleau-Pontysche Revision analytischer und hermeneutischer Philosophien. Ersteres zeigt sich in voller Deutlichkeit anhand der Verständlichkeit der menschlichen Erkenntnis- und Lebenssituation, Letzteres anhand der Funktionsweise eines Wirklichkeits- und Praxisbegriffes, der die in Extreme auseinanderdriftenden Dimensionen des Objektiven und Subjektiven integriert. Erst dann also, wenn man aus der Perspektive der *phénoménologie existentielle* von einer Reduktion des Leibes als Instrument und des Geistes als

Schwebendes gehörigen Abstand nimmt, damit der Versuchung widersteht, die existenziellen Spannungen einseitig aufzulösen und den lebensweltlichen Sinn unseres Selbst- und Weltverständnisses stark macht, scheint es ebenso sehr möglich, unseren routinierten und robusten Alltagscartesianismus beizulegen. Durch dieses leibphänomenologische Passepartout, mit dem sich alle philosophischen Problembereiche erschließen lassen, wie auch unsere Überzeugung von einer Faktizität der Welt einen angemessenen Ausdruck finden kann, geraten wir nicht mehr in die paradoxe Zwickmühle, zwischen den schlechten Alternativen von Innen und Außen, Selbst und Fremd wählen zu müssen. Darin stimme ich Merleau-Ponty zu. Im verbleibenden Teil des Beitrags werde ich noch einen Blick auf die bereits angeschnittene Frage nach der Rolle der leibphänomenlogischen Philosophie in der demokratischen Politik werfen. Letztlich gibt es keinen anderen Interpretationsweg, darüber etwas in Erfahrung zu bringen, als ein unparteiliches und humanistisches Handlungsfeld dafür zu konstruieren. Gegen diesen Interpretationsweg spricht aber Merleau-Pontys perfide Haltung in *Humanismus und Terror*. Hier stimme ich mit Merleau-Ponty nicht überein.

4.3 Phänomenologie und Egalitarismus

Mein Problem mit Merleau-Ponty ist, dass mir nicht klar ist, welche pragmatische Bedeutung es hat zu sagen, „man würde sicher den wahren Sinn vom Begriff der Geschichte wiederfinden, würde man sich angewöhnen, ihn nach dem Beispiel der Künste oder der Sprache zu bilden" (1993 (1952), S. 104f.). Wir erinnern: Merleau-Ponty behauptet, dass in der bildenden Kunst die kulturgeschichtlichen Handlungen überhaupt stecken. Das würde explizit bedeuten, das Kontextabhängige mit dem Universellen zu verschmelzen. Dies scheint als sage man, ein Bild, das, wie alle Bilder, ein künstlerischer und sprachlicher Ausdruck ist für eine bestimmte und schöpferische Interpretation und nicht für andere, sei ein genereller und sinnhafter Ausdruck für Mensch und Welt *überhaupt*. Ich denke, dass sich Merleau-Pontys exemplifizierte Überlegungen an der Malerei zum allgemeinen Zusammenhang von Ausdruck und Geschichte nicht generalisieren lassen. Mit anderen Worten: Die Kunstgeschichte führt zu keiner neuen Geschichtsphilosophie, die Sprache der Malerei nicht ins geschichtlich-gesellschaftliche Feld. Nichtsdestotrotz akzeptiere ich Merleau-Pontys Position: „Das Feld malerischer Bedeutung ist offen, seit es Menschen gibt auf der Welt" (ebd., S. 102), nämlich in dem Sinne, dass es in der Geschichte zwar ein *Voranschreiten*, aber kein *Höherschreiten* gibt. Die Konkretisierung dieser Auffassung von Malerei und Geschichte ist zumindest ein gutes Beispiel dafür, worum es mir geht, nämlich: dass die Dichotomisierung nach *niedrigen* und *hohen* oder *primitiven* und *zivilisierten* (et cetera) Kulturen und Gesellschaften völlig untauglich ist für das *phänomenologische* Verständnis von Mensch und Welt.

Mein Problem mit Merleau-Ponty wird allerdings größer, wenn ich mich frage, warum er in „Humanismus und Terror" (1947) ein prostalinistisches Traktat vorlegt und damit seine Leibphänomenologie zu apologetischen Zwecken einsetzt. Ich wüsste nicht, wie man seine „Phänomenologie der Wahrnehmung" (1945) als Blaupause für einen idealisierenden Gewaltbegriff rechtfertigen könnte. Genauso wenig wüsste ich, wie man voraussetzen könnte, dass der nackte Terror als neutrales Mittel zur Errichtung einer neuen Gesellschaft taugt. Mir ist letzen Endes nicht klar, wie Merleau-Ponty, der seine Anthropologie aus dem Jahre 1945 kurzerhand 1947 aufgegeben hat, diese fatale Ideologisierung des Sowjetthermidors aufrechterhalten kann. Meine Vermutung ist, er glaubt, mit dem Blickwinkel des *Zur-Welt-seins* habe er schon per se die Grundlage guter Argumente und überzeugender Evidenzen, um ins politische *Feld* zu gelangen. Dem war nicht so. Die einzige Konsequenz, die für mich Sinn macht, ist die, dass Merleau-Ponty daran scheiterte, seine theoretische Phänomenologie auch ins praktische *Feld* zu führen. Weil es ihm eben nicht möglich war, auf leibphänomenologische Weise zu den politischen Sachen zu finden, wird sein Begriff der Theorie ebenso sehr erklärungsbedürftig wie der der Praxis, weswegen sich die grundsätzliche Frage stellt, ob das *Zur-Welt-sein* für eine humane und offene Gesellschaft genutzt werden kann.[14]

Nichtsdestoweniger kommt man mit dieser Feststellung des Scheiterns zu keinem entscheidenden Vorteil, der direkt und unmittelbar Ausschlag für die heutige politische Praxis geben würde. Meine Einsicht lautet: Das Problem einer leibphänomenlogischen Philosophie für eine offene Gesellschaft stellt sich noch einmal neu. Daher müssen wir die bisher gesammelten Aussagen nochmals und anders zusammensetzen. Einer von den vielen Punkten, in denen ich mit Merleau-Ponty übereinstimmte, ist der, dass Merleau-Ponty mit dem Grundwort der *Phänomenologie der Wahrnehmung* im Rücken die Probleme der Individuation, Konstitution und Verifikation, Referenz, Kausalität und

---

[14] Ich möchte noch einen Satz darüber sagen, dass diese letzten Worte buchstäblich zu Karl Poppers Buch: „Die offene Gesellschaft und ihre Feinde" (1944) führen. Weiter oben wurde bereits das Projekt der Metaphysik angesprochen, das Popper letztlich mit den Feinden der Demokratie gleichsetzt. Der Vollständigkeit halber füge ich hinzu, dass ich zwar die Überzeugung mit Popper teile, was die demokratischen Institutionen angeht, nicht aber, wen er alles als (*orakelnde, prophetische, metaphysische*) Feinde ausmacht. Abgesehen davon, ist zu notieren, dass auch „Humanismus und Terror" (1947) darauf hinausläuft, und dementsprechend Merleau-Ponty zu diesen Feinden gezählt werden müsste. Ohne das hier genauer darzulegen.

Wahrheit, also zentrale Fragen der Philosophie erneut aufzurollen versucht. Dafür rekurriert er auf die Beschreibung der Menschen als Lebewesen, die mit ihrer gemeinsamen Sprache ihre lebensweltliche Wirklichkeit bewältigen. Genau diese leibphänomenlogische Wende löst die schimärische Objektivität (oder *strukturelle* Soziologie) und egozentrische Subjektivität (oder *individuelle* Psychologie) ab. An die Stelle dieser Repräsentationsmodelle tritt nun eine intersubjektive Dimension mit einer interpersonalen Sprache. Die Botschaft dieses ambitionierten Unterfangens lässt sich, etwas vereinfachend, in dem Schlagwort zusammenfassen: Zu den Sachen! Etwas sorgfältiger formuliert: Alles Erkennen und Handeln, alle Theorie und Praxis ist ein Prozess der Wahrnehmung. An diesem Umschlagspunkt können wir aus dem Blickwinkel der *phénoménologie existentielle* mit Recht darauf verweisen, dass es ihre große Leistung war, eine neue Sichtweise zu artikulieren, durch die sich schlechte Alternativen überwinden und irritierende Probleme klarer formulieren lassen. Wenn in der Philosophie überhaupt von Praxistauglichkeit die Rede sein kann, dann in Fällen einer Perspektivenänderung, durch die überlieferte Probleme in ihrer traditionellen Formulierung hinfällig werden. Nun können solche philosophischen Leistungen nicht erzwungen werden, vielmehr zeigt sich die Perspektivenänderung erst im Vollzug und in der Artikulation des neuen philosophischen Denkstils. Zu den genannten schlechten Alternativen, an denen sich Merleau-Ponty abarbeitete, gehört die zwischen Dogmatismus und Skeptizismus, oder wie man diese Alternative(n) benennen mag. Das ist meine Lesart der Merleau-Pontyschen Philosophie. Deshalb gehe ich davon aus, dass sich mit ihr der Anspruch an eine humane und offene Gesellschaft einlösen lässt. Mit anderen Worten: Die grundsätzliche Erkenntnisfähigkeit und Praxistauglichkeit der *phénoménologie existentielle* steht für mich nicht auf dem Spiel. Es geht nicht um Dogmatismus oder Skeptizismus, sondern um Weder-noch oder *Dazwischen*.

Wie schon in Abschnitt 4.2 gesagt, will ich in keine sozalphilosophische Erörterung des vieldeutigen Wahrheitsphänomens im Rahmen der Merleau-Pontyschen *phénoménologie existentielle* eintreten. Eine solche Erörterung müsste vor allem eine völlige Umdeutung dessen berücksichtigen, was Wahrheit im üblichen Sinne ist. Waldenfels fragt hier, was von der Wahrheit bleibe, wenn sie sich weder in Richtigkeit noch in (Ein-)Stimmigkeit erschöpfe (1995, vgl. S. 138f.). Sartre drückt etwas Ähnliches aus, wenn er nur *(s)einer Wahrheit* das Wort redet, und unumwunden macht er deutlich, dass Merleau-Ponty *in der Perspektivenvielzahl seine Sicherheit fand* (1988 (1961), vgl. S. 72). Deshalb sagt Merleau-Ponty in seinen Vorlesungen und im Anschluss an Bergson, dass es keinen Ort der Wahrheit gebe (1973 (1952–60), vgl. S. 31). Im Sinne Merleau-Pontys spreche ich daher auch von einem *Feld der Wahrheit*. Aus Gründen, von denen ich hoffe, dass sie im Rahmen von

Humanismus und Terror klar wurden, ist wiederum der Grat einer ethischen Mensch- und Weltfundierung sehr schmal. Doch wenn ich mich nicht ganz getäuscht habe, in der *phénoménologie existentielle* die politischen Spuren einer egalitaristischen Demokratie zu sehen, dann erhält dieser Interpretationsweg durch Sartres Aussage, dass man bei Merleau-Ponty diesen Perspektiven-, und das heißt Wahrheitenpluralismus fände, eine weitere Plausibilität. Denn durch den Grundgedanken, dass es ein *vieldeutiges Wahrheitsfeld* gibt, wird jeder *fatalen Ideologisierung* durch eine gehörige Portion *adualistisches Dazwischen* der *apologetische Stachel* gezogen. Dabei möchte ich es bewenden lassen.

Nehmen wir also einen Anlauf, um das *Dazwischen* ins politische und egalitaristische *Feld* zu führen. (Da ich nicht auf alle Perspektiven eingehen kann, illustriere ich die Vereinbarkeit des *Dazwischen* mit dem Egalitarismus, indem ich die Implikationen der oben angedeuteten Perspektivenänderung angehe.) Es ist mittlerweile klar, dass sich das *Dazwischen*, das Waldenfels konsequent mit *Vermittlungsbewegung* übersetzt (1998, vgl. S. 150), als grundlegende Kategorie in die Merleau-Pontysche Leibphänomenologie einfügt. Wir sehen, dass es darum geht, an die Stelle der geschlossenen Weltbilder eine offene Begründung treten zu lassen. Sobald man, von dieser Offenheit ausgehend, die philosophischen Wurzeln studiert, wird die Bedeutung einsichtig, die einem ethischen Realismus zukommt, schärfer: die sich letztlich auf diesen stützt, der Erinnerung an die Aristotelische Ethik weckt.[15] Als ethischer Realismus wird hier eine Position bezeichnet, die die Existenz genuiner ethischer Erkenntnis behauptet, die Möglichkeit dieser Erkenntnis in einem unparteiischen Standpunkt, mithin jenseits des Subjekt-Objekt-Dualismus und Cartesianismus begründet und die Fähigkeit zu diesem leibhaften Erkennen mit dem praktischen Vernunftbesitz gleichsetzt, sie damit also in der menschlichen Handlung verankert. Einerseits ist für mich diese von Merleau-Ponty in Anspruch genommene allgemeinmenschliche Fähigkeit ersichtlich eine Variation der Aristotelischen besonnenen und praktischen Vernunft. Im Rahmen der *Nikomachischen Ethik* wird mittels der unparteiischen Vernunft ein allgemeiner und zustimmungsfähiger Mittelweg begründet, mit dem die Kardinaltugend der Gerechtigkeit erreicht wird. Eben dieser Mittelweg ist von meinem Gesichtspunkt aus dasjenige, was Merleau-Ponty mit *Dazwischen* und *Jenseits* entfaltet. Dem entspricht ebenfalls der *dritte und vermittelnde Weg*. Andererseits liegt das Verstörende der Merleau-Pontyschen Phänomenologie nun darin, dass er dem eigenen prak-

[15] Zu Besonnenheit, Gerechtigkeit und Tugenden vgl. Aristoteles, Nikomachische Ethik, Band 6/II, Berlin und Boston, 2020. Vgl. auch Wolfgang Faust, Auf der Suche nach der verlorenen Vernunft – Grundlagen der Sozialwirtschaft, in: Auf der Suche nach Sozialmanagementkonzepten und Managementkonzepten für und in der Sozialwirtschaft, Band 2, hrsg. von Armin Wöhrle, Augsburg, 2012.

tischen Handeln weitaus mehr zutraut, als er mit seinen zeitgeschichtlichen Gesellschafts-, genauer: Stalinismusinterpretationen einlösen kann. Wie wir gesehen haben, ist er der Überzeugung, dass sein theoretisches Erkennen einen tauglichen Interpretationsweg in die stalinisierte Sowjetunion weist. Dabei wird sichtbar, dass es ihm nicht gelingt, mit seiner konkretisierten Phänomenologie das politische *Feld* zu erschließen. Es sei wiederholt: Merleau-Ponty scheitert, weil (s)eine offene und schöpferische Bildphänomenologie nicht für (s)ein geschlossenes und ideologisches Weltbild taugt und sich von daher in (s)einem prostalinistischen Traktat verfängt. Hier findet sich kein Wort davon, Geschichte und Gesellschaft „als die eigentliche Stätte unseres Fragens und Staunens" (1993 (1952), S. 103) zu behandeln. So lautet mein Argument, wenn es um das Merleau-Pontysche *seine Worte in den Wind schlagen* geht, wie oben von mir behautet. Gleichwohl beruft sich die Leibphänomenologie von Merleau-Ponty grundsätzlich auf das genannte *zwischen* und *jenseits* der Extreme. Damit lässt sich m. E. einem allgemeinen Defätismus die Stirn bieten und darauf bestehen, dass die Hinterfragung und Widerlegung der ideologischen Extreme zur intellektuellen Pflicht gehören. Diese Leasart zeigt uns den heute einzig gangbaren und *dritten Weg* einer Egalitarismusbegründung.[16] Den ersten und, wie ich meine, zentralen Teilstrang des Arguments für den *Egalitarismus der Dinge und der Personen* geht direkt auf meine obige Auseinandersetzung und Interpretation mit Merleau-Pontys *Phänomenologie der Wahrnehmung* zurück. Ich will hier nur ganz kurz auf den Kern der egalitaristischen Unparteilichkeitsperspektive eingehen und so auf die oben erwähnte besonnene und praktische Vernunft zurückkommen. Sozialer und politischer Ausgangspunkt ist, die sozioökonomische Ungleichheit des sozialstaatlichen Kapitalismus als ethisch verwerflich abzulehnen. Strukturell-systemisch gesehen findet diese Ungleichheit ihren Ausdruck im Parteilichkeitsgesichtspunkt, daher verlangt der Egalitarismus, dass die gesamte Gesellschaft aus der Perspektive der Unparteilichkeit gestaltet ist. Es ist nun eben diese Legitimität und Verbindlichkeit der Institutionen, in denen das individuelle Leben und die gesellschaftliche Vernunft ihre Gestalt und Wirklichkeit finden. Das markiert einen entscheidenden Punkt, denn die unparteilichkeitsethische Grundlegung ist offenbar nicht an liberalistische *und* sozialistische Theoriekonzepte gebunden: Es zeichnet sich gerade durch ein konzentrisch-reflexives Verständnis von Theorie und Praxis aus. Dass zwischen der theoretischen Auffassung darüber, was Marxismus sei und dem praktischen

16 In diesem Abschnitt orientiere ich mich an Wolfgang Kersting, Egalitärer Liberalismus und Unparteilichkeitsethik. Die politische Philosophie Thomas Nagels, in: Deutsche Zeitschrift für Philosophie, Heft 1/1995, Berlin. Zur Egalitarismusbegründung vgl. Thomas Nagel, Die Grenzen der Objektivität. Philosophische Vorlesungen, Stuttgart, 1991; zur Unparteilichkeitsethik vgl. ders., Eine Abhandlung über Gleichheit und Parteilichkeit und andere Schriften zur politischen Philosophie, Paderborn, 1994.

Bankrott des real existierenden Sozialismus ein systematischer Zusammenhang besteht, ist der Schlüssel, um das Tor zu einem seriösen sozialistischen und gemeinwohlökonomischen, kurzum: lebensdienlichen Konzept zu öffnen. (Auch, wenn wir das weiter oben angeführte Projekt des Wiener Kreises nicht im Detail durchbuchstabiert haben, so ist es nicht schwer, hier zu sehen, dass auch dieser *dritte Weg* solch eine neue Lebensgestaltung begründet.) Hierzu ist es notwendig, sich der Einsicht zu besinnen, dass solche Theorie- und Praxiskonzepte nur im Rahmen und im Horizont liberaler und ethischer Selbstreflexion und Selbstkritik entwickelt werden können. Damit sind wir wieder beim Gerechtigkeits- und Gleichheitspostulat, also *gleichberechtigten* Personen. Schließlich lässt sich mit der Nikomachischen Ethik, das hatten wir gesehen, auch Merleau-Pontys *Dazwischen* und *Jenseits* erfassen: Man könnte den egalitaristischen Weg auch als *dritten Weg* bezeichnen, nämlich *zwischen* Liberalismus und Sozialismus.

Am Rande sei erwähnt, dass Helmut Fleischer den Begriffsindex des Sozialismus in Anschlag gebracht hat, nämlich den eines ideologisch suspekten und systembildnerischen ‚Ismus', gegen den er den Begriff des Sozialistischen setzt, und zwar i.S. einer *sinn-genealogischen* Steigerung vom elementaren Index des Sozialen. Dieses Sozialistische nennt er eine „Qualifizierung von Aktivitäten", und er charakterisiert sie zugleich als solche, „die auf eine spezifische Erweiterung und Verstärkung sozialer Verbindlichkeiten hinwirken" (Fleischer 2006, S. 45). Also eigentlich und wörtlich *sozial-istisch*, und gegen die Subsumtion unter dem ideologisch reduzierten und kanonisierten Systemtitel ‚Sozialismus', da dieser „auf eine geschichtlich irreguläre Weise so stark ins Spiel gekommen (ist)" (ebd.). Scharf formuliert könnte man sagen, dass laut Fleischer die ideologischen und autoritären Sozialismen für rational einsichtige Kriterien ethischer oder sittlicher Praxis keinen Raum lassen, hingegen das Sozialistische einen Bereich der politischen Toleranz und personellen Gleichberechtigung freigibt. Das so definierte *Sozialistische* kann eine dem Gemeinwohl förderliche Funktion übernehmen. Denn eine Sozietät, die auf *soziale Verbindlichkeiten hinwirkt* (oben war schon die Rede von *Legitimität und Verbindlichkeit der Institutionen*) ist eine egalitäre Gesellschaft.

Statt also bankrotte und antiquierte Gesellschaftsentwürfe zu propagieren, ist es sinnvoller, nach fruchtbaren Ansätzen, *jenseits* des etatistischen Sozialismus und fundamentalistischen Kapitalismus zu fragen. Damit einher geht: Betrachten wir *heute* das Verhältnis von Sozialismus und Kapitalismus, dann ist für jedermann sichtbar, dass der etatistische Sozialismus im marxistischen Gewand paradigmatisch deplaziert ist. Die Rede vom Sozialismus mit menschlichem Antlitz gehört zum ewigen Parolenbestand des begriffslosen linken Engagements. Ebenso bleibt es keinem verborgen, dass der marktfundamentalistische Kapitalismus kopflos soziale Ungleichheit produziert und sich dadurch von selbst diskreditiert. Der Kern jeder humanen Politik in der liberalen Gesellschaft muss sein, über die menschenrechtlichen Minima der Sozialstaatlichkeit hinauszugelangen. Und jeder weiß, dass die Forderung nach umfassender Gleichheit, eben dem menschenrechtlichen Egalitarismus in einem unparteiischen und ethischen Standpunkt begründet ist, den letztlich jeder einnehmen soll und kann. Und gerade die Soziale Arbeit als Menschenrechtsprofession ist, da gibt es keine Ausflüchte und Hintertürchen, dazu verpflichtet, strukturelle Benachteiligungen individueller Lebenslagen zu verhindern, das heißt auch: für die Soziale Welt verantwortlich zu sein und gesellschaftliche Verteilungsleistungen nach unparteilichen Gesichtspunkten einzurichten.[17]

Nun legt Merleau-Ponty keinen institutionellen Entwurf einer egalitaristischen Gesellschaft vor. Nirgends ist da von Gerechtigkeit und Ethik die Rede. Aber das sollte niemanden wundern: Im Kontext einer leibphänomenologischen Erkenntnistheorie können kaum institutionalistische Patentrezepte angelegt sein. Merleau-Ponty macht aber deutlich, dass unsere Phantasie weit über das Sichtbare hinausgehen muss. So diskutiert er das Unsichtbare und bietet uns keine Skizze einer gesellschaftlichen Konkretisierung oder gar einer politischen Philosophie. Zweifellos verbleibt Merleau-Pontys Argumentation auf der Ebene des Prinzipiellen. Aber mehr sollte von einem Phänomenologen auch nicht verlangt werden, dennoch versuchte er eine Verbindung von Theorie und Praxis. Es lässt sich nicht leugnen, dass er sein Denken und Handeln nicht in einem ethischen Sinn verbinden konnte, mit Folgen, die ich benannt habe. Dass Merleau-Ponty dem stalinistischen Terror eine humanistische Kontur gibt, das beschämt. Ein Grund mehr, die autokratische und etatistische (und weiter: die kapitalistische) Sozial- und Wirtschaftstheorie in der Mottenkiste gescheiterter Ideologien zu verstauen – apropos real existierender ‚Sozialismus'. In dem Maße, in dem wir die Extreme durch ein *Dazwischen* ersetzen, emanzipieren wir uns von Ideologien und lassen unser gesellschaftliches Leben durch die adualistische Unparteilichkeitsethik bestimmen. Von dieser Emanzipation sehe ich die Soziale Arbeit noch (mehr oder minder weit) entfernt, die sich allzu oft in Utopien und Ideologien und damit in abstrusen Ordnungsentwürfen und obsessiven

---

17 Interessanterweise sieht auch Rio Reiser (Ralph Christian Möbius), dass der Traum von einer kommunistischen und anarchistischen Welt aus ist: „ich hab geträumt, der winter wär vorbei // du warst hier und wir waren frei // und die morgensonne schien // es gab keine angst und nichts zu verliern // es war friede bei den menschen und unter den tiern // das war das paradies // der traum ist aus // der traum ist aus // aber ich werde alles geben, dass er wirklichkeit wird" (der traum ist aus, auf: keine macht für niemand, 1972). Umso erstaunlicher erscheint es, dass dieser Rocktext die tiefe Sehnsucht nach dem guten Ende der Weltgeschichte präsentiert. Aber wenn man das einmal Beiseite lässt, könnte sich zeigen, dass der egalitaristische Weg einen höchst unerwarteten Anhänger gefunden hat, nämlich über das Gerechtigkeits- und Gleichheitspostulat.

Gesellschaftstechniken verfängt. Vorausgesetzt also, es genügt uns nicht, dass einzelne Studentinnen kraft individueller Anstrengung über ideologische Extreme und den eben genannten allgemeinen Defätismus hinauswachsen, sondern wollen wir, dass dies für alle zur intellektuellen Pflicht wird, so geht es darum, Geschichte, Gesellschaft, Politik u. a. zum *Ort unseres Fragens und Staunens* zu machen. Vorausgesetzt, Studentinnen lehnen die Arbeit des Denkens nicht von vornherein als Instrument universitärer Herrschaft ab, sondern suchen Denkarbeit, weil sie diese brauchen, so ist es mit einzelner Kritik allein nicht getan. Es geht vielmehr grundlegend darum, die Worte der *Menschenrechtsprofession Soziale Arbeit* nicht *in den Wind zu schlagen*. So aufgefasst, würde nicht nur Merleau-Pontys ideologische Interpretationsseite, sondern jedwede Dominanz des Ideologischen (somit auch an der Hochschule und in der Wissenschaft) zu existenziellen Gerechtigkeits- und Gleichheits- oder Freiheits- und Unparteilichkeitsfragen Anlass geben, ein Anlass wohlgemerkt, der zweifellos besteht. Nicht zuletzt, um so dem Faktischen den Anschein des Notwendigen zu nehmen. (Damit eröffnet sich nicht nur die eingangs benannte Interpretationszone, in der sich die *Einfalt* tummelt, sondern es zeigen sich ebenfalls die dort bezeichneten *blinden Flecken*. So, wie ich das folgende Beispiel verstehe, liegen das universitäre Freiheitspostulat und die politische Hochschulposition quer zueinander.) Man denke an den Streit zwischen Dichter und Asta an der Alice Salomon Hochschule für Soziale Arbeit in Berlin: während der Asta das Eugen Gomringer-Gedicht: *Avenidas*, also *Alleen* für sexistisch erklärt, leugnet der Autor diesen Vorwurf und verweist auf die textliche Hauptpassage: „Alleen und Blumen und Frauen und ein Bewunderer." Das Ergebnis ist, dass das Gedicht an der Hochschulfassade 2018 übermalt wurde. Es ist bemerkenswert, das Gedicht als sexistisch, also sozial diskreditierend, persönlich diffamierend, offen diskriminierend u. ä. anzusehen, weil es das Sichtbare nicht hergibt. Selbst wenn wir in unserer Phantasie darüber hinaus gehen, wie oben benannt, dann können wir uns das Unsichtbare zwar vorstellen, aber antikollektivistisch und individualistisch. Also eine Interpretation *jenseits* der Beschränkung und Totalisierung, um so neue und humane Horizonte zu eröffnen. Der obige Versuch, die Interpretationshoheit aus der Konkursmasse diktatorischer Erbengemeinschaften zu retten und als kritisches Projekt linker Lebensführung zu rekonstruieren, weckt Erinnerungen, nämlich an Bildersturm und Bücherverbrennung. Ich denke, dass der Asta diesem interpretatorischen Purismus und ignoranten Dualismus noch die Treue hält.[18] (Im Kontext dieses mehr als infantilen Besserwisserischen

---

18 Diese hier eröffnete Interpretationseinfalt lässt sich im Hinblick auf die Frage, wie Hegels Phänomenologie zu lesen sei, noch verdeutlichen. (Es sei daran erinnert, dass wir damit an Abschnitt 4.1 anknüpfen.) Für Herbert Marcuse ist die Hegelsche *Weltsittlichkeit* mit der Marxschen *Weltrevolution* völlig kompatibel (vgl. Vernunft und Revolution.

ist es angebracht, darauf hinzuweisen, dass das Gomringer-Gedicht: *Blumen und Frauen* 2019 wiederaufgetaucht ist, gar nicht weit weg von der Hochschule, nämlich an der Fassade einer Berliner Wohnungsgenossenschaft ist es nun zu sehen.) Nicht weniger als diese Auseinandersetzung spiegelt sich in der aktuellen (und m. E. skurrilen bis missionarischen) Sprach- und Identitätspolitik und gewinnt so für uns an kulturpolitischer Auffälligkeit.[19] Diesbezüglich zieht Lobin für Deutschland einen Sprachkampf in Betracht und McWhorter schließt für die USA auf einen Kulturkampf.[20]

Hegel und die Entstehung der Gesellschaftstheorie, 1989 (1941)). Hingegen ist für Pirmin Stekeler das Geniale an Hegel, dass er in seiner *lebendigen sittlichen Welt* eine allegorische Selbstbeziehung behandelt (vgl. Hegels Phänomenologie des Geistes. Ein dialogischer Kommentar, 2014). Welche Rezeptionsweise, die antagonistische Sozialbeziehung (Marcuse) oder die metaphorische Selbstbeziehung (Stekeler), der Hegelschen Phänomenologie gemäßer sei, bleibt m. E. offen. Gerade für die sprachpolitisch brisanten Konfliktverhältnisse und Gewaltzusammenhänge wäre in Bezug auf heutiges Erkennen und Handeln von dieser Interpretationsvielfalt einiges zu lernen.

19 Harald Martenstein nimmt diesen *Gerechtigkeitskampf* literarisch-amüsant aufs Korn, und zwar in seiner Kolumne: „Über gerechtes Buchstabieren und neue Namen für Currywurst und Pizza Hawaii" (ZEIT MAGAZIN Nr. 36/2.9.21, S. 11): „Essen ist ein Hauptschlachtfeld des Gerechtigkeitskampfes. Nach dem Z-Schnitzel muss vielleicht auch das Curry wegen Rassismus umbenannt werden. Diese Forderung aus den USA wird mit der kolonialistischen Herkunft des Wortes begründet, ein neues Wort wurde leider noch nicht gefunden. Fürs erste könnte die Formulierung ‚C-Gericht, C wie Cottbus' eine Lösung sein. Für die wegen ihres bisweilen hohen Fleischgehalts ohnehin umstrittene Currywurst böte sich ‚Cottbuswurst' an, mit kurzem o, bitte. Der Name ‚Pizza Margherita' geht nicht mehr, weil die Namensgeberin, eine italienische Königin, Benito Mussolini nahestand. Was für Straßennamen gilt, muss auch und gerade für Pizza gelten. // Weil ‚Hawaii' offenbar ein Wort mit kolonialistischem Hintergrund ist, fordert die Aktivistengruppe Miggrantifa eine Pizza-Hawaii-Umbenennung in Pizza mit Ananas. Allerdings entstammt ‚Ananas' der Sprache der Guarani, insofern fällt das Wort unter ‚kulturelle Aneignung'. Mein Vorschlag wäre ‚Brecht-Pizza', denn Ananas fängt mit A an, für A steht laut DIN die Stadt Augsburg, der Dichter Brecht war Augsburger. Ob Brecht trotz seiner zahlreichen Geliebten als Pizza überhaupt noch tragbar ist, müssen andere beurteilen. Der Verzehr von Eiernockerln aber, dem Leibgericht Adolf Hitlers, ist meiner Ansicht nach so problematisch, dass auch eine Umbenennung nicht mehr viel hilft."

20 Der weiße und deutsche Linguist Henning Lobin erklärt im Spiegel-Interview, warum sich Deutschland so heftig über das Gendern, das N-Wort und das Z-Wort streitet, und sieht zwei Seiten, die sich in diesem Kampf um die Sprache gegenüberstehen: „Auf der einen Seite steht die linke Identitätspolitik (...). Dazu gehört die feministische Linguistik, die geschlechtergerechte Sprache fordert. Auf der anderen Seite stehen diejenigen, die einem sprachlichen Ideal folgen, das bis in 19. Jahrhundert zurückreicht." Auf die politische Landschaft bezogen heißt das für ihn: „Linke Identitätspolitik beißt sich zum Beispiel mit der klassischen linksliberalen Position", hingegen finden sich die

Zur Leitfrage meines Aufsatzes, nämlich ob die *phénoménologie existentielle grundsätzlich* für das politisch-demokratische *Feld* taugt, ist jetzt nicht mehr allzu viel zu sagen. Die kurze zusammenfassende Antwort ist die: Ich glaube, wir kommen nicht sehr viel weiter, wenn wir nur im Rahmen dieses hartnäckigen Dualismus, also: entweder wahr oder unwahr, gut oder schlecht diskutieren. Genauso wenig glaube ich, dass wir weiterkommen, indem wir uns die Merleau-Pontysche Leibphänomenologie unter diesen Wörtern näher anschauen. Bleibt abschließend zu fragen, was dieses Ergebnis für die Frage heißt, ob man am Merleau-Pontyschen *Zur-Welt-sein* irgendwelche tradierenswerten und das heißt humanistischen Seiten entdecken kann. Hier folgt mein Votum direkt aus der hier vorgetragenen Gesamteinschätzung der Merleau-Pontyschen Leibphänomenologie: Ich vermute, es könnte fruchtbar sein, darüber zu diskutieren, dass wir die Leibphänomenologie neu beginnen müssen, und sie mehr auf demokratische Politik eichen, indem wir die offene

---

Positionen einer Idealsprache „teilweise im Parteiprogramm der AfD" (DER SPIEGEL Nr. 10/6.3.21, S. 15f.). Eine Spiegelausgabe später erklärt der schwarze und amerikanische Linguist John McWhorter im Spiegel-Interview, warum er die identitätspolitische Linke für eine dogmatische Sekte hält, die zur Gefahr für Meinungsfreiheit und Demokratie werde: „Intellektuelle gehören zur Seele einer Nation. Wenn es gelänge, sie zu Dienern einer simplen und eigennützigen Ideologie zu machen, dass wäre das eine Tragödie und eine Gefahr für die geistige Redlichkeit unseres Landes." Er diagnostiziert für ideologische Denk- und Politikformen: „Ideologien sind für intelligente Menschen wie Drogen, weil sie dazu neigen, nach einem Modell zu suchen, das auf alles eine Antwort parat hat. Lange Zeit war dies der Marxismus. Nun haben wir diese neue Lehre, mit deren Modell einer weißen Hegemonie sich angeblich fast alles erklären lässt" (DER SPIEGEL Nr. 11/13.3.21, S. 119). Warum aber angesichts dieser Lage davon sprechen, „dass die Vertreter dieser (!) Ideologie ernsthaft glauben, dass sie die Träger einer höheren Weisheit seien" (ebd., S. 117)? Wäre ein umfassenderer, weniger beschränkender Terminus nicht angemessener? Ich glaube ja. Denn was vor dem Hintergrund jeder Ideologie gefordert ist, lässt sich nur einlösen, wenn nicht nur Teile der Linken respektive der Identitätspolitik in den USA benannt werden, sondern gesagt wird, was in *allen* Ideologien der Fall ist, nämlich die Weltsicht als *Erwählte*. Schließlich ist jede Ideologie eine *„Ideologie der Erwählten"* (ebd.), eine Art von religiöser Bewegung, mit spalterischen Lehren und gegnerischen Lagern. Diese geschlossenen und bizarren Weltbilder hat in meinen Augen Karl Mannheim deutlich festgehalten: „Der totale Ideologiebegriff (stellt) die gesamte Weltanschauung des Gegners (...) in Frage" (1985 (1929), S. 54). Von daher ist es kein Zufall, dass Ideologie zum Synonym für Terror wurde und wird. Ich werde es bei diesen Andeutungen belassen. Schließlich bin ich mit diesen Einschätzungen mehr oder weniger einverstanden, sofern diese darauf zielen, dass die neuen Apologeten alter Ideologien wie des Sozialismus und des Konservatismus den Zugang zu Egalitarismus und Unparteilichkeit nicht nur erschweren, sondern versperren. Es ist daher zu erwarten, dass diese spannungsreichen Antagonismen zu weiteren politischen Konflikten führen, mehr, als es uns lieb ist.

Gesellschaft und nicht geschlossene Systeme zum zentralen politischen Konzept erheben. Es ist schon mehrmals bemerkt worden, dass Merleau-Pontys *Symbolismus der Leiblichkeit* diesen Anspruch einlösen kann. Das erklärt sich eben daraus, dass die leibhafte Sprache auf eine gemeinsame Welt zielt, in der Ich und Andere verschmelzen. Hiernach kann überhaupt nicht mehr die Rede davon sein, es gebe irgendein Primat des Erkennens vor dem Handeln und umgekehrt. Ganz im Gegenteil: Theorie und Praxis, Reflexion und Faktizität laufen auf eine gemeinsame Existenzialität hinaus. Der sinnhafte Ausdruck der schöpferischen Sprache liegt genau darin, neue ganzheitliche Sinnstrukturen zu schaffen, die sich wiederholt darin überzeugend begründen: Alle Menschen sind Bastler! Freilich kann diese vernünftige Revision tief eingegrabener Vorurteile nur innerhalb eines gegebenen *Feldes* verlaufen, womit das Ganzheits- und Humanitätspostulat etwas zusammenschrumpft. Dieser Einwand geht an Merleau-Pontys Adresse und in dieser Hinsicht können wir nur wenig entgegensetzen. Wenn es denn stimmt, wovon ich die Leserin zu überzeugen versucht habe, dass man mit diesem *Symbolismus der Leiblichkeit* oder der Verschränkung von Innen und Außen, von Mensch und Welt, die grundlegende Voraussetzung einer egalitären und humanitären Gesellschaft hat, dann verstehe ich unter dieser Herangehensweise nun nicht, dass wir Merleau-Pontys Ideologisierung aus dem Spiel lassen sollten. Diese Aussicht aber hätte ihn davon bewahren können, so etwas wie Leibphänomenologie allein wegen ihrer Praxisgebundenheit sogleich im Einvernehmen mit den Materialisten und Stalinisten obendrein als taugliche (und offensichtlich verhängnisvolle) Interpretationsfolie zu verstehen. Aber wir sollten uns auch der Frage zuwenden, wie man Menschen dazu bringt, den Umfang ihres Blickwinkels zu vergrößern, um immer mehr Andere zum Wir zu zählen. Ob dies jemals der Fall sein wird, bleibt abzuwarten. Somit behaupte ich, dass dieser Punkt nicht bloß relevant ist für demokratische und offene Politik, er ist im Wesentlichen das, woraus Merleau-Pontys *phénoménologie existentielle* besteht. Das aber ist in meinen Augen in jedem Fall tradierenswert, und dafür steht Merleau-Ponty *auch*. Dann aber, sollte ich recht haben, gehen wir mit Merleau-Ponty über Merleau-Ponty *hinaus*.

Literatur

Benjamin, Walter, 1977 (1914/20): Über das Programm der kommenden Philosophie, in: Gesammelte Schriften, Band II/1, Frankfurt am Main.

Fleischer, Helmut, 2006: „...ihre Zeit in Gedanken erfasst", in: Die Welt als fragwürdig begreifen – ein philosophischer Anspruch, hrsg. von Heidelinde Beckers und Cristine Magdalene Noll, Würzburg.

Hegel, Georg W.F., 1986 (1806/07): Phänomenologie des Geistes, in: Werke 3, Frankfurt am Main.
Heidegger, Martin, 1978 (1946), 2. Auflage: Brief über den Humanismus, Frankfurt am Main.
Mannheim, Karl, 1985 (1929): Ideologie und Utopie, Franfurt am Main.
Merleau-Ponty, Maurice, 1966 (1945): Phänomenologie der Wahrnehmung, Berlin.
Ders., 1993 (1952), 2. Auflage: Die Prosa der Welt, München.
Ders., 1973 (1952–60): Vorlesungen I, Vorlesungszusammenfassungen: Collège de France, Berlin.
Ders., 1994 (1959/60), 2. Auflage: Das Sichtbare und das Unsichtbare (gefolgt von Arbeitsnotizen), München.
Ders., 2003 (1961): Das Auge und der Geist, Hamburg.
Ortega y Gasset, José, 1997 (1930/31): Der Aufstand der Massen, Frankfurt am Main.
Partsch, Susanna, 2020: Paul Klee. 1879-1940. Poet der Farben, Meister der Linien, Köln.
Richir, Marc, 1986: Der Sinn der Phänomenologie in „Das Sichtbare und das Unsichtbare“, in: Leibhaftige Vernunft. Spuren von Merleau-Pontys Denken, hrsg. von Alexandre Métraux und Bernhard Waldenfels, München.
Ricoeur, Paul, 1986: Jenseits von Husserl und Heidegger, in: Leibhaftige Vernunft. Spuren von Merleau-Pontys Denken, hrsg. von Alexandre Métraux und Bernhard Waldenfels, München.
Safranski, Rüdiger, 1990: Wieviel Wahrheit braucht der Mensch? Über das Denkbare und das Lesbare, München / Wien.
Sartre, Jean-Paul, 1988 (1961): Über Merleau-Ponty. Freundschaft und Widersprüche, in: Autobiographische Schriften, Briefe, Tagebücher, Band 2: Sartre über Sartre / Sartre. Ein Film, Hamburg / Reinbek.
Taylor, Charles, 1986: Leibliches Handeln, in: Leibhaftige Vernunft. Spuren von Merleau-Pontys Denken, hrsg. von Alexandre Métraux und Bernhard Waldenfels, München.
Waldenfels, Bernhard, 1994: In den Netzen der Lebenswelt, Frankfurt am Main.
Ders., 1995: Deutsch-Französische Gedankengänge, Frankfurt am Main.
Ders., 1998, 2. Auflage: Phänomenologie in Frankreich, Frankfurt am Main.
Ders., 2020: Reisetagebuch eines Phänomenologen. Aus den Jahren 1978–2019, Baden-Baden.
Wittgenstein, Ludwig, 1989 (1921): Tractatus logico-philosophicus, in: Werkausgabe, Band 1, Frankfurt am Main.

Die Erde und ihr Mensch – Eine Liebe im Stillstand. Ideen zu einer Wiederannäherung mit Hilfe von Körperwahrnehmungstechniken

Katrin Fischer

Prolog

Nach seinem Tod wird der Mensch zu Erde. Die Natur verleibt ihn sich ein. Er ist mit der Natur in einer Stofflichkeit verbunden.

Doch was geschieht im Leben? Der Mensch strebt im Leben nach Glück. Das beinhaltet zu einem großen Teil die Liebe. In seinem Streben danach betreibt der Mensch viel Aufwand: penibel kümmert er sich um sein Aussehen – seine Körperhülle. Das tut er in der Absicht, anderen Körperhüllen zu begegnen, von denen er sich dann – im besten Fall – angezogen fühlt. Aber – hier stellt sich die Frage: Handelt es sich dabei tatsächlich um *Fühlen*? Oder vielmehr um das Registrieren von Äußerlichkeiten, die man attraktiv – anziehend – „findet". Also nicht *echtes Empfinden* oder *tatsächliches Gefühl.*

Auf der Suche nach Liebe geht es um Anziehungskraft. Darin ist das Wort Kraft enthalten. Kraft, im Sinne von Druck, kann tatsächlich gefühlt – wahrgenommen – werden. Die grundlegend das Leben bestimmende Kraft ist die Erdanziehungskraft. Mit poetischem Blick schließe ich daraus: unser Planet Erde liebt uns. Mit ihrer Schwerkraft hält die Erde den Menschen fest. Es läge an ihm, diese Kraft bewusst wahrzunehmen, um sich auf eine bewusste Beziehung zu seiner Erde einzulassen.

Folglich ist die Schwerkraft ein allzeit bestehendes Angebot bedingungsloser Liebe. Der Planet hält am Menschen fest: vielleicht hat er den Glauben an seine Menschen noch nicht verloren? Es läge am Menschen, das Angebot wahr- und anzunehmen. Um seine Erde, als Zeichen seiner Liebe, gut zu behandeln, zu bewahren, zu schätzen und zu schützen. Das wäre das gute Ende der Geschichte.

Doch in welcher Beziehungsphase ist die Liebe von Erde und Mensch? Nimmt der Mensch die Anziehungskraft als gegeben hin und pflegt diese nicht? Das birgt die Gefahr, dass es dem Partner Erde zu viel wird und er loslässt. Wann also hat die Erde die Nase voll? Gibt es Möglichkeiten für den Menschen? Was ist die Grundlage einer guten Beziehung? Den Anderen bewusst wahrzunehmen? Die Erde – also die Natur – hat den Menschen mit dem Potential zum bewussten Wahrnehmen ausgestattet. Im Rausch seiner zahlreichen Fähigkeiten hat der Mensch das scheinbar weitgehend vergessen.

1 Einleitung

Handelt es sich um den Menschen und die Natur, ist die Verwendung des Begriffs „Der Mensch[1] und die Natur" gebräuchlich. Diese Aussage befremdet mich. Der Satz nennt zwar Mensch und Natur mit dem verbindenden Wort *und*, jedoch schwingt in meinen Augen eine Trennung der beiden Beteiligten mit. „Der Mensch als ein Teil der Natur" erscheint mir stimmiger. Denn der Mensch, sein Körper, beziehungsweise Leib, ist doch Natur? Zugleich ist er der kleinere Teil der Natur. Das heißt, die ihn umgebende Natur ist – das Volumen betreffend – größer. Demzufolge sollte die Natur an erster Stelle genannt werden. Aus diesem Grund lautet ein Teil meines Titels „Die Erde und ihr Mensch" – die Erde bezeichnet hier die den Menschen umgebende natürliche Welt[2].

Wie ist die Beziehung des modernen Menschen zu dieser Welt? Wie erfährt sich der Mensch auf der Erde? Was verbindet den Menschen mit seiner Umgebung? Der vorliegende Beitrag handelt von Entfremdung und Möglichkeiten einer Annäherung. – Einer Wiederannäherung? Der menschliche Leib – ein beseeltes Ganzes – als natürliche Gegebenheit ist dabei Dreh- und Angelpunkt meiner Betrachtungen. Die These meines Beitrags besagt, dass eine Wiederannäherung des Menschen an seine Natur mit Hilfe von Körperwahrnehmungstechniken möglich ist und ein in der Folge einhergehender achtsamer Umgang mit der Umwelt eine Lösung der ökologischen und gesellschaftlichen Probleme bedingt.

Da sich alle Vorgänge in der Natur und in der Kultur auf dieser Erde gegenseitig beeinflussen, erfordert die Fragestellung eine interdisziplinäre Herangehensweise. Des Weiteren verändern sich Welt und Mensch ununterbrochen. Sinnfällig ist es aus diesem Grund, die Betrachtungen in der Beziehung des Menschen zur Welt in ebensolcher offenen, flexiblen, sich bewegenden Art und Weise anzugehen. Das heißt, phänomenologisch mit der Welt in Kontakt zu treten. Es bedeutet, die sich ständig verändernden Dinge der Welt immer wieder aufs Neue wahrzunehmen. So ist die Phänomenologie eher „eine Bewegung als ein System der Lehre" (Merleau-Ponty 1966 (1945): 18). Des Weiteren ist die Wiederentdeckung der Leiblichkeit vornehmlich der phänomenologischen Forschung des 20. Jahrhunderts, und im besonderen Merleau-Ponty zu verdanken (vgl. Fuchs 2018 (2000): 25f.). Wissenschaftlich an Sachen heranzutreten, heißt diese zu erforschen und zu erklären. Die Methode der Phänomenologie ist es „zu den Sachen selbst" (Husserl) zurückzukehren (vgl. ebd.: 26). „Gehen wir aus von leiblichen

---

1 Mensch bezieht sich im vorliegenden Beitrag auf den in der westlichen Welt lebenden Menschen.

2 Im vorliegenden Beitrag synonym verwendet für den Planeten Erde.

Erfahrungen, so begegnet uns der Leib zunächst nicht als Etwas oder als Jemand, zugehörig einer natürlichen Welt der Dinge oder einer kulturellen Welt geistiger Bedeutungen, vielmehr begegnet er uns in der Art und Weise einer Leiblichkeit, mittels derer wir uns selbst, die Anderen und die Welt erfahren. ‚Le corps est notre moyen général d'avoir un monde [...]'[3]" (Merleau-Ponty 1966 (1945): 171).

Wie soeben beschrieben, erachte ich es für wichtig, mein Thema aus möglichst vielen Perspektiven zu beleuchten. Zahlreiche Begriffe wie Entfremdung, Körper, Leib, Bewusstsein, Wahrnehmung, Bewegung und andere mehr stehen dabei im Fokus. Daraus ergibt sich ein wissenschaftliches Arbeiten im Sinne von Poppers „Scheinwerfertheorie der Wissenschaft" (Popper 1944: 322). Da mir nur eine endliche Anzahl von Worten zur Verfügung steht, muss ich meine Ausführungen auf jene Aspekte eingrenzen, die in meinen Augen zum jetzigen Zeitpunkt im direkten Zusammenhang mit dem Thema von Bedeutung sind.

Zunächst begebe ich mich ins Universum der Sozialphilosophie. Der Beziehung des modernen Menschen zur Welt suche ich mit der Geschichte der Entfremdung des Menschen von seiner Natur auf die Spur zu kommen. Entfremdung wurde mit Beginn der Industrialisierung ein Thema. Als erster stellte Marx in diesem Zusammenhang eine Entfremdung des Menschen auf vier Ebenen fest. Begleitet wurde die Spaltung von einer ständig wachsenden Geschwindigkeit wirtschaftlicher und gesellschaftlicher Prozesse. Hartmut Rosa befasst sich diesbezüglich mit dem Faktor der sich unablässig selbst dynamisierenden Beschleunigung.

Welche Sichtweise auf den Menschen an sich begleitet dieses sich zunehmend von sich selbst entfremdete Wesen? Welchen philosophischen Annahmen unterliegt der Mensch seit Beginn der Neuzeit? Ab zirka 1650 verliert der Mensch in Descartes' Überlegungen seine Natur. Der Mensch in der europäischen Antike war mit Leib und Seele in der Physis[4] verankert: „Als wohlgeordneter Kosmos umfasste sie alles, was sich selbst auf sein Ziel hinbewegt" (Waldenfels 2017: 20f.). In der Moderne verwandelt sich die Physis in die natura. Mechanische Gesetze bestimmen ab jetzt die Bewegung. Reine Natur und eine autarke Welt des Geistes stehen sich gegenüber: „Die freigiebige Mutter Natur verwandelt sich in Material, das der Schaffung einer menschlichen Kulturwelt dient, so dass wir Menschen uns zu *maîtres et possesseurs de la nature* – ‚Herren und Eigentümern der Natur' (René Descartes, Discours de la méthode, VI.) aufschwingen" (Waldenfels 2017: 20).

---

3 Dt.: Der Leib ist unser allgemeines Medium einer Welthabe.

4 Physis als Fachterminus in der Philosophie bezeichnet meist die Natur, natürliche Beschaffenheit, Naturbeschaffenheit oder Körperbeschaffenheit.

In der Welt Husserls spielt die Leiblichkeit noch keine große Rolle. Grundlegend in seiner phänomenologischen Sicht ist, dass subjektives Bewusstseinserlebnis und Gegenständliches in einem untrennbaren Zusammenhang stehen. Er beschäftigt sich mit Bewusstsein und dem Zusammenhang von Bewusstsein und Welt: „Die intentionalen Vernetzungen und Implikationen der Wahrnehmung kennzeichnen die Struktur der Welterfahrung" (Prechtl 1998: 84). Straus erweitert Husserls Überlegungen zum Bewusstsein um das Empfinden – es wird sinnlich. Er befasst sich zudem mit Bewegung und Raumerfahrungen. Das raumzeitliche Erleben beschreibt er exemplarisch am Tanz. In dieser subjektiv erlebten Raumerfahrung, einer Entgrenzung des physikalisch gegebenen Raumes, vollzieht sich eine Aufhebung des Gegensatzes von Subjekt und Objekt, von Welt und Bewegung (vgl. Oberhaus 2010: 6f.). Maurice Merleau-Ponty sprengt mit seinen Überlegungen zu Bewusstsein, Wahrnehmung und Leib die Grenzen. Der Leib selbst konstituiert das Bewusstsein und die Wahrnehmung. Was bei Husserl eine Intentionalität auf etwas hingerichtet war, ist bei Merleau-Ponty leibliche Intentionalität an sich.

Das Thema des Beitrags beinhaltet die Natur. So lasse ich nach den Philosophen, deren Sichtweise vom Menschen ausgeht, auch die naturphilosophische Sicht kurz zu Wort kommen. Exemplarisch dafür blicke ich in Böhmes Werk. Er verbindet die Leibphänomenologie mit dem Naturdiskurs: „Der Leib ist die Natur, die wir selbst sind" (Böhme 2019). Die Überlegungen von Fuchs, der die Gedanken der Phänomenologen, der Natur und der Bewegung zusammenführt, bilden die Brücke zur näheren Beschäftigung mit der Körperwahrnehmung im folgenden Punkt. Fuchs' Grundintention seiner phänomenologischen Leibanthropologie ist es, die Person in ihrer von ihr selbst leiblich durchdrungenen Umwelt zu erfassen. Der Leib ist für ihn das „[...] Tor zur Welt" (Fuchs 2018 (2000): 25). Im leiblich-sinnlichen Erleben besteht ursprünglich keine Gegenstellung von Subjekt und Objekt, sondern ein partizipierendes Welt- und Naturverhältnis (vgl. ebd.: 20).

In Punkt 3 tauche ich in den Kosmos der Körperwahrnehmung ein. Die wissenschaftliche Vernunft strebt danach, einen ideellen und leibfreien Standpunkt einzunehmen (vgl. ebd.: 335f.). Hierbei wird die Existenz selbst zum Objekt. Da der Mensch ein leibliches Subjekt ist, ist es ihm nicht möglich sich als „Ding unter Dingen" zu verstehen. Das ginge nur, indem er sich seiner leiblichen Existenz entledigen würde, was bedeute, die Grundlage allen Verstehens – das Verstehen unserer selbst und unserer Mitmenschen – aufzuheben. Laut Fuchs ist der Blick von nirgendwo nicht der „Blick eines Menschen, denn nichts Menschliches ist ganz und gar unleiblich" (ebd.: 335). Deswegen lasse ich in meinem Beitrag vornehmlich Menschen zu Wort kommen, die in der Praxis Dinge erfahren haben: Pioniere in der Arbeit mit Körperwahrnehmungstechniken. Was bedeutet Bewusstsein, Bewegung, Wahrnehmung in deren praktischer Erfahrung?

Aus den zahlreichen Ansätzen und Techniken gehe ich in Punkt 4 auf den freien Tanz, die Tanzimprovisation, ein. Zum einen, da viele Lehrende, wie in Punkt 3 beschrieben, aus dem Bereich des Tanzes kommen. Zum anderen, da ich selbst Erfahrung mit Tanzimprovisation habe und die geschilderten Wirkweisen am eigenen Leib erfahren habe. Ein knapper geschichtlicher Überblick über die Entwicklung des freien Tanzes ausgehend von Isadora Duncan, die eine Rückkehr der natürlichen Bewegung forderte, dient als Ausgangspunkt der Beschäftigung mit den Ideen der Tanztherapie. Da es weder mein Anliegen, noch die Aufgabe der Sozialen Arbeit ist, Menschen zu therapieren, sehe ich mir deshalb die Ideen des freien Tanzes als Kunstform des Bühnentanzes an. Ich verweise auf Möglichkeiten der Anwendung im Rahmen der Sozialen Arbeit. Mit Blick auf die Tanzimprovisation und die den Menschen umgebende Welt streife ich kurz die besonders erwähnenswerte Arbeit von Halprin und Hay.

Im Resümee stelle ich die Frage: Tanzend in eine bessere Welt – Utopie oder Realität? Scherenschnittartig greife ich verschiedene bestehende Ansätze auf, woraus sich neue Fragen entfalten. Doch aus Fragen können sich Antworten ergeben: Habe ich in meiner Kindheit etwas Dummes gemacht, haben Erwachsene mich gerne gefragt: „Stell' dir mal vor, das würden alle so machen?" Das Ausmaß meiner unangebrachten Handlungsweise stand mir sofort klar vor Augen. Über die Frage habe ich mich geärgert. Jetzt weiß ich, dass die Frage sehr gut war, sie sollte nur in einem anderen Zusammenhang gestellt werden: „Stell' dir mal vor, alle würden in ihrem Leben bewusst von Anfang an mit Körperwahrnehmungstechniken vertraut aufwachsen? Wie würde unsere Welt dann aussehen?"

2 Im Universum der Sozialphilosophie

Die Erde dreht sich um sich selbst und bewegt sich in ihrer Bahn um die Sonne. Der Mond kreist um die Erde. Merkur, Venus, Mars und die anderen Planeten unseres Sonnensystems umrunden die Sonne jeweils in ihrer eigenen Geschwindigkeit. Die Vorgänge im Universum funktionieren natürlich und autonom – sie lassen sich nicht aus der Ruhe bringen. Der wissenshungrige Erdenmensch drängt nach Fortschritt und Selbstbestimmung. Es scheint, als möchte er sich aus diesen naturgemäß gegebenen Bewegungen befreien, selbst die Geschwindigkeit bestimmen. Auf der fortwährenden Suche nach einem komfortablen Leben drängt es ihn zum einen nach Wissen, wie alles zusammenhängt, und zum anderen danach, selbst bestimmen zu können, wie oder wie schnell sich etwas bewegt. Erforschtes soll ihm zu seinem Vorteil reichen. Der Mensch unterwirft sich die Erde seinem Tempo. Kultiviert oder entfremdet er sich dabei?

2.1 Beziehung des Menschen zur Welt

Welche Positionen nimmt der Mensch heute in dem sich bewegenden System ein? Es geht um die Beziehung des Menschen zu sich und zur Welt. Ausgehend von Marx' Gedanken zur Entfremdung im Zuge der Industrialisierung zeige ich an Hand der Überlegungen Rosas, welche Eigendynamik an Steigerungsprozessen damit in Verbindung steht. Diesem Status quo der Weltbeziehung (vgl. Rosa 2013, 2016 (2013), 2019) des modernen Menschen folgen einige Beispiele der Entfremdung.

2.1.1 Kleine Geschichte der Entfremdung

Mit Entfremdung beschäftigte sich Marx bereits 1844 in den Ökonomisch-philosophischen Manuskripten (vgl. Quante u. a. 2016: 40ff.). Der Begriff der Entfremdung stellt bei Marx „den ethischen Kern der Kritik am Kapitalismus dar" (ebd.: 41). Ausgehend von anthropologischen Annahmen ist Entfremdung für ihn „ein Bruch in einer ursprünglichen Einheit" (ebd.: 42). Diese Einheit bildet für Marx der Mensch als Gattungswesen, der der Natur gegenübersteht und sich diese arbeitend aneignet. Trotz der Gegenüberposition stellt die Natur eine Einheit mit dem Menschen dar. „Die Natur ist der unorganische Leib des Menschen [...]: Die Natur ist unorganisiertes und nicht-lebendiges Material für den Stoffwechsel des Menschen mit der Natur [...]" (ebd.: 42). Der Mensch ist als Teil der Natur mit dieser zugleich durch seine Arbeit verbunden. Diese Einheit zerstört der Kapitalismus durch Entfremdung (vgl. ebd.: 42).
Die Entfremdung geschieht bei Marx auf vier Ebenen. Erstens die Fremdheit des Produkts für den Arbeiter: Der Arbeiter produziert ein Produkt, für dessen Produktionsprozess er Lohn erhält und das er sich später erwerben muss. Zweitens die Fremdheit des Menschen zum Arbeitsprozess: um zu überleben ist der Arbeiter gezwungen, sich seinem Brotherrn, dem Kapitalisten, zu entfremden. Das bedingt ein Unglücklichsein des Arbeiters, welches er in seiner Freizeit zu befriedigen sucht. So isoliert der Kapitalismus die Aspekte Arbeit und Zufriedenheit voneinander. Drittens entfremdet die Arbeit den Menschen von sich selbst. Er ist nicht mehr durch Arbeit mit seiner Natur verbunden, kann sich weder geistig noch materiell verwirklichen. Die vierte Ebene ist die Entfremdung des Arbeiters von anderen Individuen: „Menschen werden als Individuen in ihrem auf Bedürfnisbefriedigung zielenden Arbeitsstreben vereinzelt, insofern sie ihre eigene entfremdete Existenz reproduzieren [...]" (ebd.: 42).

Seit Marx' Gedanken zum Einfluss der modernen Produktion auf den Menschen sind 150 Jahre vergangen, und der Prozess schreitet – sich selbst antreibend und beschleunigend – unaufhaltsam voran. Laut Rosa hat die moderne, kapitalistische Gesellschaft eine Tendenz zu expandieren, er nennt das *Eskalationstendenz* (vgl. Rosa 2019: 13). Das heißt, um sich selbst zu erhalten – „strukturell zu reproduzieren, um ihren formativen Status quo zu erhalten" (ebd.: 14) – ist diese Gesellschaft gezwungen, sich kontinuierlich auszudehnen, zu erneuern, Produktion und Konsumtion zu steigern, um Möglichkeiten und „Anschlusschancen" (ebd.: 14) zu vermehren. „Diese systematische Eskalationstendenz verändert aber die Art und Weise, in der Menschen *in die Welt gestellt* sind [...]" (ebd.: 14). Diese Dynamisierung bedeute laut Rosa, dass sich die Beziehung des Menschen zum Raum und zur Zeit und zu den ihn umgebenden Dingen, und schließlich zu sich selbst, zu seinem Körper und zu seinen psychischen Dispositionen grundlegend verändere (vgl. ebd.: 14). Diese Beschleunigung führe zu einer „gestörten oder pathologischen Weltbeziehung" (ebd.: 14) sowohl jedes einzelnen Subjekts als auch der ganzen Gesellschaft. Laut Rosa sei das bereits an den großen Krisen unserer Tage ablesbar: ökologische Krise, Krise der Demokratie und Psychokrise, die an den wachsenden Burnoutraten ablesbar ist. Dabei zeigt die ökologische Krise eine Störung im Verhältnis zwischen Mensch und nichtmenschlicher Umwelt beziehungsweise Natur, die demokratische eine Störung in der Beziehung zur Sozialwelt und die Psychokrise eine Pathologie im subjektiven Weltverhältnis (vgl. ebd.: 14).

Rosas Ansatz der Frage nach einem gelingenden Leben basiert auf der Frage nach der Weltbeziehung des Menschen. Unter Weltbeziehung versteht Rosa die Art und Weise wie Menschen *„in die Welt gestellt sind"* oder besser die Art wie sie sich als *„in die Welt gestellt erfahren"* (Rosa 2013: 7). Diese Sichtweise umfasst sowohl die passive Seite der Haltung der Welt gegenüber, die Welterfahrung, als auch die aktive Seite des Eingreifens des Menschen in die Welt. Diese Perspektive auf die Welt ist phänomenologisch geprägt. Seine These ist, dass es im Leben auf die Qualität der Weltbeziehung ankommt, die Art und Weise, wie sich der Mensch als Subjekt in der Welt erfährt und wie er zu dieser Welt Stellung nimmt. Es kommt auf die Qualität der Weltaneignung an (vgl. Rosa 2019: 19).

Die jeweilige Weltbeziehung hängt zum Ersten von den körperlichen, biografischen, emotionalen, psychischen und sozialen Dispositionen des Subjekts ab. Zweitens von den jeweiligen institutionellen und kulturellen und der damit zusammenhängenden „physischen Konfiguration der jeweiligen Weltausschnitte" (ebd.: 35). Zum Dritten ist die Weltbeziehung des Subjekts abhängig von der Art der Beziehung zwischen den ersten beiden. Ist auf einer Ebene etwas aus dem Gleichgewicht, bedingt das eine „Entfremdung im Sinne stummer, kalter, starrer oder scheiternder Weltbeziehungen" (ebd.: 35). So bedarf es laut Rosa, ebenso wie bei Marx, keiner grundsätzlichen Annahmen über das wahre Wesen der menschlichen Natur selbst, um Aussagen über ein gelingendes Leben machen zu können. Sondern eine Akzeptanz des Wesens Mensch als ebenso historisch und kulturell wandelbar wie die soziale und kulturelle Ausrichtung der Welt (vgl. ebd.: 36).

Die Lebensführung ist der Steigerungslogik unterworfen. Die „Lebensführungsenergie" fixiert sich auf die „Ressourcenausstattung". Der Wunsch nach Steigerung greift „dergestalt auf die Lebensführung der Subjekte über, dass diese gezwungen sind, *immer schneller zu laufen*, nur um ihren Platz (in der Welt) zu halten [...]" (ebd.: 46). Wenn die Menschen sich nicht ständig um Erneuerung, Vergrößerung, Verbesserung etc. bemühen, werden sie abgehängt und fallen zurück (vgl. ebd.: 46). Steigerung und Beschleunigungstendenzen fasst Rosa – ähnlich wie Marx – unter dem Begriff der *sozialen Beschleunigung* (vgl. ebd.: 673) zusammen. In diesem Begriff könne laut Rosa der Kern der Moderne, „ein bis heute andauernder Prozess der Dynamisierung (oder des *Immer-schneller-in-Bewegung-Setzens*) der materiellen sozialen und geistigen Verhältnisse" (ebd.: 673) ausgemacht werden.

Beschleunigung lässt sich in drei Kategorien einteilen: die technische Beschleunigung, die des sozialen Wandels und die Beschleunigung des Lebenstempos (vgl. Rosa 2016 (2013): 19). Diese drei Bereiche „haben ein sich selbst verstärkendes Feedback-System gebildet, das sich ohne Unterlaß selbst vorantreibt" (ebd.: 42). Beschleunigung führt zu einer verzerrten Beziehung zwischen dem Selbst und der Welt. Das bedingt eine Entfremdung: Der Mensch entfremdet sich seiner selbst aufgrund einer sozialen Entfremdung sowie einer Entfremdung von Raum, Zeit, Dingen und eigenen Handlungen (vgl. ebd.: 122ff.).

Dieser Entfremdung setzt Rosa das Konzept der Resonanz gegenüber. Die Resonanztheorie steht in der Tradition der Kritischen Theorie von Marx über Adorno und Horkheimer, über Habermas bis zu Honneth. Die Theorie teilt den zentralen Befund von Entfremdung als Hindernis für ein gelingendes Leben. Für Rosa sind gelingende Weltbeziehungen solche, „in denen die Welt den handelnden Subjekten als ein antwortendes, atmendes, tragendes, in manchen Momenten sogar wohlwollendes, entgegenkommendes oder ‚gütiges' ‚Resonanzsystem' erscheint" (ebd.: 9). Neben Resonanzerfahrungen sozialer Interaktion haben sich in der Moderne die Sphären der Ästhetik und der Naturerfahrung als Resonanzsphären etabliert. Der Mensch kann beispielsweise bei einem Sonnenaufgang am Meer die Welt „atmen hören" (ebd.: 10). Resonanzerfahrungen sind für Rosa Momente und Augenblicke. Die gleiche Situation kann den Menschen beim nächsten Mal „kalt lassen" (ebd.: 10). In diesem einen Augenblick hat der Mensch mit einer Subjekt-Welt-Beziehung zu tun „das über instrumentelle, kausale und/oder epistemologische Relationen hinausgeht" (ebd.: 10).

2.1.2 Im Alltag der Entfremdung

Der moderne Mensch ist, wie eben beschrieben, auf vielen Ebenen einem Entfremdungsprozess – sich selbst gegenüber – ausgesetzt. Selbst der Prozess der Sozialisation beinhaltet in gewissem Maße eine Selbstentfremdung. Als ein Beispiel hierfür sei der dem Kleinkind innewohnende Bewegungsdrang genannt (vgl. Hüther 2011: 88ff.). Ein Kleinkind hat den Impuls, den ganzen Körper einzusetzen, um sein Befinden auszudrücken. Mit zunehmendem Alter werden die dem Körper innewohnenden Impulse zunehmend kontrolliert: das Kind soll stillsitzen, leise und angepasst sein. „Da unsere Erziehung rigide ausgerichtet ist, hat sie unsere Persönlichkeit verkrüppelt und unvollständig gemacht, unser Leben lebensblind und die Momente wirklicher Spontaneität rar, wenn sie nicht überhaupt fehlen. [...]" (Storch u. a. 2011: 72). Der Heranwachsende passt sich der Vorstellungswelt der Erwachsenen an und verlernt es, dem natürlichen Impuls Ausdruck zu verleihen. Später wird sein Verhalten in den Peer-Groups geprägt und bestimmt es. Ohne es zu merken, entfernt sich der Mensch immer mehr von dem, was sein Denken, Fühlen und Handeln ursprünglich geprägt hatte, also die eigene Körpererfahrung und Sinnerfahrung.

Indem er all das zu unterdrücken beginnt, was bisher das selbstverständlichste und ureigenste Teil seines Selbst war, wird er sich selbst zunehmend fremd. Sein Körper und die aus seiner Körperlichkeit erwachsenden Bedürfnisse werden – weil sie dem starken Bedürfnis nach Zugehörigkeit und Anerkennung, nach Identitätsentwicklung und Selbstentfaltung im Wege stehen – als Hindernis betrachtet und deshalb unterdrückt und abgetrennt" (Hüther 2011: 88). In manchen Kulturen ist der Druck der Instrumentalisierung und Entfremdung stärker ausgeprägt, zum Beispiel durch rituelle Körpermodifikationen. In der westlichen Welt können das Tätowierungen, Piercings und Schönheitsoperationen sein (vgl. ebd.: 88). Die meisten Menschen erfahren, einhergehend mit der Sozialisation, dass sie die ursprüngliche Einheit mit sich selbst und mit ihrem Körper verlieren beziehungsweise von der Weisheit ihres Körpers abgeschnitten sind. Das kann sich in körperlichen Symptomen zeigen (vgl. ebd.: 90f.).

Besonders drastisch wird die Entfremdung von der Wirklichkeit im Bereich der modernen Kommunikationsmittel anschaulich. Informations- und Medientechnologien koppeln menschliche Erfahrungen zunehmend von „der leibhaftigen, sinnlich erlebten Wirklichkeit ab und versetzen ihre ‚Anwender' in eine virtuelle, digitalisierte Welt" (Fuchs 2018 (2000): 18). In der Kommunikation geht die leibliche Präsenz verloren, da Tastaturen und Bildschirme zwischengeschaltet sind. Die Kindheit als Phase, in dem sich Kommunikationsformen erst ausbilden, zeichnet sich durch den Verlust ausdrucksvermittelnder, in leiblicher Resonanz erfahrener Kommunikation mit der Umwelt, aus. Die Konsequenzen seien laut Fuchs noch nicht abzuschätzen. Er führt jedoch an, dass die vielen Erscheinungsformen eines von der Freizeitindustrie geförderten „Körperkults" keinen Ersatz für eine mangelnde Sinneserziehung darstellten. Hier werde die Leiblichkeit weniger als Medium differenzierter Welterfahrung, denn als ein Instrument narzisstischer Selbst- und Genuss-Steigerung genutzt (vgl. ebd.: 18).

Ebenso der medizinische Bereich fördert die Entfremdung vom Selbst. Der Mensch ist mittlerweile mit neuen medizinischen Techniken wie Gentechnologie, Transplantation u. a. in der Lage in seine Natur einzugreifen: von der Empfängnis bis zum Sterben sind fast alle Prozesse in irgendeiner Art und Weise manipulierbar. „Dem Menschen wird seine leibliche Natur selbst verfügbar" (ebd.: 18). Die Sichtweise auf den Körper als etwas durch medizinische Verfahren reparables *Ding* entfremdet den Menschen von seiner Gefühls- und Erfahrungsebene. Die Entwicklungen in Wissenschaft, Technologie und Gesellschaft sind also mit einer Entfremdung von ursprünglicher sinnlicher Erfahrung in unwillkürlichen Lebensvollzügen und leibhafter zwischenmenschlicher Kommunikation verbunden. „Das naturalistische Selbstmißverständnis des Menschen wirkt auch als *Selbstentfremdung* bis ins alltägliche Leben hinein" (ebd.: 18). „Wo das rationale Subjekt seine eigenen leiblichen Empfindungen, seine sinnlichen Wahrnehmungen und sein fühlendes Werterleben der Geltung beraubt, indem er all dies zu Epiphänomenen neuronaler Schaltkreisfunktionen oder zu Werkzeugen egoistisch-blinder Gensubstanzen erklärt, droht eine schleichende Entleerung der Welt von allem, was dieses Subjekt noch sinnlich ansprechen, gefühlshaft ergreifen und persönlich betreffen könnte. Die Wirklichkeit wird dann in der ‚virtual reality' am Ende ebenso technologisch ersetzbar, wie es bereits die Organe des Körpers sind" (ebd.: 18f.).

Die Hirnforschung zeigt jedoch, dass abgespeicherte Strukturen jederzeit überschrieben oder neu verknüpft werden können, das heißt, wir können uns zu jedem Zeitpunkt des Lebens neu konstruieren (vgl. Hüther 2011: 91f.). Alte motorische, sensorische oder affektive Muster können verlassen werden. Es besteht die Möglichkeit anders zu sehen, zu fühlen und zu handeln. Der Mensch ist in der Lage eine neue Haltung einzunehmen, eine Änderung ist möglich (vgl. ebd.: 91f.). (Vgl. dazu auch Punkt 3.3.) Hüther hierzu: „Aber dazu müssten wir unseren Körper wiederentdecken" (ebd.: 95).

Brinkmann bemerkt: „Der Leib ist präsent und spürbar – als zur Schau gestellter, öffentlicher, symbolischer, gestalteter und verführter Körper begegnet er uns überall. Er ist Objekt medialer, biotechnischer und kultureller Praktiken – vom Enhancement über Wellbeing bis zum sportlichen Training und spiritueller Meditation. [...]" (Brinkmann 2019: 1). Es herrscht eine

Faszination für die Erscheinungsform des Körpers und seiner Funktionen. Die Medien bieten viele Möglichkeiten und sind damit eine Plattform der Entfremdung: Werbung beispielsweise teilt dem Menschen von A wie Abführmittel bis Z wie Zellerneuerung mit, wie er mit seinem Körper umgehen soll. Zudem sind die Medien voll von nicht naturgetreuen, sexuell aufgeladenen Zurschaustellungen des (vornehmlich weiblichen) Körpers. Whitehouse folgert: „Je weniger er [der Körper] der eigene, durch Erfahrung vertraute Körper ist, umso weiter entfernt er sich von allem, was mit dem eigenen *Selbst* zu tun hat" (Whitehouse 2012 (1958): 281f.).

2.2 Beziehung des Menschen zu sich selbst

Der Mensch ist mit seinem Leib und Körper in der Welt. Wie denkt und fühlt sich der Mensch seit Beginn der Neuzeit in diesem seinem Leib und Körper?

2.2.1 Der Mensch verliert seine Natur – Descartes und der Beginn der Neuzeit

In der Neuzeit ist der Mensch nicht länger der Religion und den Wirkmächten der Natur ausgeliefert. Der Mensch kann jetzt mit Hilfe der Mathematik und naturwissenschaftlichen Beschreibungen die Welt erklären (vgl. Reisch 2018: 91). Mit Denken und Vernunft erschließt er sich die ganze Welt. Die wissenschaftliche Revolution im 16. und 17. Jh. führt zum heliozentrischen Weltbild. Nicht die Erde steht demzufolge im Mittelpunkt des Universums, sondern die Sonne, um welche die Planeten kreisen (vgl. ebd.: 98). Laut Waldenfels hat die erfolgreiche Reduktion der Natur auf bloße Kausalabläufe zur Folge, den Leib von der Seele abzuspalten und diesen damit in eine Körpermaschine zu verwandeln. Es entsteht eine Dualität „von kulturell gepflegter Innenwelt und technisch bearbeiteter Außenwelt" (Waldenfels 2017: 21). Der Lebenswelt, von der all unsere Gefühle, Gedanken und Taten ausgehen, geht jedoch eine Verdoppelung in Kultur und Natur voraus. Keine Kultur ist zugänglich, ohne dass die Natur „mitfungiert". Die Natur ist „immer mit dabei" wie unser eigener Leib (vgl. ebd.: 22). Waldenfels Bild der Körpermaschine, welches immer noch das heutige Denken prägt, gründet auf den Ideen von Descartes:

Für Descartes, der um 1650 die moderne Philosophie begründet, bildet nur noch das denkende, seiner selbst gewisse Ich den Grundpfeiler sicheren Seins und Wissens, das unabhängig von Irrtümern, Scheinwirklichkeiten oder Glaubensfragen stabil bleibt. Die Wahrheit liegt damit im Subjekt selbst, von dem die Objektwelt und kosmische Ordnung streng geschieden wird (vgl. Reisch 2018: 91). Das heißt, in Descartes' Welt erschließt sich dem denkenden Ich (im Inneren des Menschen) seine Realität, da „die Körper nicht eigentlich durch die Sinne, sondern einzig durch den Verstand erkannt werden, nicht dadurch, dass man sie betastet oder sieht, sondern dass man sie denkt" (vgl. Nettling 2019).

Aus Geometrie und Arithmetik leitet Descartes ab, dass erst die Fähigkeit des Denkens den Menschen zum Menschen macht: „Cogito, ergo sum." Die Seele wird bei Descartes zu einer „*res cogitans*, das heißt eine unleibliche, raum- und bewegungslose Innenwelt – entsprechend dem modernen Begriff des Bewusstseins" (Fuchs 2018 (2000): 30). Descartes formuliert das folgendermaßen: „ ... daß ich eine Substanz bin, ... deren Natur nur darin besteht zu denken und die zum Sein keines Ortes bedarf, so daß dieses Ich ... völlig verschieden ist vom Körper"[5] (ebd.: 30). Leibliches und seelisches Erleben wird von der Welt getrennt und in eine rein subjektive Innenwelt verlegt. Diese *res cogitans* sind das Wesen des Ich und können denken, fühlen, wollen.

Descartes verbannt also die Seele als reine *res cogitans* aus dem Raum des Leibes ins Gehirn (ebd.: 29f.). Dieses Bewusstsein ist unräumlich, *zum Sein bedarf es keines Ortes*, und nicht im Körper lokalisierbar (vgl. Reisch 2018: 102). Den Leib sieht er als materielle Masse, aus der sich das Subjekt zurückgezogen hat. Empfindungen sind physikalische Ereignisse, die von der Einwirkung von Dingen auf der Körper herrühren. „Das eigentliche ‚Wahrnehmen', das Sehen und Berühren aber ist für Descartes kein leiblicher Vorgang mehr, sondern nichts anderes als *das Denken des Sehens und Berührens*" (Fuchs 2018 (2000): 31). Die in der Welt liegenden Dinge sind nur illusionäre Bilder, die das Gehirn erzeugt. Also nicht die Dinge im Außen haben beispielsweise eine Farbe, die das Auge oder der Leib wahrnehmen könnte, sondern Farbe entsteht erst im Bewusstsein (vgl. ebd.: 31). Objekte im Außen können nur aus geistiger Erkenntnis in Denkprozessen erschlossen werden. Der Körper und die Dinge sind in anderen Sphären lokalisiert (vgl. Reisch 2018: 102). Die Welt ist in denkende Subjekte auf der einen und materiehafte Objekte auf der anderen Seite geteilt. „Die Spaltung geht durch den Menschen selbst hindurch. Der Geist wird verdinglicht zu einer Substanz, einer objektivierbaren eigenständigen Einheit, die dem Körper als einer anderen, räumlichen Substanz gegenüber steht" (vgl. ebd.: 102). „Unsere Sinnes- und Leibesempfindungen erlauben allenfalls indirekte Rückschlüsse auf die tatsächlich räumlich-materielle Welt außerhalb unseres Bewusstseins" (Fuchs 2018 (2000): 31).

Die „Entseelung des Körpers" (ebd.: 33) schritt im Zuge der naturwissenschaftlichen Entwicklung noch voran. „Nicht was der Mensch spürt und

---

5 René Descartes, Meditationes de prima philosophia VI, 13.

wahrnimmt, sondern was der Arzt palpieren, auskultieren, sezieren kann, wird zum Leitbild von Erfahrung" (ebd.: 33f.). Descartes' dualistisches und mechanistisches Menschenbild ist noch heute prägend für das Verständnis der Leiblichkeit (vgl. ebd.: 33). Bis zu Beginn des 20ten Jahrhunderts gab es verschiedene Konzeptionen zum Körpererleben in der psychologischen und physiologischen Forschung. Alle basieren jedoch auf Descartes' dualistischer Sichtweise. Die phänomenologische Forschung ab Husserl entwickelte einen anderen Ansatz zur Erforschung der Leiblichkeit. Ausgangspunkt ist die leibliche Existenz des Menschen und sein räumliches In-der-Welt-Sein (vgl. ebd.: 41).

2.2.2 Phänomen der körperlichen Leiber – In der Welt Husserls

Bei dem Begründer der phänomenologischen Bewegung Edmund Husserl spielte die Leiblichkeit selbst noch keine zentrale Rolle. In seinen Überlegungen legt er jedoch den Grundstein dafür (vgl. ebd.: 43). Begriffe wie „Bewusstseinserlebnis", „intentionales Erleben", „intentionaler Akt", zeigen, dass Husserl zwischen Psychologie und Phänomenologie nicht trennte (Prechtl 1998: 8f.). Husserl übt Kritik an der Erkenntnistheorie, wie sie bisher in der philosophischen Tradition vorzufinden war: „Das Bewusstsein darf nicht als eine von jeder Gegenständlichkeit getrennte eigenständige Sphäre verstanden werden, vielmehr ist Bewusstsein immer schon Bewusstsein von etwas und insofern immer schon bei den Sachen" (ebd.: 26). Das heißt, Bewusstsein ist immer schon bezogen auf etwas. Dieses Konzept der Intentionalität übernimmt Husserl von Brentanos Konzeption des Zeitbewusstseins. Es widerspräche der phänomenologischen Sicht, von einem Sein des in der Welt Gegenständlichen zu sprechen, wenn man sich nicht auf ein subjektives Bewusstseinserlebnis berufen könnte (vgl. ebd.: 26f.). Grundlegend für Husserls Phänomenologie ist, dass subjektives Bewusstseinserlebnis und Gegenständliches in einem untrennbaren Zusammenhang stehen. „In diesem Zusammenhang kann von einer Korrelativität von Bewusstsein und Welt gesprochen werden" (ebd.: 27). „Die intentionalen Vernetzungen und Implikationen der Wahrnehmung kennzeichnen die Struktur der Welterfahrung" (ebd.: 84).

Um erkenntnistheoretische Fortschritte zu machen, unternimmt er den Versuch, Vorhandenes – also die Lebenswelt – zu bezweifeln: Er klammert diese ein. Was nach der Ausschaltung der natürlichen Welt, beziehungsweise Einklammerung der Lebenswelt, übrig bleibt, ist das individuelle Sein, „die Urkategorie des Seins überhaupt" (vgl. Faust 2012: 43). Für Husserl sind „nicht nur die körperliche Natur, sondern die ganze konkrete Lebenswelt

[...] statt seiend nur Seinsphänomen" (Husserl 2012 (1963, 1973): 20). „Die anderen Menschen und die Tiere sind für mich ja nur Erfahrungsgegebenheiten vermöge der sinnlichen Erfahrung ihrer körperlichen Leiber, deren Gültigkeit, als mit in Frage stehend, ich mich nicht bedienen darf", so Husserl in den Cartesianischen Meditationen (vgl. ebd.: 20). Faust betont, dass die Einklammerung der Lebenswelt also dem Zweck einer reinen Bewusstseinsforschung dient (vgl. Faust 2012: 44). Dies *neue* als das *reine* Bewusstsein nennt Husserl das Cartesianische Cogito [...], und dieses umfasst jedes „*Ich nehme wahr*" (ebd.: 43). Wie auch für Descartes sind für ihn Bewusstseinserlebnisse Cogitationes (vgl. ebd.: 43).

Als Begründer der Phänomenologie sieht Husserl das „eigentümliche Wesen der Phänomenologie als einer Wissenschaft der *Ursprünge*" (Husserl 1980 (1913): 108). In „Ideen zu einer reinen Phänomenologie und phänomenologischen Philosophie" schreibt er: „Ich bin mir einer Welt bewusst, endlos ausgebreitet im Raum, endlos werdend und geworden in der Zeit. Ich bin mir bewusst, das sagt vor allem: ich finde sie unmittelbar anschaulich vor, ich erfahre sie" (zit. n. Faust 2012: 42). Die Phänomenologie hat schon früh im 20. Jahrhundert einen präzisen Begriff von Leib entwickelt, indem sie mit einer nicht-dualistischen Theorie das Verhältnis von Leib und Denken neu bestimmt. Die Akteure, die diese Vielzahl leibphänomenologischer Ansätze schufen, sind Husserl, Scheler, Straus, Merleau-Ponty, Plessner, Heidegger, Fink, Lévinas, Waldenfels und andere (vgl. Brinkmann u. a. 2019: 1f.). Im Folgenden gehe ich exemplarisch auf Straus und Merleau-Ponty ein: Merleau-Ponty ist die Wiederentdeckung der Leiblichkeit zu verdanken. Der Leib selbst konstituiert das Bewusstsein und die Wahrnehmung. Diese Gedanken sind sowohl grundlegend für die Weiterbeschäftigung für die im Folgenden Punkt 3 genannten praktisch mit Körperwahrnehmungstechniken Arbeitenden als auch für das Embodiment. Straus befasst sich zudem mit Bewegung und Tanz. Der freie Tanz ist im Fokus des vierten Punktes.

2.2.3 Empfindung und Wahrnehmung – Straus bewegt sich tanzend im Raum

Erwin Straus (1891–1975) entwickelte in Abgrenzung von den herrschenden existentialistischen und daseinsanalytischen Strömungen seiner Zeit eine eigenständige Richtung phänomenologischer Psychologie und Psychiatrie (vgl. Fuchs 2018 (2000): 57). Die Fragestellungen der wissenschaftlichen Psychologie sah er als abhängig von der Philosophie Descartes an. Somit war für ihn die Auffassung, dass sinnliches Erleben und daran anschließende Empfindungen als unmittelbare Affektionen durch die Dinge verstanden werden, lebensfremd. Für ihn waren das Produkte des Bewusstseins. Er übte Kritik an der Annahme – also an Husserl –, man könne nur zu „wahrer" Erkenntnis gelangen, indem man störende Empfindungen weitestmöglich ausschaltet, weil sie nicht „klar und deutlich" sein können (vgl. Goddemeier 2016: 511f.).

Straus stellt der reduktionistischen Psychologie eine phänomenologische Sinneskunde entgegen und nennt sie Ästhesiologie: „Im alltäglichen Vollzug des sinnlichen Erlebens ist unser Interesse beim Gegenstand, der Welt, dem Anderen [...]" (ebd.: 512). Der Mensch besitzt seine Sinne, um mit der Welt in Beziehung zu treten und nicht, um sie aus der Entfernung zu erkennen: „Dieses Hinausreichen über sich selbst und Hingelangen zu dem Anderen [...] ist das Grundphänomen des sinnlichen Erlebens [...]". Untrennbar mit der Ästhesiologie verbunden ist die Kinesiologie: „Nur ein bewegliches Wesen [...] kann das Sichtbare in seiner Gegenständlichkeit erfassen"[6] (ebd.: 512).

Straus beschäftigt sich mit dem Empfinden in dem er Empfinden und Erkennen gegenüberstellt. Straus unterscheidet ein „erleidendes" (pathetisches) und ein „erkennendes" (gnostisches) Moment (Fuchs 2018 (2000): 59). Diese beiden Momente sind an jeder Sinneswahrnehmung zu unterschiedlichen Verhältnissen beteiligt. Der pathetische Moment hebt das *Wie* des Gegebenseins hervor, er bezieht sich also auf den Zustand des Empfindens. Dieser pathetische Moment oder Empfindungsmoment herrscht bei den primär entwickelten Sinnen Geruch und Geschmack vor. Der gnostische Moment hebt das *Was* des Gegebenen hervor, er bezieht sich auf gegenständliches Wahrnehmen. Dieses Moment überwiegt bei den Fernsinnen wie Hören und vor allem dem Sehen. Der Tastsinn, der sowohl ein Sich-Spüren als auch ein Etwas-Spüren beinhaltet, steht in der Mitte der beiden Momente. Straus gliedert den Körper auch räumlich in pathetische Teile, das ist zum Beispiel der Rumpfbereich, und vorwiegend gnostisch-praktische Teile, dazu gehören die Extremitäten, Sinnesorgane und der Kopf (vgl. ebd.: 59).

Eine rein gnostische Wahrnehmung kann es nicht geben, da das Subjekt immer in einer erlebten Beziehung zum Sinnesgegenstand steht. Ein Beispiel dafür ist das Sehen von Farben: Bei diesem Vorgang schwingt eine synästhetische Empfindung mit. Sich auf das Sehen einer Farbe einlassen kann einen „leibnahen Charakter annehmen. Das Sich-Weiten, Sich-Dehnen beim versunkenen Anblick einer blauen Fläche [...] ist ein leiblicher Zustand, indem nicht nur die Gegenstände ihre scharfen Grenzen verlieren, sondern auch die Grenzen des Ich zur Welt verschwimmen" (ebd.: 60). „Ohne das Moment der Empfindung scheint das Wahrgenommene leer, tot und wesen-

[6] Alle Zitate Straus aus dem Aufsatz: „Die Ästhesiologie und ihre Bedeutung für das Verständnis der Halluzinationen" (Straus 1949).

los“ (ebd.: 60). Aus der Einheit des gnostischen und pathetischen Moments in der Wahrnehmung sieht Straus den Menschen in einer dialektischen Beziehung zur Welt, das heißt für Straus „ein Zusammen im Gegenüber, ein Verbundensein im Getrennt sein“ (ebd.: 61). In der Wahrnehmung erfasst der Mensch das Andere im Verhältnis zu sich selbst und sich in Beziehung zum anderen. Wäre die sinnliche Erfahrung nicht zweipolig, wäre eine Orientierung nicht möglich. *Wirklich* kann für den Menschen nur das werden, was ihm im Empfinden und Spüren *leibhaftig* gegenwärtig ist (vgl. ebd.: 61).

Straus befasst sich unter anderem mit der Leibbezogenheit im landschaftlichen und geografischen Raum. Dabei blickt er auch auf die räumliche Wahrnehmung. Diese ist untrennbar von der möglichen Bewegung auf das Wahrgenommene hin und daher nur einem beweglichen Wesen möglich. Die Ferne enthält eine zeitliche Komponente. Der empfindende Leib ist auf etwas hingerichtet, das beinhaltet eine vitale Lebensbewegung, die das „Werden“ des Lebewesens ausmacht. Aus dem Verlust des „sympathetisch-empfindenden Weltverhältnisses“ (ebd.: 62) und einer zugleich bestehenden Hemmung des „vitalen Werdens, in dem der Mensch sich in die Zukunft hinein auf die Dinge zu bewegt“ (ebd.: 62), haben Straus und von Gebsattel die Grundstrukturen von Depression und anderem abgeleitet (vgl. ebd.: 62). Bewegung ist also essentiell.

In den 1930er Jahren entwickelte Straus eine Tanztheorie, die den Tanz als individuellen Akt leiblich expressiver Selbsterfahrung beschreibt und ein mechanisches Körperverständnis kritisiert (vgl. Oberhaus 2010: 5). In „Vom Sinn der Sinne (1935)“ bezeichnet Straus den Tanz als eine Form von Erlebnis, „das sich vom theoretischen Erkennen, dem praktischen Begreifen, dem zweckmäßig planenden und berechnenden Handeln, dem technischen Beherrschen der Dinge polar entfernt“ (ebd.: 5). Straus beschreibt die primäre raumzeitliche Einheit des Erlebens exemplarisch am Tanz. Hier wird *präsentischer Raum* erfahrbar (vgl. Fuchs 2018 (2000): 62). Dabei erzeugen Rhythmik und Dynamik einen eigenen Raum, der Wahrnehmung und Bewegung vereint. Die Melodie gibt der Bewegung ihre Gestalt. Die Bewegung orientiert sich nicht mehr im Raum. „Das Ich-Bewusstsein sinkt vom Kopf in den Rumpf hinab, der Leib wird in sich zentriert erlebt“ (ebd.: 62). Dieser durch eine Steigerung der Rumpfmotorik gekennzeichnete Raum ist der pathetisch-präsentische Raum: der „Raum des Tanzes“ (vgl. Oberhaus 2010: 6). Aus diesem Bewegungsakt resultiert ein Wandel im Erleben des eigenen Leibes. Straus geht dabei von einer „Verlagerung des Ichs in Beziehung auf das Körperschema“ (ebd.: 6) aus. Das bedeutet, dass sich der Mensch in unterschiedlichen leiblichen Zuständen erlebt. Im Gegensatz zum rationalen Erkennen, bei dem das leibliche Ich zwischen den Augen repräsentiert ist, sinkt es beim Tanz in den Rumpf. „Der Mensch ist nicht mehr handelnd der

Außenwelt zugewandt, sondern erlebt das Dasein als vitales ‚Lebendigsein' und als ‚Empfindsamkeit'" (ebd.: 6). In dieser subjektiv erlebten Raumerfahrung, einer Entgrenzung des physikalisch gegebenen Raumes, vollzieht sich eine Aufhebung des Gegensatzes von Subjekt und Objekt, von Welt und Bewegung. Der Tanzende wird eins mit der Musik. „Dieser ‚Tanzleib' ist aufgrund der Aufhebung zielgerichteter und zweckdienlicher Bewegungen eine spezifische ästhetische Erfahrungsdimension. Tanzgeschehen und Alltagsgeschehen bilden demnach zwei unterschiedliche Erlebnisdimensionen" (ebd.: 6).[7]

2.2.4 In der Welt verankert – Maurice Merleau-Ponty erweitert die Grenzen

Merleau-Ponty nimmt in seiner Arbeit zahlreiche theoretische Perspektiven aus dem Bereich der Humanwissenschaften ein, wie zum Beispiel Gestalttheorie, Linguistik, Sprachpsychologie und Psychopathologie der Sprache, Psychoanalyse, Ethnologie und Kultursoziologie. In seinen Vorlesungen an der Sorbonne ist das Kind, von dem „alle Wege ausgehen, selbst wenn sie woanders hinführen" (Waldenfels 1994a: 10) stets im Zentrum seiner Betrachtung. Er erweiterte Husserls Arbeit und stellt die Frage, ob man von der *Egologie* zur Sozietät gelangen könne. Er verweist auf den Ursprung der klassischen phänomenologischen Themen *Leiblichkeit* und *Intersubjektivität* in der Psychoanalyse (vgl. Faust 2012: 190).

In seinem Werk „Phänomenologie der Wahrnehmung" beschäftigt er sich mit der leiblichen Verstrickung des Bewusstseins in der Welt (vgl. Bermes 1998: 38). Er gibt dem Leib zum ersten Mal eine „ontologisch fundamentale Stellung" (Fuchs 2018 (2000): 72). Er reflektiert die Mehrdeutigkeit von Welt, Sprache und Bewusstsein und stellt diese am leiblichen Verhalten dar (vgl. Bermes 1998: 38). Der Leib selbst wird zum „Subjekt der Wahrnehmung" (Merleau-Ponty 1966 (1945): 263) ebenso wie der Bewegung (vgl. Fuchs 2018 (2000): 72). Die Sinne sind, laut Merleau-Ponty, voneinander und von der intellektuellen Einsicht verschieden, insofern ein jeder von ihnen eine völlig übertragbare Seinsstruktur in sich trage. Dies könne der Mensch erkennen, indem er sich von allem Bewusstseinsformalismus befreie und den Leib als Subjekt der Wahrnehmung begreife (vgl. Merleau-Ponty 1966 (1945): 263). Er bezieht damit eine extreme Gegenposition zu Husserls Bewusstseins- und Daseinsverortung. Für Merleau-Ponty war Bewusstsein und Dasein nie ohne

[7] Oberhaus bezieht sich auf: Straus, Erwin: Vom Sinn der Sinne. Ein Beitrag zur Grundlegung der Psychologie. Zweite und erweiterte Auflage. Berlin 1978 [1935].

den Leib: „ein leibloses Bewusstsein ist [...] weder aufweisbar noch denkbar, da alle seine intentionalen Gehalte immer von leiblich-sinnlichen Strukturen durchzogen sind" (Fuchs 2018 (2000): 72).

Der Leib an sich konstituiert die Wahrnehmung und die Existenz. Er ist die „Verankerung" in der Welt, die Art und Weise des Menschen „zur Welt zu sein" (vgl. ebd.: 64). Dem liegt zugrunde, dass der Leib sich nicht auf das Bewusstsein seiner selbst reduzieren lässt. Entscheidend ist das vorbewusste Erleben und diesem kommt eine eigene Sinnhaftigkeit und Absichtlichkeit zu, die *leibliche Intentionalität* (vgl. ebd.: 63). Merleau-Ponty hierzu: „Insofern Bewusstsein nur Bewusstsein von etwas ist, indem es hinter sich seine Spur zurückläßt, und sofern es, um einen Gegenstand zu denken, sich auf eine vorgängig aufgebaute ‚Gedankenwelt' stützen muß, vollzieht sich stets eine Entpersönlichung des Bewusstseins in dessen Innerstem selbst; [...]" (Merleau-Ponty 1966 (1945): 166). Weiter sagt er: „[...] das Bewusstsein entwirft sich in eine Naturwelt und hat einen Leib, so wie es sich in eine Kulturwelt entwirft und seine Habitualitäten hat [...]" (ebd.: 166). Das ist die Intentionalität, das heißt das Bewusstsein kann nur Bewusstsein sein, „indem es sich zu den in der absoluten Vergangenheit der Natur oder in seiner personalen Vergangenheit gegeben Bedeutungen verhält" (ebd.: 166).

Der Bewegung kommt in diesem Zusammenhang eine ganz eigene Position zu, die Motorik lässt sich als „ursprüngliche Intentionalität" (ebd.: 166) sehen. Das Bewusstsein gründet nicht auf einem „Ich denke zu ..." sondern auf einem „Ich kann ..." (ebd.: 166). Bewegung orientiert sich auf die „innersensorische Einheit einer ‚Welt' hin" (ebd.: 166). Bewegung ist nicht gedacht und passiert in einem Raum, der untrennbar mit der Bewegung verbunden ist. Bewegung und Raum wären „nur künstlich voneinander trennbare Momente eines einheitlichen Ganzen" (ebd.: 167). Merleau-Ponty führt aus: „Bewusstsein ist Sein beim Ding durch das Mittel des Leibes. Erlernt ist eine Bewegung, wenn der Leib sie verstanden hat, d. h. wenn er sie seiner ‚Welt' einverleibt hat, und seinen Leib bewegen heißt immer, durch ihn hindurch auf die Dinge abzielen, ihn einer Aufforderung entsprechen lassen, die an ihn ohne den Umweg über irgendeine Vorstellung ergeht" (ebd.: 168). Die Bewegungserfahrung eröffnet dem Menschen laut Merleau-Ponty eine eigenständige und ursprüngliche Weise des Zugangs zur Welt und zu Gegenständen. Der Leib an sich hat die Fähigkeit Welt zu begreifen „ohne erst den Durchgang durch ‚Vorstellungen' nehmen oder sich einer ‚objektivierenden' oder ‚Symbol-Funktion' unterordnen zu müssen" (ebd.: 170). Mit dem Leib ist Mensch in der Welt. Dieser Leib kann nie abwesend sein. Da Leib und Bewusstsein eins sind, ist die Verbindung zur Welt immer ein gemeinsames Sein im Einzelnen. Faust hierzu: „Das Ich ist ein inkarniertes Ich [...]" (Faust 2012: 11).

Wie definiert Merleau-Ponty den menschlichen Körper? In „Das Auge und der Geist" schreibt er: „Ein menschlicher Körper ist vorhanden, wenn es zwischen Sehendem und Sichtbarem, zwischen Berührendem und Berührtem, zwischen einem Auge und dem anderen, zwischen einer Hand und der anderen zu einer Art Begegnung kommt, wenn der Funke des Empfindend-Empfundenen sich entzündet, wenn jenes Feuer um sich greift, das unaufhörlich brennen wird, bis irgendein Zwischenfall dem Körper zustößt und zunichte macht, was kein Zwischenfall hätte zustande bringen können [...]" (Merleau-Ponty 1984 (1964): 17).

Für Merleau-Ponty bestimmt die Wahrnehmung die Grenzen dieser Welt – „Die Welt ist das, was ich wahrnehme" (Faust 2012: 13). Diese Grenzen öffnet er mit Hilfe des künstlerischen Ausdrucks. Am Beispiel des Malers sieht das folgendermaßen aus: Ein reiner Geist kann nicht malen. Der Maler leihe also der Welt seinen Körper und verwandle die Welt so in Malerei (vgl. Merleau-Ponty 1984 (1964): 15). Das geschieht über das Sehen. Die Augen richten sich auf die Welt und nehmen das Sichtbare wahr. Das Sehen hänge mit der Bewegung zusammen. Man könne nur sehen was man betrachtet (vgl. ebd.: 15f.). Bewegung der Augen und Sehen greifen ineinander. Dies verbietet jedoch, laut Merleau-Ponty, das Sehen als „Denkoperation" (vgl. ebd.: 15f.) aufzufassen. Durch das Sehen eigne sich der Sehende die Welt nicht an, er öffne sich dieser. Diese Bewegung sei also kein geistiger Entschluss, sondern „die natürliche Folge und das Zur-Reife-gelangen eines Sehens" (ebd.: 16). Des Weiteren ist der Körper nicht nur sehend sondern selbst sichtbar. Er ist für sich spürbar. „Sich" (ebd.: 16), als nicht nur transparentes Denken, sondern ein „‚Sich', das den Dingen verhaftet ist, das eine Vorder- und eine Rückseite, eine Vergangenheit und eine Zukunft hat ..." (ebd.: 16).

2.3 Die Position der Leiblichkeit im Verhältnis von Natur und Mensch

„Ich bin das Land, meine Augen sind der Himmel, meine Glieder die Bäume, ich bin der Fels, die Wassertiefe. Ich bin nicht hier, um die Natur zu beherrschen oder sie auszubeuten. Ich bin selbst Natur"
Indianische Weisheit, Squan'na'vai.

Ein Blick in die Naturphilosophie zeigt, dass mit der in der westlichen Philosophie bis ins 20. Jahrhundert tradierten Leibvergessenheit auch eine Naturvergessenheit korrespondiert (vgl. Kirchhoff u. a. 2017: 179). Kirchhoff u. a. sehen es in ihrem Lehr- und Studienbuch zur Naturphilosophie als Aufgabe an, der Naturphilosophie „die *Relationalität* von Natur und wahrnehmendem Subjekt als vielschichtiges Beziehungsgeflecht zu begründen" (ebd.: 179). Das

Problem sei, „dass die Naturalisierung des Leibes als objektivierbarer Körper (und Gehirn) in Form von zoologischen und technischen Modellen mit einer Enthistorisierung der menschlichen Naturerfahrung einherging“ (ebd.: 179). Ausgehend von diesem Defizit gelte es den Leib als Kernkonzept der Naturphilosophie wiederzuentdecken und weiterzuentwickeln.

2.3.1 „Der Leib ist die Natur, die wir selbst sind“

Böhme bezieht in seine Überlegungen zur Leiblichkeit die Natur mit ein, er verbindet die Leibphänomenologie mit dem Naturdiskurs (vgl. Böhme 2019: 14): „Der Leib ist die Natur, die wir selbst sind“ (Böhme 2011: 557). Um diese Aussage zu entfalten, ist es laut Böhme erforderlich, zuerst die Natur zu definieren. Der Naturbegriff ist ein Begriff, den man seit der griechischen Sophistik aus Gegensätzen heraus versteht. „Natur wird verstanden im Gegensatz zu Satzung, Technik, Kultur, Zivilisation. Natur ist also dasjenige, was von selbst da ist, dasjenige, was uns Menschen also gegeben ist. Natur wird verstanden im Gegensatz zu dem, was vom Menschen gemacht wird“ (ebd.: 557). Böhme bezieht sich auf Aristoteles Definition, dass Seiendes, als das was von Natur aus ist, das Prinzip seiner Bewegung in sich habe, während durch Technik Seiendes von der Art ist, dass es das Prinzip seiner Bewegung (das heißt Entstehung, Wandlung und Reproduktion) im Menschen habe (vgl. ebd.: 557).

Wenn der Leib demnach als Natur definiert wird, ist er etwas, was dem Menschen gegeben ist, er wäre dann von Natur aus konstant. Laut Böhme ist das jedoch nicht der Fall, denn zum einen „weil man Weisen der Gegebenheit unterscheiden kann, vor allem aber deshalb – und das ist das aktuelle Problem –, weil man ja auch Gegebenes in Gemachtes verwandeln kann. Genau das zu tun, war ja auf breiter Linie das Projekt der Moderne“ (ebd.: 558). Speziell die neuzeitliche Naturwissenschaft ist so angelegt, dass die Natur durch Rekonstruktion erkannt werden soll. Zudem ist der Mensch scheinbar nicht Mensch genug von Geburt an, sondern muss sich als privates wie als gesellschaftliches Wesen erst zu dem machen, was es ist und sein soll. „Der Mensch wird nur Mensch durch Erziehung, resümiert Kant“ (ebd.: 558). Das ist die Selbstbildung des Menschen. Das zunächst nur pädagogische und politische Anliegen ist im 20. Jahrhundert zu einem naturwissenschaftlich-technischen geworden, „das heißt zu einem, das auch die menschliche Natur zur Disposition stellt und einem Plan unterwirft“ (ebd.: 558). Für Böhme liegt hier eines der Hauptmotive, überhaupt eine Naturphilosophie in pragmatischer Hinsicht zu entwickeln: „Deshalb wird auch der Leib als Natur definiert, denn er ist uns zunächst gegeben, selbst dann, wenn wir die Bestände des Gegebenen nicht akzeptieren und verändern. Darüber hinaus wird man wohl davon ausgehen müssen, dass auch Menschen, die aus Prozessen gentechnischer Produktion und des Klonens hervorgegangen sind, zunächst sich selbst in ihrem Bestand als gegeben und damit als Natur erfahren werden" (ebd.: 558). Die Natur des eigenen Leibes kann einem auch als Fremdheit begegnen. Das ist in der Selbsttätigkeit des Leibes begründet. „Der Leib tritt dem Ich als eine andere, als eine befremdende Spontaneität entgegen" (ebd.: 558). Diese Erfahrung kann, laut Böhme, nicht besser ausgedrückt werden als mit Freuds Erkenntnis, das Ich sei nicht Herr im eigenen Hause. Als Beispiel für die Eigenständigkeit des Leibes führt Böhme hier eine Szene aus dem Stück Woyzeck von Georg Büchner an: Auf die Vorwürfe des Doktors: „Er hat auf die Straße gepisst, an die Wand gepisst, wie ein Hund!", antwortet Woyzeck: „Aber Herr Doktor, wenn einem die Natur kommt" (ebd.: 560). Der Leib ist dem Menschen also nicht nur von Natur aus gegeben, er drängt sich ihm sogar auf. „Dass ich dieser Leib selbst bin, ist keineswegs selbstverständlich, wohl aber wird in der Betroffenheit durch den Leib erfahren, dass ich ihn zu sein habe" (ebd.: 560).

Das eben Beschriebene befasst sich mit der Natur. Im zweiten Teil der Definition von Leib als der Natur, die wir selbst sind, geht es um den Leib. Auch wenn der zivilisierte erwachsene Mensch sein Selbst auf Grund seiner Erziehung als fremd erfährt, macht er trotzdem eine *Selbsterfahrung*. Das kann die Erfahrung, die man selbst macht, sein oder die Erfahrung des Selbst. In der Leiberfahrung trifft, laut Böhme, beides zu. Leibliche Erfahrung ist immer spürbar. Der Mensch erfährt sich immer selbst. Das leibliche Spüren ist immer ein Sich-Spüren (vgl. ebd.: 560).

Eines der wichtigsten Phänomene leiblicher Existenz ist der Vorgang des Atmens. Das Atmen macht diese leibliche Existenz als Vorgang erfahrbar. Fast alle Übungen, durch die man lernen soll, sich auf sein leibliches Dasein einzulassen und sich dem Leib zu öffnen, beginnen mit Atemübungen. Das Atembewusstsein ist in gewisser Weise das Leibbewusstsein überhaupt (vgl. Punkt 3.3.1 und 4.2). Die Erfahrung des schweren Atmens[8] ist explizit eine Naturerfahrung: Im schweren Atmen erfährt der Mensch seine Angewiesenheit auf Luft. „Der schwere Atem ist eine Leiberfahrung, die den Leib selber als etwas erfahren lässt, das auf den Austausch mit der übrigen Natur angewiesen ist" (Böhme 2011: 560). Es ist die Erfahrung der eigenen Natürlichkeit (vgl. ebd.: 560). Natursein im schweren Atmen ist zugleich eine Aufgabe. Im schweren Atmen erfährt der Mensch das Atmen selbst als ein Atmen-Müssen, das heißt, in der Betroffenheit durch dieses Phänomen ist zugleich das Übernehmen mit angelegt: „Das Müssen ist fast zwangsläufig ein Wollen und das Schwer-Atmen geht in ein explizites Um-Atem-Ringen

[8] Böhme bezieht sich hier auf das Atmen, wenn Smog herrscht.

über“ (ebd.: 561). Damit sagt Böhme, dass Selbst-Natur-Sein heißen kann, sich aktiv auf das einzulassen, was einem von der eigenen Natur her widerfährt. Das kann im Falle des Atmens soweit gehen, das der Atmende von der Natur mit einem Asthma-Anfall überwältigt wird (vgl. ebd.: 561). Wie in diesem Beispiel der Atemnot beschrieben, entspringt das Selbstsein, laut Böhme, häufig negativen Erfahrungen: Selbstsein, also das implizite Selbstverhältnis liege im Sich-Spüren. Böhme stellt sich hier die Frage: „Aber wie sollte sonst das implizite Selbstverhältnis, das im Sich-Spüren liegt, explizit werden, wie sollte das Natursein zu einem Selbst-Natur-Sein führen, wenn das Leben einfach ein müheloses Dahingleiten wäre?“ (ebd.: 561). Dem stellt Böhme das Erleben im Bereich der leiblichen Liebe gegenüber. Hierbei wird der positive und ungehemmte Lebensvollzug zum Selbst-Natur-Sein sichtbar. Dieser beinhaltet Emphase. Das bezeichnet das freudige Mitgehen mit dem, was von selbst geschieht. Im Allgemeinen sind es Lebensvollzüge, die mit einer Steigerungstendenz erfahren werden. Diese geben dem Menschen meist Anlass, sich wie auf eine Welle zu schwingen, die einen überrollt und mitzugehen. „Emphase ist damit eine Weise, in der wir selbst Natur sind, bei Gelegenheiten, in denen uns Natur zu sein nicht als Last, sondern als Lust widerfährt“ (ebd.: 561). (Vgl. dazu auch Rosas Moment der libidinösen Weltverbundenheit sowie das Flowerleben – Punkt 4.3 – im Tanz.)

2.3.2 Der Leib – Tor zu einer besseren Welt

Fuchs, der als Facharzt für Psychiatrie und Psychotherapie einen anderen Hintergrund hat, führt die Gedanken Böhmes fort. Ausgehend von den Werken von Husserl, Scheler, Straus, Merleau-Ponty, Schmitz u. a. und mit einem phänomenologischen Blick verortet er gesellschaftliche, wirtschaftliche und ökologische Probleme unserer Zeit unter anderem in der Entfremdung der Leiblichkeit (vgl. Fuchs 2018 (2000): 15ff.). Leiblichkeit ist in Fuchs‘ Sinne das „*Zentrum räumlichen Existierens*“ (ebd.: 15): Leiblichkeit ist untrennbar an die Existenz des Menschen gekoppelt. Der Leib selbst ist als Grundphänomen an allen Phänomenen mitbeteiligt. Alle grundlegenden Strukturen leiblicher Regungen und Empfindungen, die bereits der Säugling erfährt, kehren auf allen Ebenen des Wahrnehmens, Verhaltens, Fühlens und Denkens wieder. In diesen „leiblichen Existentialien“ (ebd.: 15) liegt die menschliche Vertrautheit mit der Welt begründet. „Leiblichkeit in diesem umfassenden Sinn transzendiert den Leib und bezeichnet dann das in ihm verankerte Verhältnis von Person und Welt, bis hin zu ihren sozialen und ökologischen Beziehungen“ (ebd.: 15).

Im Alltag ist das Bewusstsein größtenteils auf die Dinge der Welt gerichtet. Der Leib dient dazu, die Beziehung zur Welt herzustellen. Er dient als Medium aller Wahrnehmungen und Tätigkeiten. Je besser der Leib in dieser Rolle ist, „desto unsichtbarer macht er sich selbst“ (ebd.: 16). In der Reflektion des Leibes erscheint dieser dem Menschen „zunächst wieder als Körper, als verfügbarer, hantierbarer Gegenstand – eben als unser ‚Vehikel‘ “ (ebd.: 16). Laut Fuchs löst sich in der „*Selbstbewegung*“ (ebd.: 65) der Objekt-Subjekt-Gedanke auf. Denn die eigene Bewegung unterscheidet sich von der Bewegung von Objekten auch dadurch, dass ein sich Spüren stattfindet, eine kinästhetische Erfahrung (siehe Punkt 2.2.3).

Man bewegt sich als Leib. Der Leib verfügt über eine eigene Intentionalität: das heißt, es bedarf keiner bewussten Entscheidung, um zum Beispiel in einer Gefahrensituation den Leib in Sicherheit zu bringen (vgl. ebd.: 65). Fuchs führt hier Merleau-Ponty an. Dieser untersuchte anhand von Studien von Gelb und Goldstein (1923), die sich mit hirngeschädigten Patienten befassten, inwieweit leibliche Intentionalität gegenüber der objektiv-physikalischen Bestimmtheit des Körpers vorhanden ist. So war ein Patient nicht mehr in der Lage auf neue Bewegungsanweisungen zu reagieren, konnte jedoch ihm vertraute Bewegungen des Alltags ausführen, was zeigt, dass es also zwischen dem Denken und der Bewegung noch ein Drittes geben müsse: „die vom Leib selbst antizipierte, *beseelte* Bewegung, oder die leibliche Bewegungsintentionalität“ (ebd.: 66).

Die Wahrnehmung und Erhaltung einer „natürlichen Mitwelt“ (ebd.: 20) setze, laut Fuchs, voraus, dass das Naturverwandte im Menschen selbst gesucht und erfahren wird; zudem heiße es aber auch umgekehrt, auch das Leibverwandte in der wahrgenommenen Welt (vgl. ebd.: 20). Der Wuchs eines Baumes sei für den Menschen in der Art seines Leibes erfahrbar, also in den leiblichen Richtungs-, Bewegungs-, und Schwellenempfindungen, die in der menschlichen Wahrnehmung anklingen. Im leiblich-sinnlichen Erleben besteht ursprünglich keine Gegenstellung von Subjekt und Objekt, sondern ein partizipierendes Welt- und Naturverhältnis (vgl. ebd.: 20). Fuchs Grundintention seiner phänomenologischen Leibanthropologie ist es, die Person in ihrer von ihr selbst leiblich durchdrungenen Umwelt zu erfassen. Er differenziert Leiblichkeit in drei um den Leib konzentrisch verlaufende Modalitäten: der gerichtete Raum von Wahrnehmung und Motorik, den atmosphärischen Raum von Stimmungen und Gefühlen und den sozialen Lebensraum: „Als Kern dieser existentiellen Räumlichkeiten ist der Leib nicht mehr Kerker der Seele‘, sondern ihr Tor zur Welt“ (ebd.: 25).

Wie gelingt es, dieses Tor zur Welt zu öffnen? Begriffe wie Bewusstsein, Wahrnehmung, Empfinden, Erfahren tauchen in diesem Zusammenhang fortwährend auf. Passen diese *Schlüssel* in das Schloss? Das vorangegangene

Kapitel beschäftigt sich mit großen Denkern, die größtenteils interdisziplinär arbeiten, jedoch vornehmlich theoretisch. Im Folgenden werde ich die hier herausgearbeiteten Schlüsselbegriffe den Praktikern übergeben.

3 Im Kosmos der Körperwahrnehmung

„Ohne das Handeln können wir nicht spüren, und ohne das Spüren können wir nicht handeln. [...] Ich bin mir meiner selbst bewusst, deshalb agiere ich, ist eine korrektere Beschreibung der Eigenwahrnehmung. *Cogito, ergo moveo* ist eine Aussage, die die Gegebenheit des Erlebens aus der Ich-Perspektive korrekt wiedergibt, bei dem ‚Geist' und ‚Körper' stets als unauflösliche funktionale Einheit wahrgenommen werden" (Hanna 2012 (1986): 369). Hanna[9] weist in dieser Aussage darauf hin, dass Descartes einen Fehler begeht, wenn er „... also bin ich" sagt, denn das sei passiv ausgedrückt und würde bedeuten, sich aus der Beobachter-Perspektive zu betrachten. Hanna merkt an, dass „zu sein" eine für alle Lebewesen selbstregulierte und selbst- organisierte Aktivität sei, deswegen müsste es zutreffender heißen „ich *bin im Begriff*, ich zu sein" (vgl. ebd.: 377).

3.1 Verloren im Chaos der Bedeutungen

Bevor in diesem Punkt die mit Körperwahrnehmungstechniken praktisch Arbeitenden mit ihren Erfahrungen und Erkenntnissen zu Wort kommen, wende ich mich drei Begriffen zu, die im Zusammenhang mit Körperwahrnehmung und Techniken zur Verbesserung dieser häufig nicht klar abgegrenzt verwendet werden: Somatics, Embodiment und Verkörperung.

3.1.1 Ein Stern bekommt einen Namen: Somatics

Als Oberbegriff für die verschiedenen Körperwahrnehmungstechniken ist seit den 1970er Jahren „Somatics" gebräuchlich: „‚Somatics' bezeichnet das Gebiet, das den *Leib [soma]* erforscht: den Körper, so wie er von innen heraus aus der Ich-Perspektive erfahren wird" (Hanna 2012 (1987): 371) so

[9] Thomas Hanna (1928–1990) promovierte in Philosophie und Theologie und befasste sich mit Neurowissenschaften. Die Verknüpfung von Erkenntnissen aus Philosophie und Neurologie bewog ihn zu der Annahme, dass sich jede Lebenserfahrung in physischen Mustern im Körper manifestiert (vgl. Hannah 2012 (1987): 731f.).

definiert Hanna, den von ihm eingeführten Begriff. 1977 gründete er die gleichnamige Zeitschrift, in der er den teilweise sehr unterschiedlich mit Körperwahrnehmungstechniken Arbeitenden ein Forum des Austauschs gab.

Den Namen Somatics entwickelte er, indem er dem Adjektiv „somatic" (dt.: körperlich, somatisch, leiblich) das abschließende „s" hinzufügte, um es von der eigentlichen Bedeutung abzugrenzen (vgl. Johnson 2012: 23). Somatisch wurde benutzt, um den physikalischen Körper von Geist und Seele des Menschen abgegrenzt zu definieren. Hanna bezog sich in der Bedeutung auf das im Neuen Testament verwendete Wort soma, welches dort einen durch den Glauben transformierten leuchtenden Leib bezeichnet. Hannas Ansicht nach spürten die „Embodiment-Praktiken die verborgene Ahnung eines weisen, erfindungsreichen und kreativen Leibes auf, und schufen so ‚Somatics' – dasselbe, was Edmund Husserl [...], ‚Somatologie' nannte" (ebd.: 24). Somatics bezeichnet mittlerweile alle körperorientierten Methoden, Techniken und Praktiken, welche eine propriozeptive Wahrnehmung schulen. Dabei wird die Interaktion des Individuums mit seiner Umgebung erkundet. Keine dieser Methoden ist ein abgeschlossenes Lehrgebäude. Die Lernenden sind aufgefordert sich selbst aktiv und kreativ in Bezug zur eigenen Wahrnehmung und dem jeweiligen Fokus stimmig zu verhalten (vgl. Rytz 2006: 30).

3.1.2 Der Stern in der Forschung: Embodiment

In wissenschaftlichen Zusammenhängen etabliert sich der Begriff Embodiment. Embodiment ist unter anderem eine These aus den neueren Kognitionswissenschaften. Sie geht davon aus, dass Bewusstsein einen Körper benötigt, also eine physikalische Interaktion voraussetzt. Menschen sind also weder informationsverarbeitende Maschinen, noch lässt sich Intelligenz auf bestimmte Algorithmen und Symbolverarbeitungsprozesse reduzieren. Stattdessen braucht Intelligenz einen Körper (vgl. Hauke 2013: 108).

Der Schweizer Psychotherapieforscher Tschacher definiert das Konzept des Embodiment wie folgt: „unter Embodiment (deutsch etwa ‚Verkörperung') verstehen wir, dass der Geist (also: Verstand, Denken, das kognitive System, die Psyche) mitsamt seinen Organen, dem Gehirn, immer im Bezug zum gesamten Körper steht. Geist/Gehirn und Körper wiederum sind in die restliche Umwelt eingebettet. Das Konzept Embodiment behauptet, dass ohne diese zweifache Einbettung der Geist/das Gehirn nicht intelligent arbeiten kann. Entsprechend kann ohne Würdigung dieser Einbettungen der Geist/das Gehirn nicht verstanden werden. [...]" (Tschacher 2011: 15). Embodied bedeutet also, dass die

Kognition[10] in ständiger Wechselwirkung mit dem Zustand des Körpers – das umfasst den Körperausdruck, die Körperhaltung und die Körperspannung – steht. Es gibt eine Beziehung zwischen der Informationsverarbeitung – dem Denken – einerseits, und dem Körper und der Umwelt andererseits. Diese Beziehung heißt ebenso „Embodiment" (ebd.: 14). Die körperorientierte Biografiearbeit ist der Bereich der Sozialen Arbeit, welcher sich diese Theorie des Embodiment direkt zu nutze macht. „Biografiearbeit mit Bewegung und Tanz ist Embodiment" (Rebel 2009: 226).

Dafür, dass sowohl der Körper der Spiegel der Seele ist, als dass auch die Körperhaltung die Seele beeinflussen kann, gibt es immer mehr empirische Belege. Da der vorliegende Beitrag seinen Fokus nicht auf wissenschaftlich erforschte Aspekte des Embodiment legt, sei hier nur auf ein Beispiel verwiesen: das Facial Feedback[11] (vgl. Storch u. a. 2011: 40ff.). Die Sichtweise einer „eingekörperten" (Hauke 2013: 108) – embodied – Kognition wird inzwischen auch von anderen Wissenschaftsdisziplinen vertreten, wie zum Beispiel der Linguistik, kognitiven Neurowissenschaften oder der Philosophie. Überall werde, laut Hauke, deutlich, dass der Körper für die Erklärung kognitiver Aktivitäten aufgewertet wird (vgl. ebd.: 108). Zurzeit ist Embodiment als körperbezogene Praktik modern (vgl. Storch u. a. 2012: 259ff.). Das zeigt sich zum einen im massenhaften Zulauf von Yoga, Tai-Chi, Feldenkrais etc. Der Begriff wird hier mittlerweile nahezu inflationär und gerne als *„modisches Accessoire"* (Geuter 2014: 125) verwendet. Zum anderen in der psychotherapienahen Öffentlichkeit oder in der Anwendung als Selbstmanagement (vgl. Storch u. a. 2012: 72).

3.1.3 Zweigestirn Verkörperung

Dem Embodiment wohnt, wie eben beschrieben, die Idee der Verbundenheit, des Zusammenhangs zwischen Körper, Seele und Umwelt inne – die Idee

---

10 Die Kognition ist der „Sammelbegriff für alle Prozesse und Strukturen des Verstandes. Dabei handelt es sich einerseits um Prozesse der Verarbeitung von Reizen, die bewusst oder unbewusst vonstatten gehen können. Andererseits betrifft Kognition auch das Bearbeiten von internen, nicht direkt reizabhängigen Strukturen. Kognitionsprozesse umfassen etwa Wahrnehmen, Erkennen, Begriffsbildung, Denken, Schlussfolgern, Planen, Problemlösen, Erinnern und vieles mehr. [...] Intelligenz wird oft als eine Eigenschaft von Kognition angesehen" (Storch u. a. 2011: 149).

11 In wissenschaftlichen Studien wurde belegt, dass je nach Stimulation von unterschiedlichen Gesichtsmuskeln sich die Stimmung des Menschen verändert. Die Facial-Feedback-Hypothese besagt also, dass Gesichtsmuskelbewegungen das eigene emotionale Erleben beeinflussen.

eines unteilbaren Ganzen, welches in fortwährender Beziehung zu allem steht. Die Wissenschaften hingegen behandeln das Thema meist getrennt, jeweils in den für sie wichtigen Aspekten: Verkörperung beziehungsweise Embodiment ist Inhalt einer großen Zahl neuerer Publikationen in den Disziplinen der Kunstwissenschaft, der Ethnologie und der Bibelwissenschaften geworden. Das umfasst sowohl ein begriffliches Interesse – die Themen reichen von der Analyse „antidualistischer Ausdrucksphänomene" (Jung u.a. 2016: 7) über die „anthropologische Kontextualisierung in den Kognitions- und Neurowissenschaften" (ebd.: 7) bis hin zu einer „Philosophie der Verkörperung" (ebd.: 7). Die verschiedenen Disziplinen verstehen unter dem Ausdruck „Verkörperung" häufig nicht dasselbe. Vor allem folgende Differenzierung ist hier von Bedeutung: Das Interesse in den Kognitionswissenschaften und in der philosophischen Anthropologie richtet sich oft auf somatische Verkörperung, das heißt jene Phänomene, die durch die Leib/Körper-Unterscheidung sichtbar gemacht werden können. Das Interesse der ethnologisch bzw. historisch-anthropologisch beheimateten Kulturwissenschaften richtet ihren Blick eher auf kulturelle Verkörperungsformen[12] (vgl. ebd.: 7). Genau in dieser etablierten Arbeitsteilung zwischen Kognitions- und Kulturwissenschaftlern liegt jedoch die Gefahr, „dass die integrative, antidualistische Kraft des Verkörperungsbegriffs verlorengeht und sich ein neuer Dualismus ausbreitet, der nun die Differenz Leib/Kultur an die Stelle des klassischen Hiatus zwischen Leib/Seele zu setzen droht" (ebd.: 7f.), was genau der eigentlichen Idee der Verbundenheit widerspricht.

Auch innerhalb mancher Disziplinen gibt es unterschiedliche Auffassungen zur Verkörperung. Im Hinblick auf Punkt 4 dieses Beitrags sei hier die Tanzwissenschaft erwähnt. Im Lernfeld Tanz zeigt sich eine Trennung in der Auffassung von Körper und Seele: „Im Zuge der Entsinnlichung in der modernen Gesellschaft scheint der Leib als existenzielles Ausdrucksvermögen verdrängt und vernachlässigt worden zu sein" (Oberhaus 2010: 11). Es zeigt sich eine Dominanz von festgelegten Bewegungsfolgen (Körpererleben), die sich gegenüber expressiven Darstellungen (Leiberleben) durchgesetzt hat (vgl. ebd.: 11). Oberhaus bezieht sich hier auf die zwei grundsätzlich voneinander zu unterscheidenden Techniken im Tanz: Bewegung nach vorgegebenen Schritten zum einen, und zum anderen dem freien Tanz, das heißt Tanzimprovisation (vgl. Punkt 4), wie sie beispielsweise in der Tanztherapie

---

[12] Kulturelle Verkörperungsformen „lassen sich wiederum dreifach auffächern: In sozialen Praktiken (speziell Ritualen) internalisieren die Subjekte kulturellen Sinn und gestalten ihn durch die Art ihrer Performanz gleichzeitig mit. Soziale Institutionen stellen die Interaktionseffekte solcher Praktiken auf Dauer ein, und in materiellen Artefakten schließlich wird Naturmaterialien kultureller Sinn eingeschrieben" (Jung u. a. 2016: 7).

als Körperwahrnehmungstechnik oder im zeitgenössischen Tanz als künstlerische Ausdrucksform zu finden ist (vgl. ebd.: 12).

Unter anderem bestätigt die Tanztheorie von Straus (vgl. Punkt 2.2.3) diese Trennung, „indem eine gnostische Körperlichkeit kritisiert und eine pathische Leiblichkeit gefordert wird. Hierzu gehört das expressive Sich-Einlassen auf die Musik und die daran gebundene Möglichkeit, ‚sich-selbst' im Tanz darzustellen" (vgl. Oberhaus 2010: 12). Die Ausführungen zur Tanz-Leiblichkeit von Straus sind, laut Oberhaus, als kritisches Pendant zur Forschungseuphorie im Bereich der Kognitionswissenschaften hoch aktuell (vgl. ebd.: 12).

3.2 Wegbereiter – Kontaktaufnahme zur vergessenen Welt

Vor der Konjunktur des Embodiment in seiner heutigen Form, entwickelten bereits zahlreiche Menschen Methoden, die auf bewusster Körperwahrnehmung basieren. Zu den Wegbereitern ab dem Beginn des 20. Jahrhunderts gehören unter anderem Elsa Gindler, Heinrich Jacoby, Charlotte Selver, Carola Speads, Marion Rosen, Frederick Matthias Alexander, Moshé Feldenkrais, Bonnie Bainbridge Cohen, Irmgard Bartenieff, Mary Whitehouse, Thomas Hanna und viele mehr. Bei diesen Pionieren des „‚Embodiment', der ‚Verkörperung', handelt es sich" laut Johnson, „um unangepasste Geister, die sich nicht unhinterfragt mit einer oberflächlichen medizinischen Diagnose, einer langweiligen Gymnastikstunde oder einem durchschnittlichen Grad an Bewusstheit abspeisen ließen" (Johnson 2012: 19).

Die grundlegenden Aspekte in der Arbeit mit Körperwahrnehmungstechniken sind erstens sinnliches Wahrnehmen und Erfahren, zweitens das Verstehen auf persönlicher Ebene bedeutsame Feinheiten körperlicher Funktionen und Strukturen, drittens das Wiedererlangen der Vielfalt von Bewegungsmöglichkeiten und viertens, darüber hinaus, erste Ansätze, eine Feldtheorie zu entwickeln (vgl. ebd.: 26).

Die Gemeinsamkeit der verschiedenen Techniken ist der Wunsch, wieder enger mit den leiblichen Prozessen, wie Atmung, Bewegung, Balance und Sensibilität in Verbindung zu treten. Dieses Anliegen beinhaltet den Widerstand gegen die westliche Tradition, den Wert des menschlichen Körpers und einer natürlichen Umgebung herabzuwürdigen (vgl. ebd.: 25), wie auch vielfach in Punkt 2 des vorliegenden Beitrags beschrieben. In diesem Widerstand gehe es, laut Johnson, um die Entwicklung von praktischen Strategien für die Rückkehr zur heilenden Intelligenz des Körpers. Die Pioniere haben den bestehenden Modellen von Übungen, die den Menschen eher dem Körper entfremden, alternative Formen von Bewegung entgegengestellt,

„die uns der in den uralten Strukturen von Bindegewebe, Nervenfasern und Liquorflüssigkeit innewohnenden Weisheit näher bringt; [...],Praktiken der Verkörperung'" (ebd.: 25). Das Arbeiten mit Körperwahrnehmungstechniken geht demzufolge über die Körperarbeit hinaus. Es sei, laut Johnson, eine Lebenseinstellung, beziehungsweise daraus resultiere eine Haltung zur Welt (ebd.: 25). Diese, die Welt einschließende, zugewandte und verbundene Denkweise spiegelt sich unter anderem in der Arbeit der Körperwahrnehmungs-Lehrenden wider:

Laut Johnson fördere Körperwahrnehmung den Bezug zur Gegenwart über alle Sinne (vgl. ebd.: 11). Die Gegenwart wiederum ist die Verkörperung unserer persönlichen und gesellschaftlichen Geschichte. Je differenzierter und akzeptierender sich der Mensch wahrnimmt desto mehr spürt er die Verbundenheit mit der Umgebung. Daraus schließt Johnson: „Könnte es sein, dass ein Mensch mit intakter Körperwahrnehmung nicht imstande wäre, anderen und der Umwelt zu schaden?" (ebd.: 11). Und weiter: „Könnten wir, indem wir Körperwahrnehmung fördern, gewalttätiges, verachtendes und ausbeuterisches Handeln vermindern und Verbundenheit fördern? [...] Könnte dies Teil des Fundamentes einer sozialen Bewegung sein: die Fähigkeit für Mitgefühl, Kooperation und ökologisches Verhalten zu fördern, indem Wahrnehmung und Bezogenheit im eigenen Körper über alle Sinne und im Handeln respektvoll kultiviert wird?" (ebd.: 11). Des Weiteren stellt er die Frage, inwieweit die Methoden der Körperwahrnehmung in Kombination mit Erfahrungswissen einen Beitrag zu mehr Wachheit für die Verschränkung von Mensch und Umwelt, über den Gesundheitsbereich hinaus, zu leisten vermag (vgl. ebd.: 11).

Um diese Wachheit und die Elastizität des menschlichen Seins zu fördern, brachte Selver[13] ihren Schülern – in Ergänzung zu ihrer Körperarbeit – aktuelle Zeitungsartikel mit. Sie stellte immer wieder Fragen zu aktuellen Themen, appellierte an Mitsprache (vgl. Selver 2012 (1987): 60ff.). Selver: „[...] Das ist sehr wichtig, es ist der einzige Weg, eine gesündere Gesellschaft zu schaffen. Die Basis unserer Tätigkeit besteht darin, dass ein Mensch, der sich jeder Tätigkeit stets neu zuwendet, seine gewohnheitsmäßigen Einstellungen aufgibt. [...] Die Tendenz sich fern zu halten, löst sich auf. Das muss niemand tun, es geschieht einfach" (ebd.: 62). Mit dieser Bewusstheit, einer Wachheit der Gegenwart gegenüber und mit einem festen Standpunkt, ist

---

13 Charlotte Selver (1901–2003) ausgebildete Bode-Gymnastiklehrerin. Studien bei Mary Wigman, Elsa Gindler und Heinrich Jacoby. Ihre Arbeit nannte sie Sensory Awareness. Sie hatte entscheidenden Einfluss auf die Humanistische Psychologie und das Human Potential Movement. Sie unterrichtete einige Psychoanalytiker und Fritz Perls übernahm Ansätze der Sensory Awareness in die Gestalttherapie (vgl. Selver 2012 (1987): 57f.).

es nach den Erläuterungen zu Selvers Arbeit möglich, Einfluss auf gesellschaftliche Prozesse zu nehmen.

Eine Vielzahl der Vordenker kommt aus dem gymnastischen oder tänzerischen Bereich. Es geht ihnen, wie eben erwähnt, nicht nur um das Lehren von Übungen und Bewegungsabläufen. Spreads[14] betonte in ihrer Arbeit im Besonderen das Experimentieren mit der körperlichen Selbstwahrnehmung (vgl. Speads 2012: 71). Spreads dazu: „Ich ‚erziehe' Sie nicht zu irgendetwas, und ich ‚unterrichte' Sie nicht in irgendetwas. Ich möchte, daß Sie bewusst erleben und erkennen, was Sie in sich tragen. Wenn Sie sich von mir dazu bewegen lassen, sich für die Qualität Ihres Verhaltens und für Verhaltensprobleme überhaupt in einer bestimmten Weise zu interessieren, ergeben sich daraus eine Fülle von Konsequenzen, die man nicht lehren kann und auch nicht lehren braucht" (Jacoby 2012: 29). Diese Arbeitsweise basiert auf folgenden Gedanken: Im Kindesalter erforscht der Mensch Bewegungen und entwickelt daraus Fertigkeiten. Diese natürlichen Bewegungsmöglichkeiten sind im menschlichen System verankert. Erwachsene stellen oft fest, dass dieses Repertoire aus unterschiedlichen Gründen – strenge schulische Erziehung, Stress, einseitige Belastung, etc. – gestört ist. Indem sich Betroffene den Störungen mit Hilfe der Körperwahrnehmungstechniken bewusstwerden, können sich diese auflösen, und Bewegung kann wieder in natürlicher Form geschehen (vgl. Speads 2012: 76).

Gindler[15] sagt: „Unser Organismus ist ein riesiges Erfahrorgan, von dessen Ungestörtheit oder Gestimmtheit die Qualität der Wahrnehmungen und Handlungen des Denkens abhängt" (Gindler 2012 (1926): 29). In ihrer gymnastischen Arbeit steht das Erreichen von Konzentration im Fokus (vgl. ebd.: 31). Nach Gindler kann nur in der Konzentration ein tadelloses Funktionieren des körperlichen Apparates im Zusammenhang mit dem geistigen und seelischen Leben erreicht werden. Aus diesem Grund hält sie ihre Schüler an, ihre Arbeit mit Bewusstsein zu verfolgen (vgl. ebd.: 31). Rigide Erziehung, problematische Familienverhältnisse, der Beruf und schwere Schicksale können zu scheinbar unüberwindlichen Schwierigkeiten führen. Das bedinge, dass der Mensch aufhört, sein Leben denkend und fühlend zu gestalten, sondern alles Nötige in gehetzter Art und Weise ausführe (vgl. ebd.: 31f). Dann gelte es Handlungen mit Bewusstsein aus-

---

14 Carola Speads (1901–1999). Gindler-Schülerin. Floh Ende der 1930er Jahre in die USA. Widmete sich speziell der Atmung und der Atembewegung (vgl. Speads: 65).

15 Elsa Gindler (1885–1961). Studium der Harmonischen Gymnastik. Nach dem Kennenlernen des Musikpädagogen Heinrich Jacoby begann eine anregende Zusammenarbeit. Sie war beteiligt an der Gründung des Deutschen Gymnastikbundes 1926. 1933 legte sie ihr Amt aus Protest nieder. Sie unterstütze jüdische und politisch Verfolgte (vgl. Gindler 2012 (1926): 30f.).

zuführen, das führe zu Zufriedenheit. Mit Konzentration und Bewusstheit ausgeführte gymnastische Übungen können diese Fähigkeit ausbilden bzw. entfalten. Gindler führt an, dass sie ihre Schüler nicht dazu anhält, Übungen zu erlernen, sondern ihre Intelligenz zu vermehren (vgl. ebd.: 32). Die Übenden werden dazu aufgefordert, sich eines Körperteils bewusst zu werden, und aus der Selbstwahrnehmung und dem Sich-Spüren seine eigenen Übungen zu kreieren (vgl. ebd.: 33). Dazu Gindler: „Der Schüler fängt an zu spüren, dass er selbst etwas mit seinem Körper anfangen kann. [...] Sein Selbstbewusstsein wird erhöht. Das Stoffgebiet verwirrt ihn nicht mehr, er ist ermutigt. Das kann aber mit Übungen, und mögen sie noch so durchdacht sein, nicht erreicht werden" (ebd.: 33) und weiter „Alles Korrigieren von außen hat wenig Wert. Es muss eines mit dem anderen so durchdacht, durchfühlt, mit den tausendfachen Vorkommnissen im Leben untrennbar verbunden werden, dass es zum Wesen des Menschen wird. Nicht das ist erworbener Besitz, was wir auf Kommando ausführen können, sondern dasjenige, was bei plötzlicher Veranlassung ohne Überlegung sofort geschieht" (ebd.: 39).

Jacoby[16] betont in seinem Aufsatz „Verwandlung im Ganzen – Bei-sich-sein" (Jacoby 2012: 41), die Quelle der Kraft in einer Konzentration auf das eigene authentische Selbst: „[...] Die meisten Menschen meinen nämlich, sie müssten etwas ‚machen', um Menschen an sich zu binden und zu interessieren; ganz gleich, ob sie das bewusst meinen oder unbewusst [...] Man strengt sich an, um etwas herbeizuführen, das auf einem höheren Niveau eintreten würde, wenn man es geschehen lassen könnte [...] – Es geschieht vorausgesetzt man (im Original der Lehrer) wäre bei sich" (ebd.: 41ff.). Diese Herangehensweise schließt an eine phänomenologische Sicht auf die Dinge der Welt an. Diese Sichtweise und die Bereitschaft, diese Erfahrungen machen zu können, braucht Zeit: „[...] Wenn man Dinge bereits angefasst hat ist es zu spät. Die Erfahrungsbereitschaft im Moment der Berührung ist eher ein ‚geistiges' als ein manuelles Problem. Es ist eine Frage des Bei-sich-seins, des Soll-still-Seins, das man deutlicher ‚lesen' kann, was einem von den Dingen mitgeteilt wird" (ebd.: 45). Im routinierten und abwesenden Anfassen von Dingen werden den Tastorganen des Menschen, laut Jacoby, trotzdem alles genauso mitgeteilt, das heißt alle seine Qualitäten. Für weitergehende Meldungen der Tastorgane ist der Mensch jedoch nicht erreichbar, wenn er nicht bei sich ist (vgl. ebd.: 45).

16 Heinrich Jacoby (1889–1964), aufgewachsen in Frankfurt. Zusammenarbeit mit Gindler. 1933 emigrierte er in die Schweiz (vgl. Gindler: 30).

3.3 Schätze der vergessenen Welt

Die Pioniere der Körperwahrnehmungstechniken arbeiten mit Bewusstheit und Bewegung. Sie bedienen sich der dem Menschen innewohnenden Möglichkeiten. Deswegen verdienen diese *Schlüssel* in Bezug auf die praktische Arbeit explizite Aufmerksamkeit.

3.3.1 Bewusstheit und Bewusstsein

Laut Peter-Bolaender ist die Bewusstheit als eine Fähigkeit der Wahrnehmung, der Achtsamkeit und des Gewahr-Seins in Bezug auf Verhalten, Denken, Fühlen und Handeln zu verstehen. Die Bewusstheit bezieht sich dabei auf eine Hier-und-Jetzt-Situation (vgl. Peter-Bolaender 1991 (1986): 252f.). Das Wachsein in Bezug auf innen und außen ablaufende Wahrnehmungen und Geschehnisse, die im ständigen Abgleich mit der Hier-und-Jetzt-Situation stehen, ist prozesshaft. „Bewusstsein ist das Feld, in dem Bewusstheit existiert" (ebd.: 253). Dieses Feld kann durch „Bewusstseinsförderung" erweitert werden (vgl. ebd.: 253).

Für Feldenkrais grenzt sich Bewusstheit von Bewusstsein vor allem durch begleitende Aufmerksamkeitsprozesse ab (vgl. Schwerdtfeger: 15). Bewusstheit definiert er in diesem Sinne als „Bewusstsein und das Erkennen dessen, was im Bewusstsein vor sich geht, oder dessen, was in uns vor sich geht, während wir bei Bewusstsein sind" (Feldenkrais 2014 (1967): 78).

Hanna definiert Bewusstsein als die Funktion, neue sensomotorische Phänomene zu isolieren, um zu lernen, sie wiederzuerkennen und zu kontrollieren. Das Bewusstsein sei willkürlich, da der Umfang seiner Fertigkeiten erlernt sei. Die entstandene Sammlung vertrauter Muster ist für den Gebrauch abrufbar. Das Spektrum dieser erlernten vertrauten Muster bestimmt „erstens das Ausmaß dessen, wessen wir uns bewusst sein können, und zweitens, wie viele Dinge wir willentlich tun können" (Hanna 2012 (1986): 378). Doch auch unwillkürlich ablaufende autonome Reflexe können in das Repertoire des Bewusstseins übernommen werden, vorausgesetzt der Mensch lernt diese zu erkennen und kontrollieren. Das wird in der Praxis der Körperwahrnehmungstechniken auch angewendet (vgl. ebd.: 378). Das Bewusstsein als erlernte Funktion ist, laut Hanna, jeder Zeit erweiterbar und ist somit „das Instrument der menschlichen Freiheit" (ebd.: 378). *„Leibliches Lernen beginnt mit dem Richten der Bewusstheit auf das Unbekannte"* (ebd.: 379). Und: „Nur durch die ausschließende Funktion der Bewusstheit wird das *Unwillkürliche* zum *Willkürlichen*, das *Unbekannte* zum *Vertrauten* und das *noch nie Getane* zum *Machbaren*" (ebd.: 379).

Kurz: „Bewusstheit ist Mittel und Weg, ist Fähigkeit zu menschlicher Entfaltung. Bewusstheit ist nicht allein als ein Denkprozess, sondern als ein Beobachtungsprozess, als ein waches, nicht kontrollierendes, sondern urteilaufschiebendes Da-Sein zu verstehen“ (Peter-Bolaender 1991 (1986): 253). Das Bewusstseins-Feld, in dem Bewusstheit existiert, kann laut Peter-Bolaender, zum Beispiel durch Tanzimprovisation (siehe Punkt 4) gefördert werden.

3.3.2 Bewegung

Bewegung ist die erste Wahrnehmung eines Menschen. Es gibt drei Grundformen von Hirnnerven bezüglich ihrer Informationsverarbeitung: Erstens Nerven für spezielle Sinne des Kopfes (Berührung des Kopfes, schmecken, riechen, hören, sehen) (vgl. Cohen 2012 (1984): 235). Zweitens Nerven für die Bewegung des ganzen Körpers und drittens Nerven für die viszerale Aktivität. Nerven entwickeln sich in der Reihenfolge ihrer Wichtigkeit für das Überleben des Menschen. Der Nerv, der sich beim werdenden Mensch als erster bildet, ist der Nervus vestibularis, der Gleichgewichtsnerv. Dieser registriert die Bewegung des Fötus und seiner Umgebung, also der Mutter. Daraus folgert Cohen, dass der Mensch zuerst durch die Wahrnehmung von Bewegung lernt. Das bedingt, dass Bewegung nicht irgendeine Wahrnehmung darstellt, sondern die Wahrnehmung, die als Grundlage, als Konzept in unserem Prozess der Wahrnehmungen etabliert wird. Der ursprüngliche Wahrnehmungsprozess wird dann in die Entwicklung der anderen Wahrnehmungen integriert (vgl. ebd.: 235).

Mit bewusster Bewegung zu arbeiten bedeutet, sich auf den Körper so wie dieser ist, einzulassen: was fällt dem Körper leicht, was nicht, was kann er ausführen, was nicht. Gibt es Bereiche des Körpers, auf den es keinen Zugriff gibt, oder die nicht gefühlt werden? Das kann zu einer tiefgreifenden Entdeckung dessen führen, was der Mensch tatsächlich ist, denn der Mensch ist wie seine Bewegung. Bedeutend dabei ist auch der Raum als ein strukturelles Element in der Bewegung, ein Prinzip von Ordnung und Definiertheit. Gehen ist eine Möglichkeit, sich im Raum zu bewegen (vgl. Whitehouse 2012 (1958): 281f.).

Im Zusammenhang mit „Bewusstheit und Bewegung“ ist Feldenkrais mit seinem gleichnamigen Buch ein Meilenstein in der Arbeit mit Körperwahrnehmungstechniken gelungen. Für Feldenkrais ist die Bewegung Schlüssel und Grundlage der Bewusstheit (Feldenkrais 2014 (1967): 78f.) An jeder Handlung sind immer Sinnesempfindung, Gefühl, Denken und Bewegung beteiligt (vgl. ebd.: 56). Zur Bewegung im Sinne Feldenkrais‘ zählen sämtliche Veränderungen des Körpers in seinen Teilen oder im Ganzen in Raum und

Zeit, wie auch die Konfiguration seiner Teile, sowie Atmung, essen, sprechen, Herzschlag, Blutkreislauf, Verdauung und andere. Wenn ich einen der vier beteiligten Bestandteile verändere, wirkt sich das auf die restlichen aus (vgl. ebd.: 56). Feldenkrais setzt zu einer Verbesserung des Gesamtzustandes also bei der Bewegung an: Erstens, weil das Nervensystem überwiegend mit Bewegung beschäftigt ist (der Körper muss gegen die Schwerkraft aufrecht gehalten werden), zweitens ist die Qualität von Bewegung dem Menschen leichter zugänglich als zum Beispiel die Gefühle von Zorn oder Neid, und drittens weil der Mensch erfahrener ist in der Bewegung als im Fühlen oder Denken – laut Feldenkrais unterscheiden Menschen zum Beispiel nicht zwischen Überreizbarkeit und Empfindlichkeit und verurteilen das als Schwäche, was in Wirklichkeit hochentwickeltes Empfindungsvermögen ist; Gefühle werden unterdrückt, da sie beunruhigend wirken könnten – (vgl. ebd.: 54ff.). Die Art und Weise, wie sich der Mensch bewegt, ist wichtig für seine Selbsteinschätzung, sein Ich-Bild oder Selbst-Bild. Sieht ein Kind zum Beispiel, dass es sich wegen eines Defizits anders als die anderen Menschen bewegt, wird es das versuchen auszugleichen, indem es seine Fehlstellung dahingehend korrigiert, um sich möglichst wie alle anderen zu bewegen. Es strengt sich ständig bewusst an und behindert damit die Entwicklung seiner natürlichen Voraussetzungen (vgl. ebd.: 35f.).

Laut Whitehouse[17] ist das Empfinden von Bewegung und Bewegt-Werden der Kern der Körpererfahrung. Der Idealfall ist, beides zugleich zu empfinden. Dies ist ein Augenblick voller Bewusstheit: „[...] wo das, was ich tue, mit dem übereinkommt, was mir geschieht. Das kann nicht vorweggenommen, erklärt, konkret erarbeitet oder genau wiederholt werden" (Whitehouse 2012 (1958): 279). So eine Erfahrung ist nur möglich wenn eine „*körperliche* Bewusstheit von Bewegung" (ebd.: 279) vorhanden ist. Dieses Bewusstsein ist bei vielen Menschen nicht mehr vorhanden. Die alltäglichen Bewegungen sind zu Gewohnheiten, zum Mittel zum Zweck, geworden. Der Fachbegriff für das Empfinden der körperlichen Bewegung des eigenen Körpers ist der kinästhetische Sinn. Dieser Sinn kann, wenn er nicht benutzt wird, verkümmern. Das heißt, das Leben wird dann vom Kopf heraus gesteuert,

---

[17] Mary Whitehouse (1911–1979) studierte Tanz bei Martha Graham und Mary Wigman. Sie unterrichtete Tanzpädagogik und ließ sich in der Schweiz am C.G. Jung Institut zur Jungianischen Psychoanalytikerin ausbilden. In den 1970er Jahren bildete sie andere in Tanz- und Bewegungstherapie aus. Ihr psychosomatischer Zugang entwickelte sich aus der Verbindung ihrer tänzerischen mit der psychoanalytischen Erfahrung. Sie unterstützte unter anderem psychiatrische Patienten, innere Impulse über Tanz und Bewegung auszudrücken. (vgl. Whitehouse 2012 (1958): 275f.). Neben Franziska Boas, Marion Chace, Lilyan Espenak und Trudi Schoop ist sie eine der Begründerinnen der Tanztherapie (vgl. Peter-Bolaender 1991 (1986): 258).

da sich der Körper an rein mental gesteigerte Vorgänge anpasst (vgl. ebd.: 280). Der kinästhetische Sinn kann jedoch auch durch jegliche Art von Bewegung gefördert werden. Nach Whitehouses Überzeugung wird dieser Sinn erst bewusst wenn eine innere subjektive Verbindung entdeckt wird. Damit ist ein Empfinden gemeint, wie sich Schaukeln, Dehnen, Beugen für den einzelnen Menschen anfühlt. Bewegungen können also auch unabhängig von einem Gefühl dafür erlernt werden. Im sportlichen Bereich wird der Körper als Objekt behandelt. Eine konkrete spezifische Erfahrung der Wahrnehmung macht den Körper zum Subjekt. Auch im normalen Sport wird eine Entspannung erreicht, es fehlt jedoch die entsprechende Erfahrung der persönlichen Identität (vgl. ebd.: 283). Whitehouse sieht in der Bewegung das „große Gesetz des Lebens" (ebd.: 277). Im ganzen Universum ist alles in Bewegung: die Erde selbst dreht sich und jegliche natürlichen Elemente und Vorgänge – Wasser, Luft, Feuer, Lebewesen – sind bewegt. Den menschlichen Körper sieht Whitehouse als eigenes Bewegungsuniversum. Grundlegende unbewusste Bewegungsmuster sind dabei Atmung, Kreislauf, Verdauung und Fortpflanzung. Innerhalb dieses Musters handelt der Mensch (sitzt, schläft, geht…). Einen besonders hohen Stellenwert misst die Kultur des zwanzigsten Jahrhunderts dem Sprechen bei. „Worte sind zu seinem wichtigsten Kommunikations- und Erkenntnismedium geworden" (ebd.: 277). Diese eine „Bewegungsart" des Sprechens rücke, laut Whitehouse, ins Zentrum der Verständigung und beeinflusst die Wahrnehmung von sich selbst und anderen in eine Richtung. Die körperliche Bewegung zeichnet sich zum einen dadurch aus, dass keine Worte nötig sind. Der Körper kommuniziert ununterbrochen, egal ob es gewollt ist oder nicht. Die Haltung lässt zum Beispiel Deprimiertheit, Freude, Nervosität und dergleichen sofort erkennen. Zum anderen lügt der Körper nicht. Der Körper kann sich nicht verstecken und vermeiden zu kommunizieren: „(...) Unabhängig davon, was er tut oder sagt: er sagt es immer auf seine ganz eigene Art und Weise und diese *Art und Weise* enthüllt sein Wesen" (ebd.: 278).

Der körperliche Zustand entspricht also der seelischen Verfasstheit und kann nicht getrennt voneinander existieren (siehe u. a. Facial-Feedback). Whitehouse dazu: „Ich wage sogar zu behaupten, dass sich die Psyche verändert, wenn mit dem Körper gearbeitet wird, ebenso wie sich der Körper verändert, wenn an der Psyche gearbeitet wird. Wir täten gut daran nicht zu vergessen, dass diese beiden keine separaten Größen darstellen, sondern auf geheimnisvolle Art ein Ganzes" (ebd.: 278).

Im Kosmos der Körperwahrnehmung tummeln sich zahlreiche Begrifflichkeiten, Disziplinen, Auffassungen, Herangehensweisen. Der Fokus dieses Beitrags liegt nicht auf Forschungsergebnissen, die Embodiment zu beweisen suchen. Mittlerweile gibt es diese, wie bereits erwähnt, zahlreich. Die

Basis bildet die Arbeit und die Erfahrungen der Pioniere der Körperwahrnehmung. Diese basieren auf der Wiederentdeckung des Natürlichen, der ursprünglich dem Menschen innewohnenden Bewegung. Das Wahrnehmen der Umwelt und des eigenen Körpers geschieht über das Bewusstsein. Die erste Wahrnehmung ist die Bewegung. Ohne Bewegung gibt es kein Bewusstsein. Eine Förderung der Bewegung fördert den kinästhetischen Sinn, also das Wahrnehmen und Spüren von Bewegung. Alles bedingt und bewegt sich ganz natürlich – jedoch nicht ohne Selbstbewegung.

Auch der Philosoph Alva Noë sagt, dass Wahrnehmen und Bewegen sich bedingen: „Die menschliche Erfahrung ist ein Tanz, der sich in der Welt und mit anderen entfaltet. Wir sind nicht unser Gehirn. Wir sind nicht im Gefängnis unserer Vorstellungen und Empfindungen gefangen. Das Phänomen des Bewusstseins ist ebenso wie das des Lebens ein mit der Welt verwobener, dynamischer Prozess. Wir sind zu Haus in der Welt, die uns umgibt. Wir stecken nicht in unserem Kopf" (Johnson 2012: 12). Darf ich also zum Tanz bitten?

4 Im Bann der Schwerkraft – der freie Tanz

Wie in Punkt 3 beschrieben kamen viele Wegbereiter, die sich mit Techniken der Körperwahrnehmung beschäftigten und somit einen Grundstein zur wissenschaftlichen Auseinandersetzung mit dem Konzept des Embodiment gelegt haben, aus dem Bereich des Tanzes. Tanz hat viele Erscheinungsformen: Gesellschaftstanz, ritueller Tanz, Volkstanz, Showtanz, Rollstuhltanz, historischer Tanz u.v.m. Der freie Tanz und die Tanzimprovisation, eine Technik im freien Tanz, sind sowohl als Kunstform im Bühnentanz als auch zur Selbsterfahrung im therapeutischen sowie im pädagogischen Bereich zu finden.

Der freie Tanz bzw. die Tanzimprovisation, als Kunstform des modernen Tanzes stellt die Geschlossenheit des akademisch kodifizierten Balletts in Frage. Im modernen Tanz wird mit der Improvisation das Zufällige, Transistorische und Flüchtige als Kennzeichen der Moderne verbunden (vgl. Lampert 2007: 15). Im therapeutischen Bereich kennzeichnet das freie Tanzen das Fehlen formaler Vorgaben, das Sich-Einlassen auf die natürlichen Bewegungen des Körpers sowie das Tanzen alleine und im Dienste des Erlebens seiner selbst als Einheit von Körper und Geist. Tanzimprovisation ist hier in der Kategorie des Selbsterfahrungstanzes[18] zu verorten (vgl. Schwerdtfeger 2008: 42).

[18] Zur Kategorie des Selbsterfahrungstanzes zählen nach Schwerdtfeger: Freies Tanzen, Ausdruckstanz, Biodanza, Kontaktimprovisation, Tanzimprovisation, authentischer Tanz, Tanztherapie (vgl. Schwerdtfeger 2008: 42).

Im Folgenden fokussiere ich auf die Tanzimprovisation als eine Technik zur Verbesserung der Körperwahrnehmung in Bezug auf die den Menschen umgebende Welt beziehungsweise die Natur. Dafür richtet sich der Blick zunächst auf die Tanztherapie: Hier wird die Funktionsweise der Tanzimprovisation bezüglich Wahrnehmung und Bewusstheit deutlich. Mein Anliegen ist es jedoch nicht, Menschen zu therapieren. Vielmehr geht es um die Möglichkeit für jeden Menschen durch bewusste Körperwahrnehmung, also über Selbsterfahrung, mit sich und der Umwelt, beziehungsweise seiner Natur, in seiner Leiblichkeit wieder näher in Kontakt zu treten.

Im Feld der Sozialen Arbeit gibt es die Möglichkeit – je nach Bedarf – entweder in eine Tanztherapie zu vermitteln oder gegebenenfalls mit Hilfe der körperorientierten Biografiearbeit unmittelbar mit Bewegung und Tanz zu arbeiten. Da mein Beitrag von den ursprünglichen Funktions- und Wirkweisen ausgeht, möchte ich in meinen Ausführungen beim Tanz an sich bleiben und verweise zur weiterführenden Lektüre auf einen Aufsatz von Günther Rebel „Biografiearbeit mit Bewegung und Tanz – Konzepte und Methoden" (Rebel 2009: 223).

4.1 Urknall – Die Rückkehr zur natürlichen Bewegung

Die bereits in Punkt 3 zitierte Whitehouse studierte bei Graham und Wigman. Wigman machte den von Duncan[19] eingeführten Ausdruckstanz weltweit bekannt. Im 19. Jahrhundert gaben Leistungs-, Form- und Technikstreben der sich entwickelnden Industriegesellschaft auch beim Tanzen die Richtung vor, Ausdruck dafür war die Technik des klassischen Balletts (vgl. Schwerdtfeger 2008: 11). Duncan sah diese Technik „als Instrument des Zwangs und der Unnatur" (Peter-Bolaender 1991 (1986): 259) an. Sie verfolgte eine Rückkehr des Tanzes hin zur natürlichen Bewegung. Als Vorbilder zu ihren Tänzen dienten ihr Bewegungen aus der Natur, wie zum Beispiel Wind und Wellen oder „instinktive Bewegungen von Kindern und Tieren" (ebd.: 259). Tanz bedeutete für Duncan „die Wiedererlangung von Natürlichkeit, Harmonie und Einklang von Körper, Seele und Geist und Ausdruck von Freiheit [...][20]" (ebd.: 259).

In dieser, von Duncan ausgehenden, Tanzbewegung herrschte der Wunsch nach mehr Bewegungsfreiheit und weniger Körperkontrolle. Tanzen sollte freier und authentischer werden und „alle Teile des Lebens wieder funktions- und

19 Isadora Duncan (1877–1927), Martha Graham (1894–1991), Mary Wigman (1886–1973).

20 „Besonders als Erringung von Freiheit für die Frau aus der patriarchalischen Herrschaft des Mannes", Peter-Bolaender, 1991 (1986): 259.

ausdrucksfähig ... machen [...]. Der menschliche Leib soll wieder zu seinen naturgemäßen Rechten kommen, er soll erlöst werden aus der Lähmung und Verkrampfung, und mit ihm soll das Seelenleben zu freier Entfaltung ... befähigt werden" (Schikowski 1926: 130). Ursprung der tänzerischen Bewegung ist allein das Körpergefühl und das innere Erleben des Tanzenden. „Tanzen wird weniger von außen diktiert und mehr im Inneren gesucht" (Schwerdtfeger 2008: 11).

Der Überbegriff aller Tanzstile, die von Duncans Ideen beeinflusst wurden, ist Modern Dance. Im Modern Dance ist neben dem bewussten Wechsel von Gleichgewicht und Ungleichgewicht, welches zur bewussten Förderung der Standfestigkeit eingesetzt wird, der Bewegungsraum des Bodens besonders bedeutsam. Bezugnehmend auf beispielsweise traditionelle afrikanische Tänze zeigt das eine Erdbezogenheit und bringt Verwurzelung zum Ausdruck. Im Gegensatz zum klassischen Tanz, der die Bodenberührung auf ein Mindestmaß zu reduzieren sucht, also der Schwerkraft trotzen will, sucht der Modern Dance den Bodenkontakt, die Erdung, nimmt Schwerkraft wahr (vgl. Brinkmann 1994: 14).

Im Kreis der Reformbewegung um Duncan spielt Laban[21] eine bedeutende Rolle: in Zusammenarbeit mit Wigman betrieb er kinetische Studien und erarbeitete darauf aufbauend seine „Pädagogik des modernen erzieherischen Tanzes" (Peter-Bolaender 1991 (1986): 259). Das Konzept basiert auf der Entwicklung eines Bewegungsgefühls, um das kognitive Verstehen von Bewegungsstrukturen und das Miteinander in der Gruppe zu fördern. Basis seiner pädagogischen Arbeit war der freie Tanz (vgl. ebd.: 259). Damit war er wegbereitend für den experimentellen und kreativen Tanz, der durch „die Betonung der Tanzimprovisation, als Mittel und Ziel, die Freiheit zum individuellen Ausdruck fördert" (ebd.: 260).

4.2 Bewegung hin zur Tanztherapie

In der eben aufgezeigten Entwicklung der Tanzformen ab 1900 machten die Tanzenden wiederholt die Erfahrung, dass Tanzen eine therapeutische Wirkung hat (siehe auch Punkt 3.2). So entwickelte sich die Tanztherapie „aus der Praxis für die Praxis" (Willke 2007: 13). Speziell in der Integrativen Tanztherapie[22] sind Integration und mehrperspektivische Sichtweisen für die Heilungsprozesse unabdingbar. Tanztherapie folgt auch deswegen einem ganzheitlichen Ansatz, der auch Perspektiven für den Menschen bezüglich seines „In-der-Welt-Seins"

---

21 Rudolf von Laban (1879–1958) ungarischer Tänzer, Choreograf und Tanztheoretiker.

22 Im Bereich der Therapie ist Hilarion Petzold im Hinblick auf die Leibbezogenheit bedeutend. Er entwickelte in den 1960er Jahren die Integrative Bewegungstherapie.

eröffnet (vgl. ebd.: 14). Mit einem holistischen Blick auf den Menschen geht es um „die Verwobenheit gesellschaftlichen und individuellen Verhaltens, um dem ganzen Menschen gerecht zu werden“ (Klein 1998: 30). Gesellschaftliche Veränderungen (siehe Punkt 2.1 und 2.2) bedingen einen Wertewandel hin zu äußeren Werten. Diese Veräußerlichung führt nicht nur zu einer Ausbeutung der menschlichen Natur, sondern auch zu einer Erschöpfung der Umweltressourcen (vgl. ebd.: 31). Wie schon im Punkt 3.2 am Beispiel der Arbeit von Selver beschrieben, sehen sich Tanztherapeuten in einer gesellschaftlichen Mitverantwortung. Klein bezeichnet die tanztherapeutische Arbeit als „Friedensarbeit“ (ebd.: 32), denn in der Therapie lerne der Mensch „neben seinen persönlichen Bedingungen auch die soziale Eingebundenheit zu erkennen, um letztendlich neben seiner persönlichen Verantwortung für sein eigenes Leben auch seine gesellschaftliche Mitverantwortung zu erkennen“ (ebd.: 32). Das ziehe, laut Klein, auch einen liebevollen Umgang mit der Schöpfung, der uns anvertrauten Natur, nach sich (vgl. ebd.: 32). Die Tanztherapie ist, laut der 1966 gegründeten Dachorganisation der Tanztherapeuten in Amerika, American Dance Therapy Association (ADTA) „eine psychotherapeutische Verwendung von Bewegung als Prozess, der die emotionale und psychische Integration des Individuums zum Ziel hat“ (Peter-Bolaender 1991 (1986): 260).

Tanztherapeutische Arbeit (nach Trautmann-Voigt) gründet auf drei Ebenen: Erstens die Körperbewusstheit – „Body awareness“ –, zweitens das authentische Bewegen – „Authentic movement“ – und drittens die Interaktion – „Interactional process“ – (vgl. Schwerdtfeger 2008: 13). Auf der Ebene der Körperbewusstheit geht es um Sensibilisierung der Wahrnehmung für den eigenen Körper sowie seine Bewegungsprozesse und -qualitäten. Auf der zweiten Ebene findet authentisches Sich-Bewegen statt. Dies basiert auf der Entscheidung, den Körper im Tanz sprechen zu lassen und all seine Bewegungen zuzulassen, ohne das Ergebnis rational zu beurteilen. Die dritte Ebene bildet der Prozess der Interaktion. Dieser kommt durch den kommunikativen Austausch mit anderen Menschen, beziehungsweise Tänzern, über das authentische Sich-Bewegen zustande. Alle drei Ebenen als Fähigkeiten zu fördern ist Ziel der Tanztherapie. Therapeutische Inhalte sind dem zu Folge „eine Haltung des Spürens, Empfindens und Wahrnehmens, sowie des Loslassens und Zulassens, der Konzentration auf den Augenblick und der Integrität“ (ebd.: 13).

Die Tanzimprovisation ist neben der Tanzimitation[23] eine der beiden Hauptmethoden der Tanztherapie (vgl. Peter-Bolaender 1991 (1986): 260).

---

23 Die Imitation, im Verständnis einer geplanten Bewegung, dient dazu, vorhandene Bewegungs- und Ausdrucksmuster zu verdeutlichen oder zu spiegeln. Darüber sollen einschränkende Muster aufgebrochen werden und somit die Fähigkeit „zur Differenzierung des individuellen Da-Seins zu erweitern“ (Peter-Bolaender 1991 (1986): 261).

Peter-Bolaender hat für die Tanzimprovisation als Körperwahrnehmungstechnik zur Steigerung der Körperbewusstheit ein tanzdidaktisches Programm entwickelt. Ziel ist es, sich und seinen Körper besser wahrzunehmen, diese Wahrnehmungen verstandes- und erlebnismäßig zu verarbeiten und situationsangemessen handelnd einsetzen zu können (vgl. ebd.: 265). Das Programm beinhaltet sechs Körperbereiche: Erstens, die Teile des menschlichen Körpers und seine jeweiligen Bewegungsmöglichkeiten. Zweitens, der Körper in Ruhe und Bewegung: Es geht um Anspannung und Entspannung. Drittens, der Körper und seine Bewegung im Raum. Viertens, der Körper und seine Bewegung in der Zeit. Fünftens, Körperkontakt und Körpersprache mit Partner oder Gruppe und sechstens, der Körper und Bewegung als Medium der Selbstwahrnehmung in Grundsituationen menschlicher Interaktion (vgl. ebd.: 264).

Peter-Bolaenders Bewegungskategorien gehen auf Laban zurück. Laban entwickelte ein System der Bewegungsanalyse, welches es ermöglicht, sowohl alltägliche als auch tänzerische Bewegungen unter den Aspekten Raum, Zeit und Dynamik zu beschreiben (vgl. ebd.: 267). Laut Peter-Bolaender ist menschliches/körperliches Leben und die Bewegung nicht von diesen Aspekten zu trennen (vgl. ebd.: 266). (Vgl. auch Fuchs Punkt 2.4.2.) Der Mensch verhält sich im und zum Raum, in einer Zeit und in einem dem jeweiligen Raum- und Zeiterleben korrespondierenden Energiepotential. Im Alltag wird dieser Bezugsrahmen des menschlichen Körpers oft unbewusst gelebt, nicht beachtet und somit nicht gespürt. Ein Training des Bewusstseins lenkt die Aufmerksamkeit gerade dahin und fördert „das Erspüren in diese Bezogenheit“ (ebd.: 266). Die Bezogenheit zur Umwelt wird spürbar, erlebbar, bewusst.

4.3 Eine Bewegung in der Kunstform

Das Verhältnis von Tanz in der Therapie als Selbstausdruck im Gegensatz zum künstlerischen Medium des Tanzes ist, laut Willke, weitgehend ungeklärt. Aus systemtheoretischer Sicht schreibt Luhmann dazu, dass die Kunst die Funktion habe, in den Kunstwerken alternative Formen möglicher Gesellschaft mit alternativen Möglichkeiten in der Kunst zu konfrontieren (vgl. Willke 2007: 83). Damit soll Kunst es ermöglichen, eine andere Sicht von Welt aufzeigen. Ausdruckstanz und Moderner Tanz als Kunstform im Sinne Luhmanns bedienen sich zum Beispiel des subjektiven Erlebens und der individuellen Weltsicht als Quelle und Material für den Tanz. „Dieses Material wird jedoch bewegungstechnisch und choreografisch geformt, sodass es jenseits des Selbstausdrucks überindividuelle Bedeutung gewinnt“ (ebd.: 83).

In der Tanzforschung und Tanzwissenschaft rund um den Tanz als Kunstform existieren zahlreiche Konzepte von Welt, Subjekt und Körper. Nach Katan teilen alle Menschen das physische In-der-Welt-Sein. Im Tanz wird es zur Kunst, wenn eine „Komposition ohne externes Ziel, das In-der-Welt-Sein von einem Moment des Alltagslebens zu einem ästhetischen Moment" (Katan 2013: 105) werden lässt. Katan schließt weiter, dass die physische Existenz im Tanz ästhetischer Ausdruck sei, und der Ausdruck im Tanz sei nicht nur die Kehrseite der Wahrnehmung, sondern die Wahrnehmung an sich werde zur ästhetischen Qualität beziehungsweise zu einem Ausdruck. „In der physischen Praxis des Tanzes sind Gegenstand und verkörperter, wahrnehmender Geist vereint. Der Körper des Tänzers ist nicht etwas seinem Ausdruck Äußerliches" (ebd.: 106). Das heißt, der Körper des Tänzers wandelt sich kontinuierlich während er die Wahrnehmung ändert. Die Bewegungssprache sei, laut Katan, auf Grund dieser Funktionsweisen weit mehr als ein Genre oder ein Stil. Unterschiedliche Tanzstile und Bewegungsideen erfordern unterschiedliche tänzerische Ausbildungsinhalte. „Die Notwendigkeit, neuen Bedeutungen Ausdruck zu verleihen, veranlasst Wandlungen in der Bewegungssprache, und neue Bedeutungen veranlassen verschiedene Weisen der Selbstwahrnehmung, der Wahrnehmung der anderen Tänzer wie auch der physischen Umgebung innerhalb des Schaffensprozesses" (ebd.: 106). Tänzer verschiedener Tanzstile sind darin geschult, die Welt in unterschiedlicher Art und Weise wahrzunehmen (vgl. ebd.: 107).

In Bezug auf Tanzimprovisation und bezüglich der den Menschen umgebenden Welt sind Halprin[24] und Hay[25] hier bedeutend. Halprin sieht in jedem Menschen einen Tänzer, den sie zu körperlichen Entdeckungsreisen einlädt. Improvisation ist für Halprin die Quelle der Bewegung. Aus diesem Grund erhebt sie die Improvisation zur eigenständigen Kunstform. Im Mittelpunkt steht dabei stets der kreative, nicht wertende Prozess. Jeder Einzelne ist an diesem Prozess beteiligt. Es kommt dabei zu einer Betonung von natürlichen Bewegungen durch kinästhetische Bewusstheit. In ihren Stücken wurden gesellschaftliche Themen wie Krieg oder persönliche Themen wie Aids oder Krebs durch Betroffene in das Publikum getragen. Halprin löst hierarchische

[24] Anna Halprins (1920*) Schaffen gründete ursprünglich in den 50er Jahren auf dem Modern Dance (vgl. Lemmer 2011: 65). Sie löst sich davon und schließt sich einer provokativen Avantgarde um Grotowski (1933–1999) und dem „Living Theatre" an.

[25] Deborah Hay (*1944) beginnt ihre Tanzkarriere mit den Judson Church Performances und mit den Kompanien von Merce Cunningham und James Waring. Ihre eigenen Interessen beziehen sich auf „pedestrian activities", Alltagsbewegungen und die Arbeit mit großen Gruppen und untrainierten Tänzern. In ihrer Arbeit ist die Vorliebe für Tai Chi Chuan und die Idee, informelle Kontexte und Umgebungen zum Tanzen zu nutzen zu spüren (vgl. Willke 2007: 89).

Strukturen, wie zum Beispiel die Beziehung zwischen dem Choreografen und dem Ensemble, auf (vgl. Lemmer 2011: 65). Halprin steht in enger Verbundenheit mit einigen Wegbereitern der Körperwahrnehmungstechniken: „[...] People, who influencend my work and life the most were my friends like Fritz Perls, Carl Rogers and Moshé Feldenkrais" (vgl. ebd.: 65).

Hay verfolgt mit ihrer eigenen Kompanie eine gemeinschaftsorientierte und ritualistische Vision von Tanz (vgl. Willke 2007: 89): Sie tanzt mit und in der sie umgebenden Welt, sei es die Natur oder soziale Orte. Sie tanzt im Kontakt mit den Zuschauern und der Umgebung in völliger Hingabe an den Tanz. An Orten wie in Parks oder auf Konzertbühnen kreiert sie ein Gemeinschaftsgefühl unter den Anwesenden. Tanz ist für sie „zelluläre Einheit mit der Welt" (ebd.: 89). Hierfür benutzt sie die Metapher der zellulären Bewusstheit (cellular consciousness) und betont dabei, dass jede Zelle in jedem Moment des Tanzes am Tanz teilnehmen muss. Im Tanztraining bewegen sich die Teilnehmenden oft eine Stunde lang in ihrem eigenen Tempo auf ihre eigene Art und Weise mit dem Fokus auf das Bild der Körperzelle (vgl. ebd.: 90). Bestimmend für Hays Choreografien ist die Sicht, die Welt als Bewegung zu sehen. „Dancing is the activity of being present in and consciously aware of one's own movement as part of this flux" (ebd.: 89). Hays Sicht auf das Universum ist taoistisch[26], dabei wird jeder Mensch als Teil des Ganzen verstanden. Um das Leben als einen Tanz darzustellen kultiviert Hay ihre Bewusstheit von Formen und Rhythmen des täglichen Lebens, wie zum Beispiel Tischdecken oder Kaffeeschlürfen (ebd.: 89).

In Hays Tanz ist der Mensch Teil des Ganzen, eingebunden und verbunden mit den Mitmenschen und der Welt. In diesem Zusammenhang weist ihre Konzeption eine Anlehnung an Schoop, die den Begriff der Urerfahrung im Tanz fasst, auf. Schoop geht davon aus, dass im Tanzen Kontakte zu Urerfahrungen der Menschheit aufscheinen können, da im Menschen alle Entwicklungsstufen vom Einzeller bis zum heutigen Homo sapiens gespeichert seien (vgl. ebd.: 90). „Der Leib – und alles was damit zusammenhängt: Ernährung, Klima, Boden – ist der Ort der Herkunft; auf dem Leib findet man das Stigma der vergangenen Ereignisse; aus ihm erwachsen die Begierden, Schwächen und Irrtümer (Michel Foucault [...])" (Brinkmann u. a. 2019: 301). Hay bezieht dieses Konzept auf die zelluläre Ebene. Im Tanz findet ein Kontakt zur Urerfahrung nicht nur für den Tänzer sondern auch für die Zuschauer[27] statt, der über das gegenwärtige Sein und Erleben hinausgeht und

[26] Diese Sichtweise teilt sie u. a. mit Whitehouse (2012 (1958): Das Tao des Körpers.

[27] „Indem die Betrachter eines Tanzes die ihm innewohnende Ausdruckskraft spüren, nehmen sie eine eigentümliche Konstellation von Möglichkeiten wahr, die sich in Raum und Zeit wandeln. Letztere geben den vielfältigen Möglichkeiten Ausdruck, als

einen transzendentalen Aspekt enthält. Diese Momente im Tanz lassen sich, laut Willke, schwer verbalisieren, Begriffe wie Freiheit, Glück und Ganzheit werden zur Beschreibung dieses Zustandes verwendet (vgl. Willke 2007: 90). Diese Funktionsweise macht sich auch die Integrative Tanztherapie zu nutze, in der auf allen Ebenen das Konzept der Einheit, Verbundenheit und Harmonie zentral ist. Der eben beschriebene Aspekt der Einheit mit der Welt kann für einen Moment „die leidvolle Zerrissenheit und die Konfliktshaftigkeit des Menschen" (ebd.: 90) aufheben. Dabei fühlt sich der Mensch mit sich selbst, den anderen und dem Universum in Harmonie. „So wird das Subjekt zur Welt, und die Welt ist das Subjekt" (ebd.: 90).

Diese besondere Art der Hingabe der Weltverbundenheit beschreibt der Psychologie-Professor Mihaly Csikszentmihalyi Anfang der 70er Jahre in seinem Konzept des „Flow-Erlebens". Flow zu erleben heißt, sich völlig im Einklang zu fühlen mit der Tätigkeit, die gerade ausgeübt wird und ein Gefühl der Freude zu empfinden, das nicht vom Erfolg abhängt (vgl. Lemmer 2011: 19f.). In Interviews, die Csikszentmihalyi unter anderem mit Tänzern führte, beschrieben diese einen Bewusstseinszustand, in dem sie vollkommen in ihrer Tätigkeit versunken waren. Dabei gäbe es kaum eine Trennung zwischen Person und Umwelt, zwischen Stimulus und Reaktion oder zwischen Vergangenheit, Gegenwart und Zukunft. Sie beschrieben einen Prozess des einheitlichen Fließens von einem Augenblick zum nächsten. Basierend auf diesen immer wiederkehrenden Beschreibungen wählte Csikszentmihalyi den Begriff *Flow* (vgl. ebd.: 19f.). Flow kann auch bei vielen anderen Tätigkeiten erzeugt werden. Das Besondere am Tanzen sei, laut Csikszentmihalyi, die Möglichkeit, seine Bewegungen der aktuellen Befindlichkeit und dem aktuellen Fähigkeitsniveau anzupassen und somit weder Über- noch Unterforderung zu erleben (vgl. ebd.: 3ff.).

Die Tänzerin und Choreografin Pina Bausch erschafft in den 70er Jahren die neue Kunstform des Tanztheaters. Bausch arbeitet mit professionellen

---

sich bewegender menschlicher Körper mit einem verkörperlichten Geist, der seine eigenen Bewegungen wahrnimmt, in der Welt zu sein. [...] Der Betrachter vermag die aufmerksame Körperlichkeit der innerhalb einer Choreografie agierenden Tänzer mittels seines eigenen verkörperlichten Geistes zu empfinden. Er vermag, während er den Bewegungen folgt, die physischen Möglichkeiten in aller Wandelbarkeit wahrzunehmen, die der dynamischen Erfahrung unseres In-der-Welt-Seins als solchen zugehören" (Katan 2013: 109). Echtes Wahrnehmen des eigenen Körpers, tiefes Empfinden, tatsächliches Spüren ruft im Tanz einen Ausdruck hervor, den der Zuschauer wiederum wahrnehmen kann. Ein Tänzer, der seinen Körper nicht wahrnimmt, nicht in seiner Rolle aufgeht, wirkt auf den Betrachter wie eine Körpermaschine – nicht beseelt. Im gegenseitigen Wahrnehmen kann Intersubjektivität stattfinden. Wahrnehmen und In-der-Welt-Sein gehören zusammen.

als auch mit Amateurtänzern (Alte, Junge, Menschen mit körperlicher oder geistiger Beeinträchtigung...). In Ihrer Arbeit stellt Bausch den Tänzern Fragen wie „Mach etwas Kleines“ oder „Etwas abbrechen – was ist das...?“ Die Tänzer sind aufgefordert zu improvisieren, ihrem Bewusstseinsstrom zu folgen. Das höchste Ziel der Tanzimprovisation ist also das vollständige Sich-Gehen-lassen, nur noch dem Bewusstseinsstrom zu folgen – der eben genannte Flow-Zustand. Zeit und Raum lösen sich auf. Der Tänzer ist nur noch reines sich bewegendes Bewusstsein. Oder auch nicht? Welche Möglichkeiten ergeben sich daraus? Liegt es denn nicht nahe zu mutmaßen, dass der Mensch seiner Natur wieder sehr nahe ist – oder eins mit dieser – wenn er sich in einem Flow befindet? Ist es dann noch möglich dieser seiner Natur Leid zuzufügen?

5 Tanzend in eine bessere Welt – Utopie oder Realität?

Der diesem Beitrag vorangestellte Prolog handelt von der scheinbar kaputten Beziehung zwischen dem Menschen und seiner Erde. Der Mensch nimmt die Erde nicht mehr wahr, hat sich ihr entfremdet. Eine sichtbare Auswirkung dieser vernachlässigten Beziehung ist die Klimakatastrophe. Diese ist in aller Munde – dem Menschen wird also gerade bewusst, dass er seiner Natur gegenüber Fehler gemacht hat. Jetzt startet er Versuche, dieser ihm fremd gewordenen Natur wieder näher zu kommen. Freitags geht er auf die Straße und zeichnet Greta Thunberg vielfach aus. Er kauft, je nach finanzieller Lage, im Biosupermarkt und Unverpackt-Laden ein. Das Ökosystem, welches er im Laufe seiner Kultivierung geschädigt hat, soll mit diesen Mitteln – so schnell wie möglich – repariert werden. Die Methoden und Herangehensweisen, denen er sich dabei bedient, sind vornehmlich solche, welche er sich im Laufe seiner Entfremdung angeeignet hat: Produktion und Steigerung statt Reduktion. Ideen der Postwachstumsökonomie sind reichlich vorhanden: hier geht es unter anderem um sinnvolle Reduktion – der Mensch versucht jedoch den Teufel mit dem Beelzebub auszutreiben: er zahlt CO2-Steuer und hält sein Gewissen mit Klimaneutral-Abgaben rein: geflogen wird trotzdem. Er betreibt Upcycling – Hauptsache produzieren und konsumieren...

Offenbar scheint der Mensch seine Natur nicht mehr bewusst wahrzunehmen, gleichzeitig haben Techniken aus dem Bereich der Körperwahrnehmung Konjunktur. Wie in Punkt 3.1 beschrieben ist Embodiment, sowohl als körperbezogene Praktik, als auch als Begriff an sich, en vogue. Beim Yoga, Tai-Chi, Feldenkrais etc. versucht der Mensch, wieder einem echten Sich-Spüren und Sich-Wahrnehmen auf die Spur zu kommen. Ist das nur Trend? Oder realisiert der Mensch gerade, dass er sich entfremdet hat – von sich selbst, von seiner Natur, von seiner Umwelt? Ist die Modernität des Embodiment ein Zeichen dafür, dass der Mensch auf ganz natürliche Art und Weise wieder einen Weg hin zu seinen natürlichen Wurzeln sucht?

Meine These besagt, dass eine Wiederannäherung des Menschen an seine Natur mit Hilfe von Körperwahrnehmungstechniken möglich ist, und der in der Folge einhergehende achtsame Umgang mit der Umwelt bedingt eine Lösung der ökologischen und gesellschaftlichen Probleme. Der menschliche Leib – ein beseeltes Ganzes – als natürliche Gegebenheit ist dabei Dreh- und Angelpunkt meiner Betrachtungen gewesen. Meine These ist in Anlehnung an die Gedanken von Fuchs, Johnson und vielen anderen entstanden. Daraus schließe ich, dass eine Bewegung bereits angestoßen wurde. Bewegung als erste Wahrnehmung (vgl. Punkt 3.2) ist allem Sein gemeinsam. Bewegung bedingt Gegenbewegung, erzeugt Resonanz. Der Begriff der Resonanz kommt aus der Physik. Er beschreibt eine Subjekt-Objekt-Beziehung als schwingendes System, in dem sich beide Seiten wechselseitig anregen. Rosa sieht für ein gelingendes Leben eine möglichst resonante Weltbeziehung des Menschen. Einfach ausgedrückt: mit der uns umgebenden Welt im Gleichklang schwingen – aussenden, wahrnehmen, bereit sein, bewusst aufzunehmen. Kann es möglicherweise gelingen häufiger Augenblicke der Resonanz zu erleben, indem der Mensch bewusst Beschleunigung und Entfremdung entgegenwirkt mit dem ihm ganz natürlich innewohnenden Fähigkeiten der Körperwahrnehmung? Resonante Systeme brauchen Aufmerksamkeit. Kann das bei den sich immer mehr beschleunigenden Verhältnissen überhaupt noch gelingen?

In Punkt 2 dieses Beitrags habe ich beschrieben, wie sich der Mensch sowohl körperlich als auch in seinem Denken von seiner Erde entfremdet hat. Dass Menschen wie Marx, Rosa u. a. sich damit beschäftigen setzt voraus, dass der Mensch zur kritischen Auseinandersetzung mit den gesellschaftlichen Entwicklungen imstande ist. Zugleich gab es Denker, wie Merleau-Ponty, Straus u. a. die der Auffassung, Bewusstsein sei unabhängig vom Körper, widersprachen, die Idee des Leibes als Teil allen Seins wiederbelebten. Fuchs' Erkennen von ganzheitlichen Zusammenhängen mündet darin, dass in der Umwelt das Leibverwandte des Menschen liegt. Der Mensch sei in der Lage ein teilhabendes Verhältnis zur Natur zu erreichen, indem er bewusst wahrnimmt (vgl. Fuchs 2018 (2000): 20). Doch wie viele Menschen, die solches tun, sind nötig, um dadurch eine Änderung gesamtgesellschaftlicher Verhältnisse herbeizuführen?

Alle bisher Genannten arbeiten interdisziplinär. Ihr ganzheitliches Denken geht von der Theorie aus. Auf deren Basis – jedoch praxisorientiert – arbeiten die in Punkt 3 erwähnten Pioniere der Körperwahrnehmungstechniken. Ihre Erkenntnisse sind weitgehend ähnlich: über bewusste und stets wache neue Wahrnehmung (siehe Phänomenologie), in der Bewegung (siehe Betrachtungen zu Raum, Zeit...) ist es möglich, sowohl sich selbst, dem eigenen Naturzustand, näherzukommen, als auch – daraus sich ergebend – den Mitmenschen und der Natur angemessen zu begegnen. Die Worte der Pioniere sind in meinen Augen schlüssig – ebenso interessant wäre es, die Schüler zu hören: was hat sich in deren Leben bezüglich des Umgangs mit sich, den Mitmenschen und der Umwelt verändert?

Aus dem Bereich der Techniken, die die Wahrnehmung des Körpers verbessern können, gehe ich in Punkt 4 auf die Funktions- und Wirkweise des freien Tanzes ein. Die Technik der Tanzimprovisation habe ich gewählt, da ich zum einen selbst Erfahrung damit habe. Ich empfinde den freien Tanz, die Tanzimprovisation oder den Ausdruckstanz, als eine besonders wohltuende Form der Bewegung. Zum anderen, da der Tanz als Bewegung, im Gegensatz zur Gymnastik, eine vom Menschen schon in der Urzeit praktiziertes fast natürliches Bewegungsmuster ist. Der Ausdruckstanz versinnbildlicht also die Wiederentdeckung des Körpers und seiner natürlichen Bewegungsmöglichkeiten (vgl. Schwerdtfeger 2008: 11).

In meinem Beitrag geht es um eine *Wiederannäherung*. Ratsam wäre es, sich gar nicht erst zu entfernen, sozusagen gemachte Fehler der Erziehung ausbügeln zu müssen – sondern diese Fehler erst gar nicht entstehen zu lassen. Im pädagogischen Bereich sollte darauf geachtet werden, dass eine Entfremdung von der eigenen Natur erst gar nicht stattfindet. Erfreulicherweise beschäftigt sich der pädagogische Bereich damit: Die phänomenologische Erziehungswissenschaft[28] eröffnet „[...] pädagogische Perspektiven auf den Leib und damit die Frage nach dem systematischen und praktischen Zusammenhang von Leiblichkeit, Lernen und Erziehung [...]" (Brinkmann u. a. 2019: 1). Phänomenologische Erziehungswissenschaft bringt ihre Erkenntnisse im Kontext internationaler und interdisziplinär wissenschaftlicher Theorie- und Erfahrungsbezüge ein.

Eine in diesem Zusammenhang erwähnenswerte Studie, welche sich in der „Ökologie-Leib-Bewegung" verortet, befasst sich mit „Grundlagen und Perspektiven einer ‚ökologischen Bewegungspädagogik' für den schulischen Lern-, Erziehungs- und Bildungsprozess in Brasilien" (Batalha Pinto 2018).[29] Batalha

[28] „[...] ihr Anliegen, pädagogische Erfahrungen in ihren sinnlich-leiblichen, sozialen, temporalen und machtförmigen Dimensionen sowohl theoretisch als auch empirisch zu beschreiben, zu reflektieren und handlungsorientierend auszurichten. Sie versucht, in pädagogischen Situationen die Gegebenheit von Welt im Vollzugscharakter der Erfahrung sichtbar zu machen" (vgl. Brinkmann u. a. 2019)

[29] „Angesichts der aktuellen Diskussionen über die Beziehungen zwischen Mensch, Gesellschaft, Kultur und Natur geht es in dieser Studie um die Problematik, welches Naturverständnis gelten soll und in welcher Natur man leben will. Im Zentrum dieser

Pinto zeigt mit der Studie auf, dass für ein Konzept „ökologischer Bewegungspädagogik" interdisziplinäre Anstrengungen um Wissen, Leben und Liebe in der Schulpraxis zu verknüpfen seien. Daraus könne eine „Dialogpartnerschaft" entstehen, wobei Kinder und Jugendliche durch und mit ihrer Leiblichkeit und Beweglichkeit der äußeren Natur begegnen, um dabei ganzheitliche Erfahrungen über sich und ihre Welt zu machen (Batalha Pinto 2018). Eine Keimzelle? Eine Anregung für Projekte im Bereich der Sozialen Arbeit?

Techniken zur Steigerung des Körperbewusstseins sind auch in der Sportwissenschaft keine Neuerung. Das in diesem Beitrag erwähnte Programm zur Förderung von Körperbewusstheit und Körperbewusstsein von Peter-Bolaender ist ein Beispiel für ein didaktisches Konzept, welches Tanz als Teilbereich einer körper- und bewegungsorientierten Sportdidaktik verortet (vgl. Peter-Bolaender 1991 (1986): 257). Doch was wird tatsächlich im Sportunterricht angewendet? Ist genug Zeit, um zur Ruhe zu kommen? Ist genug Zeit, bewusst wahrzunehmen? Oder *müssen* sich die Kinder austoben, weil sie soviel im Unterricht sitzen müssen?

Demzufolge ist es schlüssig, dass Therapien im Allgemeinen und auch die Tanztherapie mittlerweile eine große Rolle spielen. Versäumnisse und Fehler können kuriert werden. Diese Auffassung geht mit der immensen Entwicklung in der Medizin einher. Auch hier gibt es Ansätze: neben den in dem Beitrag genannten Fuchs, ist beispielsweise die Arbeit Hüthers erwähnenswert, da dieser mit seiner durch Medienpräsenz bedingten Bekanntheit ein breites Publikum erreicht: Auch er sieht die Trennung zwischen Verstand und Körper, die seit der Aufklärung in den Köpfen der Menschen unseres Kulturkreises manifestiert sei, als nicht mehr zeitgemäß an (vgl. Hüther 2011: 76). Laut ihm geht das Zeitalter der Aufklärung „kleinlauter zu Ende, als es begonnen hat" (ebd.: 76). Denn die vor wenigen Jahrhunderte entstandene Hoffnung, der Mensch könne allein mit Hilfe seines Verstandes und seines rationalen Denkens Krieg, Elend, Not, Leid, Krankheit und Ängste überwinden, sei nicht erfüllt worden. Experten der WHO, die in den nächsten

Diskussion steht der Wechsel von drei Paradigmen: des Weltbildes, der Schulbildung und des Verständnisses von Bewegung. In diesem Zusammenhang wurde folgende Forschungsfrage gestellt: Wie ist es möglich, den Bewusstseinsprozess der Kinder und Jugendlichen in Bezug auf die Natur durch den Leib und das Sich-Bewegen zu unterstützen? Um diese Forschungsfrage zu beantworten, wurde die hermeneutische Methode in Anlehnung an Gadamers ‚hermeneutischen Zirkel' angewandt. Ziel der vorliegenden Arbeit ist es, ein Konzept der ökologischen Bewegungspädagogik für den schulischen Lern-, Erziehungs- und Bildungsprozess in Brasilien vorzustellen. Als Ergebnis wurde ein relationales Verständnis erarbeitet zwischen den zentralen Themen: Ökologie, Leib und Bewegung aus philosophisch-anthropologischer, phänomenologischer und pädagogischer Sicht" (Batalha Pinto 2018).

Jahren einen drastischen Anstieg in den hoch entwickelten Industriestaaten an psychosomatischen Erkrankungen prognostizieren, die mit Angst und Depression in Verbindung stehen, deuten darauf hin. Hüther schließt daraus, dass die Menschen also trotz enormem Zuwachs an Erkenntnissen und technischen und medizinischen Möglichkeiten nicht glücklicher geworden sind: „[...] Das Denken allein – oder der Verstand, wenn man will, auch der Geist des Menschen – ist kein geeignetes Instrument, um sich damit in der Welt zurechtzufinden, im Gegenteil. Je komplexer die mit Hilfe dieser Ratio gestaltete Lebenswelt wird, je stärker sich das Spektrum der Handlungsmöglichkeiten des Menschen erweitert, desto mehr versagt das rationale Denken, wenn es darum geht, komplexe Zusammenhänge zu erfassen und sinnvolle Entscheidungen zu treffen, die das eigene Überleben sichern und Weiterentwicklung ermöglichen“ (ebd.: 77), Hüther weiter „[...] Wir müssen versuchen, die verloren gegangene Einheit von Denken, Fühlen und Handeln, von Rationalität und Emotionalität, von Geist, Seele und Körper wiederzufinden. Sonst laufen wir Gefahr, uns selbst zu verlieren“ (ebd.: 77).

Die große Bedeutung interdisziplinären Arbeitens oder einer interdisziplinären Denk- bzw. Herangehensweise an ein Thema wurde mir während der Beschäftigung mit meiner Fragestellung deutlich. Zahlreiche Disziplinen sind zu befragen, zu hören und mit einzubeziehen. Leider musste ich feststellen, dass die meisten Wissenschaften sich immer nur auf einen Teil der Frage fokussieren, sie bleiben in ihrer Disziplin. Dafür spricht zwar, dass Menschen nur dann richtig gut sein können, wenn sie sich spezialisieren. Jedoch – übertrieben provokant gefragt: Ist das relevant für ein gutes Leben in Einklang mit unserer Natur?

Ist die Idee, unsere ökologischen und gesellschaftlichen Probleme mit Hilfe von Körperwahrnehmungstechniken zu verbessern oder gar zu lösen, also eine Utopie? Diese Frage möchte ich mit einem Zitat Pina Bauschs beantworten, das auf einer Begegnung mit einem kleinen Mädchen während einer Reise beruht: „Tanzt, tanzt, sonst sind wir verloren“.

Literatur

Bermes, Christian, 1998: Maurice Merleau-Ponty zur Einführung. Hamburg (Junius).

Blum, André L. / Krois, John M. / Rheinberger, Hans-Jörg, 2012: Verkörperungen. Band VI aus der Reihe: Actus et Imago. Berliner Schriften für Bildaktforschung und Verkörperungsphilosophie. Bredekamp, Horst (Hg.). Berlin (Akademieverlag).

Böhme, Gernot, 2011: Der Begriff des Leibes: Die Natur, die wir selbst sind. In: Deutsche Zeitschrift für Philosophie. Akademie Verlag, 59 (2011) 4. S. 553–563.

Böhme, Gernot, 2019: Leib: Die Natur, die wir selbst sind. Berlin (Suhrkamp).

Brinkmann, Malte / Türstig, Johannes / Weber-Spanknebel / Martin (Hrsg.), 2019: Leib – Leiblichkeit – Embodiment. Pädagogische Perspektiven auf eine Phänomenologie des Leibes. Band 8 der Reihe Phänomenologische Erziehungswissenschaft. Wiesbaden (Springer VS).

Faust, Wolfgang, 2012: Abenteuer der Phänomenologie. Philosophie und Politik bei Maurice Merleau-Ponty. 2., überarbeitete und erweiterte Auflage. Würzburg (Königshausen & Neumann).

Feldenkrais, Moshé, 2014 (1967): Bewußtheit durch Bewegung. 13. Auflage. Frankfurt am Main (Suhrkamp Taschenbuch).

Fuchs, Thomas, 2018 (2000): Leib • Raum • Person. Entwurf einer phänomenologischen Anthropologie. Stuttgart (J. G. Cotta'sche Buchhandlung).

Geuter, Ulfried, 2014: Sichwort: Embodiment. In: körper – tanz – bewegung 2. Jg., DOI 10.2378 / ktb2014.art20d © Ernst Reinhardt Verlag. S. 125–127.

Gindler, Elsa, 2012 (1926): Gymnastik des Berufsmenschen. (Vortrag von 1926). In: Johnson, Don Hanlon, 2012: Klassiker der Körperwahrnehmung. Erfahrungen und Methoden des Embodiment. Rytz, Thea (Dt.-sprach. Ausg. hrsg.). Mauch, Christine (Übers. a. d. Engl.). Bern (Huber). S. 31–39.

Hanna, Thomas, 2012 (1987): Was bedeutet Somatics. In: Johnson, Don Hanlon, 2012: Klassiker der Körperwahrnehmung. Erfahrungen und Methoden des Embodiment. Rytz, Thea (Dt.-sprach. Ausg. hrsg.). Mauch, Christine (Übers. a. d. Engl.). Bern (Huber). S. 369–383.

Hauke, Gernot 2011: Strategisch Behaviorale Therapie (SBT). Emotionale Überlebensstrategien – Werte – Embodiment. Heidelberg (Springer).

Hüther, Gerald, 2011: Wie Embodiment neurobiologisch erklärt werden kann. In: Storch, Maja u. a.: Embodiment. Die Wechselwirkung von Körper und Psyche verstehen und nutzen. 2., erw. Aufl. Bern (Huber). S. 73–98.

Husserl, Edmund, 2012 (1963, 1973): Cartesianische Meditationen. Eine Einleitung in die Phänomenologie. Entnommen aus Husserliana, Edmund Husserl, Gesammelte Werke, Band I, hrsg. S. Strasser, Martinus Nijoff Publishers, Den Haag 1963, 1973. Philosophische Bibliothek Band 644. Hamburg (Meiner).

Jacoby, Heinrich, 2012: Verwandlung im Ganzen – Bei-sich-sein. In: Johnson, Don Hanlon, 2012: Klassiker der Körperwahrnehmung. Erfahrungen und Methoden des Embodiment. Rytz, Thea (Dt.-sprach. Ausg. hrsg.). Mauch, Christine (Übers. a. d. Engl.). Bern (Huber). S. 40–51.

Johnson, Don Hanlon, 2012: Klassiker der Körperwahrnehmung. Erfahrungen und Methoden des Embodiment. Rytz, Thea (Dt.-sprach. Ausg. hrsg.). Mauch, Christine (Übers. a. d. Engl.). Bern (Huber).

Jung, Matthias / Bauks, Michaela / Ackermann, Andreas (Hrsg.), 2016: Dem Körper eingeschrieben. Verkörperung zwischen Leiberleben und kulturellem Sinn. Studien zur interdisziplinären Anthropologie. Wiesbaden (Springer).

Katan, Einav, 2013: Aufmerksame Körper und verkörperlichter Geist. Über Wahrnehmung und Ausdruck im Tanz. In: Kinästhetik und Kommunikation. Ränder und Interferenzen des Ausdrucks. Klein, Tobias / Porath, Erik (Hg.). Berlin (Kulturverlag Katmos). S. 97–109.

Kirchhoff, Thomas / Karafyllis C., Nicole u. a. (Hrsg.), 2017: Naturphilosophie. Tübingen (Mohr Siebeck).

Klein, Petra, 1998: Tanztherapie. Ein Weg zum Ganzheitlichen Sein. Kiel (Dieter Balsies Verlag).

Lampert, Friederike, 2007: Tanzimprovisation. Geschichte – Theorie – Verfahren – Vermittlung. Bielefeld (transcript Verlag).

Lemmer Schmid, Jörg, 2011: Kontakt-Improvisation als Lebenskunst. Mehr Lebensqualität durch Flow-Erleben und Achtsamkeit. Inauguraldissertation zur Erlangung der Doktorwürde des Fachbereichs Erziehungswissenschaften der Philipps-Universität Marburg. Marburg.

Merleau-Ponty, Maurice, 1966 (1945): Phänomenologie der Wahrnehmung. Phänomenologisch-Psychologische Forschungen Band 7. C.F. Graumann, J. Linschoten (Hg.). Berlin u. a. (Walter de Gruyter).

Merleau-Ponty, Maurice 1976 (1942): Die Struktur des Verhaltens. Phänomenologisch-Psychologische Forschungen Band 13. C.F. Graumann, A. Métraux (Hg.). Berlin u. a. (Walter de Gruyter).

Merleau-Ponty, Maurice 1984 (1964): Das Auge und der Geist. Philosophische Essays. Herausgegeben und übersetzt von Hans Werner Arndt. Hamburg (Felix Meiner).

Quante, Michael / Schweikard, David (Hg.) 2016: Marx-Handbuch. Leben – Werk – Wirkung. Stuttgart (J.B. Metzler).

Peter-Bolaender, Martina, 1991 (1986): Förderung von Körperbewußtheit und KörperBewusstsein durch Tanzimprovisation. In: Körpererfahrung. Grundlagen menschlichen Bewegungsverhaltens. Bielefeld, Jürgen (Hrsg.). 2. Auflage. Göttingen u. a. (Hogrefe). S. 252–277.

Popper, Karl R., 1944: Die offene Gesellschaft und ihre Feinde. Band 2. 15. Kapitel: Hat die Weltgeschichte einen Sinn?

Prechtl, Peter, 1998: Edmund Husserl zur Einführung. Hamburg (Junius).

Reisch, Heiko, 2018: Kleine Geschichte der Philosophie. Wiesbaden (Springer).

Rebel, Günther, 2009: Biografiearbeit mit Bewegung und Tanz – Der Körper erinnert sich. In: Ressourcenorientierte Biografiearbeit. Grundlagen – Zielgruppen – Kreative Methoden. Hölzle, Christina / Jansen, Irma (Hrsg.). Wiesbaden, VS Verlag. S. 223–235.

Rosa, Hartmut, 2013: Weltbeziehungen im Zeitalter der Beschleunigung. Umrisse einer neuen Gesellschaftskritik. 2. Auflage 2013. Berlin (Suhrkamp).

Rosa, Hartmut, 2016 (2013): Beschleunigung und Entfremdung: Entwurf einer kritischen Theorie spätmoderner Zeitlichkeit. 5. Auflage. Berlin (Suhrkamp).

Rosa, Hartmut, 2019: Resonanz. Eine Soziologie der Weltbeziehung. 2. Auflage. Berlin (Suhrkamp).

Rytz, Thea, 2006: Bei sich und in Kontakt: Körpertherapeutische Übungen zur Achtsamkeit im Alltag. Bern (Huber).

Schikowski, J. (1926): Geschichte des Tanzes. Berlin (Büchergilde Gutenberg).

Schwerdtfeger, Susann, 2008: Tanz und Bewusstsein: Veränderung der Alltagswirklichkeit beim Tanzen. Diplomarbeit entstanden an der Carl von Ossietzky Universität Oldenburg, Studiengang Diplom-Psychologie.

Selver, Charlotte, 2012 (1987): Gespräch mit Charlotte Selver. In: Johnson, Don Hanlon, 2012: Klassiker der Körperwahrnehmung. Erfahrungen und Methoden des Embodiment. Rytz, Thea (Dt.-sprach. Ausg. hrsg.). Mauch, Christine (Übers. a. d. Engl.). Bern (Huber). S. 57–64.

Speads, Carola, 2012: Gespräch mit Carola Speads. In: Johnson, Don Hanlon, 2012: Klassiker der Körperwahrnehmung. Erfahrungen und Methoden des Embodiment. Rytz, Thea (Dt.-sprach. Ausg. hrsg.). Mauch, Christine (Übers. a. d. Engl.). Bern (Huber). S. 65–76.

Storch, Maja / Cantieni, Benita / Hüther, Gerald / Tschacher, Wolfgang, 2011: Embodiment. Die Wechselwirkung von Körper und Psyche verstehen und nutzen. 2., erw. Aufl. Bern (Huber).

Storch, Maja / Tschacher, Wolfgang, 2012: Embodiment – Die Intelligenz des Körpers. In: Psychotherapie in Psychiatrie, Psychosomatischer Medizin und Klinischer Psychologie, Heft 2, Volume 17. Die Bedeutung von Embodiment für Psychologie und Psychotherapie. CIP-Medien. Psychosozial-Verlag. S. 259–267.

Tschacher, Wolfgang, 2011: Wie Embodiment zum Thema wurde. In: Storch, Maja u. a.: Embodiment. Die Wechselwirkung von Körper und Psyche verstehen und nutzen. 2., erw. Aufl. Bern (Huber). S. 11–34.

Waldenfels, Bernhard, 2010: Bewährungsproben der Phänomenologie. In: Philosophische Rundschau. Bd. 57. Heft 2, 154–178.

Waldenfels, Bernhard, 2017: Der Leib als Umschlagstelle zwischen Kultur und Natur. In: Yearbook for Eastern and Western Philosophy. Band 2017, Heft 2. Online erschienen: 20.01.2018. DOI: https://doi.org/10.1515/yewph-2017-0005, S. 20–34.

Whitehouse, Mary, 2012 (1958): Das Tao des Körpers. In: Johnson, Don Hanlon, 2012: Klassiker der Körperwahrnehmung. Erfahrungen und Methoden des Embodiment. Rytz, Thea (Dt.-sprach. Ausg. hrsg.). Mauch, Christine (Übers. a. d. Engl.). Bern (Huber). S. 275–288.

Willke, Elke, 2007: Tanztherapie. Theoretische Texte und Grundlagen der Intervention. Bern (Huber).

Online

Batalha Pinto de Souza Lemke, Jozilma, 2018: Ökologie-Leib-Bewegung: Grundlagen und Perspektiven einer „ökologischen Bewegungspädagogik" für den schulischen Lern-, Erziehungs- und Bildungsprozess in Brasilien. Online im Internet: https://publikationsserver.tu-braunschweig.de/receive/dbbs_mods_00066060 [Stand: 03.03.2021].

Goddemeier, Christof, 2016: Erwin Straus. Vom Sinn der Sinne. Deutsches Ärzteblatt Heft 11. S. 511–512. Online im Internet: https://www.aerzteblatt.de/archiv/183686/Erwin-Straus-Vom-Sinn-der-Sinne. [Stand: 10.10.2019].

Nettling, Astrid, 2009: Maurice Merleau-Ponty oder das philosophische Staunen. Online im Internet: https://www.deutschlandfunk.de/man-muss-sich-auf-die-welt-und-die-dinge-einlassen.1184.de.html?dram:article_id=185356 [Stand: 18.07.2019].

Oberhaus, Lars, 2010: Hier tanzt der Leib! Wie sich Körper- und Leiberleben im Tanz unterscheiden. In: Zeitschrift Ästhetische Bildung Jg. 2, Nr. 1. Online im Internet: https://www.google.com/search?q=Erwin+Straus+und+Tanz&oq=Erwin+Straus+und+Tanz&aqs=chrome..69i57j69i60.8369j0j8&sourceid=chrome&ie=UTF-8 [Stand: 10.10.2019].

Leibphänomenologische Sicht auf Traumata – Gesellschaftliche Auswirkungen von tradierten Traumata und Gefühlserbschaften

Karen Barnes

1 Einleitung

1.1 Aufbau und Vorgehensweise

Vorab zwei Bemerkungen: Einerseits werde ich aus Gründen der besseren Lesbarkeit das generische Femininum verwendet. Männliche und andere Geschlechteridentitäten werden dabei ausdrücklich mitgemeint, soweit es für die Aussage erforderlich ist. Die Verwendung des generischen Maskulinums ist von mir immer dann gewählt worden, wenn ausschließlich diese gemeint sind. Andererseits bezieht sich meine gewählte Thematik auf die jüdische Bevölkerung in Israel. Der Konflikt zwischen Israel und Palästina ist hier nicht näher beleuchtet, ebenso wenig wie die traumatischen Erfahrungen der palästinensischen Bevölkerung, die in anderen Arbeiten gewürdigt werden. Damit zum Inhalt: In dieser Arbeit werde ich mich mit der Untersuchung zu Trauma als leibphänomenologisches Phänomen auseinandersetzen, wobei mich besonders interessiert, inwiefern sich transgenerationale Weitergabe von Traumata auf eine Gesellschaft auswirkt, deren Angehörige selbst wiederholt von traumatischen Erfahrungen bedroht und betroffen sind, und wie diese möglichen Auswirkungen beschaffen sind. Inwieweit sich diese Erscheinungen mit den Mitteln der Sozialen Arbeit beurteilen lassen und ob und nicht zuletzt wie die Soziale Arbeit unterstützend an Heilungsprozessen beteiligt sein sollte. Diese Arbeit ist entgegen üblicher akademischer Herangehensweise, die eine zunehmende Eingrenzung eines Themas vornimmt, um zu Ergebnissen zu kommen, die allgemeine Rückschlüsse erlauben, quasi auf den Kopf gestellt worden. Ganz im Sinne Adornos, der betont, dass sich in der tiefsten Schicht des Indivuums das Gesellschaftliche durchsetze (vgl. Adorno 1993 (1968): 191). Dieses gewählte Format halte ich nicht nur aus leibphänomenologischer, sondern auch aus sozio-psychologischer Perspektive (vgl. Kap. 3.3 und 3.4) und nicht zuletzt aus Sicht der Sozialen Arbeit für geboten (vgl. hierzu insbesondere Kap. 4.2 und 5.1). Den geschichtlichen (vgl. Kap. 3.1), soziologischen oder pathopsychologischen Aspekten (vgl. v. a. Kap. 4.1) dieser Arbeit setze ich jeweils eine leibphänomenologische

Sichtweise gegenüber (vgl. v. a. Kap. 3.2, 4.3 und 5.3) und führe sie so immer wieder der selbst gewählten Bezugsgröße zu.

Warum aus leibphänomenologischer Sicht? Aus leibphänomenologischer Sicht eines Merleau-Ponty ist der Leib nicht etwa der untergeordnete Gegenspieler des Bewusstseins: Merleau-Ponty lehnt diese Sichtweise ab. Das heißt für Faust: „Erst Merleau-Ponty hat die radikalen Konsequenzen aus dieser (Descartschen, d.V.) *Entleiblichung* des Menschen gezogen mit seiner Phänomenologie der *Verleiblichung*, in der der Mensch sein Leib *ist* und ihn als Körper *hat*" (vgl. diesen Band: Erkennen und Handeln, Kap. 4). Für die Untersuchung von Traumata, deren mögliche Folgestörungen und relevanter Therapieansätze ist das Verhältnis von Leib und Bewusstsein genauso bedeutend wie die soziologische und sozialphilosophische Interpretation gesellschaftlicher und gesellschaftspolitische Phänomene in diesem Zusammenhang. Hierzu Faust: „Denn die Welt ist eine Schattenwelt, in der die Dinge, so wie sie sind, nicht vor unseren Augen liegen" (ebd.: Kap. 4.1) oder angelehnt an Anaïs Nin, können wir die Welt nur durch unsere Augen sehen, die beim Blick auf die Welt unser ganzes Sein in diese Welt trägt und sie so zu unserer Welt macht (vgl. Anaïs Nin o.J.).[1] Das trifft nicht zuletzt auf die erschütterte Wahrnehmung eines traumatisierten Menschen von sich selbst und seiner Umgebung zu. Was ist denn nun real? Nehmen wir das Bild des Schattens und dessen schattenwerfendes Objekt, wie in vielen Erzählungen allegorisch verwendet, ob wie bei Nietzsche in seinem „Also sprach Zarathustra" der Glauben an Schattenbilder, die den Menschen von der Wahrheit trennt (vgl. diesen Band: Erkennen und Handeln, Kap. 4.1). Oder der bei Adelbert von Chamisso, dessen Peter Schlemihl, der seinen Schatten für irdische Güter verkauft und sich von diesem Handel nie erholt, sich für immer von der Welt entfremdet (vgl. von Chamisso 2003). Nochmals Faust: „Durch den Verstand können wir den Schatten eines Baumes als Schatten erkennen. Die Gemeinsamkeit des Phänomenologisierens ist, dass diese stets und unabdingbar im Rahmen der Schatten-Baum-Erkenntnis erfolgt" (vgl. diesen Band: Erkennen und Handeln, Kap. 4.1). Merleau-Ponty gibt jedoch weder Hegel noch Heidegger recht, der erstere, der das Bild, das wir uns von den Dingen machen, für Trug hält, der andere, der diesem (Ab-)Bild den Vorzug gibt. Anstelle der Betonung dieser oder jener Sicht setzt Merleau-Ponty das Oszillieren dazwischen, das unsere Existenz bestimmt (vgl. ebd.). Dieses Oszillieren wird unter dem Einfluss traumatischer Erlebnisse in seiner Dynamik bis zu einem Punkt der Unerträglichkeit verstärkt, denn was ist die Folge von Trauma, wenn nicht ein Entfremden von sich selbst und der Welt?

---

1 „Wir sehen die Dinge nicht, wie sie sind, wir sehen sie, wie wir sind" (Anaïs Nin o.J.).

„Und was ist denn der Schatten? Möchte ich fragen,
Wie man so oft mich selber schon gefragt,
So überschwänglich hoch es anzuschlagen,
Wie sich die arge Welt es nicht versagt?
Das gibt sich schon nach neunzehntausend Tagen,
Die, Weisheit bringend, über uns gesagt;
Die wir dem Schatten Wesen sonst verliehen,
Sehn Wesen jetzt als Schatten sich verziehen."
(Auszug aus „An meinen alten Freund Peter Schlemihl" von Adelbert von Chamisso 2003)

In dieser Arbeit spielt die Kultur der Gewalt unpd der Moral eine wichtige Rolle als soziales Bindemittel (vgl. Dahmer 2001: 61f.), deren ethische Referenzpunkte bei der Entstehung von Traumafolgestörungen ebenso von Bedeutung sind wie das im psychischen Leben des Individuums nicht nur selbst Erlebte, sondern auch bei der Geburt „mitgebrachte Inhalte" (Freud 1989 (1939 (1934–38)): 545). Nicht zuletzt sind Mechanismen der Triebsteuerung wie von der Psychoanalyse verstanden, aber auch das sozialisierende Element des Über-Ichs (vgl. Adorno 1993 (1968): 194f.) bei der Entstehung von Traumafolgestörungen beteiligt. Es geht also darum, das Ich herauszuschälen, das als „Außenhaut der Psyche" (Faust 2012: 210ff.) auf die Welt trifft, wie es sich diese einverleiben kann oder abwehren muss. Diese Untersuchung endet jedoch nicht an dieser Stelle, denn um den Versuch einer umfassenden Betrachtung nicht vollends scheitern zu lassen, kann nicht nur die psychologische Wahrnehmung eine Rolle spielen. Daher sind soziologische Denkweisen zu erörtern, insbesondere im Lichte von geschichtlichen und aktuellen Geschehnissen.

1.2 Die Interviews und Interviewpartner

Aus Sicht der Sozialen Arbeit gehe ich wie folgt vor: Ich beginne mit der ausschnittsweisen Wiedergabe von Gesprächen, die ich mit zwei ehemaligen Soldaten der IDF (Israeli Defense Forces) geführt habe, die an Kampfhandlungen während des ersten Libanonkrieges (1982–1985) beteiligt waren und davon traumatisiert sind (Kap. 2). Die Zahl der Gespräche weist bereits darauf hin, dass es sich hier nicht um einen Forschungsbericht handelt und die Aussagen nur beispielhaft für ein Geschehen stehen können, dass weltweit mehrfach, auch empirisch untersucht wurde und an dieser Stelle keines weiteren Belegs bedarf (vgl. etwa Solomon et. al 1987, 1989 oder 1992). Vielmehr sollen diese Aussagen exemplarisch für Erzählungen stehen, die uns in unserer Rolle als Sozialarbeiterinnen vorgetragen werden könnten, unabhängig von den Handlungsfeldern, in denen wir uns entscheiden, tätig zu sein. Menschen, denen wir in unserer Arbeit begegnen und die unserer professionellen Hilfe bedürfen, berichten uns in ihrer eigenen Sprache und Ausdrucksfähigkeit von sich und ihren Lebenssituationen. Ihre Erzählungen, Mimik, Gestik und Körperhaltung vermitteln uns ein Bild von ihrem Auftrag an uns. Der Eindruck, den wir gewinnen, dient als Grundlage für unser professionelles Handeln, entscheidet über die Wahl der adäquaten Methode/n und weist auf den Rechtsbereich hin, der von Relevanz bei der Hilfestellung sein kann. Mit dieser Vorgehensweise im Blick bin ich in die Gespräche mit den Interviewpartnern gegangen und will daher auch mit deren Wiedergabe beginnen, um im Laufe der Untersuchung deren Aussagen den einzelnen Aspekten zuzuordnen. Die Gespräche wurden via facetime geführt und konnten aus technischen Gründen nicht aufgenommen werden, wurden von mir jedoch protokolliert und im Nachgang aus der Erinnerung vervollständigt. Diese Form der Gesprächsführung war einerseits den Corona-Bedingungen geschuldet und andererseits den großen Entfernungen zwischen mir und den Interviewpartnern (Australien und Israel).

Die Aussagen der beiden Interviewpartner zeigen deren individuelle Wahrnehmung und Zuordnung der Ereignisse, so wie sie von ihnen erlebt wurden, und sind kein historisches Abbild des Libanonkrieges oder eine umfängliche Darstellung der israelischen Gesellschaft. Vielmehr zeigen ihre Aussagen und Verhalten während der Gespräche an unterschiedlichsten Stellen Bilder eines CSR (combat stress syndrome), einer posttraumatischen Belastungsstörung (PTBS oder PTSD) bzw. einer posttraumatischen Persönlichkeit (vgl. Ermann 1999, S. 110f.). Das entspricht den Diagnosen, die beide Interviewpartner zu unterschiedlichen Zeiten während und nach Ablauf ihrer aktiven militärischen Zeit von qualifizierten Psychologen und Trauma-Therapeuten erhalten haben.

Es ist nicht ausschließlich das traumatische Ereignis, das wir im Erwachsenenalter erleben, deren Schwere oder Frequenz, die bestimmt, ob es zu einer Traumafolgestörung kommt. Sondern auch ob und welche frühkindliche Traumata vorliegen, welche traumatischen Erlebnisse unsere Eltern- und Großelterngenerationen durchleiden mussten und nicht zuletzt welche Coping Mechanismen dem jeweiligen Individuum zu Verfügung stehen, also dessen Resilienzspektrum (vgl. Maercker 2006). Die Aussagen der Interviewten werden hier auch nicht vollständig abgebildet, sondern dienen in ihrer Auswahl den in dieser Arbeit herausgearbeiteten Überlegungen und unterstreichen diese durch ihre Unmittelbarkeit. Beide Interviewpartner sind mir persönlich seit Jahrzehnten bekannt und stehen mir unterschiedlich nah. Deswegen habe ich mich entschieden, auch immer wieder – erkennbar – eine selbstreflektierende Haltung einzunehmen und der Arbeit so einen weiteren Aspekt hinzuzufügen.

Beide Interviewpartner sind Ende 50 und männlich. Beide haben Kinder, X hat zwei Töchter und Y sieben Kinder und zehn Enkelkinder. X lebt in Australien und Y im Norden Israels. Beide sind selbstständige Unternehmer. X lebt eingebunden in die jüdische Gemeinde seines Wohnortes ein Leben als säkularer Jude, Y lebt religiös, ist geschieden und wird in naher Zukunft wieder heiraten. X war und ist nicht verheiratet. Beide waren während ihrer Militärzeit Soldaten in Elite-Kampfeinheiten und hatten Feindkontakt. Die Gespräche fanden am 12. und 13. Mai 2021 via facetime statt. Während vorangegangener persönlicher Gespräche hatte ich beide unabhängig voneinander gefragt, ob sie bereit wären, über ihre Erlebnisse während ihrer Militärzeit mit mir zu sprechen. Beide sagten sofort zu.

X ist der Bruder meines Lebensgefährten und steht mir sehr nah. Nach seiner Militärzeit haben wir eine Zeitlang zusammen gewohnt, bevor er zu einer Weltreise aufgebrochen ist. Viele junge Israelis unternehmen eine solche Reise nach Abschluss der Militärzeit. Seine Erzählungen sind mir besonders unter die Haut gegangen. Das trifft in abgeschwächten Maß auch auf die Erzählungen von Y zu, den ich fast ebenso lange kenne wie X. Was mich besonders erschüttert hat, war, dass beide Männer bis zu diesem Interview mit niemanden über ihre Erlebnisse gesprochen hatten, weder mit ehemaligen Mitkämpfern aus ihren Einheiten noch mit Freunden oder Familienmitgliedern. Beide haben niemals psychologische Hilfe in Anspruch genommen.

Nach den Gesprächen war ich lange mit der Integration des Gesagten beschäftigt und konnte zunächst die Gesprächsnotizen nicht bearbeiten, geschweige denn sinnvoll in diese Arbeit überführen. Man spricht bei solch einer Reaktion auch von sekundärer Traumatisierung, die entsteht, wenn man Schilderungen von Traumaerfahrungen hört (vgl. Scherwath/Friedrich 2020: 189ff.). Professionelle Helferinnen sind davon regelhaft betroffen. So heißt es etwa bei Scherwath und Friedrich: „Überall dort, wo professionelle HelferInnen es mit der Betreuung von traumatisierten Menschen zu tun haben, sind sie in der Gefahr, selber Schaden zu nehmen und die gleiche Symptomatik zu entwickeln wie bei einer Posttraumatischen Belastungsstörung" (ebd.). Zu dieser Symptomatik gehörten neben einer Übererregung auch die klassischerweise auftretende Vermeidung. Es hat Wochen gedauert, bis ich mit dieser Untersuchung fortfahren konnte. Meines Erachtens hat die persönliche Beziehung und Nähe zu den traumatisierten Gesprächspartnern die sekundäre Traumatisierung einerseits verstärkt, andererseits hat mich gestärkt, dass beide Gesprächspartner erstmals die Gelegenheit wahrgenommen haben und ausführlich mit jemanden über ihre Erlebnisse sprechen wollten. Ich hatte so den Eindruck, ihnen einen wichtigen Dienst leisten zu können.

Beide Gespräche wurden größtenteils in Englisch und Hebräisch geführt. Keiner von beiden spricht Deutsch. Ich werde die Aussagen der Interviewten einerseits komprimiert wiedererzählen (Kap. 2) und andererseits direkte Zitate im Original, v. a. in Englisch wiedergeben und gelegentlich dazu eine Übersetzung anbieten. Meine Eingangsfrage, mit der ich den Erzählimpuls im Sinne eines narrativen Interviews gesetzt habe, hieß in beiden Fällen: „Tell me about your life during your military service and what happened around this time. Whatever comes to your mind first. There is no wrong order of events. You can tell me whatever and as much as you want to share with me, like everything what happened then until now, anything which is connected to this time." Deutsch: „Erzähl mir von deinem Leben während deiner Zeit in der Armee und von den Geschehnissen im Zusammenhang damit, so wie es dir in den Sinn kommt. Es gibt keine falsch gewählte Reihenfolge, du kannst es mir so erzählen, wie es dir in den Sinn kommt. Du kannst mir so viel erzählen, wie du möchtest und zu teilen bereit bist, über alles, was zwischen damals und heute passiert ist, also alles, was mit deiner Militärzeit zu tun hat." Daraufhin habe ich, mit ihnen zugewandter innerer Haltung, geschwiegen und gewartet, dass mein Gegenüber sich sammelt. Aus Erfahrungen mit anderen narrativen Interviews weiß ich, dass sich die Interviewten oft unsicher sind, wie sie in die Erzählung einsteigen sollen. Meist wird noch einmal nachgefragt und sich vergewissert, aber in der Regel beginnen die Interviewpartnerinnen dann mit ihrer Erzählung, so auch im Fall von Y. X sah sich hingegen dazu nicht in der Lage und bat mich um spezifische Fragen und so fragte ich schließlich danach, ob er von Beginn an zu den Kampfeinheiten wollte, was X beantwortete und schließlich mit der Erzählung weitestgehend alleine fortfuhr. Das narrative Interview ist in meinen Augen besonders geeignet für Gespräche mit Menschen, die von posttraumatischen Störungen betroffen sind, da es den Interviewten überlassen wird, wie und in welchem Maß sie sich der Geschichte ihrer Traumatisierung nähern wollen und sie so das Gefühl der Kontrolle behalten können. Der Verlust der Kontrolle ist dominant beim unmittelbaren Erleben von traumatisierenden Ereignissen und bei der Entstehung von Traumafolgestörungen, daher ein wesentlicher Faktor der Pathogenität. Die Gespräche zwischen X und mir fanden hier während der Morgenstunden statt, wobei es bei X aufgrund der Zeitverschiebungen Abend war. Die Zeitverschiebung zwischen Israel und Deutschland beträgt lediglich eine Stunde und dürfte bei den Gesprächen zwischen mir und Y von keiner Bedeutung gewesen sein. Die Gesprächsprotokolle eröffnen eine urteilsfreie und subjektive Sicht auf die Ereignisse, die zur Traumatisierung der Interviewten geführt haben.

2 Der 1. Libanonkrieg (1982–1987) aus Sicht zweier Veteranen

Who is your enemy?

2.1 Aus den Gesprächen mit X am 12.05.2021, 09:30–11:42 und am 27.05.2021, 10:02–11:19:

Nach der Eingangsfrage bittet X um spezifische Fragen, er könne das nur so beantworten, denn die Zeit, um die es geht, fühle sich wie ein einziges Durcheinander in seinem Kopf an. Ich frage ihn schließlich, ob er schon immer zu den Golani (= Eliteeinheit) gewollt hätte, worauf X zunächst erzählt, seine erste Erinnerung an Krieg sei der Yom-Kippur-Krieg[2] gewesen. Er habe bereits zu diesem Zeitpunkt kämpfen wollen, sein Land verteidigen. Er sei hoch motiviert gewesen, bevor er nach der Schule zur Armee gekommen sei. Er war 18 Jahre alt, fast 19. Zunächst wollte er zu den Fallschirmjägern, hätte sich dann doch für die Golani entschieden. Er wurde dem 51sten Bataillon der Givate Brigade zugeteilt, die vor allem im Süden des Landes tätig ist, aber als Einheit zur Terrorismusbekämpfung während seines Kriegsdienstes im Norden und innerhalb des Libanon tätig war. Als er in der Grundausbildung gewesen sei, zeichnete sich bereits ab, dass es zu einem Krieg kommen würde. Bereits während dieser Zeit begann er Zweifel zu hegen, ob seine Entscheidung klug gewesen sei, was die Wahl seiner Einheit anbelangt. Die Grundausbildung wurde aufgrund der sich abzeichnenden Kampfhandlungen „under light fire" absolviert. Seine Einheit, die 51er, galten als „schwarze Schafe" unter den Golani und über deren Aufgaben sei auch unter den Golani wenig bekannt, die Einheit fungierte unter anderem als Vorhut. Während eines Konvois zum Flughafen wurde der damalige Kommandeur durch einen Angriff aus dem Hinterhalt getötet. X erklärt mir, dass Soldaten, die während Kampfhandlungen zu Tode kamen, die zwei Hälften ihres „dog tag" (dt. Erkennungsmarke) in Mund und Schuh gelegt bekamen, so dass ihre Leichen trotz möglicher schwerer Verstümmelungen identifizierbar blieben. X berichtet mir, er sei mit anderen Soldaten Patrouille gelaufen, immer sechs bis acht Soldaten. Das sei sehr gefährlich gewesen und er habe zunächst einfach versucht, unauffällig zu bleiben: „to lay low". Man wolle einfach nicht dort sein und es dauere eine ganze Weile, bis man die Tatsachen realisiert und akzeptiert. Man sei also drei, vier Monate im Dienst und dann schickt die Armee einen für einen Monat nach Hause. Jeder Tag, den man nicht im Dienst verbringen musste, zählte. Zu Beginn wollte er immer nur nach Hause und musste einmal von zu Hause

[2] Der Yom-Kippur-Krieg dauerte vom 6. bis zum 24. Oktober 1973.

abgeholt werden, weil er einfach nicht zurückwollte. Er erklärt, dass er und seine Kameraden ja auch nie gewusst haben, wer denn ihr Feind war, und bei Aufklärung und Sicherung bestimmter Areale wurden alle, auf die man traf, per Kopfschuss erschossen. Das sei seine Pflicht gewesen und wurde mit der Zeit normal. Sie schliefen mit ihren geladenen Maschinengewehren, die ihnen Sicherheit vermittelten. Schließlich kam es soweit, dass er eine Zeitlang nicht mehr nach Hause wollte, weil er sich paradoxerweise nur dort sicher fühlte, mit seiner Waffe in der Hand, er sei glücklich im Libanon gewesen während dieser Zeit. Er wurde immer aufsässiger und aggressiver, auch gegenüber seinem Kommandeur, und entschied sich – nach einer weiteren Auseinandersetzung mit seinem Kommandeur – nach Hause zu gehen. So machte er sich zu Fuß auf den Weg von der Grenzregion des Libanon nach Holon, einem Vorort Tel Avivs. Eine andere Einheit las ihn schließlich auf und brachte ihn in Gefangenschaft nach Haifa, wo er eine Zeitlang (er äußert sich auch auf Nachfrage nicht, wie lange) verbrachte und eine kurze Zeit auch psychologisch betreut wurde. X berichtet, er sei etwa fünf/sechs Mal im Militärgefängnis gewesen. Ein Soldat wird während eines Krieges nicht entlassen und muss seinen vollen, drei Jahre andauernden Dienst leisten. In seinem Fall noch mehr, da er die Zeit, die er im Gefängnis verbracht hatte, „nachzuholen" hatte. Während der Zeit im Gefängnis arbeitete er für die Militärpolizei und musste andere Gefangene überwachen. Nach Haifa konnte er die 51er verlassen, obwohl sein Kommandeur nicht überzeugt war, dass für ihn der Dienst in Tel Aviv das Richtige sei, denn, wenn sie (51er) ihn nicht bändigen könnten, wie sollen das andere Einheiten schaffen? Und: Ob er glaube, dass er den regulären Dienst bei der Luftwaffe ertragen könne, wenn er nicht einmal den Kampf ertrug? Man gehöre sich nicht selbst, man gehöre der Armee, sagt X dann. Er sei nach dem Verlassen der Eliteeinheit nach Tel Aviv auf eine Basis der Luftwaffe gekommen, aber es hat mehrere Anläufe gebraucht, bis er tatsächlich bei seiner neuen Einheit ankam, da er immer wieder beim Betreten der Basis von der Militärpolizei aufgegriffen wurde. Sei es, weil seine Kleidung nicht ordentlich war, seine Haare zu lang oder er nicht rasiert war. Der Übergang von der kämpfenden Einheit zu einer regulären Einheit innerhalb der Landesgrenzen Israels gestaltete sich schwierig. Sein ehemaliger Kommandeur lag also nicht ganz falsch mit seiner Prognose. X erzählt dann, dass er heute sieben Tage die Woche arbeite, er wolle keine Freizeit und erklärt, dass er nicht über Dinge nachdenken will und ihm nur die Arbeit helfe, er müsse beschäftigt bleiben. Er habe bisher nie so ausführlich über diese Zeit gesprochen, weder mit Freunden, Familie, Kameraden aus dem gemeinsamen Militärdienst, noch mit den Psychologen, nachdem er die Armee und das Land verlassen habe. Es gibt Gerüche und Geräusche, die unvermittelt die Erinnerungen zurückbringen, wie der Geruch eines toten Tieres oder das metallische Geräusch, das ein zufallendes Metalltor mache. Dann habe er manchmal Alpträume. Er lässt andere nicht sehr nah an sich ran und hasse es, dass er seine Kinder liebe. Er sei bereit für den Kampf, er könne in zehn Minuten abmarschbereit sein, sei auf alles vorbereitet. Er wisse, was käme, wenn er das Geräusch von Metall höre. Pflicht und Hingabe. Seine Kinder nennen ihn „Major Sergeant". Seine Kinder hätten einen besseren Mann aus ihm gemacht. Nach seiner Zeit im Libanon sei er sechs, sieben Jahre vollkommen verloren gewesen. Als er Israel verließ, sei er zunächst eineinhalb Jahre in Thailand und mehr oder weniger durchgängig auf LSD gewesen. Er wollte sich an der Zeit, dem Leben rächen und das Gefühl grenzenloser Freiheit auskosten. Während dieser Zeit sei er eines Tages nach einem LSD-Trip zurück zu seiner Hütte gekommen und hätte in der Außendusche einen stark blutenden streunenden Hund vorgefunden. Er habe ihm zu essen gegeben und seine Wunden gereinigt. Nach einigen Tagen, als er vor seiner Hütte saß, kam der Hund und setzte sich neben ihn und sie hätten sich angesehen. Der Hund wäre ihm bis zu seiner Abreise nicht mehr von der Seite gewichen. Monate später fragte er einen Bekannten, der immer noch vor Ort war, wie es dem Hund ginge, und erfuhr, dass dieser durch die Folgen eines Kampfes gestorben war. Das Gespräch ist kurz danach beendet, er bietet mir an, dass ich, sollte ich noch Fragen haben, ihm diese jederzeit stellen könne, er müsse für einen Auftrag allerdings für einige Zeit wegfahren.

Im zweiten Gespräch frage ich X, ob er mir den zeitlichen Ablauf der Ereignisse während seines aktiven Diensts noch genauer erläutern könne und welche Ereignisse letztlich dazu geführt hatten, dass er die 51er verließ. X erläutert, dass er insgesamt knapp dreieinhalb Jahre bei der Armee war, davon sechs Monate in der Grundausbildung und etwa weitere acht Monate bei den 51ern, bevor es zu dem entscheidenden Ereignis gekommen sei und er schließlich nach insgesamt knapp einem Jahr bei der Eliteeinheit zu einer Einheit bei der Luftwaffe in Tel Aviv wechselte. Das sei eine lange Geschichte, und nach einiger Zeit des Schweigens erzählt X, dass während des Krieges der Drogenhandel zwischen manchen Angehörigen der Zivilbevölkerung vor Ort und den Armeeangehörigen der IDF recht rege war, bis die Kommandoebene entschied, das zu unterbinden, und ankündigte, dass jeder, der einen Drogenhändler zu fassen bekäme, mit Fronturlaub belohnt werden würde. Es hatte mittlerweile auch Angriffe mit Handgranaten gegeben und die Stimmung war sehr angespannt. Als X kurz nach der Ankündigung seines Kommandeurs als Wachposten vor dem Lager seinen Dienst verrichtete, sei eine Person auf ihn zugekommen, die ihm Drogen anbot, woraufhin X den Mann in Gewahrsam nehmen wollte. Dieser wehrte sich gegen die Festnahme und stach X bei dem folgenden Gerangel mit einem Messer ins Bein. X habe dann auf den Mann geschossen und ihn getötet. Es kam zu einem Prozess, da es sich um einen sog. Overkill gehandelt hatte, da X fünfunddreißig Kugeln auf den Mann abgefeuert hatte. X wurde zu acht Monaten Haft verurteilt und verließ im Anschluss auf eigenen Wunsch die 51er. Er hat sich im Stich gelassen gefühlt von seinem Kommandeur, der für ihn wie ein Vater gewesen sei, und von der Armee, dem Staat Israel. Sein eigener Vater starb, als er 12 Jahre alt war. Dann fällt ihm noch ein Ereignis ein, das er mir erzählen will: Er und ein weiterer Soldat hatten nachts Wache zu halten in einem Lager, das errichtet worden war mitten in potentiell feindlichem Gebiet. Er und der andere Soldat, der gewöhnlich in der Küche arbeitete, haben also zusammen Wache gehalten. Sie scherzten miteinander und tranken ein Glas Wein, den der andere Soldat mitbrachte. Um sie herum auf der Anhebung, auf der sie sich befanden, waren Sandsäcke kreisförmig aufeinander verteilt und plötzlich sei der Sand um sie herum in die Luft geflogen. Sie hätten einen Moment gebraucht, um zu realisieren, dass sie beschossen wurden, da die Angreifer Schalldämpfer benutzten. Die Regel besagt in so einem Fall, dass über Funk ein Codewort ausgegeben werden muss, bevor das Feuer erwidert werden darf, so dass alle wissen, dass es sich um einen Angriff auf das Lager handelt, und sich entsprechend verhalten können. Der andere Soldat hatte das Funkequipment, war aber so in Panik, dass er das Codewort nicht absetzte, sondern wie eingefroren war. X entschloss sich das Feuer, das immer noch abgegeben wurde, letztlich zu erwidern und schoss wie wild um sich. Das ganze Lager wachte auf und es wurde aus allen Rohren geschossen. Erstaunlicherweise wurde im Lager keiner der Soldaten verletzt und bei der Suche am Morgen wurde an einer Stelle in der näheren Umgebung bis auf etwas Blut nichts weiter gefunden. Wer der/die Angreifer waren, blieb unklar.

2.2 Aus den Gesprächen mit Y am 13.05.2021, 16:00–18:26 und am 20.05.2021, 12:43–13:10:

Zum Beginn des ersten Gespräches erläutere ich, wie auch schon bei X, zunächst die Natur eines narrativen Interviews und frage, ob er bereit sei, diese Art von Gespräch mit mir zu führen, was Y bejaht. Nachdem ich die Eingangsfrage (siehe Einleitung) gestellt habe, fragt er, ob ich wissen wolle wie er zur Armee gekommen sei, woraufhin ich bestätigte, dass mich alles interessiert, was er mir erzählen wolle. Er habe schon immer ein Kämpfer sein wollen, solange er zurückdenken könne, es sei nur natürlich gewesen. Die IDF habe ihn, wie alle, bereits mit siebzehn Jahren kontaktiert, man nenne das „zav richon, zav shini", das Vorsondieren der Interessen für die verschiedenen Einheiten der Armee noch vor dem eigentlichen Rekrutierungsprozess. Es würden dann Untersuchungen durchgeführt, die körperliche und mentale Gesundheit und intellektuelle Fähigkeiten feststellen. Seine erste Wahl seien die Navy Seals gewesen, dann die Fallschirmjäger, wo er dann letztlich auch hinkam, genauer zu der „sabotage unit“, einer Spezialeinheit innerhalb der Fallschirmjäger. Die Grundausbildung habe sechs Monate gedauert und genau wie Interviewpartner X fragte Y sich schon zu diesem Zeitpunkt: „Was habe ich mir nur dabei gedacht – was stimmte nicht mit mir, dass ich mir das (die Kampfeinheit) ausgesucht habe?“ Nach fünf Monaten Grundausbildung sei er bereits in den Libanon verlegt worden, das sei im Sommer 1984 gewesen. Die Situation im Libanon sei damals schwierig gewesen. Seine gesamte Zeit bei der Truppe sei aufgeteilt gewesen in zwei Blöcke: drei Monate im Libanon, drei Monate Training und Kurse, immer im Wechsel. Er habe also etwa eineinhalb Jahre in der Wüste verbracht und die andere Hälfte im Libanon, „in combat“. Dies sei sein Dienst für Israel gewesen. Er fragt dann: Was willst du darüber wissen? Ich bestätige ihm ein weiteres Mal, dass ich an allem interessiert sei, das er bereit sei, mit mir zu teilen. Das mache ich einige Male im Laufe des Gesprächs. Er fährt zunächst fort, über das Fallschirmspringen zu erzählen, dass dies der Teil war, der Spaß gemacht hätte, wenn auch beängstigend, besonders bei Nacht, es sei ein Gefühl gewesen, für das er keine Worte habe. Das Fallschirmspringen sei jedoch „bullshit“ gewesen und nie für Einsätze gebraucht worden. Er stockt und fragt, was ich denn wissen wolle, ob ich konkreter werden könne. Ich frage ihn, ob er mir etwas über die eigentlichen Einsätze erzählen wolle, welche Situationen ihm da einfielen. Er erwidert, es hätte viele Situationen gegeben, pausiert und wird sichtlich blass, ich wiederhole, er könne entscheiden, was er erzählen möchte. Dann nennt er einen Namen: „Dov“. Dov sei nach neun Monaten im Libanon ums Leben gekommen, während er auf Heimaturlaub gewesen sei. Dessen Eltern hätten ihn nach einem Kämpfer benannt, der während des britischen Mandats in Palästina im Widerstand gewesen sei. Die Briten hätten diesen Widerstandskämpfer in dem Ort exekutiert, in dem er heute wohne. Sie hätten ihn erschossen, nachdem er zum Tode verurteilt wurde. Sein Freund und er seien zusammen in einer Unit gewesen. Er erläutert dann, dass eine Unit die kleinste militärische Einheit sei und aus drei Mann bestehe, die nächstgrößere Einheit sei die „Class“, bestehend aus drei Units, und drei Classes formen ein Platoon (dt. Zug). Dann pausiert er und sagt schließlich, dass dies das erste Mal gewesen sei, dass er dem Tod begegnet sei. Nach einer weiteren Pause spricht er davon, dass er nach einem Jahr bereits Sergeant war und sich mit einem Drusen[3] in seinem Platoon angefreundet hatte, dieser sei dann ebenfalls

---

3 Drusen sind eine religiöse Minderheit im Nahen Osten. Drusen, die auf israelischem Staatsgebiet leben, haben die israelische Staatsangehörigkeit. Informationen auch online auf der Seite der Gesellschaft für bedrohte Völker unter https://www.gfbv.de/de/informieren/laender-regionen-und-voelker/voelker/drusen/ abrufbar.

getötet worden. Er habe keinen der beiden vor seiner Militärzeit gekannt, es sei alles schon so lange her, über fünfunddreißig Jahre, er habe diese ganzen Dinge ja schon fast vergessen, er könne sich schon gar nicht mehr an die Freunde erinnern, die er in seinem Platoon gehabt hätte. Er sei nach seiner Dienstzeit mit niemand aus seinem Zug in Verbindung geblieben. Er hätte diese Zeit in sich verschlossen, den Schlüssel weggeworfen und alles vergessen. Das sei nicht allen gelungen. Er hätte nur zu seinem Leben zurückgewollt, zu seinen Freunden, um das Leben als 21-jähriger wiederaufzunehmen, dass er als 18-jähriger hinter sich gelassen hatte. Y und ich erinnern uns daran, dass wir einander während seiner Dienstzeit kennengelernt hatten, ebenso wie X, der aber ein Jahr älter ist und daher zu unterschiedlichen Zeiten seinen Dienst während des Libanonkriegs begonnen und beendet hat. Y bemerkt, dass er die meiste Zeit nicht über die Armee nachgedacht habe, nur versucht hätte, am Leben zu bleiben, um nach Hause zurückkommen zu können. Sie seien ständig in Bereitschaft gewesen und hätten manchmal direkt vom Training ins Gefecht gemusst, dann sei man mit dem Helikopter abgeholt worden, so z. B. als die Hisbollah drei israelische Soldaten gekidnappt habe. Die Zeit, die er im Libanon verbracht hat (1984–1987), wurde auch der „quiet war" genannt und betrifft die Zeit, in der sich die Hisbollah gerade erst gebildet hatte und langsam an Einfluss gewann. Man hätte auf den Einsätzen gar nicht gewusst, wer denn der Feind eigentlich sei. „Wir waren wie Enten, auf die geschossen wurde. Erst wenn wir angegriffen wurden, haben wir reagiert. Das war der erste Krieg gegen Terrorismus, heute haben wir neue Taktiken, die erst entwickelt werden mussten" – Pause. Wieder die Frage: „Was willst du hören?" Diesmal antwortet er, bevor ich etwas erwidern kann. Er könne nicht von dem einen spezifischen Vorfall erzählen, der ihn traumatisiert habe, das sei das eigentliche Trauma. Damals hätte niemand von Trauma oder Posttraumatischen Belastungssyndrom gesprochen, es sei eher so eine Rambo I-/Rambo II-, Chuck Norris-Atmosphäre gewesen zu der Zeit, und wenn man über so etwas geredet hätte, hätte man nicht als Mann gegolten, sondern als Memme, das war mit viel Scham behaftet. Selbst als ihn etwas beschäftigt habe, so hätte er mit niemanden darüber geredet, er hätte es sich ja nicht einmal selbst eingestanden. „Mit achtzehn, neunzehn, zwanzig, einundzwanzig habe ich gedacht: ‚Ich bin ein Mann, ich bin ein Kämpfer', mit meiner Waffe über meiner Schulter und meinen Stolz auf meine Unit. Schwach habe ich mich nur gefühlt, wenn ich nicht nach Hause durfte. Wenn ich Probleme gemacht hatte und sie mich nicht nach Hause gehen ließen. Das war die Strafe". Der Tod von Dov habe andere Gefühle ausgelöst, da sei Wut gewesen, das Bedürfnis nach Rache und eine erhöhte Kampfbereitschaft. „The effects of this time … it affects all my life." Die Auswirkungen dieser Zeit haben sein ganzes Leben beeinflusst. Er berichtet dann von einer Operation im Grenzgebiet von Israel, Libanon und Syrien seinerzeit, die ausnahmsweise keine Reaktion, sondern eine Initiative gewesen sei und deswegen ausgeführt worden sei, weil die Luftwaffe die in Höhlen versteckten Feinde nicht erreichen konnte, und so sollte die „sabotage unit" dort vordringen und die Hisbollah-Kämpfer töten. Dafür seien sie zehn bis fünfzehn Kilometer im bergigen Gelände gelaufen, er mit der Kommunikationseinheit auf seinem Rücken an der Seite des Kommandanten, und bei Erreichen der Höhlen habe man zunächst den Wachposten getötet. Es war besprochen worden, dass diesem mit einem Messer die Kehle durchschnitten werden sollte. Dazu kam es nicht, da sie ihn schlafend auffanden, und so konnte Y ihn mit einer Waffe mit Schalldämpfer erschießen. Er sei froh, dass er den Posten nicht mit seinem Messer habe töten müssen, und glaubt, dass ihn das mehr belastet hätte als die Erschießung. „It would have been a greater stain on my soul – there are enough stains on my soul". Es gebe schon mehr als genug Flecken auf seiner Seele. Er spricht davon, dass er sein Messer noch habe und auch das, was er einem abgenommen habe, nachdem er ihn tötete. Er fängt an, nach seinen Messern zu suchen: „Where is it … fuck! it is close … no … I have to search for it. I thought about it today. We heard that they would be coming here today … where are the knives?" Er findet die Messer nicht sofort und erzählt während seiner Suche, dass es hieß, dass Araber in seinen Ort kommen wollten, um Ärger zu machen. Schließlich kommt er zurück, springt wieder auf und sucht nach den Messern, die er schließlich unweit der Eingangstür findet. Er kommt mit den Messern zurück und zeigt mir diese, erläutert, warum das eine Messer bestimmte Einbuchtung hat, und holt schließlich einen Schleifstein und beginnt, während wir miteinander sprechen, die Messer zu schärfen. Während er bei der Suche aufgeregt erscheint, wird er während des Schleifens wieder ruhiger. Er sagt dann zu mir: „Look, Karen, everybody in Israel that is a fighter and evolved in fighting … something will happen to him, his soul, mind or body (…) This I can only understand now, maybe when I was 45 … Why am I so angry? Why do I react with violence when I feel threatened?" Er weist darauf hin, dass alle Soldaten, die aktiv gekämpft haben, mit Auswirkungen zu tun haben, ob körperlicher, geistiger oder seelischer Natur. Er konnte das erst Jahre später verstehen und hat sich immer gefragt, warum er so wütend sei und bei Bedrohungen mit Gewalt reagiere. Er gibt zu, dass er sich schnell bedroht fühle, nicht mehr so schnell wie früher, aber immer noch schneller, als ihm selber lieb sei. Ich bitte ihn, mir das näher zu erläutern und vielleicht ein Beispiel zu nennen. Er beschreibt, wie er nach seinem Armeedienst als Lieferant gearbeitet hat und sich ständig mit anderen Verkehrsteilnehmern gestritten, zum Teil sogar Schlägereien angefangen und schließlich sogar seine Frau angeschrien habe. Als er dann eine Fensterscheibe bei einem Wutanfall zuhause zerschlagen hat, begriff er, dass etwas mit ihm nicht stimme. Er habe das aber niemals mit seiner Armeezeit in Verbindung gebracht, diese sei eben Teil seines Lebens gewesen. Er sei aber zwei, drei Tage in Depression verfallen, sobald er ein Schreiben mit der Aufforderung, seinen Reservedienst anzutreten, in den Händen hielt. Er glaube, dass die Armeezeit ihm auch geholfen habe, denn schließlich hat er so herausgefunden, welche Kräfte in ihm stecken, und diese Erkenntnis trage ihn noch heute. Er habe nach Antworten gesucht für seine Wutanfälle, er wollte sich nicht mehr so fühlen. Er sei nicht sofort religiös geworden, das war ein längerer Prozess, er sei fündig geworden in den Schriften der Rabbiner über „ethics" und habe dann begonnen, die Kontrolle über sich selbst zu gewinnen. Er habe nie mit jemanden über das Erlebte gesprochen und die Armee nie um irgendwas gebeten: „Fuck them all!". Die Armee interessiert der einzelne Soldat nicht. Soldaten werden zu Soldaten, um zu sterben, und wie Bauern im Schachspiel geopfert, wenn nötig. Die Armee wolle zwar nicht, dass die Soldaten sterben, aber das ist eben das, was passiere. Sein Kommandeur habe auch versucht, ihn zum Bauernopfer zu machen bei der Aktion in den Höhlen damals, doch er habe sich geweigert, sichtbar eine rote Flagge auf der Antenne seiner Kommunikationseinheit zu tragen, während seine Einheit sich durch feindliches Gebiet bewegt hat. Auf meine Frage, ob er glaube, dass israelische Soldaten weniger anfällig seien für Traumafolgestörungen aufgrund der besonderen Beziehung zwischen den Soldaten, den Soldatinnen und der Zivilbevölkerung (sie sind unser aller Töchter und Söhne), bejaht er dies und zu dem Vorfall des Soldaten mit PTSD, der sich öffentlich angezündet hat, weil die Armee den Grad seiner Beeinträchtigung durch PTSD nicht anerkannte, meint er, dass es selbstverständlich Soldaten gebe, die PTSD hätten, aber X und er gehörten nicht dazu. Er glaube auch, dass die erhöhte Wahrnehmung und Öffentlichkeit zum Thema die Soldaten eher schwäche als ihnen gut tue. Es sei daher auch nicht gut für die IDF oder Israel. Man habe keine Wahl, man müsse kämpfen, dafür, dass es Israel geben kann, und jemand muss das eben tun. „In Anbetracht all der aktuellen Probleme würde ich am liebsten selbst wieder in den Kampf ziehen, also kann ich doch gar kein PTSD haben". Dann hält er kurz inne und meint, genau das könne natürlich auch eine Reaktion auf ein erlittenes Trauma sein. Bis heute könne er besser unter Druck handeln als ohne… „stuck in combat and I am still there". „Gegen die Armee hast du ohnehin keine Chance", aber man könne weglaufen, so wie X. Er habe das nicht gewollt, doch vielleicht kann man seine Hinwendung zu einem religiösen Leben auch als eine Art Weglaufen sehen, aber er sei immer noch ein Kämpfer: „Ich halte niemals die andere Wange hin."

2.3 Reflektion und Zuordnung

Die Erzählungen der beiden Interviewpartner beziehen sich auf die Zeit zwischen 1983 und 1987, eine Zeit, in der auch ich mich in Israel befunden habe. Beide sind Freunde von mir und doch haben wir damals und bis zu den Interviews niemals darüber gesprochen, was während ihrer Zeit beim Militär vorgefallen war. Es gab so etwas wie ein stilles Abkommen darüber, dass wir, die in Tel Aviv blieben, die, die im Krieg kämpften, nicht dazu befragten und sie uns nichts darüber erzählten. So blieben wir von Angst und Sorge verschont und sie konnten in ihrem Heimaturlaub so tun, als gäbe es den Krieg nicht. Wir, die Daheimgebliebenen, wollten, dass unsere Liebsten diesen Krieg überleben und zurückkommen. Unsere Freunde wollten einfach wieder zurück in ihr früheres Leben. Heute schmerzt mich der Gedanke, wie allein sie mit ihren Erlebnissen waren, und glaube gleichzeitig, dass ihnen das Wissen, dass ihre Welt zuhause unverändert, vermeintlich unberührt blieb von dem Krieg, in dem sie kämpften, zunächst Hoffnung und Kraft gab. Dass sie niemals mehr an den Ausgangspunkt zurückkehren konnten, begriffen sie und wir erst nach Ende ihres Militärdienstes. Nach den Gesprächen habe ich mehrere Tage gebraucht, um mich wieder zu stabilisieren, und es war gut, dass ich mit beiden noch ein weiteres Mal über dieses Thema sprechen und ein paar Fragen stellen konnte, die sich mir erst im Nachgang gestellt hatten. Auch heute, wenn wir miteinander sprechen, kommt das Thema immer mal wieder auf und meist sind sie es, die noch etwas ergänzen wollen. So schickte mir X einen Link zu einer Dokumentation über den 1. Libanonkrieg, der auf dem israelischen Sender „Kan“ lief mit der Bemerkung: „Ich dachte, du solltest das sehen, was das damals für ein Chaos war.“ Ich war besorgt, die Freundschaft zwischen uns könnte Schaden nehmen, was sich dankenswerterweise nicht bewahrheitete. Unsere Freundschaft hat an Tiefe dazugewonnen. Im folgenden Kapitel untersuche ich die historisch-gesellschaftlichen, soziopathologischen und leibphänomenologische Elemente, die an der Traumatisierung weiter Teile der israelischen Gesellschaft beteiligt sind.

3 Die traumatisierte Gesellschaft am Beispiel Israels

3.1 Historisch-gesellschaftspolitische Aspekte

Die Umstände, die letztlich dazu geführt haben, dass der Staat Israel Realität werden konnte, sind mannigfaltig und können an dieser Stelle unmöglich gänzlich beleuchtet werden. Allein die Geschichte der Entstehung und Ausbildung des Zionismus könnte Bücher füllen. Die Idee von der Rückkehr in das

Land König Davids hätte unter anderen politischen Umständen vielleicht nie Wirklichkeit werden können, hätte es nicht die geopolitischen Umwälzungen des beginnenden 20. Jahrhunderts gegeben, die letztlich zum 2. Weltkrieg geführt haben. Das Ende dieses Krieges soll der zeitliche Ausgangspunkt meiner Ausführungen sein, der Raum das damalige Deutschland im Krieg mit seinen Nachbarn und Palästina unter dem kolonialen Mandat der Briten. Entgegen allgemeiner Wahrnehmung haben bereits im britischen Mandatsgebiet Palästina Juden gelebt, auch schon unter der Herrschaft der Osmanen. Sie waren eine Minderheit und doch lebten ein Jahr vor Ende des 2. Weltkrieges bereits 560.000 Juden in Palästina (vgl. Sachar 1985: 250). „Bei der Staatsgründung 1948 zählte der Jischuv[4] 649.600 Menschen – ein Drittel der Gesamtbevölkerung Palästinas“ (Timm 2008). Ein kleiner Ausflug zurück muss an dieser Stelle sein: In den vorangegangenen Jahren hatten Verbände der Haganah[5] die Briten in ihren Abwehrkampf gegen die Deutschen unterstützt. Besonders Churchill („I like the idea of the Jews trying to get at the murderers of their fellow countrymen in Central Europe“ (ebd.: 242)) war ein Befürworter der zionistischen Idee und der Beteiligung von Verbänden der Haganah beim Kampf gegen die Nazis. Die Labourpartei hatte kurz nach dem Krieg gar ein Papier auf den Weg gebracht, das vorschlug, die gesamte muslimische Bevölkerung umzusiedeln, was selbst hartgesottene Zionisten erblassen ließ (vgl. ebd.). Der Großmufti von Jerusalem und andere arabische Führer, die zunächst gegen die Osmanen kämpften und glaubten, die Briten seien ihre Retter, entschieden sich schließlich, Allianzen mit Hitler und seiner Regierung einzugehen, einerseits aus praktischen Gründen und andererseits, weil sie Hitler verehrten (vgl. Sachar 1989: 250ff.). Der Großmufti von Jerusalem soll die NS-Führung dazu angeregt haben, sowohl den Nahen Osten als auch Nordafrika in die Pläne zur „Endlösung“ einzubeziehen (vgl. Bandl 2021). Anfang Juni 1941 kam es im Irak zu einem Pogrom an der jüdischen Bevölkerung und nicht nur im Irak, in der gesamten arabischen Welt waren die Juden nach der Staatsgründung Israels gezwungen, ihre alte Heimat zu verlassen: „Zwischen 1948 und 1952 verließen über 120.000 Juden das Land. In anderen arabischen Staaten sah das Schicksal der Juden ähnlich aus. Seit der israelischen Staatsgründung wurden 900.000 Juden aus arabischen Ländern vertrieben. (…) über 99 Prozent der arabischen Juden (verließen) ihre Heimat, obwohl deren Präsenz in der Region weit vor die Entstehung des Islams zurückreicht“ (ebd.).

4 Jischuv ist die Bezeichnung für die jüdische Bevölkerung und das jüdische Gemeinwesen in Palästina vor der Gründung des Staates Israel (1948).

5 Haganah ist die zur Zeit des britischen Mandats (1920–1948) in Palästina tätige jüdische militärische Widerstandsorganisation, aus der sich die reguläre Armee Israels entwickelte.

Unter britischen Regierungsangehörigen gab es daher auch stets Stimmen, die bereits während des 2. Weltkrieges immer wieder davor warnten, die arabischen Völker zu brüskieren, nicht zuletzt standen hier wirtschaftliche Interessen im Vordergrund, denn 1945 war Großbritannien mehr oder weniger pleite (vgl. Sachar 1989: 251). „Britain's vast holdings were concentrated in the Middle East, partly in Iran, but largely, too, in the vast Kirkus fields of Iraq, in Kuweit and in Quatar“ (ebd.). Die Briten spielten stets ein doppeltes Spiel und sicherten bereits 1915 den Hashemiten und Arabern zu, die Interessen der arabischen Völker zu vertreten und sie „vom türkischen Joch [zu befreien], das so lange auf ihnen lastete“ (vgl. Wolffsohn 2008). Wolffsohn führt weiter aus: „Auch das versprochene Gebiet wurde in diesem berühmt-berüchtigten McMahon-Brief festgelegt. Bis heute streiten sich Araber, Briten und Juden sowie Historiker und Politiker darüber, ob auch Palästina den Arabern dargeboten werden sollte. Dieser Streit ist in doppelter Hinsicht müßig. Erstens sind für den, der den Brief liest und auf eine Karte schaut, die Grenzen eindeutig. Er erkennt, dass auch das Heilige Land zum versprochenen arabischen Gebiet gehörte. Müßig ist der Streit aber aus einem noch viel wichtigeren Grund: Die britische Regierung dachte nicht im Traum daran, das gegebene Versprechen auch zu halten“ (ebd.). Auch die Versprechen, die sie der jüdischen Bevölkerung im Laufe des 2. Weltkrieges gemacht haben, wurden immer wieder gebrochen, die Haganah immer dann verboten, wenn sie keinen Nutzen mehr für die Briten hatte, und Schiffe mit geflüchteten Juden aus Europa wurden, trotz Kenntnis der rücksichtslosen Verfolgungen von Juden, immer wieder an den Häfen des palästinensischen Mandatsgebiets abgewiesen (vgl. Sachar 1989: 240f.). Die Briten hatten auch keinerlei Skrupel, am 2. November 2017 ein weiteres Versprechen abzugeben, dass sie nicht einzuhalten gedachten. Sie versprachen „auch den Zionisten das bereits vorher auch den Arabern angebotene und eigentlich stets sich selbst zugedachte Heilige Land. Dieses Versprechen ging als Balfour-Erklärung in die Weltgeschichte ein. Der damalige britische Außenminister Balfour fixierte es in einem Brief an Lord Rothschild: ‚Lieber Lord Rothschild, ich freue mich, Ihnen im Namen der Regierung Seiner Majestät die folgende Sympathieerklärung für die jüdisch-zionistischen Bestrebungen mitteilen zu können, die dem Kabinett vorgelegt und von diesem gebilligt wurde. Die Errichtung einer nationalen Heimstätte in Palästina für das jüdische Volk wird von der Regierung Seiner Majestät mit Wohlwollen betrachtet. Sie wird ihr Bestes tun, um das Erreichen dieses Zieles zu erleichtern, wobei unmissverständlich zu betonen ist, dass nichts getan werden darf, was die Bürgerrechte und religiösen Rechte der in Palästina lebenden nichtjüdischen Bevölkerung oder die Rechte und den politischen Status der Juden irgendeines anderen Landes nachteilig betrifft (...) Ich bitte Sie diese Erklärung der Zionistischen Föderation zur Kenntnis zu bringen‘“ (Wolffsohn 2008). Timm erinnert daran, dass „militante Auseinandersetzungen zwischen Juden und Arabern, aber auch Überfälle auf Einrichtungen der Mandatsbehörden [...] an der Tagesordnung [waren]. Die britische Regierung sah sich nicht mehr in der Lage, das Mandat aufrechtzuerhalten und bat die Vereinten Nationen um Vermittlung“ (Timm 2008). Nachdem Großbritannien aufgefordert wurde, sich aus dem Mandatsgebiet Palästina zurückzuziehen, entschied die UN-Vollversammlung am 29. November 1947 zu Gunsten der jüdischen Bevölkerung, denn die „weltpolitische Konstellation nach dem Zweiten Weltkrieg und insbesondere das Trauma der Schoah hatten weitgehende Auswirkungen auf Palästina. Angesichts der Ermordung eines Drittels der jüdischen Weltbevölkerung in deutschen Vernichtungslagern und der Zerstörung Hunderter jüdischer Gemeinden verloren Bedenken gegen das zionistische Experiment an Bedeutung“ (ebd.). Weiter heißt es: „Der Ständige Vertreter der UdSSR bei den Vereinten Nationen und spätere sowjetische Außenminister, Andrei Gromyko, hatte sich auf der Vollversammlung im Mai 1947 zunächst für einen binationalen arabisch-jüdischen Bundesstaat eingesetzt; sollte diese Option nicht realisierbar sei, betrachte er die Teilung Palästinas als unumgänglich. Angesichts des millionenfachen Judenmords, so Gromyko vor der UNO, sei eine Verweigerung des Rechts des jüdischen Volkes auf einen eigenen Staat nicht zu rechtfertigen“ (ebd.). Als am 14. Mai 1948 Ben-Gurion nach Ende des britischen Mandats noch am selben Tag die Unabhängigkeitserklärung vorträgt, geht für Juden weltweit ein Traum in Erfüllung, doch für die arabische Bevölkerung gilt dieser Tag als Katastrophe, als „Nakba“ (vgl. ebd.): „In der Nacht vom 14. zum 15. Mai 1948 marschierten die Armeen Ägyptens, Transjordaniens, Syriens, des Irak und des Libanon in Palästina ein, um die Proklamation des jüdischen Staates rückgängig zu machen“ (ebd.). Es gelang Waffenstillstandsverträge auszuhandeln und doch gab es seither nur wenige friedliche Augenblicke, meist brannte und brennt der Hass lichterloh. Waren die ersten Kriege für die Israelis Verteidigungskriege, so änderte sich die Situation spätestens mit Beginn des ersten Libanonkrieges. Ein großer Anteil Palästinenser war in Folge des ersten Arabisch-Israelischen Krieges 1948/1949 in den Libanon geflüchtet. Dort verbündeten sich radikale Libanesen mit ihnen und griffen zusammen mit ihren palästinensischen Aktivisten, die der jordanische König 1970 aus dem Land warf, immer wieder Siedlungen und Städte im Norden Israels an und nutzten dazu Katjuscha-Raketen, die eine entsprechende Reichweite haben (vgl. Flug, Schäuble 2008).

Israel reagierte schließlich auf diese Provokationen und startete am 6. Juni 1982 die „Operation Frieden für Galiläa[6]“: „Israelische Kampfflugzeuge bombardierten Beirut, wo die PLO ihre Büros hatte, sowie Ziele im Südlibanon.

---

[6] Gebiet im Norden Israels.

Wochenlanges Artilleriefeuer ging einher mit dem Vormarsch der israelischen Soldaten. Die Armee bekämpfte die PLO-Aktivisten und syrische Einheiten, die an der Seite der Palästinensischen Befreiungsorganisation kämpften. Die israelische Armee zwang die PLO zur Flucht nach Tunis, der tunesischen Hauptstadt. Dort war bereits das Hauptquartier der Arabischen Liga" (ebd.). Während christliche Milizen im Libanon unter Einfluss des syrischen Diktators Assaf den israelischen Einmarsch nutzten, „um ihrer Wut gegen die Palästinenser freien Lauf zu lassen [und] in den Flüchtlingslagern Sabra und Schatila vom 16. bis 18. September 1982 ein Massaker [anzurichten]", schien die israelische Armee „mit der Situation im Libanon überfordert zu sein" (ebd.): „Die israelischen Soldaten fanden sich inmitten eines Kampfes verschiedener politischer und religiöser Gruppen wieder" (ebd.) und „Strittig war, ob die israelischen Soldaten beim Massaker von Sabra und Schatila nicht eingreifen wollten, nicht konnten oder nicht durften" (ebd.). In den Interviews mit X und Y haben beide zum Ausdruck gebracht, welch ein Chaos dort geherrscht hatte und dass man nicht gewusst habe, ob man vor einem Feind steht oder es sich lediglich um einen Zivilisten handelte. „Die israelische Regierung setzte bereits Ende September 1982 die Kahan-Kommission ein, um das Verhalten ihrer Soldaten zu untersuchen" (ebd.), die zum Schluss kam, dass der damalige Verteidigungsminister „fahrlässig gehandelt habe" (ebd.), woraufhin Sharon schließlich zurücktrat. „Eine Gruppe von Soldaten hatte sich geweigert, im Libanon zu kämpfen. Diese Israelis gründeten die Organisation Yesch Gvul, hebräisch für ‚Es gibt eine Grenze'. Sie lehnten später auch Einsätze in den besetzten Palästinensergebieten ab" (ebd.).

Der erste Libanonkrieg war eine Zäsur für die israelische Gesellschaft und das gilt noch viel mehr für den Mord an Jitzchak Rabin: Am 4. November 1995, nur acht Jahre nach dem ersten Libanonkrieg, wurde Rabin, damals israelischer Premierminister und verdienter Militär, der in der Haganah gedient hatte, Friedensnobelpreisträger und Sabre[7], ermordet. Ermordet von einem Juden, einem Landsmann. Das Undenkbare war geschehen und dieses Attentat hat ganz Israel in Schock versetzt. Bis heute hat sich das Land nicht davon erholt, im Gegenteil: Das Land wirkt zerrissen von den unterschiedlichen Interessengruppen und der zunehmenden Polarisierung der politischen Standpunkte. Es „fielen drei Schüsse und der in der Luft liegende Bürgerkrieg in Israel war entschieden, ehe er sich in Gewalt entladen hätte" (Sznaider 2017: 43). In Israel heißt es: „Hätten wir die Araber nicht, hätten wir uns schon gegenseitig den Schädel eingeschlagen." Der Mord Rabins offenbarte den Verlust der „Unschuld" und die fortschreitende politische Polarisierung der jüdisch-israelischen Bevölkerung und deren zunehmenden Bereitschaft

7 Sabres/Zabres (= Kaktusfeige) nennt man in Israel geborene Israelis.

das politische Gegenüber als Feind statt als Gegner (im Englischen ist das treffender mit „opponent" bezeichnet) zu betrachten. Noch bevor die USA und Europa von dieser Entwicklung erfasst wurden, brodelte es bereits in der israelischen Gesellschaft. Diese Entwicklung nahm ihren Anfang mit dem ersten Libanonkrieg, der die moralische Legitimation der militärischen Maßnahmen im eigenen Land in Frage stellte. Ein Teil der Bevölkerung sah in dem Einsatz der israelischen Truppen während des Libanonkriegs eine notwendige Folge an Maßnahmen zur Wahrung der Sicherheit für die Zivilbevölkerung und der Interessen Israels. Andere begannen sich zu fragen, ob der zu zahlende Preis für eine solch instabile Sicherheit nicht zu hoch sei und ob es letztlich nicht doch besser und auch sicherer sei, den Frieden mit den Palästinensern zu suchen. Die fortschreitenden Friedensbemühungen seitens Rabins und Perez empfanden viele als bedrohlich. Die Kluft tat sich hier zwischen den Wählern der konservativen Kräfte, dem Likud, und derjenigen, die Rabin gewählt hatten, die sogenannten Linken, auf. Die Arbeiterpartei gilt in Israel als die Partei der Jecken (= deutschstämmige Juden), deren Vertreter bei der Gründung und auch die ersten Jahrzehnte stärkste Partei Israels war. Erst mit Menachem Begin gewann erstmalig der gegründete konservative Block Likud die Wahlen, also jene, die den ersten Libanonkrieg zu verantworten hatten. Likud-Wähler gehören meist zu der Gruppe der sephardischen Israelis, die aus der Levante und arabischen Ländern nach Israel eingewandert sind, da sie aus ihren Ländern nach der Staatsgründung Israels vertrieben wurden. Diese Gruppe wurde von den Ashkenazim, den aus Europa eingewanderten Juden, teils rassistisch behandelt, sie mussten lange in Zeltlagern leben und niedere Arbeiten verrichten. Es wurde aufgedeckt, dass es zu Kindesraub kam, in deren Verlauf die geraubten Kinder Paaren gegeben wurden, die kinderlos geblieben waren, darunter auch Überlebende der Shoah. Während die jüdische Gesellschaft unter britischem Mandat sich bereits militärisch organisierte und Kampferfahrungen sammelte, wurde in Europa millionenhaft jüdisches Leben zerstört. Knapp 400.000 Überlebende der Shoah sind bis 1951 in Israel eingewandert und in einem Land angekommen, das sich mit dem politischen und gesellschaftlichen Aufbau dieses Staates beschäftigt hat; besonders diejenigen, die in Kibbuzim gelebt haben, die Kibbuznikim, wollten sich nicht mit dem Leid der Ankömmlinge beschäftigen. Es lag auch ein Vorwurf in der Luft, die Überlebenden seien „menschliche Trümmer" (Kurths 2008) und dass sie sich „wie Schafe zur Schlachtbank" (ebd.) haben führen lassen: „Die Opferrolle der verfolgten europäischen Juden passte in den ersten Jahren nicht in das Bild der zionistischen Ideologie, in der neue kämpferische, zu Mythen erhobene Ereignisse die Identitätsbildung des jungen Staates bestimmen sollten" (ebd.). Gur sagt dazu passend: „Diese Kibbuznikim, die das Land gegründet und die Sümpfe trockengelegt haben, haben Gott persönlich an den Eiern gepackt"

(Gur 1999: 228). Die Auseinandersetzung mit der Shoah begann erst in den 50er Jahren und insbesondere mit dem Eichmann-Prozess. Zunächst wurde der geleistete Widerstand beim Gedenken an die Shoah besonders hervorgehoben, weil das zum eigenen Selbstbild als kämpferische Nation besser passte, doch letztlich wird jährlich am Tag der Shoah den Opfern der Nazizeit gedacht (vgl. Kurths 2008). Mit den Jahren und der Erfahrung gerade in der Auseinandersetzung mit Terror und der Intifada entstand in Israel eine andere Sicht auf die Opfer der Shoah und heute ist das Gedenken an diese erfüllt von Mitgefühl, das durch selbst erlebte Traumata erst möglich wurde. Die israelische Gesellschaft ist keine homogene Menge, es ist wohl besser, von Gesellschaften zu sprechen, und „viele Menschen wollen ein kleines, nichtheroisches und ideologiefreies Leben führen [doch] die israelische Wirklichkeit und auch die Ideologie des Staates machen dies fast unmöglich“ (Sznaider 2017: 8). Das Land ist demokratisch und gleichzeitig jüdisch und bewegt sich ständig zwischen diesen Polen (vgl. ebd.): „Das Jüdische in dieser Formel ist der partikularistische Wunsch, einen Staat ausschließlich für Juden zu haben, während das Demokratische in dieser Formel den universalen Wunsch ausdrückt, Teil der westlichen Welt zu sein. (…) Dazu kommt, dass Israel ein militarisierter Staat ist, der stets kriegsbereit sein muss“ (ebd.). Auch das ist Teil der zionistischen Realität (vgl. ebd.). Die Komplexität der Entstehungsgeschichte Israels und die politische, aber auch die religiöse Bedeutung Israels für das jüdische Volk bringen eine unbedingte Bereitschaft hervor, den Staat Israel auch militärisch zu verteidigen. Dieser Verteidigungswille ist der Klebstoff, der die israelische Gesellschaft trotz der Heterogenität ihrer Bevölkerung zusammenhält. Der Staat Israel verwendet daher einen großen Teil seiner Ressourcen, monetäre als auch menschliche, in die Verteidigung seiner Existenz. Die israelischen Streit- und Sicherheitskräfte haben daher eine existentielle Bedeutung für das ganze Land und prägen das Leben aller Israelis. Männlichkeit, bzw. die Vorstellung derselben, spielt in diesem Zusammenhang eine wichtige Rolle und wird im folgenden Kapitel untersucht.

3.2 Der traumatisierte Held und leibphänomenologische Überlegungen zu Männlichkeit

„We all wanted to be Rambo“

Es sei die Zeit von Chuck Norris und Rambo gewesen, so Y in einem der Interviews, und dieses Männerbild hätte seine Generation geprägt. Am Verlust dieser Vorstellung von Männlichkeit im Zuge von Kriegstrauma und PTSD will ich untersuchen, welche Auswirkungen Traumafolgestörungen nicht nur für die

Wahrnehmung des eigenen Selbst, sondern auch für Paarbeziehungen und das soziale Umfeld haben. Gleichzeitig spielt das Bild des tapferen Kriegers für die Wehrhaftigkeit der israelischen Armee und Gesellschaft eine bedeutende Rolle und wird angesichts jahrtausendalter Verfolgungen der Juden und dem Horror der Shoah womöglich überbetont. Beide Aspekte spielen bei der transgenerationalen Übertragung von Traumata eine Rolle, die unter Punkt 3.4 dieser Arbeit genauer untersucht werden soll. Die Vorstellung junger, männlicher Israelis von ihrer Aufgabe als Verteidiger des Landes und ihrer Familie war – zum hier untersuchten Zeitraum – nicht nur geprägt von amerikanischen Heldenfilmen, in denen ein Einzelner gegen eine Übermacht an Feinden den Sieg davonträgt. Jungen, männlichen Israelis ist von frühester Kindheit an bewusst, dass ihre Heimat im Kampf verteidigt werden muss. In Israel heißt es, wenn Kampfhandlungen seitens der Palästinenser beendet werden, so wäre Frieden, würde Israel aufhören zu kämpfen, gebe es im Anschluss kein Israel mehr. Generationen von jungen Israelis wachsen nicht nur mit Geschichten von Kriegen auf, sondern haben bereits als Heranwachsende eigene Erinnerungen an Kriege, so wie X, der mir erzählte, dass seine ersten Erinnerungen im Zusammenhang mit dem Jom-Kippur-Krieg standen – zu diesem Zeitpunkt sei er 6 Jahre alt gewesen und schon damals hatte er eine Vorstellung davon, wie er dereinst als Krieger für sein Land kämpfen werde. Aus seinen Erzählungen geht deutlich hervor, dass er in seiner Militärzeit im Libanon ein Kriegstrauma (engl. combat stress reaction = CSR) entwickelte. „CSR is a psychiatric breakdown on the battlefield and is marked by a range of labile, polymorphic manifestations, from restlessness through psychomotor retardation, psychological withdrawal, signs of sympathetic activity, startle reactions, nausea and vomiting“ (Solomon, Waysman et al. 1992: 289). Ein solcherart betroffener Soldat wird aus Sicht der Armee zur Gefahr für sich selbst und andere. So hat auch X sich selbst beschrieben und beide, X und Y sprachen von der vollkommenen Hilflosigkeit, die sie angesichts der Ereignisse im Krieg *übermannt* hatte. „Having experienced total helplessness in a life and death crisis, the CSR casualty often emerges from his ordeal with an enduring sense of vulnerability“ (ebd.: 290). Von CSR Betroffene empfinden den emotionalen Zusammenbruch, den sie im Kampf erlitten haben, als eine persönliche Niederlage hinsichtlich ihrer Aufgabe in der Verteidigung ihres Landes und empfinden daher eine große Scham (vgl. ebd.: 290). Viele Israelis, vor allem die jungen Männer, verlassen Israel nach ihrem Militärdienst, um ins Ausland zu reisen. Südostasien ist sehr beliebt und viele verbringen ihre Zeit dort monatelang im berauschten Zustand. Es kommt immer wieder vor, dass Eltern einschreiten, ihren Kindern nachreisen, um sie zurück nach Israel zu bringen, und so mancher ist schon in der Psychiatrie gelandet. Auch X hat diesen Weg gewählt und mir erzählt, er sei über Monate in Thailand im LSD-Rausch gewesen. Gemeinsame Freunde hatten bereits darüber nachgedacht, ihn dort rauszuholen, als er schließlich wiederauftauchte, nur um kurz danach nach Australien zu reisen, wo er noch heute lebt. Von CSR Betroffene haben Schwierigkeiten, anderen zu vertrauen, ziehen sich zurück und leiden unter Depressionen, während von PTSD Betroffene zu aggressivem und gewalttätigem Verhalten neigen können (vgl. ebd.). Insbesondere Paarbeziehungen und Ehen scheinen darunter zu leiden und oft übernehmen die Partnerinnen die Verantwortung für die gesamte Familie, da ihre Männer aufgrund ihrer Erkrankung nicht mehr in der Lage dazu sind, was deren Gefühle von Scham und Unzulänglichkeit noch verstärkt (vgl. ebd.). Auch ist der Sexualtrieb Betroffener abgeschwächt oder fehlt ganz, was die Beziehung noch weiter schwächt. Y hat mir davon berichtet, wie er immer wieder von seiner Wut übermannt wurde und dass seine damalige Frau seine Wutanfälle nur schwer ertragen konnte. Die Ehe sei in der ersten Zeit nach seiner Militärzeit in Gefahr gewesen, er habe sich jedoch keinen Rat gewusst und hatte das Gefühl, seiner Wut ausgeliefert zu sein. Mit dem 3-jährigen Militärdienst ist es noch nicht ausgestanden. Männer in Israel sind bis zum Alter von 42 zu einem jährlichen Reservedienst verpflichtet (Frauen bis zum 24. Lebensjahr), der nur unter besonderen Umständen ausgesetzt werden kann. Hierzu schreibt Gur: „Er gehörte zu einem Team, das neben ihm aus einem weiteren Offizier und einem Arzt bestand und dass man seit dem Jom-Kippur-Krieg als ‚Todesgruppe' bezeichnete, sie mussten die Angehörigen vom Tod eines gefallenen Soldaten informieren. Wenn er während der Zeit seines Reservedienstes abends nach Hause kam, sprach er mit keinem ein Wort, aß nichts, duschte nicht, sondern schloss sich im Schlafzimmer ein, wo er sich stundenlang im Bett herumwälzte und an die Decke starrte. Nach Beendigung seines Reservedienstes war etwas in ihm zerbrochen" (Gur 1999: 165). In Israel wird regelhaft früh geheiratet, vor fast 40 Jahren oft direkt nach der Armee und in den säkularen, nicht religiös lebenden Familien werden meist zwischen zwei und vier Kindern geboren. In den Familien der Haredim (orthodox lebende Juden) sind es zwischen 5 und 12 Kinder. Die Haredim sind per Gesetz vom Armeedienst befreit, was in der säkularen Bevölkerung Israels kritisiert wird. Aufgrund der politischen Allianz zwischen der Likud und den ultraorthodoxen Parteien in den vergangenen Jahren wurden Veränderungen diesbezüglich immer wieder ausgesetzt. So gibt es einerseits die Vorstellung in der israelischen Bevölkerung vom männlichen Krieger, dem Verteidiger der Familie und des Landes, und andererseits das Bild des gelehrten Mannes, der ein Gott gefälliges Leben führt und eine Schar an Kindern zeugt. Beides sind Stereotypen, die bedient werden, wobei beide entlastende und belastende Aspekte bei der Bewältigung von eigenen und transgenerationalen Traumata anbieten. Aus leibphänomenologischer Sicht ist Geschlechtlichkeit in ihrer Selbstwahrnehmung und in ihrer Abgrenzungsmöglichkeit zum Außen identitätsformend: „Zur Aufklärung der Genesis des Seins-für-uns bedarf es so endlich der Betrachtung eines Erfahrungsbereichs, der offenkundig Sinn und Wirklichkeit nur für uns hat: unserer affektiven Umwelt. Sehen wir also zu, welchergestalt ein Gegenstand oder ein Wesen in der Begierde oder der Liebe für unsere Existenz gewinnt, um von daher besser zu begreifen, wie überhaupt Gegenstände und Wesen zu existieren vermögen" (Merleau-Ponty 1966: 185); und aus meiner Sicht: in welcher Beziehung wir zu ihnen stehen können. Das betrifft sämtliche soziale Beziehungen, insbesondere Liebesbeziehungen. Wenn wir also von Störung der Sexualität im Zuge von Traumafolgestörungen bei Soldaten sprechen, dann kann das nach Merleau-Ponty als Äußerung einer Wahrnehmungsstörung gelten, die meines Erachtens von einer Verformung der eigenen Geschlechtlichkeit herrührt, derer man sich nicht mehr sicher ist. „Der Normale nimmt einen menschlichen Körper nicht bloß wie einen beliebigen Gegenstand wahr, der objektiven Wahrnehmung wohnt hier noch eine geheimere ein" (ebd.: 187). Diesem Geheimen kann sich der Kranke nicht mehr annähern, da seine Körperlichkeit durch die traumatischen Erfahrungen seiner Gewissheit beraubt wurde: „So ist selbst die Geschlechtlichkeit, die man doch lange genug als typisches Beispiel einer bloßen Körperfunktion betrachtet hat, keineswegs ein peripherer Automatismus, sondern Intentionalität, die der Bewegung der Existenz selbst folgt und mit ihr sich erhebt und zurückfällt" (ebd.: 188).

3.3 Der gefallene Held – Über den Umgang mit traumatisierten Soldaten

„Fuck them all"

Der Staat Israel und die IDF tun sich schwer bei der Anerkennung ihrer Verantwortung für die traumatisierten Soldaten.[8] Einerseits sind in Israel, etwa in der IDF, die weltweit führenden Köpfe in der Traumaforschung und Behandlung von Traumafolgestörungen zu finden. Andererseits gibt es große Hürden bei der Anerkennung von Kriegstraumata bei Soldaten, so schreibt der Guardian dazu in einem Artikel: „As many as one in 12 Israeli soldiers who experience high intensity combat report PTSD symptoms, one study found, yet the lack of recognition for mental health problems caused by combat has left many former service personnel without treatment after they leave the army" (Forslund, Lindblom 2019). Einer von 12 israelischen Soldaten mit Kampferfahrung berichtet von PTSD, wobei die mangelnde Anerkennung psychi-

8 Verwendung des Maskulinums in diesem Zusammenhang, da betroffene Soldaten regelhaft männlich sind.

scher Erkrankungen nach solchen Einsätzen dazu führe, dass viele ehemalige Soldaten nach Ende ihres Dienstes in der Armee ohne Behandlung blieben und bleiben. Auch die von mir interviewten ehemaligen Soldaten haben nie ein Betreuungsangebot erhalten oder sind überhaupt von der IDF zu ihren Erfahrungen befragt worden. „To get official recognition of a PTSD diagnosis often means a hefty legal bill, according to Guy Konforti, a lawyer and former legal adviser to the army“ (ebd.). Ein Rechtsanwalt und ehemaliger Berater der Armee, Guy Konoforti, führt aus, dass der legale Prozess zur Erlangung einer offiziellen Anerkennung einer PTSD-Diagnose mit hohen Kosten verbunden sei und zudem lange Zeit dauere. Die Opfer müssten nachweisen, dass ihre (seelischen) Verletzungen während ihrer Zeit im aktiven Dienst entstanden sind, daher appelliere Konforti dafür, das Prozedere umzukehren und die Beweislast an das Verteidigungsministerium zu geben: „The process costs a lot of money and can take years. The victims have to prove that the injury occurred during military service. Change the system so that the burden of proof is on the Ministry of Defence instead“ (ebd.). Durch die jahrelange Dauer des Prozesses auf Anerkennung kommt es dazu, dass viele nach ihrer Diagnose nicht gleich mit der Behandlung ihrer PTSD-Erkrankung beginnen, aus Furcht, die IDF könnte sie bei der Einschätzung des Schweregrades ihrer Beeinträchtigung herunterstufen, was die Höhe der finanziellen Unterstützung nachteilig beeinflusst. Es gibt viele Organisationen in Israel, die sich um Traumatisierte kümmern, wie „Soldiers of Life“, NATAL, nach eigener Beschreibung Israels führende nichtpolitische NGO im Bereich der Behandlung und Prävention psychologischer Traumata bedingt durch Krisen- und Ausnahmesituationen und Metiv – Israel Center for the Treatment of Psychotrauma (ITCP), einer NGO, die 1989 gegründet wurde, „to improve the level of trauma-related services in Israel (…). ICTP has developed a comprehensive range of clinical and community-based services. ICTP is today involved in the research and treatment of the widespread effects of trauma caused by terrorism, war and natural disaster“ (ebd.). In den 1980er Jahren sprach noch niemand von PTSD in Israel. Die IDF selbst hat 2013 eine Studie durchgeführt: „The IDF Medical Corps Mental Health Department released a study on post-traumatic stress disorder (PTSD). According to the study, reported cases of post-traumatic stress disorder among Israeli soldiers are among the lowest in militaries worldwide“ (Marcia o.J.). Die von der IDF in Auftrag gegebene Studie weise auf, dass die israelischen Soldaten im weltweiten Vergleich am wenigsten von PTSD betroffen seien. Während die amerikanischen Soldaten von 8% des aktiven Militärs sprechen, die von PTSD betroffen sind, seien es bei den israelischen Soldatinnen lediglich 1,5%, die unter Traumafolgestörungen litten (vgl. ebd.). Die Autorin führt das auf den Zusammenhalt und hohen Identifikationsgrad der israelischen Zivilgesellschaft mit den kämpfenden Soldaten zurück. Junge bewaffnete Menschen in Armeekleidung sind in der Öffentlichkeit ständig präsent und seien jedermanns Söhne und Töchter (vgl. ebd.). In meinem Interview mit Y frage ich ihn zu seiner Meinung diese Aussage betreffend. Er bestätigt diese Aussage und die Besonderheit der Bedeutung der IDF für die Sicherung der Existenz Israels: „We have no choice." Mir scheint, dass hier sowohl belastende als auch entlastende Elemente hinsichtlich der Aufarbeitung von traumatischen Erlebnissen während des militärischen Dienstes in Israel zu finden sind. Entlastend, da die gemeinsame Anstrengung für den Erhalt des Staates Israel eine hohe sinnstiftende Bedeutung hat und belastend, weil das daraus entstehende Verantwortungsgefühl und der daraus erwachsende Anspruch an die eigene Aufgabe in diesem Bemühen der anderen Wirklichkeit, der Wirklichkeit von Kampf, Tod und völligen Kontrollverlust entgegensteht.

Während die Soldaten der IDF in diesem „quiet war" glaubten für ihr Land zu kämpfen (X und Y sprachen beide davon, wie ihnen bereits während der Grundausbildung Zweifel kamen und sie im Laufe ihrer Militärzeit immer mehr daran zweifelten) und versuchten am Leben zu bleiben, ging das Leben derer, die zuhause blieben, weiter. Im öffentlichen Raum veränderte sich nicht viel, denn das Ausmaß einer Bedrohung durch terroristische Akte schien zumindest in Tel Aviv nicht erhöht zu sein. Man war wohl eher an die Bedrohung gewöhnt, saß in Cafés und Restaurants und auch das Nachtleben in Tel Aviv war so lebendig wie immer. Der Song „19" von Paul Hardcastle lief rauf und runter in den Bars und Diskotheken Tel Avivs. Man kannte jedes Wort dieses Songs, immer wurde lautstark mitgesungen und doch wurde niemals darüber gesprochen, was Freunde und Familienmitglieder in dem Krieg vor der eigenen Haustür erlebten. Es wurde nicht über den Preis gesprochen, der für die Existenz des Landes zu zahlen war und der Glaube an die siegreichen Kampfeinheiten musste unerschüttert bleiben. An der Aktion eines Veteranen, der sich dieses Jahr, nur einen Tag vor Jom Hasikaron[9], selbst angezündet hatte, ist zu erkennen, wie alleingelassen sich Betroffene auch heute noch fühlen. „(Itzik) Saidyan, ein einstiger Infantriesoldat der Golani-Brigade, hatte die Gaza-Operation von 2014 überlebt und hat eine 25-prozentige Behinderung wegen einer Posttraumatischen Belastungsstörung (PTBS). Er hatte beantragt, zu 50 Prozent als behindert anerkannt zu werden. Das Verteidigungsministerium lehnte dies ab" (Jüdische Allgemeine 2021). So geht es in dem Song „19" von Paul Hardcastle[10] zwar um den Vietnamkrieg, er gibt jedoch

[9] Tag der Erinnerung an gefallene Soldaten und Opfer von Terror.

[10] Die Single „19", geschrieben von Paul Hardcastle, William Coutourie und Jonas McCord wurde im Mai 1985 anlässlich des 10. Jahrestages des Endes des Vietnamkriegs veröffentlicht (vgl. Wikipedia), zu hören auf https://www.youtube.com/watch?v=N6rkPUBR6Bw.

vieles wieder, das ich auch aus dem Mund der Interviewten gehört habe, wie: Das junge Alter, das Gefühl, zerstört worden zu sein, die Vergeblichkeit des Krieges, der vollkommene Kontrollverlust und die beschriebenen Folgen der Traumatisierungen.

„In 1965 Vietnam seemed like just another foreign war but it wasn't – It was different in many ways, as so were those that did the fighting. (…) All those who remember the war. They won't forget what they've seen. Destruction of men in their prime whose average age was 19. (…) After World War II the men came home together on troop ships, but the Vietnam vet often arrived home within 48 hours of jungle combat. Perhaps the most dramatic difference between World War II and Vietnam was coming home. (…) None of them received a hero's welcome, none of them, none of them, none of them, (…) Many vets complain of alienation, rage or guilt, some succumb to suicidal thoughts (…) Eight to ten years after coming home almost eight hundred thousand men are still fighting the Vietnam War (…) There's gotta be something wrong somewhere, we did what we had to do – All we want to do is come home, All we want to do is come home – What did we do it for? – Was it worth it?"

Der ehemalige Präsident Israels Reuven Rivlin sprach anlässlich eines Besuchs von Familienmitgliedern gefallener Soldaten über das Opfer, das diese Familien gebracht haben: „Die Art, wie Sie Ihr Leben leben, lehrt uns viel über Mut, die Bedeutung von Leben und Tod. So schmerzhaft und quälend dies ist, kann es etwas zum Leben hinzufügen" (Jüdische Allgemeine 2021). Sein Leben zu geben, ist das wohl größte Opfer, was gegeben werden kann. In Anbetracht dessen hadern viele Veteranen mit Traumafolgestörungen mit ihrem eigenen Schicksal. Und das eigene Trauma wird zusätzlich durch Schuldgefühle belastet mit der Frage: „Warum habe ausgerechnet ich überlebt?" Y sagte an einer Stelle: „Soldiers are meant to die."

3.4 Posttraumatische Belastungsstörungen in allen Generationen Israels – Transformation von Schmerz und Leid

„I hate the fact that I love my kids"

Die Kinder- und Enkelgenerationen vieler Israelis sind von den traumatischen Erlebnissen ihrer Eltern und Großeltern während und nach der Shoah beeinflusst und kämpfen mit den Folgen (vgl. hierzu auch Kapitel 4): Die Einwanderer, die zuerst in das britische Mandatsgebiet der Briten kamen, ob vor, während oder nach dem 2. Weltkrieg, waren allesamt traumatisiert, und diejenigen, die die Shoah überlebt hatten, waren besonders schwer traumatisiert. Das gilt auch für die, die nach der Staatsgründung Israels aus ihren arabischen Heimatländern fliehen mussten und Pogrome in ihrer Heimat durchleben mussten. Der Aufbau des Landes war ein enormer Kraftakt und die Menschen haben nicht nur Hunger ertragen, sondern fanden sich in einer fremden Welt und in einer bedrohlichen Situation bzw. im Krieg wieder: „Es waren andere Zeiten, härtere. (…) Es ist schwer, die erste Begegnung mit dieser Erde zu beschreiben. Die ganze Mühsal, die Trockenheit, das Wasser, den Hunger“ (Gur 1999: 245). Auch in den Städten wie Tel Aviv, Haifa und Jerusalem war das Leben schwer für die Einwanderer, besonders für die, die aus dem gemäßigten europäischen Klima kamen. Man war gerettet und fühlte sich doch nicht in Sicherheit, doch irgendwann hörte man auf zu fremdeln, arrangierte sich mit den Begebenheiten und gründete eine Familie, die Kinder wuchsen heran. Kinder, die oft nicht verstanden, warum ihre Eltern so distanziert oder so ängstlich waren: „Psychic trauma may be linked to a stone thrown into a pool of water. It creates ripples that affect not only the victims themselves, but also those who are close to them“ (Solomon, Waysman et al. 1992: 289). Viele Überlebende haben nicht über ihre Erlebnisse sprechen können. „Ihr sagt nichts, aber der Tod atmet überall durch“ (Beyer, Doerry 2015: 84).[11] Andere haben ständig davon gesprochen, so wie die Großmutter von Y, bei der er aufwuchs. Die Erzählungen über ihre Erlebnisse auf der Flucht haben bei ihm genauso nachgewirkt wie das Schweigen seines Großvaters, der Auschwitz überlebte, indem er als Boxkämpfer gegen Mithäftlinge in den Ring stieg und dabei von johlenden SS-Schergen angefeuert wurde. Soldaten der IDF mit solch einer Familiengeschichte waren besonders gefährdet von PTSD: „Ein Beispiel (…) findet sich in einer Studie über Kinder von Holocaust-Überlebenden, die an einem Kriegsschock aus dem Libanon-Krieg litten und nicht so schnell in das tägliche Leben zurückfanden wie eine Kontrollgruppe“ (Bar-On 1996: 23). „Nach Auschwitz kam das große Schweigen“ (ebd.: 135).[12] Das große Schweigen, wie Frau Lasker-Wallfisch sagt, breitete sich nicht nur in Deutschland und unter den Alliierten aus, auch in Israel wurde darüber in vielen Familien nicht gesprochen und auch die israelische Gesellschaft war zunächst nicht bereit, sich damit auseinander zu setzen, besonders da es nicht in das Bild passte, das man sich als Zionisten von der Wehrhaftigkeit und neu gewonnen

---

11 Zitat aus den Erzählungen des Shoah-Überlebenden Raphael Esrail in „Mich hat Auschwitz nie verlassen“, der an dieser Stelle seine Tochter zitiert, die seiner Ansicht „darunter gelitten (habe), dass meine Frau, die Birkenau und Ravensbrück überlebt hat, und ich nicht mit ihr darüber sprechen konnten“. Das Gespräch wurde von Julia Amalia Heyer aufgezeichnet.

12 Zitat aus den Erzählungen der Shoah-Überlebenden Anita Lasker-Wallfisch in „Mich hat Auschwitz nie verlassen“, aufgezeichnet von Christoph Scheuermann.

Freiheit machte (vgl. dazu auch die Ausführungen in Kapitel 3.1). Trotz der anhaltenden Präsenz des Horrors der Shoah in den betroffenen Familien, ob benannt oder unausgesprochen, konnte nicht festgestellt werden, dass Nachkommen von Überlebenden der Shoah öfter an psychischen Erkrankungen litten als Vergleichsgruppen (vgl. Kellerman 2001). Es stellte sich jedoch heraus, dass sie anfälliger für Stress waren: „most controlled studies failed to confirm the assumption of increased rates of psychpathology in the offspring of Holocaust survivors compared to control groups (…) but compared to other people with emotional problems, seems to have specific disturbances more or less focused on difficulties in coping with stress and a higher vulnerabilities to PTSD“ (vgl. ebd.). Auftretende Probleme äußern sich in Störungen der Selbstwahrnehmung („Representing six million dead is a grave responsibility and a terrible burden for a child to carry“), Schuldgefühlen, Affektivität (Ängsten, Alpträumen, Trauer) und in den zwischenmenschlichen Beziehungen (übersteigerte Familienbindung oder gänzlich fehlende) (vgl. ebd). Da ist also einerseits dieses schwere emotionale Erbe.

Andererseits gibt es entlastende Faktoren. So entscheiden sich im Laufe ihres Lebens einige Israelis für den Glauben, der zur Kraftquelle wird, so wie im Fall von Y, der im Talmud nach Hilfe gesucht und gefunden hat. Dort heißt es, es könne für manche hilfreich sein, darüber zu sprechen, für andere sei es sinnvoll, darüber zu schweigen: „Mit Blick auf die Forschung der letzten Jahrzehnte ist zudem interessant, zu erwähnen, dass die Traumaforschung einen umfassenden Beweis dafür liefert, dass es in der Tat riskant ist, zu glauben, es gebe bei der Bewältigung von Traumata eine Universallösung“ (Pelcovitz 2011: 41). Der ehemalige Rabbiner der Stadt Frankfurt am Main (1851–1888), Samson Raphael Hirsch, verwies Hilfesuchende auf einen Psalmvers (Ps. 22,2), der da lautet: „Eli, Eli, la ma asaftani“ (Mein Gott, mein Gott, warum hast du mich verlassen?), und riet ihnen, den Vers so zu lesen: „Eli, Eli, le ma asaftani“ (Mein Gott, mein Gott, wozu hast du mich verlassen?) (vgl. ebd.: 43). Mit anderen Worten: „Wäre ich nicht gefallen, hätte ich mich nicht wiederaufgerichtet, hätte ich nicht im Dunkeln gesessen, so hätte ich das Licht nicht gesehen (Orchot Zaddikim, Scha'ar ha-Teschuva, Pforte 26).“ Das hebräische Wort für Trost, *nechama*, bedeutet gemäß den Schriften eigentlich Perspektivwechsel und weist darauf hin, dass wir bei Prüfungen im Leben durch einen Perspektivwechsel Trost finden können und es uns so gelingt, zu wachsen (vgl. ebd.: 44). Der Perspektivwechsel käme jedoch nicht durch den Therapeuten, der Trost bringt, er komme aus dem inneren Empfinden von Wachstum, daher sei es nicht die Aufgabe einer Sozialarbeiterin oder anderen Person, die mit Traumatisierten arbeite, Trost zu spenden, vielmehr müsse sie nichts tun, als zuzuhören, immer wieder zuzuhören und wenn das Gegenüber bereit ist, helfen, die Erlebnisse neu zu ordnen und den Blick, die Wahrnehmung darauf zu verändern (vgl. ebd.: 45): „Es gibt so viele Wege, das Ungeheuer beim Namen zu nennen. Aber der Schlüssel besteht darin, das Sprachzentrum zu erleuchten" (ebd.: 48).

Dazu findet sich bei Merleau-Ponty die leibphänomenologische Zuordnung: „Der Leib ist jederzeit Ausdruck der Modalitäten der Existenz überhaupt, aber nicht etwa nur (…) wie Nummern Häuser bezeichnen: (…) vielmehr zeigen die Zeichen ihre Bedeutung nicht lediglich, sondern sind selbst von dieser durchdrungen, sind in gewisser Weise das selbst was sie bedeuten" (Merleau-Ponty 1966: 193), und: „Schweigen kann nur, wer reden kann" (ebd.). Überlebende der Shoah hört man sagen: „Erst als ich dann nicht mehr geschwiegen, sondern nach und nach von meinen Erlebnissen berichtet habe, wurde es besser" (Beyer, Doerry 2015: 115).[13] Oder gar: „50 Jahre, bis ich über Auschwitz und den Holocaust reden konnte. Es ging rein körperlich nicht. Es war, als hätte ich eine Sperre im Hals (…) Inzwischen ist das anders. Heute erzähle ich einmal die Woche (…) von Auschwitz. Ich wünschte, ich hätte früher damit begonnen" (Beyer, Doerry 2015: 159–160).[14] Sie spricht auch davon, dass sie bis heute Angst davor habe, dass sich der Holocaust wiederholen könne, denn „Menschen waren dazu in der Lage, und das heißt, dass sie erneut dazu in der Lage sein könnten".[15] Vom Schweigen und seine Beredtheit im Falle der transgenerationalen Traumatisierung zeugt die Geschichte eines Sohnes eines Überlebenden der Shoah, der einen Tick entwickelt, bei dem er seinen Kopf abrupt nach hinten wirft, was äußert schmerzhaft ist. Medizinische und psychologische Tests bleiben ohne Befund, wobei der Psychologe in Kenntnis seiner Familiengeschichte dazu rät, mit seinem Vater zu sprechen, was der Mann auch tut. Der Vater reagiert mit Weinen auf die Schilderung seines Sohnes und sagt: „Ich dachte, ich könnte dich davor beschützen, ich dachte, ich müsste es dir nicht erzählen. Aber ich sehe, dass ich es tun muss. (…) Ich war schon einmal verheiratet (…) und hatte sechs Kinder (…) und als [sie] nach links – zu den Gaskammern – gezerrt wurden, drehte ich mich um und sah, wie sie (…) in den Tod geschickt wurden", worauf der Mann seinen Tick mithilfe eines Therapeuten schließlich überwand (vgl. Perlcovitz 2011: 47). Dies ist ein gutes Beispiel dafür, dass der Körper nicht nur nicht vergisst, sondern auch dafür, wie transgenerationale Übertragung aussehen kann.

---

[13] Zitat aus den Erzählungen der Shoah-Überlebenden Esther Bejarano in „Mich hat Auschwitz nie verlassen", die von jahrelang anhaltenden Alpträumen geplagt wurde. Das Gespräch wurde von Martin Doerry aufgezeichnet.

[14] Zitat aus den Erzählungen von Bronia Brandman in „Mich hat Auschwitz nie verlassen", aufgezeichnet von Markus Feldenkirchen.

[15] Siehe Fußnote Nr. 11.

Ilan Ramon, einer der Piloten der Operation Opera, des israelischen Luftangriffs am 7. Juni 1981 auf den irakischen Kernreaktor Tammuz-1 in Osirak, Irak, äußert sich 40 Jahre nach seinem Einsatz zu seinen Beweggründen und seinem Selbstverständnis als Jude und Israeli in einer Rede mit den Worten: „My mother is an Auschwitz survivor who escaped with her shirt on her back, [and] a few days after I left [on the operation], I knew there was a chance that I would not make it back. I was living in Ramat Chen (…) at the time, and. (…) I thought, ‚What am I doing this for? (…) Then I remembered my origins and history, and of that of the Jewish people‘s, and I thought, ‚There‘s no way that I‘m going to let that happen again, no matter what happens to me.‘ That‘s what helped me go on that mission" (vgl. Ahronheim 2021). Ihm habe eine Gruppe von Überlebenden der Shoah klargemacht, dass „we are only a part of a bigger story. Even as Israelis, we are only a part of the Jewish people“ (vgl. ebd.). Untersuchungen mit Überlebenden der Shoah haben gezeigt, dass diejenigen unter ihnen, die in Israel leben, besser mit ihren traumatischen Erinnerungen zurechtkommen als die, die in Europa geblieben sind (vgl. Kellermann 2001).

3.5 Reflektion und Zuordnung

Ich selbst habe die israelische Gesellschaft in ihrer Komplexität als mir selbstverständlich dargebotene Wirklichkeit angenommen und während meines mehrjährigen Aufenthalts, der sich über den gesamten Zeitraum des ersten Libanonkrieges hinaus ausdehnte, die Brüche als elementare Bestandteile (nicht) gesehen. Ich habe gelernt meine Umgebung genau zu beobachten, mich an Sicherheitskontrollen gewöhnt, bestimmte Situationen gemieden und mich voll und ganz auf meine Freunde verlassen, deren Loyalität umfassend war. In unseren Freundschaften haben wir gehandelt wie Soldaten eines Zugs, die sich gemeinsam durch eine feindliche Welt schlagen mussten. Unser Zuhause war die Zeit, die wir miteinander verbracht haben. Erst in den Gesprächen mit X und Y ist mir aufgegangen, dass trotz des Schweigens während der Heimaturlaube über das, was unsere Freunde im Libanon erlebten, wir, die zuhause blieben oder in kriegsfernen Einheiten dienten, uns durch diese unbedingte Loyalität mit ihrer Realität solidarisch zeigten. Jedes Jahr am Jom Hasikaron stand ich unter den heulenden Sirenen mit gesenktem Kopf zwischen den Israelis und gedachte der Toten und Gefallenen. Im folgenden Kapitel untersuche ich die patho-psychologischen Mechanismen bei der Entstehung von Trauma und Traumafolgestörungen. Zudem stelle ich Überlegungen an, inwiefern Traumatisierte sozialarbeiterisch unterstützt werden können. Dabei beleuchte ich die Sicht der Leibphänomenologie nach Merleau-Ponty auf das Phänomen Trauma und inwiefern diese Sicht die Soziale Arbeit bereichern kann.

4 Trauma als leibgewordener Ausdruck von Schrecken und Gewalt

„stuck in combat and I am still there"

„What all the soldiers had in common was that, contrary to apparent logic, removal from the field of combat did not relieve the symptoms" (Marcia o. J.) und auch „viele, die im Lager waren, sind nie wieder richtig rausgekommen, auch wenn sie längst draußen waren" (Beyer, Doerry 2015: 17).[16] Was hier beschrieben wird, ist die Unmöglichkeit, emotional und gedanklich den Raum des Traumas, hier das Schlachtfeld oder das Konzentrationslager, zu verlassen, auch wenn der Körper längst nicht mehr dort ist. Es ist nicht etwa eine mehr oder weniger vage Erinnerung geblieben, die als Zeichen von Integration in das Gesamtsystem gelten mag. Es scheint sich nicht einmal um etwas Vergangenes zu handeln, wenn der Raum des Traumas vor den Augen des Traumatisierten erscheint und mit allen Sinnen wahrgenommen wird.

Aus medizinischer Sicht gehören Traumata bzw. Traumafolgestörungen zu den reaktiven Störungen und gelten als Belastungsstörungen bzw. Anpassungsstörungen gemäß ICD-10 F43.0 f[17] (vgl. Ermann 1999: 102f.). „Traumata sind demnach seelische Verletzungen, die schwer oder nicht bewältigt werden können. (…) Traumatisch wirken *katastrophale Erlebnisse*, die außerhalb der üblichen menschlichen Erfahrungen liegen und das Selbstverständnis

---

16 Aus den Erzählungen von Coco Schuhmann in „Mich hat Auschwitz nie verlassen", aufgezeichnet von Martin Doerry.

17 Gem. der ICD (International Statistical Classification of Diseases and Related Health Problems) der WHO zeigt die Ziffer F43.0 eine akute Belastungsreaktion an, also eine vorübergehende Störung, die sich bei einem psychisch nicht manifest gestörten Menschen als Reaktion auf eine außergewöhnliche physische oder psychische Belastung entwickelt und die im Allgemeinen innerhalb von Stunden oder Tagen abklingt. Die individuelle Vulnerabilität und die zur Verfügung stehenden Bewältigungsmechanismen (Coping-Strategien) spielen bei Auftreten und Schweregrad der akuten Belastungsreaktionen eine Rolle. Die Symptomatik zeigt typischerweise ein gemischtes und wechselndes Bild, beginnend mit einer Art von „Betäubung", mit einer gewissen Bewusstseinseinengung und eingeschränkten Aufmerksamkeit, einer Unfähigkeit, Reize zu verarbeiten und Desorientiertheit. Diesem Zustand kann ein weiteres Sich-Zurückziehen aus der Umweltsituation folgen (bis hin zu dissoziativem Stupor, siehe F44.2) oder aber ein Unruhezustand und Überaktivität (wie Fluchtreaktion oder Fugue). Vegetative Zeichen panischer Angst wie Tachykardie, Schwitzen und Erröten treten zumeist auf. Die Symptome erscheinen im Allgemeinen innerhalb von Minuten nach dem belastenden Ereignis und gehen innerhalb von zwei oder drei Tagen, oft innerhalb von Stunden zurück. Teilweise oder vollständige Amnesie (siehe F44.0) bezüglich dieser Episode kann vorkommen. Wenn die Symptome andauern, sollte eine Änderung der Diagnose in Erwägung gezogen werden.

erschüttern“ (ebd.: 110) und werden als „posttraumatische Belastungsstörung“ (ebd.: 110) bezeichnet. Die Ereignisse, die zu Traumata und deren Folgestörungen führen können, treten gewöhnlich völlig unerwartet auf, haben ein katastrophales Ausmaß und/oder zerstören das seelische Gleichgewicht aufgrund ihrer Intensität, wie Krieg, Naturkatastrophen, Unfälle mit Toten und Verletzten und nicht zuletzt Gewalttätigkeit wie Folter, KZ-Haft, Entführungen, Vergewaltigung, Missbrauch und Überfälle (vgl. ebd.: 112): „Derartige Erlebnisse führen zum Zusammenbruch der basalen seelischen Funktionen und bewirken einen Zustand extremer Angst und Hilflosigkeit, eine Art seelischer Ohnmacht. Dadurch werden das innere Gleichgewicht und das Sicherheitsgefühl auf äußerste bedroht (…) Betroffene treten gleichsam aus sich heraus, als beträfe die erschreckende Erfahrung gar nicht sie selbst, und stellen auf diese Weise eine Distanz zum erlebten durch Dissoziation her“ (ebd.: 112). Entsprechende Präkonditionen auf neurotischer Ebene und nachteilige Begleitumstände wie Isolierung wirken verstärkend, während Handlungsfreiheit Symptome vermindert (vgl. ebd.: 112): „Nach und nach wird das Erleben der passiven Überwältigung umgedeutet und umgestaltet in einer Weise, daß die Traumatisierten sich selbst eine aktive Rolle zuschreiben. (…) Wenn diese Verarbeitung nicht gelingt, bleiben das Trauma und die begleitenden Affekte im Allgemeinen dissoziiert, d. h. von den bewußten Erinnerungen abgespaltet“ (ebd.: 113). Im folgenden Kapitel untersuche ich die Entstehung von Traumafolgestörungen und ihre verschiedenen Formen. Dabei nutze ich neueste Erkenntnisse aus dem Forschungsfeld der Epigenetik, das die Weitergabe von Gefühlerbschaften erklären kann.

4.1 Trauma, Traumafolgestörungen und ihre epigenetische Manifestation

„Where are the knives?“

Wir unterscheiden zwischen primären und sekundären Traumafolgen, wobei erstere als reaktive Störungen von der vorliegenden Disposition des betroffenen Individuums unabhängig auftreten, dazu gehören die akute Traumareaktion, die posttraumatische Belastungsreaktion (= PTSD) und die posttraumatische Spätreaktion (vgl. ebd.: 111). Die akute Traumareaktion unterscheidet sich von der posttraumatischen Belastungsreaktion durch den Zeitpunkt des Eintritts – die erste erfolgt sogleich, die zweite „nach einer Latenz von wenigen Wochen und klingt nach einigen weiteren Wochen wieder ab. Je kürzer die Latenz und die Dauer sind, umso besser die Prognose. Manchmal dauert die Reaktion Jahre oder sie tritt auch erst nach Jahren auf“ (ebd.: 113):

„Sekundäre Traumafolgen sind chronische posttraumatische Störungen im Rahmen einer anhaltenden Traumaverarbeitung" (ebd.: 111). Darunter fallen die posttraumatische Persönlichkeit (ohne klinische Symptomatik) oder die posttraumatische Persönlichkeitsstörung mit zumeist Borderlinezügen und das chronische posttraumatische Syndrom, einem Symptomenkomplex aus der Borderlinestörung und andere neurotischen Störungen (vgl. ebd.: 111). In der Neurosenlehre galt einerseits das frühkindliche, unverarbeitete Trauma als Ausgangspunkt aller neurotischen Erkrankungen und andererseits ungelöste innere Konflikte im Zusammenhang mit der Triebabwehr (vgl. ebd.: 115f.). Abgesehen von der Ursache neurotisierender Belastungen werden diese völlig anders als schwere Traumata verarbeitet (vgl. ebd. 116). Wurden das Kriegszittern und andere Kampfreaktionen nach und während des ersten Weltkrieges noch als „tendenziöse" Reaktionen betrachtet, die darauf abzielten, Ausgleichszahlungen zu erzielen (= sog. Rentenneurose), so setzte sich erst später die Erkenntnis durch, dass es sich um ein „traumatisches" Geschehen handeln müsse (vgl. ebd.: 117). „Im Gegensatz zu den posttraumatischen Belastungsreaktionen bestehen bei chronischen posttraumatischen Störungen, als Folge der Traumaverarbeitung, eine dauerhafte Veränderung der Persönlichkeit" (ebd.: 115). Betroffene zeigen sich besonders verletzbar, fühlen sich angreifbar, sind daher grundsätzlich misstrauisch, erscheinen gefühllos (Affektabwehr), ziehen sich zurück, brechen Kontakt zu anderen ab und meiden jegliche Situationen, die an das Erlebte erinnern könnten (vgl. ebd.: 119). Menschen, die mit neurotischen Vorbelastungen auf ein traumatisches Ereignis treffen, sind deutlich stärker von dauerhaften Traumafolgen gefährdet als gesunde Menschen (vgl. ebd.: 115). Das gilt ebenso für Betroffene, deren Eltern- und/oder Großelterngeneration ebenfalls von Traumafolgestörungen betroffen sind (vgl. Kellermann 2001): „Die psychischen Folgen des nationalsozialistischen Terrors, insbesondere die Folgen der Haft in Konzentrationslagern [und] Extremtraumatisierungen sind als Krankheitsursache anerkannt" (Ermann 1999: 117). Wie wir gesehen haben, spielen gesellschaftliche Faktoren ebenfalls eine Rolle und können das Entstehen von Traumata und Traumafolgestörungen verstärken oder abschwächen (vgl. Marcia o. J.).

Zunächst reagieren Betroffene auf akute Traumaerfahrungen mit Wut, Furcht oder Erstarrung. Posttraumatisch sind Ängste, Depressionen, Intrusionen,[18] Konstriktionen (Affektleere) und Selbstvorwürfe kennzeichnend

---

[18] Gem. dem Lexikon der Psychologie sind Intrusionen „aufdringliche, lästige Gedanken, die vorwiegend um tabuisierte und angstauslösende Themen kreisen, wie Sexualität, Aggressivität, Verlustereignisse, Gefährdungen, Ansteckung vor Krankheiten. Wie sich bei Befragungen feststellen lässt, werden Frauen bzw. Männer durchschnittlich von sieben bzw. acht Intrusionen gleichzeitig verfolgt, die sich diesen Themengruppen zuordnen lassen. Intrusionen können in diesen Fällen ‚normale' Reminiszenzen

(vgl. Ermann 1999: 119). Flashbacks (besonders starke Intrusionen) können durch Geräusche, Gerüche und Berührungen ausgelöst werden. Für X ist es beispielsweise das Geräusch eines zufallenden Metallgatters oder einer Tür, das ihn zurückwirft.

Die Art und Weise der Verarbeitung traumatischer Erlebnisse entscheidet über die Folgen, wobei mehrere Faktoren neben der Intensität des Erlebten eine Rolle spielen, z. B. die Dauer des Traumas bzw. ob es sich um wiederholte Traumatisierung handelt oder um eine einmalige Situation (vgl. ebd.: 121). Kollektive Traumata seien weniger schwer zu überwinden als individuelle (vgl. ebd.: 121). Wenn Betroffene während des traumatischen Erlebnisses in der Lage waren, aktiv zu agieren, verbessert das die Voraussetzung bei der Überwindung von Traumata, ebenso wie eine stabile und reife Persönlichkeit (vgl. ebd.: 122): „Erwachsene (…) können sich nach dem Abklingen der posttraumatischen Belastungsreaktion wieder auf ihrem gewohnten Niveau stabilisieren. Es kommt zur *Restitution*“[19] (ebd.: 122), wobei körperliche Einschränkungen oder Heimatverlust infolge des Traumas die Wiederherstellung des psychischen Gleichgewichts erschwert (vgl. ebd.: 122). „Bei Auslösesituationen, die unbewußt an das Trauma erinnern, können (…) chronische posttraumatische klinische Symptome entstehen (…) häufig in Gestalt von (…) psychogenen Schmerzsyndromen [wobei die] traumatische Ätiologie (…) wegen der Verdrängung des Traumas oft lange unerkannt [bleibt]“ (ebd.: 123). In den klinischen Untersuchungen wird davon gesprochen, dass eine posttraumatische Belastungsreaktion „auch erst nach Jahren auf[treten kann]“ (ebd.: 113). Andere Untersuchungen vermuten, dass es sich dabei nicht um eine wirkliche Verzögerung handelt, sondern lediglich die Diagnose verzögert getroffen wird: „that the time lapse was not a true latency period, since there were usually unacknowledged and untreated residual symptoms – that is, only the identification, not the onset, was delayed“ (Solomon, Kotler et al. 1989; vgl. dazu auch Levi, Fruchter et al. 2018). Die Interviewpartner mit denen ich gesprochen habe, gehören zu der Gruppe der Traumatisierten, bei denen

von unvollständiger emotionaler Verarbeitung bei intensiven, aufwühlenden, unangenehmen Erinnerungen sein, die sich nur schwer kontrollieren lassen – eine vielen Menschen vertraute, wenngleich unangenehme Erfahrung. Anders verhält es sich bei Intrusionen als Folge von traumatischen Ereignissen, unter denen Überlebende von Katastrophen oder Folter zu leiden hatten (Traumata). Findet deren Verarbeitung nicht oder nur unvollständig statt, kehren emotionale Reaktionen immer wieder zurück (in Form von Flashbacks), manchmal zur Überraschung der Betroffenen viele Jahre später und in einem anderen Kontext als ursprünglich (Psychotraumatologie)“ (https://www.spektrum.de/lexikon/psychologie/intrusionen/7431).

19 Vollständige Gesundung bzw. Wiederherstellung eines körperlichen und/oder geistigen Gesundheitszustandes, Heilung (vgl. Lexikon der Psychologie).

das Trauma[20] nicht ein einzelnes Ereignis war, sondern wiederkehrend und anhaltend. Unterschiedliche Untersuchungen zum Einfluss von dauerhaft erhöhten Stresswerten zeigen einerseits eine fortschreitende Verschlechterung der Stress-Symptome, andererseits ist aber auch die Rede von einer graduellen Anpassung an die Situation durch Gewohnheitseffekte (vgl. Solomon, Mikulincer et al. 1987). Auch wenn meine Interviewpartner während der traumatischen Erlebnisse aktiv Handelnde waren, so berichten sie in ihren Erzählungen doch von Ereignissen, die von ihnen als völlig unbeherrschbar wahrgenommen wurden, wie etwa die Reaktion auf einen Angriff des Lagers während einer Wache, der in einer wüsten Schießerei endet, bei der erstaunlicherweise niemand getötet wurde. Solange sie geladene Waffen trugen, nachts neben sich liegen hatten, gab es so etwas wie Sicherheit, ein Gefühl von Beherrschbarkeit und Kontrolle. Nach eigenen, voneinander unabhängig getroffenen Aussagen empfanden sich beide besonders dann hilf- und machtlos, wenn ihnen der Heimaturlaub versagt wurde. Beide haben weder während noch nach ihrem aktiven Dienst jemals um Hilfe gebeten: Auch wenn sie davon sprechen, wie sehr die damaligen Ereignisse ihr Leben nachhaltig verändert hätten, haben sie erst jetzt eine Verbindung hergestellt zwischen diesen Erlebnissen und ihrer unbändigen Wut, dem Misstrauen anderen gegenüber, besonders in der Öffentlichkeit, den Depressionen und ihrem Kampf mit und um Nähe in partnerschaftlichen Beziehungen. Kurz nach unserem ersten Interview wird X mit starken Schmerzen in ein Krankenhaus mit Verdacht auf eine Gallenkolik oder akute Blindarmentzündung eingeliefert. Die Entzündungsparameter im Blut sind stark erhöht und die Mediziner entscheiden sich X zu operieren, finden aber weder Anzeichen auf eine Gallenkolik noch ist der Blinddarm entzündet, auch wenn dieser prophylaktisch entfernt wird. Nach ein paar Tagen wird X entlassen, ohne dass eine medizinische Erklärung für seine Schmerzen und Werte bei Aufnahme gefunden ist. Meines Erachtens muss zumindest in Erwägung gezogen werden, dass es sich bei diesem Symptomenkomplex um ein psychogenes Schmerzsyndrom handelt, das durch die Auseinandersetzung mit seinem Trauma ausgelöst wurde (vgl. Ermann 1999: 123).

Die von mir Interviewten haben weder vor noch nach Diagnosestellung der Traumafolgestörungen eine therapeutische Behandlung oder sozialarbeiterische Intervention in Anspruch genommen und sind damit nicht allein: Betroffene von PTSD haben demnach zwischen 6 Monaten und 5 Jahren nach

---

[20] Hier handelt es sich um die Besonderheit des traumatischen Ereignisses, dem CSR (combat stress reaction), das auf dem Boden wiederkehrender Kampfhandlungen entsteht: „The role of recurrent exposure to combat in the development of CSR has received little attention, but intuitivly it would seem to be an important factor" (Solomon, Mikulincer et al. 1987).

erlittenen Traumata erstmals um Hilfe gebeten (vgl. Solomon, Kotler 1989). Der Anteil derjenigen, bei denen es sich nicht um eine verzögert einsetzende PTSD handelte, liegt lediglich bei 10%. Während 40% der in der von Solomon et al. vorgenommenen Studie aus 1989, die sich mit Traumafolgestörungen der Soldaten aus dem 1. Libanonkrieg beschäftigt, Betroffene sind, die erst spät Hilfe gesucht haben (vgl. ebd.). Wie viele tatsächlich niemals Hilfe in Anspruch genommen haben, ist ungeklärt und meines Wissens nach gibt es bis heute keine Langzeitstudie über Veteranen des „quiet war", die sich mit dieser Fragestellung beschäftigt. Bei der Annahme bleibend, dass ein großer Teil von PTSD und anderen Traumafolgestörungen Betroffener keine Hilfe in Anspruch nimmt, können auch Folgen für das nähere und weitere soziale Umfeld nicht näher benannt oder beziffert werden. Allerdings können Erkenntnisse, die von denen gewonnen wurden, die sich Hilfe gesucht haben, als Grundlage genommen werden, um Mutmaßungen anzustellen. Im Falle betroffener israelischer Soldaten muss ein weiterer Aspekt berücksichtigt werden, nämlich – wie in Kapitel 3.4 bereits beleuchtet – die transgenerationale Weitergabe von Traumata, die hier aus epigenetischer Sicht nochmals betrachtet werden soll: „Die Epigenetik zeigt, wie Umweltbedingungen auf die Regulation von Genen einwirken und damit individuell und transgenerational imstande sind, Störung und Erkrankung wahrscheinlicher zu machen beziehungsweise weiterzugeben" (Schickedanz 2012: 71).[21] Traumatischer Stress, dem wir in Kindheit und Jugend ausgesetzt sind, macht uns nicht nur seelisch, sondern auch körperlich krank, wobei der Grad der Belastung von der Schwere, Dauer und Häufigkeit traumatischer Erlebnisse bestimmt wird – ihre Wirkung bleibt lebenslänglich bestehen (vgl. Felitti 1998). Wir erinnern uns, dass die hier betrachtete Gruppe der Veteranen des „quiet war" im Libanon Mitte der 80er Jahre vor der eigenen traumatischen Erfahrung als Soldaten bereits traumatisiert waren und spätestens jetzt wird deutlich, dass nicht ausschließlich die Erzählungen der Großeltern von der Shoah oder deren Schweigen darüber

21 Die Entdecker des menschlichen Genoms stellten fest, dass mittels der vier vorhandenen Buchstaben, also der Basen A, T, G und C, das Genom wie ein Buch gelesen werden kann. Während nur ein sehr kleiner Teil der menschlichen DNA tatsächlich Proteine herstellen kann, ist der überwiegende Teil damit beschäftigt, diese Proteinbildung zu kodieren, die ihrerseits an- und ausgeschaltet werden kann und von Umweltfaktoren reguliert und modifiziert wird. Diese Aufgabe übernehmen kleine RNA-Moleküle, ein Aufgabenbereich der Epi-(= auf, über)Genetik also. Die Lesbarkeit der Gene ist abhängig von der Erreichbarkeit, dazu müssen die Gene entpackt werden, was durch die Acetylisierung (= Austausch eines H+ Atoms) der Histonschwänze bzw. durch DNA-Methylisierung (= Anbindung an Methylgruppe) ermöglicht wird. Umweltfaktoren können auf diese Vorgänge Einfluss nehmen, die Lesbarkeit verändern und Dysfunktionen werden so vererbt (vgl. Schickedanz 2012: 72f.).

eine Wirkung auf die Nachfolgegenerationen hat, sondern auch das, was zur Rede oder dem Schweigen hinzugefügt ist (epi), nämlich der Ausdruck des Leiblichen. Auf die geschichtlichen Zusammenhänge bin ich bereits in Kapitel 3.1 eingegangen und stelle hier die Frage: Wie kann es aus epigenetischer Sicht zu transgenerationaler Traumatisierung kommen und wie wird diese letztlich auch über unseren Körper in unserem Leib verankert? Es scheint, dass „diese durch Umwelteinflüsse modifizierten regulatorischen Eigenschaften, (...) einen biochemischen Abdruck auf den Genen erzeugen, [sie stellen] das Bindeglied zwischen genetischer Prägung und Formung durch Umwelteinflüsse [dar]" (Schickedanz 2012: 73). „Die neuronale Plastizität ist Voraussetzung für die in Netzwerken hinterlegte menschliche psychische Struktur [und] (...) im Wesentlichen durch Bindungs- und Beziehungserfahrungen und Lerneffekte im Individuum prägend ausgebildet und kann auf gleichem Weg modifiziert werden" (ebd.). Die epigenetische Prägung ist in besonders vulnerablen Lebensphasen besonders nachhaltig, kann an nachfolgende Generationen weitergereicht werden, was wiederum bedeutet, dass sich nicht nur Spuren traumatischer Erfahrungen unserer Altvorderen in uns aufspüren lassen, sondern auch deren Resistenzen und Coping-Mechanismen in uns Spuren hinterlassen haben (vgl. ebd.). Deutlich wird das bei der Betrachtung diverser Studien, die Schickedanz in seiner Vorstellung von der Bedeutung der Epigenetik bei der der transgenerationalen Weitergabe von Traumen und der Folgen benennt (ebd.) und die den Einfluss von Stress und den Folgen dauerhafter erhöhter Cortisolwerte im Blut aufzeigen, die dazu führen, dass die Cortisolrezeptoren im Hippocampus des Gehirns vermindert werden und somit Langzeitfolgen wie eine geschwächte Immunabwehr, instabiler Blutzucker-Stoffwechsel, Depressionen und Gedächtnisstörungen auftreten (vgl. ebd.: 74). „Es stellt sich heraus, dass die Regulation des [Glucocorticoid-]Gens im Hippocampus über stressbedingte Methylierungen erfolgt" (ebd.) und die ausgeprägte Methylisierung dieses Genes für die Herabsetzung der Cortisolrezeptoren verantwortlich ist und somit für die Resilienzschwäche (vgl. ebd.). Gleichzeitig ist erwiesen, dass eine Umkehrung der Prozesse stattfinden kann, allerdings nur innerhalb eines bestimmten Zeitfensters. Geschieht das nicht, bleibt die Schädigung dauerhaft, wobei aus den Ausführungen von Schickedanz nicht klar hervorgeht, wie groß das Zeitfenster sein muss, das genutzt werden will (vgl. ebd.): „Den traditionellen Hypothesen psychischer Störung und deren Übertragung von einer Generation auf die andere – Vulnerabilität (Genetik) und Stress (Bindung, Erfahrung, Lernen) – gesellt sich eine dritte hinzu, die epigenetische. (...) Traumatische Erfahrungen hinterlassen (...) Narben, die wesentlich tiefer reichen (...): Sie können so tiefgreifend sein, dass sie auch direkt biologisch vererbt werden" (ebd.: 76).

4.2 Therapie und sozialarbeiterische Begleitung von traumatisierten Menschen

Es sind zunächst grundsätzliche therapeutische Voraussetzungen zu nennen, die eine erfolgreiche Therapie überhaupt erst ermöglichen. Dazu gehört der „Aufbau einer tragenden Beziehung, in der sich die Traumatisierten vor allem sicher, angenommen und gegen Retraumatisierungen geschützt fühlen können", die „Bearbeitung der traumatisierenden Erinnerungen und der damit verbundenen Gefühle" und der „Aufbau eines neuen Identitäts- und Daseinsgefühls, das nicht mehr um das Trauma organisiert ist" (Ermann 1999: 125). Entsprechende Leitlinien wurden dazu über die Jahre entwickelt, wobei vor allem die nicht-beurteilende Akzeptanz der Schilderungen der Traumatisierten eine bedeutende Rolle zukommt: „Eine weitere Leitlinie ist die Förderung von Autonomie und Selbstakzeptanz" (ebd.). Es stehen tiefenpsychologische und verhaltenstherapeutische Verfahren zu Verfügung, wobei insbesondere „lösungsorientierte Ansätze [wie] die Hypnotherapie eingesetzt [werden können]" (ebd.). Es wurden inzwischen spezielle Traumatherapien entwickelt, die unterschiedliche, bereits bekannte Techniken vereinen und anwenden und in deren Zentrum die Traumaexposition steht (vgl. ebd.). Moshe Farchi, Gründer und führender Wissenschaftler der Studiengruppe Stress, Trauma und Resilienz am Tel-Hai College in Tel Aviv, untersucht die Notwendigkeit einer möglichst zeitnahen Intervention nach Durchleben einer traumatischen Situation, bei der es darauf ankäme, die Traumatisierten möglichst schnell aus der Hilflosigkeit zu holen (vgl. Mandel 2017). Ein Grund für das schnelle Handeln liegt in der Arbeitsweise des menschlichen Gehirns bei der Abspeicherung von Erinnerungen, denn „wenn Einzelheiten fehlen und es dunkle Flecken gibt, ergänzt es die Erinnerungen mit Dingen und Geschehnissen, die nie stattgefunden haben" (Ori im Comic „Waltz with Bashir" zur Dynamik des menschlichen Gedächtnisses, Folman, Polonsky 2011: 21).[22] Diese Arbeitsweise ist auch bei der Zuordnung der eigenen Rolle innerhalb eines Geschehens nutzbar – je handlungsfähiger Betroffene sich wahrnehmen, je besser für die Verarbeitung und Integration von traumatischen Geschehnissen. Farchi spricht über diesen therapeutischen Ansatz als „resetting": „Thinking and making decisions are what the person needs to do in order to be freed of a ‚sense of helplessness' (...) the opposite of helplessness is effective action (...) The idea of ‚resetting' a person who underwent a traumatic event using Farchi's method can have both immediate and long-

[22] Als Textgrundlage dient hier, wie im anhängenden Literaturverzeichnis aufgeführt, die Ausgabe der Süddeutschen Zeitung Bibliothek: Folman, Ari und Polonsky, David: Waltz with Bashir. München 2011.

term postitive effects" (Mandel 2017). Zur Anwendung kommen in der Traumatherapie auch EMDR (Eye Movement Desensitation and Reprocessing), EFT (Emotional Freedom Technique),[23] Re-Enactment Phototherapy und Psychodrama, allesamt körperpsychotherapeutische Verfahren, also Verfahren, die die Funktionsweisen des Körpers einbinden bzw. auf energetische Art und Weise die Seele-Körper-Verbindung nutzen (vgl. ebd.; vgl. Lindfors 2009), letztlich so auf die Leibphänomenologie nach Merleau-Ponty Bezug nehmen. Farchi, der als Sozialarbeiter viele Jahre Erfahrungen in der Arbeit mit Traumatisierten gesammelt hat, kombiniert psychotherapeutische und sozialarbeiterische Herangehensweisen, wobei der Fokus auf den mentalen und kognitiven Ressourcen der Betroffenen liegt.

Die Notwendigkeit sozialarbeiterischer Begleitung traumatisierter Menschen ist auf das Auftreten begleitender sozialer Dimensionen zurückzuführen, die in Folge von traumatisierenden Geschehnissen und Traumafolgestörungen zu Tage treten (vgl. Soyer 2006: 229). Betroffene leiden unter mannigfachen Symptomen, wie Schlaflosigkeit, Antriebsschwäche, Depressionen, Teilnahmslosigkeit oder Übererregtheit (vgl. ebd.). Aufgrund dessen drohen Probleme mit Arbeitgebern, Ämtern, Krankenkassen, Vermietern und Energieversorgern, die wiederum die vorhandene Symptomatik verstärken und zum sozialen Absturz führen können (vgl. ebd.). Familie und das soziale Umfeld sind ebenfalls von den Traumafolgestörungen ihres Familienmitgliedes oder Freundes betroffen, das gilt in besonderen Maße für Kinder (vgl. ebd.: 330): „Trauma findet (…) nie in einem gesellschaftlich neutralen Raum statt" (ebd.), und: „Traumatisierungen [sind] Folgen von sozialen und gesellschaftspolitischen Umständen" (ebd.), und zwar unabhängig davon, ob es sich dabei z. B. um Kriege, Naturkatastrophen, Unfälle oder Missbrauch handelt (vgl. ebd.). Unter Traumatisierung versteht man nicht allein das auslösende traumatische Ereignis, sondern auch die darauffolgenden Ereignisse, insbesondere die Art und Weise, wie seitens der Gesellschaft auf die Traumatisierten reagiert wird und ob es zu Re-Traumatisierungen kommt. Eine weitere Traumatisierung, wie eine mangelnde oder ausbleibende gesellschaftlicher Anerkennung des Traumas, kann schwerer wiegen als das ursächliche Erlebnis und den Heilungsprozess verzögern oder gar verhindern (vgl. ebd.). Eine Therapie hat die Integration eines Traumas in das persönliche Körper-Geist-Seele-System zum Ziel: „Das Ziel einer sozialarbeiterischen Intervention sind äußere Veränderungen" (ebd.: 231), die „maßgeblich zur Stabilisierung und Gesundung einer Person beitragen"

[23] EFT habe ich als Therapeutin bei Patienten mit Angststörungen angewandt. Andere naturheilkundliche Verfahren wie die Aromatherapie und Akupunktur bleiben hier aufgrund fehlender empirischer Studien ungenannt.

(ebd.: 232), wobei diese Veränderungen zur gesellschaftlichen Teilhabe und dem Zugang zu den Ressourcen des Kollektivs führen sollen (ebd.: 231). Es gilt Kontakt zu Betroffenen zu suchen, eine stabile Beziehung herzustellen und rechtliche sowie psychosoziale Unterstützung und Beratung u. a. beim Umgang mit behördlichen und ähnlichen Stellen anzubieten und auf Verlangen durchzuführen (vgl. ebd.: 233f.).

4.3 Traumata aus Sicht der Phänomenologie nach Merleau-Ponty

„there are enough stains on my soul"

Zunächst ein Rückgriff: Bewegung gilt als Kennzeichen von Leben, darüber hinaus ist sie ihr Ausdruck, also bewegliche Sprache, mittels derer Kontakt aufgenommen wird mit der Umwelt, dem Gegenüber, dem Anderen. Dieser Wunsch nach Austausch ist elementar, da nur in der Kommunikation mit dem Anderen das Leben aufrechterhalten werden kann. Ob nun auf atomarer, zellulärer, individueller oder gar globaler Ebene, womöglich gar auf universeller Ebene. Krankheit oder Nicht-Gesundheit ist dabei vor allem eine Störung der Kommunikation. Wir sprechen also von Störungen auf der Beziehungsebene. An dieser Stelle erinnere ich zunächst an Paul Watzlawick, der bereits darauf hinwies, man könne „nicht nicht kommunizieren"[24] (Watzlawick et al. 2011 (1996)). Wenn nun durch Trauma unsere Bewegungsfreiheit, weil Kommunikationsfreiheit verformt ist, so verändert sich nicht allein die Wahrnehmung unser selbst, sondern auch die Kommunikation zu anderen, es verändert unsere Sicht auf die Welt und wie wir uns zu ihr stellen (vgl. Merleau-Ponty 1976, 1966). Wir sind also mittendrin im Thema: „Der eigene Leib ist in der Welt wie das Herz im Organismus" (ebd.: 239). Faust macht deutlich, dass die Leibtheorie Merleau-Pontys die Dualität der Betrachtungen auflöst, denn es gibt kein „hier und da", kein „entweder, oder", sondern wir haben es mit einer Gleichzeitigkeit des Geschehens zu tun, mit einem „sowohl als auch": „Wieweit der Leib in eine philosophische Reflexion eingehen kann, das zeigt speziell und zuerst Merleau-Ponty" (Faust 2020: 86), und weiter: „Der Leib ist kein beliebiger, sondern der notwendige Gesichtspunkt. Er ist bei jeder Wahrnehmung der Welt (stillschweigend) dabei. Er ist der Grund unseres Zur-Welt-seins überhaupt. Er ist zugleich Ermöglichung und Beschränkung unserer Sicht. Denn: Wir sind wesentlich

24 Axiom 1 der Kommunikationstheorie nach Watzlawick. „Man kann nicht nicht kommunizieren, denn jede Kommunikation (nicht nur mit Worten) ist Verhalten und genauso wie man sich nicht nicht verhalten kann, kann man nicht nicht kommunizieren."

leiblich Handelnde, eingelassen in eine Welt, die unsere Welt ist" (ebd.). Nur über den Leib ist uns Bewegung und Kommunikation möglich, dem *Sich-Zur-Welt-stellen*, wie es Merleau-Ponty nennt. In seiner Antwort auf die Frage, was Phänomenologie sei, unterstreicht er die Bedeutung der Bewegung: „*Phänomenologie ist vollziehbar und ist erkennbar als Manier oder Stil, sie existiert als Bewegung*"(Merleau-Ponty 1966: 4), und das heißt: Phänomenologie sei eben kein System, sondern ein Stil des Denkens, eine offene Bewegung, keine festgefahrene Forschungsrichtung (vgl. Faust 2020: 88). Die freie, offene Bewegung des Leibes trifft auf das latent vorhandene Soziale, dessen Existenz sowohl beschränkend und darin zugleich identitätsstiftend ist (vgl. ebd.: 88f.). Für Faust zeigt Merleau-Ponty ausdrücklich, „dass das Verhältnis von Leib und Geist, Innen und Außen unverständlich bleibt, wenn es nicht von vornherein nicht-dualistisch gestellt wird" (vgl. ebd.: 90). Merleau-Pontys Auffassung nach ist die Dualität selbst eingefasst in eine gemeinsame Existenz (vgl. ebd.: 90). Ein Ganz-sein, Heil-sein liegt in der Anerkennung der Bedeutung des Leibes als Ausgangspunkt jeglichen Bewusstseins eigener Existenz, der Beziehung zu Welt als Widerstand und Identifikationsvermittler in einem und in der gelungenen Kommunikation beider miteinander. Der Leib ist Sinnesorgan, Sprachorgan und Subjekt der Wahrnehmung, mit dem wir auf die Welt treffen, auf den Leib des Anderen, aber auch auf den Weltenleib, der ebenso sinnlich erfahren wird, wie wir uns selbst erfahren. Diese Erfahrung ist zwingend subjektiv, auch wenn wir Erfahrungen teilen, wie Krankheit, Trauma, Trauer und Tod. Der Leib wird erfahren als Vermögen gewisser Verhaltensweisen, und der Leib ist es auch, der den Leib eines Anderen wahrnimmt. Merleau-Ponty erläutert, der Leib des anderen „findet in ihm so etwas wie eine wunderbare Fortsetzung seiner eigenen Intentionen, eine vertraute Weise des Umgangs mit der Welt; und wie die Teile meines Leibes ein zusammenhängendes System bilden, bilden somit auch der fremde Leib und der meinige ein einziges Ganzes, zwei Seiten eines einzigen Phänomens, und die anonyme Existenz, deren Spur mein Leib in jedem Augenblicke ist, bewohnt nunmehr die beiden Leiber in eins" (Merleau-Ponty 1966: 405). Als wesentlich leiblich Handelnde ist Krankheit oder wie hier Trauma mehr als eine Dysfunktion der Psyche oder des Fleisches, sie bewohnt den Leib, der für Merleau-Ponty das Vehikel für die Welt und für die Anderen ist. Faust resümiert, dass Merleau-Ponty das Fleisch als Metapher für die Ausdrucksfähigkeit des Menschen gilt (vgl. Faust 2020: 90). Und das Bewusstsein? Das fasst Merleau-Ponty in „Die Struktur des Verhaltens" (1942) als „die strukturelle Verfaßtheit des in der Welt verwobenen, leiblich vermittelten Bewußtseins" (Bermes 2012: 49). Damit sind wir von Anfang an in einen physischen Raum gestellt, und diesen Raum präzisiert er drei Jahre später in der „Phänomenologie der Wahrnehmung" (1945) mittels der Stadt Paris, und zwar mit seinen Augen gesehen: „Als ich zum ersten Mal in Paris ankam, waren schon die ersten Straßen, die ich am Ausgang des Bahnhofs sah, nur Bekundungen eines zwar noch zweideutigen, aber schon unverwechselbaren Wesens" (Merleau-Ponty 1966: 327), und er weist darauf hin (wie auch Anaïs Nin), dass wir nie „wirklich einen Gegenstand wahr[nehmen] (…) so wie wir in einem vertrauten Gesicht nicht die Augen sehen, sondern seinen Blick und seinen Ausdruck" (ebd.: 327). Merleau-Ponty schreibt, dass noch vor dem Wahrnehmen im Sinne des Zu-Ordnens, sich zur Welt-machens „eine erste Wahrnehmung ohne jeglichen Hintergrund" (ebd.: 327) denkbar sein muss. Er versinnbildlicht dies mit der Beschreibung eines Meskalinrausches und den Aussagen von Schizophrenie-Kranken, also mit einer nicht physiologischen Form der Wahrnehmung, die verdeutlicht, wie sich sinnhafte Verbindungen auflösen und Verformungen zum Verlust des In-der-Welt-Stehens führen (ebd.: 327f.): „Die Störung betrifft nicht die Informationen, die der Wahrnehmung zu entnehmen sind, sondern bringt im Untergrunde der ‚Wahrnehmung' ein tieferes Bewußtseinsleben zutage" (ebd.: 328). Interessant ist in diesem Zusammenhang eine Arbeit zum Einsatz von psychoaktiven Stoffen im therapeutischen Rahmen: „Psychedelic-assisted psychotherapy, a practice which involves the use of hallucinogenic drugs as part of the therapy treatment, seems to help survivors of trauma and other mental health disorders, including depression, anxiety, post-traumatic stress disorder, alcohol and substance abuse, and suicidal ideation" (Vesia 2021), wobei psychoaktive Stoffe genutzt werden, um das *Ver-rückte* wieder gerade zu rücken, wenn man so will. Wenn es nun bei Traumatisierten zu einem „Zusammenbruch der basalen Funktionen kommt" und „das innere Gleichgewicht und das Sicherheitsgefühl aufs äußerste" (Ermann 1999: 112) bedroht ist, es zu Dissoziationen kommen kann, dann muss man von solcherart Störungen sprechen, wie sie Merleau-Ponty beispielhaft nennt: „Wenn aber dergestalt die Welt sich zersetzt und zerstückt, so weil der eigene Leib nicht mehr erkennender Leib ist, nicht mehr in einem einzigen Anhalt sämtliche Gegenstände umfaßt, und dieser Verfall des Leibes zum Körper-Organismus ist seinerseits auf ein Zusammensinken der Zeit zurückzubeziehen, die sich nicht mehr einer Zukunft entgegenträgt, sondern auf sich selbst zurückfällt" (Merleau-Ponty 1966: 329). Die Kombination von Symptomen Traumatisierter ist besser nicht zu erfassen: psychische Erstarrung, Einengung auf das traumatische Erleben, Flashbacks, Affektleere, klinische Symptome wie Phobien, Verfolgungsgefühle, Depressionen uvm., Verhaltensstörungen und Schuldgefühle (vgl. Ermann 1999: 113).

4.4 Reflektion und Zuordnung

Auffallend waren für mich nicht nur die plötzlich aufgetretenen starken Schmerzen, unter denen X in ein Krankenhaus eingeliefert wurde und für die keine medizinische Erklärung gefunden werden konnte, sondern auch das Verhalten von Y während eines unserer Gespräche: Er hat deutliche Zeichen von Übererregbarkeit gezeigt, nachdem er seine Erzählung über die Tötung eines Feindes im Zuge eines Angriffs beendet hatte und von seinem Stuhl aufsprang, nach seinen Messern zu suchen begann, dabei mehrfach zurück kam, wieder aufsprang und schließlich mit zwei Messern in der Hand zurückkehrte und diese zu schärfen begann. Mit X habe ich noch im Krankenhaus telefoniert und nachdem er erzählte, was vorgefallen war, bat er mich, seinen Angehörigen nicht zu erzählen, dass es keine Diagnose gab, wir sollten es bei der Annahme belassen, dass es sich um eine Blinddarmentzündung gehandelt hat. Manche ihrer Aussagen während der Interviews haben mich erschreckt und gleichzeitig war ich sehr berührt davon, dass sie ihre Erlebnisse mit mir geteilt haben. Insbesondere da keiner von beiden zuvor mit jemanden darüber in dieser Form gesprochen hatte. Viele der in den Fachbüchern und Artikel genannten Symptomen, sind bei beiden aufgetreten, und auch wenn keiner von ihnen jemals professionelle Hilfe aufgesucht hat, so gab und gibt es doch gelungene und gescheiterte Versuche der Selbstheilung, dazu gehört auch der Substanzabusus von X. Y hat sich dahingehend so geäußert: „X ist abgehauen, so weit weg wie er nur konnte, und lebt schon lange in Australien und ich bin auf meine Weise weggelaufen und religiös geworden." Aus therapeutischer Sicht bleiben hier viele Baustellen offen, doch aus sozialarbeiterischer Sicht ist die Integration der traumatischen Erlebnisse gelungen. Mit dem folgenden und abschließenden Kapitel stelle ich die Ergebnisse dieser Untersuchung in den Kontext der Sozialen Arbeit, wobei nicht nur die unterschiedlichen Handlungsfelder der Sozialen Arbeit von Bedeutung sind, sondern auch die professionelle Haltung beim sozialarbeiterischen Tun. Das letzte Wort soll jedoch die Leibphänomenologie bekommen, die uns erst ein umfassendes Verständnis von uns selbst in dieser Welt und unseren Möglichkeiten, zur Welt zu stehen, ermöglicht.

5 Abschließende Betrachtungen

In der Einleitung meines Beitrags habe ich eine Untersuchung in Aussicht gestellt, Trauma als leibphänomenologisches Phänomen begreifen zu wollen und zu entscheiden, ob und inwiefern die Soziale Arbeit Traumatisierte begleiten kann und soll: Die vorangegangenen Ausführungen zeigen, dass Trauma und Traumafolgestörungen nicht ausschließlich für Betroffene von Relevanz sind, sondern auch deren näheres Umfeld nachteilig beeinflussen. Bei entsprechender Häufung der Fälle und anhaltender Problematik, wie im hier geschilderten Fall, ist davon auszugehen, dass es zu gesamtgesellschaftlichen Auswirkungen kommt. Eine ausschließlich psychotherapeutische Herangehensweise kann daher nicht die einzige Antwort auf Traumafolgestörungen sein. Jegliche psychotherapeutische Intervention sollte von sozialarbeiterischem Handeln unterstützt werden (Kap. 5.1). Die Soziale Arbeit kennt Methoden, die zu einem verbesserten Selbstbild und einer Wiedererlangung von Handlungsfreiheit Betroffener führen. Darüber hinaus möchte ich mit meinem Bezug auf die Menschenrechte einerseits die Universalität (Kap. 5.2) des Spektrums menschlicher Erfahrungen betonen und andererseits die Bedeutung einer weltumspannenden und allgemein gültigen Ethik, auf die sich Soziale Arbeit beziehen kann und muss und zwar unabhängig oder auch im Einvernehmen nationaler Gesetzgebung. Soziale Arbeit als Menschenrechtsprofession zu verstehen, bedeutet, sich den politischen Auftrag der Sozialen Arbeit bewusst zu machen, sich verstärkt mit den aktuellen Problemen unserer Zeit auseinanderzusetzen, sich der Ökonomisierung und der neoliberalen Vorstellung von Verantwortung mit ihrem Zwang zur Selbstoptimierung und der Verweigerung von Solidarität entgegenzustellen und nicht zuletzt diejenigen zu unterstützen, die für den Erhalt der Erde als Lebensraum für uns alle kämpfen und den Opfern von Krieg, Vertreibung oder Klimaveränderungen beizustehen. Leibphänomenologische Betrachtungen zur Leibhaftigkeit unserer Existenz (Kap. 5.3) runden meine Untersuchungen ab.

5.1 Soziale Arbeit und Traumata

Ich will an dieser Stelle noch einmal verdeutlichen, welche Bedeutung der Sozialen Arbeit bei der Bewältigung von Traumafolgestörungen zukommt, auch wenn ich in den Kapiteln 3 und 4 bereits entsprechende sozialarbeiterische Aspekte vorgestellt habe: In der vorliegenden Arbeit sind verschiedene Aspekte aufgetaucht, die Traumafolgestörungen kennzeichnen und/oder flankieren. Diese Erscheinungsbilder in Folge von Traumata können und sollten, neben einer Therapie der psychopathologischen Anteile, von Maßnahmen der Sozialen Arbeit begleitet werden. Traumafolgestörungen sind eingebettet in die Faktizität der sozialpolitischen Geschehnisse und entfalten ihre Wirkung in einem Wechselspiel zwischen Individuen und Gesellschaft (Kap. 4.1). Störungen der Kommunikations- und Beziehungsfähigkeit, ein pathologisches Selbstbild und der eigenen Geschlechtlichkeit (Kap. 3.2 und 3.4) sind Phänomene und Folgen der hier geschilderten traumatischen Erlebnisse. Mit einer lebensweltorientierten Ansprache und den Mitteln der ästhetischen Bildung, aber auch mit der Sozialraumarbeit können die Beziehungen Betroffener zu sich selbst und ihrem sozialen Umfeld deutlich verbessert werden. Die Betonung der entlastenden Faktoren im Lebensfeld Betroffener führt durch eine Erweiterung des Resilienzspektrums zu einer Wiedergewinnung der eigenen Handlungsfreiheit (Kap. 3.4 und 4.3). Als Beispiel sei hier die Arbeit des Sozialarbeiters Moshe Farchi genannt, der als führender Wissenschaftler die Auswirkungen von Stress, Trauma und Resilienz untersucht und der als Sozialarbeiter viele Jahre Erfahrungen in der Arbeit mit Traumatisierten gesammelt hat. Er kombiniert psychotherapeutische und sozialarbeiterische Herangehensweisen, wobei der Fokus auf der Wiedergewinnung und Stärkung der mentalen und kognitiven Ressourcen der Betroffenen liegt (Kap. 4.2). Überdies ist Arbeit mit Gruppen und der Rückhalt aus der Bevölkerung wichtig. In Israel gibt es in vielen Gemeinden entsprechende Anlaufstellen. Besonders von Gewalt und Kriegshandlungen betroffene Regionen, wie grenznahe Ortschaften, haben Trauma- und Resilienzzentren, in denen die Menschen psychotherapeutische und sozialarbeiterische Hilfe finden können, wie die Universitätsstadt Sderot unweit der Grenze zu Gaza. In Deutschland finden sich neben kriegstraumatisierten Geflüchteten auch traumatisierte Gewalt- und Missbrauchsopfer, die professioneller sozialarbeiterischer Intervention bedürfen. Neben den Methoden, die der Sozialen Arbeit zur Verfügung stehen, ist die ethische Haltung, mit der Soziale Arbeit durchgeführt wird, von Bedeutung.

5.2 Ethik der Sozialen Arbeit – Soziale Arbeit als Menschenrechtsprofession

Nach dem Mandatsverständnis der Sozialen Arbeit von Staub-Bernasconi (2007: 36ff.) kann der Konflikt der Sozialen Arbeit zwischen Hilfestellung für die Adressaten der Sozialen Arbeit einerseits und der auferlegten Kontrollfunktion im Sinne von Gesellschaft und/oder Trägerschaft andererseits nur durch ein weiteres Mandat entschärft werden, nämlich dem Mandat der Profession. Erst das Tripelmandat ermöglicht eine Besinnung auf die Standards und berufsethischen Richtlinien und so den Bezug auf wissenschaftsbasierte Methoden, die Möglichkeit zwischen legalen und legitimen Handeln innerhalb der Sozialen Arbeit zu wählen und sich, nicht zuletzt, auf die Einhaltung der Menschenrechte als ethische Handlungsgrundlage zu beziehen.

Die Soziale Diagnostik hat von Beginn an eine wichtige Rolle für die Soziale Arbeit bei der Umsetzung passgenauer Hilfestellungen gespielt. Bis heute wird an der Verbesserung und Entwicklung der sozial-diagnostischen Methoden gearbeitet. Gleichzeitig wurde und wird die Soziale Diagnostik von Fachkreisen immer wieder kritisiert, in ihrer Wirksamkeit angezweifelt und als

Machtinstrumentarium abgelehnt. Besonders in den 1960er und 1970er Jahren wurde die Soziale Diagnostik in der Sozialarbeiterschaft in erster Linie mit der weitestgehend willigen Beteiligung von Fürsorgern und Wohlfahrtspflegern an der Verfolgung und Tötung von Menschen, die den damaligen sogenannten rassehygienischen Vorstellungen während der NS-Zeit nicht entsprachen, in Verbindung gebracht. Erst im Zuge der Professionalisierung und der Ausgestaltung der Disziplin der Sozialen Arbeit wurde die Soziale Diagnostik ab Mitte der 1980er Jahre weiterentwickelt und eingesetzt. Im Verständnis der Profession der Sozialen Arbeit muss davon ausgegangen werden, dass „Soziale Arbeit verlässliche, methodisch und empirisch fundierte Ausgangspunkte für ihre Interventionen braucht, und dass Soziale Diagnostik in der Lage ist, hierfür einen Beitrag zu liefern" (Buttner/Gahleitner/Hochuli Freund/Röh 2018: 18). Die Erhebung von Informationen zur Feststellung notwendiger und angebrachter Hilfestellungen durch Mittel der Sozialen Arbeit unterliegt zunächst bestimmter Gesetze, wie z. B. dem Datenschutzgesetz und den einschlägigen Sozialgesetzbüchern zu entnehmen ist. Zudem sind entsprechende wissenschaftsbasierte Methoden bei der Datenerhebung anzuwenden, um einem Missbrauch entgegenzuwirken. Schließlich ist die Haltung des „Verstehen-Wollens" statt des banalen „Wissen-Wollens", das berufsethische Grundlagen erkennen lässt (vgl. Nauerth 2016: 35). Die Profession der Sozialen Arbeit hat ein differenziertes Wertwissen entwickelt, an dem sich die Fachkräfte orientieren können, das berufliche Entscheidungen professionalisiert und nachvollziehbar macht: „Berufsethik der Sozialen Arbeit – Zu verstehen als Verdichtung der beruflichen Ethik auf einen die berufliche Praxis leitenden Regelkatalog hin. Die Berufsethik lässt erkennen, welchem ethischen Grundverständnis sie folgt, und sie bildet ein Verständnis dessen ab, was Soziale Arbeit ist" (DBSH 2014: 9).[25] Die Leitsätze der International Federation of Social Workers (IFSW) aus dem Jahr 2001 vertiefen den Aspekt der Menschenrechte und unterscheiden zwischen den allgemeinen Bereichen der Sozialen Arbeit, wie Armut, von denen große Gruppen von Menschen betroffen sind, und den Bedürfnissen spezifizierter Gruppen, die sich durch besondere Verwundbarkeit auszeichnen, wie beispielsweise Frauen. Gesellschaftlich anerkannte Grundwerte und der Konsens, dass Soziale Arbeit ein integraler Teil einer modernen und freien, offenen und demokratischen Gesellschaft ist, sind das Fundament der Sozialen Arbeit. Grundsätzliche Handlungsleitlinien bei der Arbeit mit Menschen sind der Respekt vor dem Lebensentwurf der Adressaten, deren Recht auf Autonomie und einem Verständnis davon, dass trotz der asymmetrischen Konstellation zwischen dem, der Hilfe gewährt, und dem, der danach fragt, die Integrität und Gleichberechtigung der Adressaten der Sozialen Arbeit in der

[25] DBSH steht für Deutscher Berufsverband für Soziale Arbeit e.V.

Entscheidungsfindung mitgedacht wird. Die Fachkräfte der Sozialen Arbeit haben ihr eigenes Verhalten und ihre Motivation nicht nur aus Sicht des Gegenübers, sondern auch im Sinne eigener Psychohygiene fachlich und menschlich zu reflektieren. Gute Soziale Arbeit zeichnet sich auch dadurch aus, dass sich die Fachkraft in der Sprache und Absicht klar und offen zeigt, den Konflikt, wo er angezeigt ist, nicht scheut und in der Qualität der Arbeit fachlichen Ansprüchen folgt (vgl. von Spiegel 2013: 47). In allen Handlungsfeldern der Sozialen Arbeit kann es zu Begegnungen mit Traumatisierten kommen und es ist sogar davon auszugehen, dass sich unter unseren Klientinnen regelhaft solcherart Betroffene wiederfinden. In der Sozialen Arbeit kommt es regelhaft zu berufsethischen Dilemmata, die auf widersprüchliche Anforderungen an professionelles Handeln zurückgehen. Diese Widersprüchlichkeit ist elementares Merkmal der Sozialen Arbeit. Aufgrund der unterschiedlichen Rollen – einerseits Helferinnen mit dem Auftrag, die Interessen ihrer Klientinnen zu vertreten, andererseits Überwachende, die die Einhaltung gesetzlicher und gesellschaftlicher Normen unter der Voraussetzung begrenzter Ressourcen durchzusetzen haben – befinden sich die Sozialarbeiterinnen stets im Loyalitätskonflikt (vgl. DBSH 2014: 30). Ein Beispiel für berufsethische Dilemmata ist die Arbeit mit Geflüchteten, die weit vor einer offiziellen Anerkennung als Asylsuchende beginnt. Die Bedürfnisse dieser Klientinnen sind nach ihrer Ankunft zunächst basaler Natur, doch durch die meist langen Wartezeiten auf Bescheide von den Behörden, die Enge und fehlende Intimsphäre in den Flüchtlingsunterkünfte, geraten die Geflüchteten weiter unter Druck. Viele der Geflüchteten sind traumatisiert und haben Kriegs- und Gewalterfahrungen vor und während ihrer Flucht gemacht, insbesondere Frauen und Kinder sind davon betroffen, da in Kriegen weltweit zunehmend die zivile Bevölkerung angegriffen wird. Da zudem viele der Geflüchteten aus patriarchalischen Kulturkreisen stammen, ist die Situation für allein reisende Frauen mit und ohne Kinder besonders prekär. Sozialarbeiterinnen sehen sich auf unterschiedlichen Leveln im Loyalitätskonflikt. Sie stehen bei ihrer Arbeit mit Geflüchteten unter mehrfachem Druck: Zunächst nimmt die Ablehnung innerhalb der deutschen Bevölkerung den Geflüchteten gegenüber zu und auch diejenigen, die mit Geflüchteten arbeiten, werden von Teilen der Gesellschaft angefeindet und bedroht. Viele der Geflüchteten sprechen weder Deutsch noch Englisch, so dass die Kommunikation nur mit Einbindung von Dolmetschern möglich ist, was die Arbeit zusätzlich erschwert, da die Methoden der Sozialen Arbeit, mit denen Einschätzungen von der individuellen Lebenssituation und Ressourcenquellen vorgenommen werden können, die „barrierefreie" Kommunikation zwischen Klientin und Sozialarbeiterin zur Voraussetzung hat. So bleiben die Vorstellungen von den Interessen der Klientinnen oft schemenhaft und der ohnehin beschränkte Autonomiestatus von Geflüchteten kann sich verfestigen. Neben den grundständigen Konflikten der Sozialen Arbeit zwischen den Interessen der Adressaten und den Forderungen der Auftraggeber nach effektivem, finanzschonendem Einsatz von Mitteln, kommt es hier zu einem Konflikt zwischen den Anforderungen seitens der Profession der Sozialen Arbeit und den gesetzten Gegebenheiten andererseits. Ein weiteres Problem ist: Neben der regelhaften Asymmetrie zwischen Hilfesuchenden und den Sozialarbeiterinnen,kommt die Asymmetrie der Machtverhältnisse hinzu, die in patriarchalischen Kulturkreisen gelebt wird. Das kann zu Konflikten bei der Vorstellung von Gerechtigkeit innerhalb der Gruppe der Geflüchteten und zwischen den Sozialarbeiterinnen und Geflüchteten führen. Insbesondere Sozialarbeiterinnen können auf Ablehnung seitens männlicher Geflüchteter stoßen, wenn sie Forderungen aufstellen und Regeln westlich geprägter Lebensweise durchsetzen wollen und müssen. Die erwachsenen, jungen, männlichen Geflüchteten, die meist ohne Familienmitglieder aus ihren Heimatländern geflüchtet sind, werden vermutlich deutlich sichtbarer sein als die Frauen, die sich eher zurückziehen. Ein Konflikt zwischen der eigenen, auch persönlichen Ethik und der von den Geflüchteten vertretende Ethik wird eine Rolle in der Beziehung zwischen Sozialarbeiterin und Klientin spielen. An dieser Stelle ist die reflexive, professionelle Haltung (vgl. von Spiegel 2013: 36) von Sozialarbeiterinnen besonders gefragt, nicht zuletzt auch im Sinne der eigenen Psychohygiene, die zu einer professionellen Distanz zu den Klientinnen auffordert. Gleichwohl liegt in dieser professionellen Haltung der zugewandten Distanz Anerkennung und Akzeptanz für die Lebenswelt der Adressaten. Gerade diese Distanz ermöglicht erst die professionelle Arbeit mit den Klientinnen. Pantucek spricht in diesem Zusammenhang „von der Fremdheit der Sozialarbeit gegenüber ihren Dialogpartnerinnen, ihren Klientinnen (…) Diese Fremdheit ist unheilbar, und nur so lange sie besteht, können wir von professioneller Sozialarbeit sprechen. Sie (die Distanz, d.V.) ermöglicht die Form des Dialogs, die notwendige Asymmetrie der helfenden Beziehung“ (ebd.).

Durch das Tripelmandat der Profession, namentlich der Aufforderung der Disziplin der Sozialen Arbeit an die Arbeit und nicht zuletzt Arbeitsethik des Sozialarbeiters, greift der Begriff „Dilemmata“ zu kurz und muss auf „Trilemmata“ ausgeweitet werden. Am Beispiel der Arbeit mit Geflüchteten wird deutlich, wie wichtig es für die Soziale Arbeit ist, sich politisch einzumischen und „menschengerechte und sozialverträgliche Strukturen“ (DBSH 2014: 27) einzufordern. Die obersten Prinzipien der Sozialen Arbeit (vgl. DBSH 2014: 27) sind wichtige Orientierung für Sozialarbeiterinnen. Mit der Besinnung auf die elementaren Ziele der Sozialen Arbeit lassen sich berufsethische Trilemmata mittels professioneller Reflexion bearbeiten, doch um dem „breit rezipierten Dienstleistungsparadigma“ (Staub-Bernasconi 2007: 20) unserer Zeit als Sozialarbeiterinnen professionell zu begegnen, benötigt es den Rückgriff auf die unveräußerlichen Menschenrechte. Die Inhalte der Menschenrechte stimmen mit den Prinzipien und Zielen der Sozialen Arbeit an vielen Stellen überein. Der „maßgebliche Zweck Sozialer Arbeit, ist (…) die Durchsetzung der menschenrechtlich formulierten Ansprüche eines bzw. einer Jeden auf ein menschenwürdiges Leben" (ebd.: 119). Die Aufgabe der Sozialen Arbeit bei der Gestaltung menschenfreundlicher und sozial gerechter Gesellschaftsstrukturen ist ein weiterer Bestandteil der Forderungen aus dem Menschenrechtskatalog gem. Artikel 22, mit dem Wortlaut: „Jeder Mensch hat als Mitglied der Gesellschaft das Recht auf soziale Sicherheit und Anspruch darauf durch innerstaatliche Maßnahmen und internationale Zusammenarbeit sowie unter Berücksichtigung der Organisation und der Mittel jedes Staates in den Genuss der wirtschaftlichen, sozialen und kulturellen Rechte zu gelangen, die für die eigene Würde und die freie Entwicklung der eigenen Persönlichkeit unentbehrlich sind." Mit dem Artikel 22 werden die Gesellschaften der Welt dazu aufgefordert, innerstaatliche Strukturen und Bedingungen zu schaffen mit dem Ziel einer gerechten Gesellschaft. Die Bundesrepublik Deutschland hat die Menschenrechte unterzeichnet und ist gemäß Grundgesetz ein Sozialstaat, der seine sozialpolitischen Absichten in juristischer Form in den Sozialgesetzbüchern niedergeschrieben hat. Die Profession der Sozialen Arbeit ist eine der Auftragnehmer, die sich mit der Umsetzung dieser Absichten befasst. Das Verständnis darüber, dass Soziale Arbeit als „Menschenrechtsprofession" gelten müsse, ist in Deutschland geschichtlich begründet. Die Soziale Arbeit hat sich unter dem Regime der Nationalsozialisten für eine menschenverachtende Ideologie hergegeben, die auf der Vorstellung eines „perfekten" Menschen in einer „perfekten" Gesellschaft beruhte. „Der schreckliche Traum vom perfekten Menschen", wie Manfred Kappeler im Titel seines gleichnamigen Buches schreibt, der verhieß, dass „die großen sozialen Probleme im Umgang mit individuellen Lebensschicksalen wie Krankheit, Armut, ‚Anomalität' oder auch ‚Schwererziehbarkeit' im Prinzip durch den Einsatz geeigneter wissenschaftlicher oder sozialtechnischer Instrumente lösbar seien" (Staub-Bernasconi 2007: 120), muss große Anziehungskraft gehabt haben. Nach dem 2. Weltkrieg und dem Ende der Herrschaft der „Barbarei" (ebd.: 121) und unter dem Eindruck der Berichte über die unzähligen Verletzungen der Menschenwürde wurde die Allgemeine Erklärung der Menschrechte von den Vereinten Nationen verabschiedet. Soziale Arbeit ist eine Profession praktischer Ethik, „sie ist eine moralische Profession" (Pantucek 2001). „Ethik Sozialer Arbeit – Zu verstehen als die Festlegung der ethischen Bezugspunkte, die einen normativen Handlungsanspruch in der Sozialen Arbeit absichern und zur Geltung bringen. Ausgangspunkt für diese beruflich ausgerichtete Ethik ist das fachliche Selbstverständnis, nach dem der Beruf agiert und an dem er sich als Profession ausrichtet“ (DBSH 2014: 9). „Das ist die Grundhaltung der streitbaren Toleranz, die Verpflichtung die Würde des Menschen zu achten und zu verteidigen und dabei auch für soziale Gerechtigkeit einzutreten“ (Heiner 2007: 171). Fachkräfte brauchen ein belastungsfähiges berufsethisches Fundament, auf das sie in Krisen- und Konfliktsituationen zurückgreifen können (vgl. Preis 2006). Mit der zunehmenden Ökonomisierung der Sozialpolitik gelangen die ethischen Grundhaltungen der Sozialen Arbeit mehr und mehr unter Druck, nicht nur in der täglichen Arbeit, sondern schon in der Ausbildung des Nachwuchses. Die Hochschulen sind aufgerufen, dafür Sorge zu tragen, dass ethische Grundsätze der Sozialen Arbeit während der gesamten Ausbildung zum Schwerpunktthema gemacht werden, auch wenn anzunehmen ist, dass erst die Berufserfahrung die Sozialarbeiterin ausformt (vgl. Spiegel 2013: 65f.): „Förderlich ist hierfür die Einbettung in einen ständigen praktischen Diskurs, in dem der Habitus bestätigt, weiterentwickelt und verändert wird“ (ebd. 2013: 65). Im Sinne der Selbstreflektion und anhaltender Infragestellung normativer Vorgaben liegt sowohl die Aufgabe als auch Kraft der beruflichen Ethik. „Ethik ist keine Gesinnungsethik, die auf die Einhaltung unveränderlicher Prinzipien pocht, nach denen man immer und in jedem Fall handeln muss“ (Heiner 2007: 173). Es kann und darf in der ethischen Haltung in der Sozialen Arbeit also nicht um Gesinnung gehen, vielmehr geht es um Verantwortung gegenüber den Werten, auf die sich die Soziale Arbeit beruft und die in den Menschenrechten dargelegt werden (vgl. Heiner 2007: 173). Sozialarbeiterinnen müssen Verantwortung für ihr Handeln übernehmen, die Hintergründe ihres eigenen Verhaltens reflektieren und ihre Handlungsziele überprüfen. Ihre Handlungen sollten dazu führen, dass sich Möglichkeitsräume erschließen lassen, und nicht zuletzt sollten sie bereit sein, jederzeit eigene Denkmuster zu verwerfen und neue Wege zu gehen, um zu Lösungen zu kommen (vgl. Buchwald 2019).

5.3 Die Leibhaftigkeit unserer Existenz

Abschließend und wiederholt Merleau-Ponty: „Die Welt, die *ich habe*, ist ein unvollendetes Individuum, und ich habe sie durch meinen Leib hindurch, der das Vermögen dieser Welt ist; ich verfüge über die Stellung der Gegenstände durch die meines Leibes und umgekehrt über dessen Stellung durch die der Gegenstände, nicht aber in der Art einer logischen Implikation, insofern nämlich mein Leib Bewegung auf die Welt zu ist und die Welt der Stützpunkt meines Leibes“ (Merleau-Ponty 1966: 401).

Der Leib ist also Ort und Ausdruck von Selbsterfahrung und -wahrnehmung und dabei Vehikel zur Welt, zu der ich mich verhalte und auf die ich mich beziehe: „Der eigene Leib ist in der Welt wie das Herz im Organismus: er ist es, der alles sichtbare Schauspiel unaufhörlich am Leben erhält und beseelt, mit ihm ein einziges System bildend“ (ebd.: 239). Ähnliche Vorstellungen unseres Daseins finden sich in kabbalistischen und okkulten Glaubenssätzen, dem „Eins in Allem und Alles in Einem“, aber auch im mosaischen, jüdischen Glauben, in deren Thoraschulen jedes Wort und jede Formulierung der Schriften in seine Bestandteile entschlüsselt wird, finden sich Bezüge: „Das hebräische Wort *ozen* („Ohr“) und das hebräische Wort *moznajim* („Waage“) sind (…) etymologisch verwandt (…) es liegt etwas sehr Ausgleichendes darin, wenn man jemanden zuhört. Jemanden zuzuhören hat was Tröstendes. Das Innenohr ist tatsächlich der Ursprung des Gleichgewichts“ (Percovitz 2011: 45f.). Wenn sich Therapeutinnen und Sozialarbeiterinnen zunächst als respektvolle Zuhörerinnen verstehen, ist das eine gute Grundhaltung. Eine andere jüdische Entsprechung der leibphänomenologischen Sicht auf unsere leiblich gebundene Existenz lässt sich an der Bedeutung des Wortes *pessach* ablesen, denn es enthält die Wortteile *peh* („Mund“) und *sach* („Rede“). „Das Leiden der Sklaverei, das die Juden vor langer Zeit erleiden mussten, hat ihnen die Macht der Sprache genommen. Unsere Antwort auf die Sprachlosigkeit besteht darin, dass wir in der Sedernacht alle um den Tisch herumsitzen, und unseren Schmerz (…) zur Sprache bringen. (…) Pessach hat uns dazu gebracht, unseren Mund zu öffnen und zu sprechen. Das war die jüdische Antwort auf Verfolgung, sich zu verbinden, sich einander zuzuwenden und sich mitzuteilen, mit oder ohne Worte“ (ebd.: 48). Hier weist uns Merleau-Ponty auf das Verhältnis von Sprache und Denken hin, denn „Die Sprache setzt nicht das Denken voraus, sondern vollbringt es[, denn] alles Denken [sucht] im Ausdruck gleichsam seine Vollendung“ (Merleau-Ponty 1976: 210), und solange ich für Gegenstände keinen Namen habe, bleiben sie mir fremd (vgl. ebd.). Diese Anschauung korreliert mit der hier bereits benannten Forderung zur Benennung der Bestie, der Dämonen, um zur Heilung zu gelangen.

Angesichts einer Barbarei, die sich der Absicht verschrieben hat, ein ganzes Volk zu vernichten, die Handlungsmacht über den eigenen Leib nicht zu verlieren, ist einer Überlebenden der Shoah gelungen, als sie sich – noch ein Kind – in Auschwitz tätowieren ließ und dafür anstehen musste. Sie wollte eine schöne Tätowierung, da sie sich sagte: „Ich werde ein langes glückliches Leben haben, ich werde hier rauskommen (…) also will ich eine schöne Tätowierung“ (ebd.: 49). Ihre Wahl fiel auf die längste Schlange, sie meinte, die Schlange müsse deswegen so lang sein, weil dort der versierteste Tätowierer sitzen müsse, und tatsächlich, so heißt es, „habe sie die schönste Tätowierung, die eine Überlebende haben kann“ (vgl. ebd.)

In der Aufforderung Merleau-Pontys, ein neues Verhältnis zu unserem Leib wie zur Welt zu finden, um uns selbst wiederzufinden, liegt nicht zuletzt die Möglichkeit der Überwindung von Traumata und ihren Folgestörungen – für die Betroffenen selbst und deren soziales Umfeld (vgl. Merleau-Ponty 1966: 243).

Literatur

Adorno, Theodor W. (1993): Einleitung in die Soziologie (1968). Frankfurt am Main: Suhrkamp (Nachgelassene Schriften: Vorlesungen, Bd. 15).

Adorno, Theodor W.; Gödde, Christoph (Hg.) (2003): Einleitung in die Soziologie. (1968). Theodor-W.-Adorno-Archiv. 1. Aufl., [Nachdr.]. Frankfurt am Main: Suhrkamp (Nachgelassene Schriften: Vorlesungen, Bd. 15).

Bar-On, Dan; Schmidt-Lellek, Christoph J. (Hg.) (1996): Die Last des Schweigens. Gespräche mit Kindern von Nazi-Tätern. Reinbek bei Hamburg: Rowohlt (rororo rororo-Sachbuch, 9941).

Bermes, Christian (2012): Maurice Merleau-Ponty zur Einführung. 3., aktual. Aufl. Hamburg: Junius.

Beyer, Susanne; Doerry, Martin (Hg.) (2015): „Mich hat Auschwitz nie verlassen". Überlebende des Konzentrationslagers berichten. Unter Mitarbeit von Nicola Abé, Markus Feldenkirchen, Johann Grolle, Julia Amalia Heyer, Wolfgang Höbel, Karoline Kuhla et al. Deutsche Verlags-Anstalt. 1. Auflage. München: Deutsche Verlags-Anstalt.

Buttner, Peter; Hochuli-Freund, Ursula; Gahleitner, Silke Birgitta; Röh, Dieter (Hg.) (2018): Perspektiven und Konzepte für die Soziale Arbeit. Berlin: Verlag des Deutschen Vereins für öffentliche und private Fürsorge e. V (Hand- und Arbeitsbücher / Deutscher Verein für öffentliche und private Fürsorge e. V., H 24).

Chamisso, Adelbert von; Walach, Dagmar (2003): Peter Schlemihls wundersame Geschichte. Durchges. Ausg. Stuttgart: Reclam (Reclams Universal-Bibliothek, Nr. 93).

Dahmer, Helmut (2001): Soziologie nach einem barbarischen Jahrhundert. Wien: WUV-Univ.-Verl.

Ermann, Michael; Rey, Eibe-Rudolf; Wirsching, Michael; Scheib, Peter (1999): Psychotherapeutische und psychosomatische Medizin. Ein Manual auf psychodynamischer Grundlage. 3., überarbeitete und erweiterte Auflage. Stuttgart: Verlag W. Kohlhammer.

Faust, Wolfgang (2012): Abenteuer der Phänomenologie. Philosophie und Politik bei Maurice Merleau-Ponty. 2., überarb. und erw. Aufl. Würzburg: Königshausen & Neumann.

Felitti, Vincent J.; Anda, R. F.; Nordenberg D.; Williamson D. F.; Spitz A. M.; Edward V. et al. (1998): The relationship of adult health status to childhood abuse and household dysfunction. In: *American Journal of Preventive Medicine* (14), S. 245–258.

Folman, Ari; Polonsky, David (2009): Waltz with Bashir. Eine Kriegsgeschichte aus dem Libanon. 1. Aufl. Zürich: Atrium-Verl.

Folman, Ari; Polonsky, David (2009): Waltz with Bashir. Eine Kriegsgeschichte aus dem Libanon. In der Süddeutschen Zeitung Bibliothek, München 2011.

Freud, Sigmund (1989) (1939 (1934–38)): Der Mann Moses und die monotheistische Religion, in: Studienausgabe, Bd. IX: Fragen der Gesellschaft / Ursprünge der Religion. Frankfurt am Main: Fischer.

Gur, Batya (1999): Du sollst nicht begehren. München: Goldmann (Goldm. Allg. Reihe, 44278).

Heiner, Maja (2007): Professionalität als wissenschaftlich und ethisch fundiertes Handeln. S.169–185, in: Heiner, Maja: Soziale Arbeit als Beruf. München.

Kappeler, Manfred (2000): Der schreckliche Traum vom vollkommenen Menschen. Rassenhygiene und Eugenik in der Sozialen Arbeit. Marburg: Schüren.

Kellermann, N. P. (2001): Transmission of Holocaust trauma--an integrative view. In: Psychiatry 64 (3), S. 256–267.

Lindfors, Bodil (2009) Written in the body. I. Working through traumatic memories by means of re-enactment phototherapy, European Journal of Psychotherapy & Counselling, 11:4.

Maercker, Andreas (Hg.) (2006): Psychotherapie der posttraumatischen Belastungsstörungen. Krankheitsmodelle und Therapiepraxis – störungsspezifisch und schulenübergreifend; 11 Tabellen. 1. Auflage. Stuttgart [u. a.]: Thieme (Lindauer Psychotherapie-Module).

Merleau-Ponty, Maurice (1976 (1942)): Die Struktur des Verhaltens: De Gruyter, Berlin.

Merleau-Ponty, Maurice (1966 (1945)): Phänomenologie der Wahrnehmung. Übersetzt von Rudolf Boehm. 1966. (Photomechanischer Nachdr. 1974). [Erscheinungsort nicht ermittelbar]: De Gruyter (Perspektiven der Humanwissenschaften).

Nauerth, Matthias (2016): Verstehen in der Sozialen Arbeit. Handlungstheoretische Beiträge zur Logik sozialer Diagnostik, Springer Fachmedien, Wiesbaden.

Pelcovitz, David (2011): Trauma und seine Auswirkungen. Jüdische und psychologische Aspekte. In: Bloch, Benjamin – Direktor der ZWST (Hg.): Nach dem Überleben. Psychosoziale und medizinische Auswirkungen der Shoah auf die Generation der Child Survivors. Zentrale Wohlfahrtsstelle der Juden in Deutschland e.V. Frankfurt am Main, S. 41–49.

Preis, Wolfgang (2006): Ethik des personalen Selbsteinsatzes in der Sozialen Arbeit. In: Theorie und Praxis der Sozialen Arbeit, Heft 5, S. 60–68.

Sachar, Howard Morley (1985): A history of Israel. From the rise of Zionism to our time. 1. publ. New York: Knopf.

Scherwath, Corinna; Friedrich, Sibylle (2020): Soziale und pädagogische Arbeit bei Traumatisierung. 4., aktualisierte Auflage. München: Ernst Reinhardt Verlag.

Schickedanz, Harald (2012): Die Bedeutung der Epigenetik bei der transgenerationalen Weitergabe von (Kindheits-)Traumen und deren Folgen. In: Michaela Huber und Reinhard Plassmann (Hg.): Transgenerationale Traumatisierung. Tagungsband zur DGTD-Tagung im September 2011 in Bad Mergentheim. 1. Aufl. Paderborn: Junfermann (Reihe Fachbuch Trauma), S. 71–76.

Solomon, Z.; Mikulincer, M.; Jakob, B. R. (1987): Exposure to recurrent combat stress: combat stress reactions among Israeli soldiers in the Lebanon War. In: Psychological medicine 17 (2), S. 433–440.

Solomon, Z.; Kotler, M.; Shalev, A.; Lin, R. (1989): Delayed onset PTSD among Israeli veterans of the 1982 Lebanon War. In: Psychiatry 52 (4), S. 428–436.

Solomon, Z.; Waysman, M.; Levy, G.; Fried, B.; Mikulincer, M.; Benbenishty, R. et al. (1992): From front line to home front: a study of secondary traumatization. In: Family process 31 (3), S. 289–302.

Soyer, Jürgen (2006): Sozialarbeiterische Begleitung von traumatisierten Menschen. In: Andreas Maercker (Hg.): Psychotherapie der posttraumatischen Belastungsstörungen. Krankheitsmodelle und Therapiepraxis – störungsspezifisch und schulenübergreifend; 11 Tabellen. 1. Auflage. Stuttgart [u. a.]: Thieme (Lindauer Psychotherapie-Module), S. 228–240.

Staub-Bernasconi, Silvia, Soziale Arbeit (2007): Dienstleistung oder Menschenrechtsprofession S. 20–53, in: Lob-Hüdepohl, Andreas, Lesch, Walter (Hrsg.), Ethik Sozialer Arbeit. Ein Handbuch, Paderborn, München, etc..

Sznaider, Natan (2018): Gesellschaften in Israel. Eine Einführung in zehn Bildern. Sonderausgabe. Bonn: bpb, Bundeszentrale für politische Bildung (Schriftenreihe / Bundeszentrale für politische Bildung, Band 10274).

Online

Ahronheim, Anna (o. J.): IDF releases new footage of Ilan Ramon discussing Operation Opera. The former fighter pilot and astronaut discussed the connection between the strike, his mother who survived the Holocaust and his mission to space. In: Jerusalem Post. Online verfügbar unter https://www.jpost.com/israel-news/watch-idf-releases-new-footage-of-ilan-ramon - discussing-operation-opera-671730, zuletzt geprüft am 27.06.2021.

Allgemeine Erklärung der Menschenrechte, Amnesty International (2018), Online im Internet: https://www.amnesty.de/alle-30-artikel-der-allgemeinen-erklaerung-der-menschenrechte, zuletzt geprüft am 22.06.2021.

Bandl, Alexandra (2021): Farhud – Abschied für immer, Online im Internet für die Jüdische Allgemeine, verfügbar unter https://www.juedische-allgemeine.de/juedische-welt/abschied-fuer-immer/, zuletzt geprüft am 26.06.2021.

Berufsethik des DBSH (o. J.). Die berufliche Soziale Arbeit, Seite S. 24–34. In: Forum sozial (4/2014), online im Internet: https://www.dbsh.de/fileadmin/redaktionell/pdf/Sozialpolitik/DBSH-Berufsethik-2015-02-08.pdf [Stand: 03.08.2019] und https://www.dbsh.de/profession/berufsethik/berufsethik-des-dbsh.html, zuletzt geprüft am 22.06.2021.

Flug, Noah; Schäuble, Martin (2008): Vom Jom-Kippur-Krieg bis zum Libanon-Krieg. Online im Internet für die Bundezentrale für politische Bildung, verfügbar unter: https://www.bpb.de/internationales/asien/israel/45062/jom-kippur-bis-libanon-krieg, zuletzt geprüft am 25.06.2021.

Forslund, Amanda; Lindblom, Charlotta (2019): Israeli government accused of abandoning soldiers with PTSD. Up to one in 12 soldiers report symptoms, yet struggle for official recognition and access to help. Hg. v. The Guardian. Online verfügbar unter https://www.theguardian.com/world/2019/aug/21/israeli-government-accused-of-abandoning-soldiers-with-ptsd, zuletzt geprüft am 28.04.2021.

International Federation of Social Workers (IFSW) (o. J.): Global Social Work Statement of Ethical Principles (2018), Online im Internet: https://www.ifsw.org/global-social-work-statement-of-ethical-principles/ zuletzt geprüft am 22.06.2021.

Kurths, Anja (2008): Die Bedeutung der Shoah in der israelischen Gesellschaft. Online im Internet für die Bundeszentrale für politische Bildung, verfügbar unter: https://www.bpb.de/internationales/asien/israel/45115/bedeutung-der-shoah, zuletzt geprüft am 25.06.2021.

Levi, Ofir; Fruchter, Eyal; Weiser, Mark; Pine, Daniel S.; Kreiss, Yitzhak; Bar-Heim, Yair (2018): Treatment Seeking for Posttraumatic Stress in Israel Defense Forces Veterans Deployed in the 2006 Israel-Hezbollah War: A 7-Year Post-War Follow-Up. In: Isr J Psychiatry 2018 (- Vol. 55 – No 2), S. 4–8. Online verfügbar unter file:///C:/Users/Admin/Desktop/Schreibtisch/Studium/UAS/Semester%206/Modul%2024/Literatur/Treatment_Seeking_for_Posttraumatic _Stress_in_Isra.pdf, zuletzt geprüft am 06.06.2021.

Mandel, Jonah (2017): Israeli ‚mental first-aid' method lets laymen help attack victims. Researcher Moshe Farchi's model aims to diminish sense of helplessness; was used by local services following Manchester concert bombing. In: The Times of Israel. Online verfügbar unter https://www.timesofisrael.com/israeli-mental-first-aid-method-lets-laymen-help-attack-victims/, zuletzt geprüft am 06.06.2021.

Marcia, Forest Rain (o. J.): WHY DO ISRAEL'S IDF SOLDIERS SUFFER FROM PTSD LESS THAN THEIR AMERICAN COUNTERPARTS? PTSD IN ISRAEL'S DEFENSE FORCES IS AMONG THE LOWEST IN MILITARIES WORLDWIDE. Blog. Hg. v. The Israel Forever Foundation. Washington DC. Online verfügbar unter https://israelforever.org/interact/blog/why_israels_idf_soldier_suffer_from_ptsd_less_than_american_counterparts/index.htmlless_than_american_counterparts/#, zuletzt geprüft am 06.06.2021.

Nin, Anaïs (o. J.), online verfügbar unter https://beruhmte-zitate.de/zitate/968828-anais-nin-wir-sehen-die-dinge-nicht-wie-sie-sind-wir-sehen/, zuletzt geprüft am 31.05.2021.

o. A. (2021): Jom Hasikaron – Israel gedenkt seiner Gefallenen. In vergangenen zwölf Monaten starben 112 Israelis im Dienst an ihrem Land oder Spätfolgen von Kriegsverletzungen. Hg. v. Jüdische Allgemeine. online. Online verfügbar unter https://www.juedische-allgemeine.de/israel/israel-gedenkt-seiner-gefallenen-2/, zuletzt aktualisiert am 13.04.2021, zuletzt geprüft am 02.06.2021.

Pantucek, Peter (2001): Ethische Konflikte in der Sozialarbeit: Referat auf Danube-Conference der International Federation of Socialwork – Europe, Bratislava, 30. August 2001.

Spiegel, Hiltrud von (2013): Methodisches Handeln in der Sozialen Arbeit. Grundlagen und Arbeitshilfen für die Praxis: mit 4 Tabellen und 30 Arbeitshilfen. 5., vollständig überarbeitete Auflage. München, Basel: Ernst Reinhardt Verlag (UTB, 8277). Online verfügbar unter https://d-nb.info/1038706823/04.

Timm, Angelika (2008). Die Gründung des Staates Israels. Online im Internet für die Bundeszentrale für politische Bildung, verfügbar unter: https://www.bpb.de/internationales/asien/israel/44995/gruendung-des-staates-israel, zuletzt geprüft am 25.06.2021.

Vesia, Aley (2021): Magic mushrooms show therapeutic promise. Unter Mitarbeit von Robert T. Muller. Hg. v. The Trauma & Mental Health Report. York University Toronto. Toronto, Ontario, Canada. Online verfügbar unter https://trauma.blog.yorku.ca/2021/05/magic-mushrooms-show-therapeutic-promise/, zuletzt aktualisiert am 28.05.2021, zuletzt geprüft am 02.06.2021.

Watzlawick, Paul; Beavin, Janet H.; Jackson, Don D. 2011 (1996): Menschliche Kommunikation. Formen Störungen Paradoxien. Die 5 Axiome der Kommunikation sind online verfügbar unter: https://www.paulwatzlawick.de/axiome.html, zuletzt geprüft am 04.07.2021.

Wolffsohn, Michael (2008). Die Briten im Heiligen Land. Online im Internet für die Bundeszentrale für politische Bildung, verfügbar unter: https://www.bpb.de/internationales/asien/israel/44971/briten-im-heiligen-land, zuletzt geprüft am 25.06.2021.

Skripte

Buchwald, Bärbel: Soziale Arbeit als MenschenrechtsProfession, University of Applied Sciences, Frankfurt: Präsentation 2019.
Faust, Wolfgang (2020): Wenn die Alten erzählen, Modul 15, Manuskript Frankfurt am Main, FRA-UAS / FB 4Vorlesungsskript, 85–103.

Interdisziplinäre Erklärungsansätze zum Phänomen Teamarbeit

Isabell Sonneborn

„Gehe ich vor dir, dann weiß ich nicht,
ob ich dich auf den richtigen Weg bringe.
Gehst du vor mir, dann weiß ich nicht,
ob du mich auf den richtigen Weg bringst.
Gehe ich neben dir,
werden wir gemeinsam den richtigen Weg finden."
– Afrikanisches Sprichwort –

1 Arbeiten im Team: Ein Weg mit Hindernissen

Soziale Arbeit vollzieht sich in aller Regel auf der Grundlage einer gemeinsamen Zusammenarbeit. Sei es mit den Klient*innen[1] oder im Rahmen der interdisziplinären Arbeit in den Handlungsfeldern sowie aufgrund formaler Vorgaben, welche ein gemeinsames kooperatives Wirken in und zwischen Organisationen der beteiligten Fachkräfte erforderlich machen. Aber auch die Komplexität der Arbeitsbereiche und die damit einhergehenden Anforderungen, welche an die Fachkräfte in einer sozialen Einrichtung gestellt werden, sind für die Einzelne*n allein oftmals nicht zu bewältigen. So regeln unter anderem Gesetzestexte, wie beispielsweise die Erziehungsberatung in § 28 SGB VIII oder die des § 8a SGB VIII, dass eine Einschätzung des Gefährdungsrisikos eines Kindes oder Jugendlichen das Zusammenwirken mehrerer Fachkräfte bedarf. An dieser Stelle wird bereits ersichtlich, dass Fachkräfte auf eine Zusammenarbeit mit ihren Kolleg*innen angewiesen sind. Und hier kommt die sogenannte Teamarbeit zum Tragen. Gemeinsam als Team „reflektieren [wir] in Hilfeplanungs- oder Fallbesprechungen die gemeinsame oder individuelle Klientenarbeit, treffen gemeinsam Entscheidungen und klären in Teamsitzungen und Arbeitsbesprechungen organisationsbezogene Aufgaben" (Widulle 2012:173). Im Team sollen die Fähigkeiten eines jeden Teammitglieds anerkannt werden, sich gegenseitig ergänzen und genutzt werden.

[1] Diese Arbeit verwendet das Gendersternchen zur Kennzeichnung der geschlechtlichen Vielfalt. Zum Teil wird mit dem generischen Femininum gearbeitet, dieser schließt jedoch alle anderen Menschen mit ein.

Während meiner beruflichen Erfahrung musste ich immer wieder feststellen, dass in Arbeitsprozessen Probleme auftreten, im Besonderen in der zwischenmenschlichen Kommunikation, welche ein Team stets aufs Neue vor Herausforderungen stellen können. Missverständnisse entstehen oftmals wegen mangelnder Absprachen, unter anderem, weil davon ausgegangen wird, dass alle über die gleichen Informationen verfügen oder ein einheitliches Verständnis über organisatorische Abläufe herrscht. Auch wird Wissen nicht immer unbedingt uneingeschränkt miteinander geteilt und zurückgehalten. Die Bereitschaft zum Wissensaustausch kann aus unterschiedlichen Gründen begrenzt sein. Arbeitsabläufe werden oftmals durch dysfunktionale Kommunikation erschwert. Vorhandene Informationsasymmetrien wirken sich nicht nur auf den organisatorischen Prozess aus, sie beeinflussen ebenso das Verhalten und den Umgang miteinander. Von Bedeutung sind nicht nur Absprachen, sondern insbesondere der Austausch von vorhandenen Informationen sowie zwischenmenschliche Beziehungen innerhalb eines Teams. Durch Praxiserfahrungen in unterschiedlichen Teams erlebte ich, dass sich gewisse Kommunikationsmuster und -strukturen innerhalb eines Teams ähnelten und Parallelen zwischen kommunikationsbedingten Schwierigkeiten bestanden. Dieser Eindruck weckte zunehmend mein Interesse an zwischenmenschlichen Kommunikationsprozessen und deren Auswirkungen auf die Zusammenarbeit. Meiner Einschätzung nach ist dieser Bereich ein niemals endender Lernprozess. Es gibt immer wieder neue Aspekte und Perspektiven zu entdecken, die analysiert werden können. Mit den gesammelten Erfahrungen gelange ich zu neuen Erkenntnissen über weitere Einflussfaktoren, die sich auf die Kommunikation und Interaktion innerhalb eines Teams auswirken, und lerne aus ihnen.

Wie im vorangegangenen Abschnitt angedeutet wurde, gibt es verschiedene Faktoren, die sich auf die Soziale Arbeit und ihre Teamarbeit auswirken können. Es wäre vereinfacht, Teamarbeit in sozialen Trägern isoliert und unabhängig von ihren Rahmenbedingungen zu betrachten. Die Kommunikations- und Interaktionsmöglichkeiten werden stets auch im Kontext der Organisation Sozialer Arbeit mitgestaltet und somit eingeschränkt. So kann die Umsetzung spezifischer, idealisierter ‚Sandkastenmodelle' davon, wie Teamarbeit aufgebaut sein sollte, an den strukturellen Gegebenheiten scheitern. Es gilt also, Teamarbeit in der Sozialen Arbeit eingebettet im Wirkungsgeflecht der Rahmenbedingungen und Handlungsoptionen zu untersuchen, die die Zusammenarbeit limitieren. Demnach stellt sich zunächst die Frage, welche Theorien zu gesellschaftlichen Strukturen und Entwicklungen herangezogen werden können, um mögliche Einflussfaktoren auf die Soziale Arbeit und deren Organisationsstrukturen zu untersuchen, und welche Kommunikations- und Interaktionswege unterschiedlich strukturierte Organisationsformen in den verschiedenen Wissenschaftszweigen verfolgen.

Um mich dem Phänomen ‚Teamarbeit' anzunähern, möchte ich anhand von Erklärungsansätzen ausgewählter Disziplinen herausfinden, welche Bedeutung zwischenmenschlichen Beziehungen, Kommunikation und sozialer Interaktion in verschiedenen Wissenschaftsströmungen zugeschrieben wird. Aus interdisziplinärer Perspektive soll ein Einblick in die verschiedenen Aspekte erlangt werden, die die Teamarbeit in der Sozialen Arbeit und ihre Organisationsstrukturen tangieren. So fällt bei einem Blick in die Literatur auf, dass kommunikative und interaktive Aspekte zwischenmenschlicher Beziehungen in Unternehmen lange Zeit unberücksichtigt blieben. Laut Wahren erfolgten inhaltliche Auseinandersetzungen größtenteils „einseitig technisch orientiert (...) und (...) unter dem Gesichtspunkt des Herrschaftswissens, d. h. vorrangig [sei] (...), wie sich Kommunikation und Interaktion zur Durchsetzung betrieblicher Ziele bzw. des Willens der Führungskraft besser einsetzen lassen " (Wahren 1987: 3). So stehen hierarchische Systeme, welche mit Macht, Kontrolle sowie Sicherheit einhergehen, im Mittelpunkt. An dieser Stelle knüpft Max Webers Bürokratiemodell an. Seine Grundannahmen und Ausführungen bürokratischer Administrationen prägen bis heute den wissenschaftlichen Diskurs und die Praxis der Verwaltungen, im Besonderen den Sektor im öffentlichen Dienst (vgl. Nerdinger 2019: 53). Auch beginnt mit dem Einzug neoliberaler Konzepte in die Soziale Arbeit seit den 1990er Jahren ein Paradigmenwechsel. Es folgt ein Ökonomisierungs- und Wettbewerbsmodell für den Sozialsektor. Die Einführung von Leistungs- und Vergütungsvereinbarungen löst die kostenorientierte Vergütung im Sinne einer Vollfinanzierung als sozialwirtschaftliche Finanzierungsmethode in dieser Form ab (vgl. Wöhrle 2018: 10f.). ‚Neue Steuerungsmodelle' dienen dabei „als Rationalisierungs- und Qualitätsverbesserungsprozess in der Sozialen Arbeit" (Seithe 2010: 81). Die steigende Orientierung an Verwaltungsprozessen und Verwaltungsrechten sowie die umfangreichen Abstimmungen mit politischen und haushaltsrechtlichen Vorschriften, erscheinen für die Leistungserbringer in sozialen Einrichtungen als eine zunehmende Bürokratisierung Sozialer Arbeit (vgl. Schellberg 2017: 272).

Um sich den vorangegangenen Aspekten anzunähern, widmet sich dieser Beitrag zu Beginn solchen bürokratisch-hierarchischen Organisationsstrukturen und Prozessen. Aus soziologisch-ökonomischer Perspektive soll betrachtet werden, wie diese Organisationen aufgebaut sind, wie diese als soziale Ordnung gesamtgesellschaftlich wirken und wie deren soziale Beziehungen im Inneren dargestellt werden (Kapitel 2.1). Etwa Mitte des 20. Jahrhunderts kommt es zu einem Perspektivwechsel, und die Bedeutung von sozialen Beziehungen und Interaktionen handelnder Akteur*innen rücken vermehrt in den Fokus des wissenschaftlichen Diskurses. Deshalb soll im Anschluss aus einer rein ökonomischen Perspektive betrachtet werden, welche Bedeutung dem Faktor Vertrauen zugeschrieben wird und welche Vorteile sich aus partizipativen Verhaltensformen unter den handelnden Wirtschaftssubjekten ergeben. Daher werde ich nach dem Weberschen Bürokratiemodell den Blick auf die Theorienstränge der ‚Neuen Institutionenökonomik' (kurz: NIÖ) richten. Diese berücksichtig nämlich neben den formalen auch die informalen Regeln, welche zur Formung menschlicher Interaktion beitragen (Kapitel 2.2). Abschließend werde ich diese zwei äußerst heterogenen Zugänge miteinander in Verbindung bringen und einander gegenüberstellen (Kapitel 2.3).

Nachdem die bisherige Betrachtungsebene sich eher mit den strukturellen Gegebenheiten organisatorischer Prozesse auseinandergesetzt hat, gilt es nachfolgend, unter Berücksichtigung der Auswirkungen derselben den Fokus auf die inneren Abläufe zu legen. Hier richtet sich der Blick auf den hierfür essenziellen Baustein: die Kommunikation. Dieser Perspektivwechsel geht mit einem Wechsel zu den geisteswissenschaftlichen Ansätzen einher. Die Grundlage für Interaktionen ist die Kommunikation. Erst durch sie können soziale Beziehungen aufgebaut und Vertrauen generiert werden. Sie bildet das entscheidende Fundament für zwischenmenschliche Beziehungen und für die Teamarbeit. Theoretische Annahmen zur Sprache stellt Maurice Merleau-Pontys *Leib-Phänomenologie* zur Verfügung (Kapitel 3.1). Diese werden praxistauglich durch Paul Watzlawicks *Axiomatik* ergänzt (Kapitel 3.2).

Im vierten Kapitel soll sich der Teamarbeit weiter angenähert und verschiedene Aspekte aufgegriffen werden.

Die bis hierhin gewonnenen Erkenntnisse sollen im fünften Kapitel mit Organisationen Sozialer Arbeit in Verbindung gebracht werden. Es wird erläutert, welche besondere Bedeutung Reflexionskompetenzen und Vertrauen in der Zusammenarbeit zukommen (Kapitel 5.1). Es folgen grundlegende Hinweise und Erläuterungen für die Praxis (Kapitel 5.2) sowie eine zusammenfassende Darstellung (Kapitel 5.3). Schließlich endet dieser Weg mit einem Rückblick im sechsten Kapitel.

Der Fokus in diesem Beitrag richtet sich somit zuerst auf die konstituierenden Organisationsstrukturen und nachfolgend auf Kommunikation und Teamarbeit an sich. Es wird kein Anspruch auf umfassende Berücksichtigung aller relevanten Faktoren gelegt, sondern aufgrund persönlicher Erfahrungen und Interessen der Autorin gewichtet.

2 Einflüsse aus soziologischer und ökonomischer Perspektive im Vergleich: Max Webers Bürokratiemodell und die Neue Institutionenökonomik

Lange Zeit galt Max Webers Bürokratiemodell als Idealmodell für eine leistungsstarke Verwaltung (vgl. Vaanholt 1997: 19). Seine theoretischen Grundannahmen und Analysen der bürokratischen Herrschaftsform leisten einen essenziellen Beitrag über die Mechanismen und Funktionsweise moderner Organisationen im Staat und in der Wirtschaft (vgl. Mikl-Horke 2011: 29f.). Das nachfolgende Kapitel (2.1) befasst sich mit Webers Bürokratie-Ansatz und greift dabei die für diesen Beitrag relevantesten Aspekte auf.

Anschließend soll aus ökonomischer Perspektive auf die theoretischen Grundannahmen der ‚Neuen Institutionsökonomik' eingegangen werden. Sie greift als Untersuchungsgegenstand das individuelle Verhalten der handelnden Akteur*innen auf und analysiert menschliche Interaktionsprobleme in der Wirtschaft. Indem diese mit ihren Stärken und Schwächen berücksichtigt werden, zeichnet sie ein realistischeres Menschenbild (Kapitel 2.2). Abschließend erfolgt eine Gegenüberstellung beider Modelle, dadurch werden die wesentlichen Unterscheidungsmerkmale hervorgehoben. Im Anschluss an die Auseinandersetzung soll der Blick kurz auf die Soziale Arbeit gerichtet werden. Hier stellt sich die Frage, welche erste Schlussfolgerung sich für die Einrichtungen sozialer Dienstleistungen aus den vorangeführten Aspekten ziehen lassen kann (Kapitel 2.3).

2.1 Bürokratie, Rationalisierung und Herrschaft bei Max Weber

Der Soziologe Max Weber hat durch sein Wirken einen wesentlichen theoretischen Beitrag in den Wirtschafts- und Sozialwissenschaften geleistet (vgl. Mikl-Horke 2011: 29). Seine Werke gelten mittlerweile als Klassiker der internationalen Soziologie. Aber auch in den soziologischen Nachbardisziplinen – der Philosophie sowie den Politik- und Rechtswissenschaften – wird er nach wie vor als Exempel angesehen, dem eine bedeutsame Rolle zukommt (vgl. Kaesler 2014: 270ff.; Mikl-Horke 2011: 29). Er gehört nicht nur zu den Urvätern der Soziologie, sondern wird im Rahmen seines Bürokratiemodells „zum Wegbereiter der modernen Organisationstheorie" (Kieser 2019: 46).

Das von seiner Frau Marianne Weber im Jahre 1922 postum veröffentlichte Werk ‚Wirtschaft und Gesellschaft' beinhaltet umfassende, zum Teil auch unvollendete Analysen und Beschreibungen, mit denen sich Weber befasst hat. In dieses „flossen die Materialströme jahrzehntelanger Forschungsarbeit aus allen Arbeitsgebieten Max Webers" (Kaesler 2014: 75). Es beruht auf der

Auseinandersetzung mit komplementären und „prozesshaften Beziehungen innerhalb von Gesellschaft, Recht, Religion, Wirtschaft und Herrschaft" (ebd.: 232). Auch analysiert Weber hier wesentliche Aspekte bürokratischer Organisationen, die im Rahmen der folgenden Auseinandersetzung im Zentrum stehen sollen. Der Fokus wird sich insbesondere auf die Herrschaftssoziologie innerhalb seines Bürokratiemodells richten. In dieser hat Weber das Phänomen der Bürokratisierung in Verbindung mit dem Entwicklungsprozess der gesellschaftlichen Rationalisierung[2] gebracht, „d. h. mit der sich im Laufe der Geschichte steigernden *Fähigkeit des Menschen, sich mit der natürlichen und sozialen Umwelt geistig auseinanderzusetzen und gestaltend in sie einzugreifen*" (Kieser 2019: 45, Hervorh. i. Orig.). Im Zentrum der Analyse steht die historische Entwicklung der modernen abendländischen Gesellschaft. Diese zeichne sich insbesondere durch ein hohes Maß an Rationalität aus. Das gelte sowohl für Organisationen wie den Staat und Institutionen der Wirtschaft, der Religion, der Verwaltung, des Rechts und der Wissenschaft, als auch für die Menschen, die innerhalb dieser Institutionen leben (vgl. Baurmann 1991: 114). Webers übergreifende Thema ist die Entzauberung der Welt, die Erklärung des Rationalisierungsprozesses: „Die zunehmende Intellektualisierung und Rationalisierung bedeutet also nicht eine zunehmende allgemeine Kenntnis der Lebensbedingungen, unter denen man steht. Sondern sie bedeutet etwas Anderes: das Wissen davon oder den Glauben daran: daß man, wenn man nur wollte, es jederzeit erfahren könnte, daß es also prinzipiell keine geheimnisvollen unberechenbaren Mächte gebe, die da hineinspielen, daß man vielmehr alle Dinge – im Prinzip – durch Berechnen beherrschen könne. Das aber bedeutet: die Entzauberung der Welt" (Weber 2016: 536).

Für Weber wird der Prozess der Rationalisierung auf drei Ebenen erkenntlich: (1) Rationalisierung der Weltbilder sowie Entzauberung der Welt, (2)

2 Webers Rationalitätsbegriff wird von ihm selbst nicht immer einheitlich verwendet. Dieser beinhaltet mehrere Bedeutungen, die sich gegenseitig ergänzen. Für eine Präzisierung des Begriffs werden von Schluchter drei mögliche Zugänge benannt: (1) Rationalismus aufgrund von empirischem Wissen und Können und der Kompetenz, die Dinge durch Berechnung zu beherrschen, was „also wissenschaftlich-technischer Rationalismus im weitesten Sinne [bedeutet]" (Schluchter 1980: 10). (2) Die Anordnung und Zusammenstellung von Sinneszusammenhängen, die intellektuelle Auseinandersetzung und Bearbeitung sowie bewusste Sublimierung von „Sinnzielen" (ebd.): „Er ist Folge einer ‚inneren Nötigung' des Kulturmenschen, die Welt als einen sinnvollen Kosmos (...) zu erfassen (...) [und] zu ihr Stellung zu nehmen, ist also metaphysisch-*ethischer* Rationalismus im weitesten Sinne" (ebd.). (3) Der im weiteren Sinne behandelte praktische Rationalismus, beruhend auf der „Institutionalisierung von Sinn- und Interessenzusammenhängen" (ebd.).

Rationalisierung der Institutionen und (3) Rationalisierung einer praktischen Lebensführung (vgl. Kieser 2019: 48). Für diesen Beitrag ist die zweite Ebene von Interesse, denn „[e]in wesentliches Ergebnis der Rationalisierung auf der Ebene der Institutionen ist die Entwicklung der Bürokratie" (Nerdinger 2019: 54). Im Folgenden sollen zwar die einzelnen Ebenen erläutert werden, auf den ersten und dritten Ebenen wird jedoch keine tiefergehende Betrachtung erfolgen.

Die erste Ebene umfasst den Prozess der Rationalisierung hinsichtlich des Wandels magischer Weltbilder und religiöser Überzeugungen. Hierbei geht es um die Verdrängung magischer Weltbilder zugunsten religiöser Elemente. Dabei entsprechen religiöse Vorstellungen zunehmend abstrakteren Weltbildern, sodass letztlich die religiöse Ethik ihre praktische Verbindlichkeit verliert (vgl. Kieser 2019: 48ff.): „die Wirtschaft löste sich aus dem Zusammenhang religiöser Bindungen und theologischer Begründungen und etablierte sich als eigengesetzlicher, nicht mehr gott-, sondern menschengewollter Kulturbereich" (ebd.: 53). Religion wird demnach zu einem Subsystem. Die zweite Ebene, die Rationalisierung der Institutionen bezieht sich auf die in der natürlichen und sozialen Welt komplexen Zusammenhänge und Problemlagen, die zunehmend durch Wissenschaft, Technik und Organisation berechenbar und beherrschbar werden würden (vgl. ebd.: 48).

Zur besseren Veranschaulichung formaler Anordnungen in öffentlichen und privaten Organisationen konzipiert Weber daher die sogenannten Idealtypen[3] einer Herrschaft[4] (vgl. Vaanholt 1997: 19). Die Konstruktion der Herrschaftstypologie sowie die von Weber vorgenommene Analyse anhand dreier Idealtypen bilden zugleich das Fundament seiner Herrschaftssoziologie. Hierfür bezieht Weber moderne und bekannte Verhältnisse mit ein.

Nach Weber bedarf es für die Ausübung einer Herrschaft in der Regel eine Gruppe von Menschen, die den Worten des Herrschers[5] Gehorsam leisten, eines sogenannten „*Stabes* von Menschen (Verwaltungsstab)" (Weber 2010: 157, Hervorh. i. Orig.). Auch wenn Aspekte wie „*Sitte* (...) [,] *materielles*, zweck-

---

3 Bei einem Idealtypus handelt es sich um ein mittels Abstraktionsverfahren konstruiertes Modell, um „besonders wertvolle und unentbehrliche Grenzfälle zu betrachten" (Weber 2010: 738). Nach Weber sind Idealtypen ein methodisches Instrumentarium, mithilfe derer jedoch nicht die Realität abgebildet werden sollen. „Zu glauben: die historische Gesamtrealität lasse sich in das (...) Begriffsschema ‚einfangen', liegt hier so fern wie möglich" (Weber 2010: 160).

4 Weber deutet Herrschaft als „die Chance (...), für spezifische (oder: für alle) Befehle bei einer angebbaren Gruppe von Menschen Gehorsam zu finden. Herrschaft (‚Autorität') in diesem Sinn kann im Einzelfall auf den verschiedensten Motiven der Fügsamkeit (...) beruhen" (Weber 2010: 157).

5 In diesem Kapitel wird keine genderneutrale Sprache verwendet, um historische Gegebenheiten nicht zu verschleiern.

rationales, Interesse (…)" (ebd., Hervorh. i. Orig.) grundlegende Attribute darstellen, so sei es doch stets der Glaube an die gegebenen Geltungsgründe einer zugrundeliegenden Herrschaftsform. Er schaffe die Grundlage für die Stabilisierung und Aufrechterhaltung der Herrschaftsordnung. Jede Herrschaft äußere sich und funktioniere als Verwaltung und bedürfe in irgendeiner Weise einer Herrschaft, da zu ihrer Führung stets Befehlsgewalten in die Obhut einer Person gelegt werden müssten. Die Legitimitätsbeziehungen zwischen dem Herrscher und seinem Verwaltungsstab zeige sich anhand des Ausführungsstils und des Legitimitätsanspruchs (vgl. ebd.: 157ff.; 697). Beruhend auf den Legitimationsgründen unterscheidet Weber „drei *reine* Typen legitimer Herrschaft" (ebd.: 159, Hervorh. i. Orig.): die traditionale, charismatische und legale/rationale Herrschaft.

Dabei sei die reinste Form legaler und rationaler Herrschaft die Bürokratie, auf die im Folgenden näher eingegangen werden soll. Sie steht unter dem „Prinzip des ‚sine ira ac studio'[6]. Ihre spezifische, dem Kapitalismus willkommene, Eigenart entwickelt sie umso vollkommener, je mehr sie sich ‚entmenschlicht', je vollkommener, heißt das hier, (...) ihre Ausschaltung von Liebe, Haß und allen rein persönlichen, überhaupt aller irrationalen, dem Kalkül sich entziehenden, Empfindungselementen aus der Erledigung der Amtsgeschäfte gelingt" (ebd.: 718). Die legale Herrschaft mit bürokratischen Verwaltungsstab ruht dabei „auf dem Glauben an die Legalität gesetzter Ordnungen und des Anweisungsrechts der durch sie zur Ausübung der Herrschaft Berufenen" (ebd.: 159). Sie besitze die Fähigkeit universaler Anwendung und das worauf es im Alltag ankomme (vgl. ebd.: 162): „Denn Herrschaft ist im *Alltag* primär: *Verwaltung*" (ebd., Hervorh. i. Orig.).

Die Grundlage einer Herrschaft beruhe demnach nicht mehr auf einer Tradition oder dem Charisma einer Person, sondern auf Satzungen. Die Anordnungen dienen dabei als ein Mittel zum Zweck. Bei der legalen Herrschaftsform wird der Befehlende zum Vorgesetzten, welcher sich ebenfalls an das ihm zugrundeliegende Reglement zu richten hat (vgl. ebd.: 703). Der Verwaltungsstab leistet somit dem Vorgesetzten Gehorsam[7]. Jedoch nicht seiner Person, sondern ausschließlich auf den entsprechend rational abgegrenzten sachlichen Zuständigkeitsbereich des Vorgesetzten (vgl. ebd.: 159ff.). Es besteht stets die strikte Trennung von Amt[8] und Person (vgl. Schluchter 1980: 128): „Erledi-

---

6 Aus dem Lateinischen übersetzt: Ohne Hass und Eifer.

7 „‚Gehorsam' soll bedeuten: daß das Handeln (...) im Wesentlichen so abläuft, als ob er den Inhalt des Befehls um dessen selbst willen zur Maxime seines Verhaltens gemacht habe, und zwar *lediglich* um des formalen Gehorsamkeitsverhältnisses halber, ohne Rücksicht auf die eigene Ansicht über den Wert oder Unwert des Befehls als solchen" (Weber 2010: 159, Hervorh. i. Orig.).

8 „Das Amt ist ‚*Beruf*'" (Weber 2010: 705, Hervorh. i. Orig.).

gung bedeutet (...) in erster Linie Erledigung ‚ohne Ansehen der Person nach *berechenbaren Regeln*“ (Weber 2010: 717, Hervorh. i. Orig.).

Die Steuerung organisatorischer Abläufe und die Aufgabendurchführung basieren auf verbindlichen Regeln und Normen, mit denen willkürliche Handlungen vermieden werden sollen. Die zu erfüllenden Tätigkeiten und Pflichten sind in sachlich voneinander abgegrenzte Aufgabenbereiche gegliedert und arbeitsteilig festgelegt (vgl. ebd.). Die Entscheidungs- und Weisungsbefugnisse ergeben sich aus den geregelten Zuständigkeiten innerhalb des festgelegten Aufgabenbereichs. Eine erwartungsgemäße und fortwährende Ausübung der Tätigkeiten sowie die Einhaltung der damit einhergehenden Rechte und Pflichten wird durch eine Besetzung von ausgebildeten und qualifizierten Personen gewährleistet, deren Leistungsqualifikationen geprüft wurde. Konsequenterweise müsse hieraus geschlussfolgert werden, dass jeder jederzeit ersetzbar sei und durch Personen mit gleicher Leistungsqualifikation ausgetauscht werden könne. Die Höhe des Einkommens ist vertraglich geregelt und richtet sich nach der Amtsposition, den Kompetenzen sowie dem Zuständigkeitsbereich. Die Amtsausführung erfolgt stets als hauptberufliche Tätigkeit. Die berufliche Laufbahn und Aufstiegsmöglichkeiten unterliegen ebenfalls festgelegter Regelegungen. In jeder bürokratischen Organisation gibt es eine feste Amtshierarchie, durch die Über- und Unterordnungsverhältnisse sowie die jeweiligen Befugnisse und Verantwortung gegenüber anderen Amtsinhabern geregelt werden. Durch die hierarchischen Strukturen soll eine reibungslose Koordination sichergestellt werden. Zudem gelte der Grundsatz der Aktenmäßigkeit. Sämtliche Vereinbarungen, Entschlüsse sowie Geschäftsprozesse und innerbetriebliche Absprachen oder Erörterungen erfolgen schriftlich und werden archiviert. Die Kommunikationsgestaltung erfolgt über den entsprechenden Amtsweg (vgl. ebd.: 162f.; 703ff.). Durch die konsequente Führung schriftlich verfasster Dokumente und Niederschriften wird hierdurch einerseits eine gewisse Transparenz geschaffen und andererseits die Möglichkeit von Kontrolle geboten.

Die formale Rationalität bürokratischer Verwaltungen resultiere aus ihrer generellen Anwendbarkeit, deren Genauigkeit, Effizienz sowie Berechenbarkeit und Leistungsfähigkeit (vgl. ebd.: 164). Rationale Attribute sowie „Regel, Zweck, Mittel, ‚sachliche‘ Unpersönlichkeit beherrschen ihr Gebaren“ (ebd.: 738). Es seien vor allem zwei wesentliche Merkmale, die bürokratische Verwaltungen charakterisieren und deren Rationalität hervorheben. Hierbei handle es sich um die Herrschaft kraft Regeln und „die Herrschaft kraft *Wissen* (sic!)“ (ebd.: 165, Hervorh. i. Orig.). Letzteres bezieht Weber auf das zweckmäßige vorhandene Mittel des angeeigneten Fachwissens innerhalb bürokratischer Verwaltungen. Dieses ist allein von Notwendigkeit, da es Voraussetzung für „die moderne Technik und Ökonomik der Güterbeschaffung [ist]“ (ebd.). Auch die infrastrukturellen Umstände, wie das Telegramm oder die Eisenbahnen sind einer der Aspekte, für die Personen mit fachspezifischem Wissen unabdingbar werden (vgl. ebd.). Durch ‚Wissen' wird somit zugleich auch ein Machtinstrument[9] erzeugt.

Der ‚Fachmann' ist aufgrund seines spezifischen Wissens einem ‚Nichtfachmann' stets überlegen. Nach Weber sei demnach auch nicht ausschließbar, dass die Intention bestehe, die eigene Macht, die sich aus dem fachspezifischen Wissen ergibt, auszubauen. Aufgrund der bestehenden Aktenmäßigkeit könne dies insbesondere von dem Vorgesetzten genutzt werden, indem er sein eigenes Wissen durch archiviertes Dienstwissen erweitere. Somit generiere er aus seiner übergeordneten Position heraus exklusiv Macht, da dieses Privileg der uneingeschränkten Einsichtnahme nur auserwählten Amtspositionen gestattet ist (vgl. ebd.).

Nach Weber setzen sich bürokratische Organisationen im Vergleich zu den historischen Verwaltungsformen, wie beispielsweise den ehren- oder nebenamtlichen, dahingehend durch, dass sie in der Lage sind, Verwaltungsaufgaben aufgrund ihrer ‚technischen' Überlegenheit am effizientesten zu bewältigen. Hierbei vergleicht er die bürokratische Beschaffenheit mit der einer Maschine: „Präzision, Schnelligkeit, Eindeutigkeit, Aktenkundigkeit, Kontinuierlichkeit, Diskretion, Einheitlichkeit, straffe Unterordnung, Ersparnisse an Reibungen, sachlichen und persönlichen Kosten sind (...) auf das Optimum gesteigert. (...) Bürokratisierung [bietet] das Optimum an Möglichkeit für die Durchführung des Prinzips der Arbeitszerlegung (...) nach rein sachlichen Gesichtspunkten, unter Verteilung der einzelnen Arbeiten auf spezialistisch abgerichtete und in fortwährende Übung immer weiter sich einschulende Funktionäre" (ebd.: 716f.).

Diese Rationalisierung erzeugt zugleich auch das grundlegende Problem, dass sich Bürokratien infolge der strukturellen Verbindlichkeiten und der Intellektualisierung hin zur Logik und Rationalität zu einem ‚stahlharten Gehäuse' entwickeln können. Hierbei handle es sich auch um die zuvor genannte dritte Ebene: der Rationalisierung einer praktischen Lebensführung. Ihr zugrunde liegt die Rationalisierung der Institutionen und die damit einhergehende Bürokratisierung (vgl. Kieser 2019: 56ff.). Die Entmenschlichung und Unpersönlichkeit kann sowohl für Mitglieder als auch für außenstehende Bürger*innen als hinderlich empfunden werden (vgl. Weber 2010: 717). Freiheiten können eingeengt werden und den Mitteln der Bürokratie die gleiche Bedeutung wie den Zwecken zugeschrieben werden.

Bürokratisierung ist für Weber „*das* spezifische Mittel, ‚Gemeinschaftshandeln' in rational geordnetes ‚Gesellschaftshandeln' zu überführen" (ebd.:

---

9 „*Macht* bedeutet jede Chance, innerhalb einer sozialen Beziehung den eigenen Willen auch gegen Widerstreben durchzusetzen, gleichviel worauf diese Chance beruht" (Weber 2010: 38 § 16, Hervorh. i. Orig.).

726, Hervorh. i. Orig.). Mit anderen Worten: „Gemeinschaft bedeutet für Weber die sinnhafte Orientierung der Individuen an Anderen, Gesellschaft jene an den Normen und Institutionen der Gesellschaft" (Mikl-Horke 2011: 32). Hier wird erkenntlich, wie nah sich Gesellschaft und Bürokratie sind. Auf der einen Seite dient Bürokratie als ein Mittel der Befehlsausübung und für die Erreichung gesetzter Ziele innerhalb bürokratischer Organisationen. Auf der anderen Seite dient diese als Mittel zur Reglementierung des Gemeinwesens einer Gesellschaft.

An dieser Stelle sei an Lukács′ sarkastisches Urteil erinnert, dass für Weber die Demokratisierung nur eine technische Maßnahme gewesen sei. Nämlich eine *technische* Maßnahme zur Kontrolle der rein *technischen* Verwaltungsbürokratie (vgl. hierzu: Mommsen 1974 (1959): 421). Im Auge behaltend, dass Weber sich selbst als „aufrichtige[n] Anhänger monarchischer (...) Institutionen" bezeichnete, so in einem Brief von 1918 (zit. n. Baumgarten 1964: 507), wird deutlich, dass das Webersche *technische* Bürokratiemodell kaum bis nahezu keinen Raum für Partizipation und Verantwortung bietet. Als vorläufiges Fazit lässt sich somit festhalten: Webers politischer und wissenschaftlicher Horizont bietet auf der einen Seite zwar ein Maximum an Herrschaft und Bürokratie, an Monarchie und Kontrolle, und (damit verbunden) an Dissoziation und Unverantwortlichkeit, auf der anderen Seite aber nur ein Minimum an Vertrauen und Moral. Das führt uns unmittelbar zu den theoretischen Grundannahmen der Neuen Institutionenökonomik[10].

---

10 Da der Institutionenbegriff keiner einheitlichen Definition unterliegt, bezieht sich dieser im Folgenden auf *„formale und informale Regelungen*, (...) zur Gestaltung menschlicher Interaktion" (Göbel 2002: 34, Hervorh. i. Orig.). Institutionen erzeugen strukturelle Gegebenheiten für menschliche Interaktionen. Sie dienen als System definierter Regeln und Normen und tragen zum Abbau von Unsicherheiten bei (vgl. ebd.: 1). Dies können beispielsweise auf der informalen Ebene Verhaltensregeln sein oder aber Gesetze und Vorschriften auf der formalen Ebene, durch die das menschliche Miteinander bestimmt werden. Dies dient der Verhaltenskoordination. Institutionen stellen also Reglements sowie vertragliche Vereinbarungen dar, mithilfe derer menschliches Verhalten in eine bestimmte Richtung gelenkt werden soll und die an entsprechende Durchsetzungsmechanismen gekoppelt sind. Nach Resch wirken „(d)ie informellen und formalen Institutionen (...) als Beschränkungen der Handlungsmöglichkeiten, die es erleichtern, vorhersehbare und verbindliche Vereinbarungen für Transaktionen abzuschließen" (Resch 2011: 105). Mit dem Terminus der Institutionen eng verbunden ist die Begrifflichkeit der Organisationen. Diese können als eine besondere Form von Institutionen begriffen werden und lassen sich nach Göbel wie folgt definieren: „Eine Organisation ist ein von seinen Gestaltern bewusst geschaffenes, begrenztes, zweckgerichtetes Handlungssystem, mit einer Menge von Aktionsregeln, die den Mitgliedern vorschreiben, wie sie zu handeln haben und einer Menge von Durchsetzungsregeln, um sie zu motivieren, gemäß dem Aktionsregeln zu handeln" (Göbel 2002: 4f.).

2.2 Die Theoriestränge der Neuen Institutionenökonomik

Bei der Neuen Institutionenökonomik (kurz: NIÖ) handelt es sich um eine seit den 1970er-Jahren heranreifende Forschungsrichtung, die spätestens seit Mitte des 20. Jahrhundert in den Wirtschaftswissenschaften an Bedeutung gewonnen hat (vgl. Erlei et al. 2016: 38f.). Sie versteht sich nicht als eine neue Lehre, sondern sieht sich vielmehr als eine Weiterentwicklung der Neoklassik (vgl. Göbel 2002: 48). Neoklassische Theorien implizieren eine Welt ohne Transaktionskosten[11], in der eine vollkommene Markttransparenz als gegeben gilt. Dadurch werden sämtliche Informations-, Koordinations- und Motivationsprobleme kategorisch ausgeschlossen sowie Interaktionsschwierigkeiten und unterschiedliche individuelle Handlungsweisen systematisch ausgeklammert. Die Theoriestränge der NIÖ greifen diese Aspekte auf und ergänzen die Neoklassik um das individuelle Verhalten der beteiligten Akteur*innen. Dabei analysiert sie die Entstehung von Institutionen, deren Strukturen sowie die jeweiligen Wirkmechanismen. Auch geht es um die Erforschung möglicher Lösungsansätze, mit denen Transaktionskosten eingespart und abgebaut werden können (vgl. Picot et al. 2015: 57). Durch die Berücksichtigung institutioneller Übereinkünfte ermöglichen die Ansätze der NIÖ vertiefende Einsichten und Kenntnisse hinsichtlich wirtschaftlicher Beziehungen, deren Gestaltung sowie Bedeutsamkeit. Moralische Aspekte sowie Vertrauensfragen finden in der NIÖ wieder Anklang und werden als potenzielle Ressource anerkannt. Die Ansätze der NIÖ stützen sich dabei auf grundlegende Instrumentarien der Neoklassik und haben diese übernommen. Die Grundannahmen beruhen ebenfalls auf den Prinzipien des *methodologischen Individualismus*. Dieser besagt, dass das Handeln von Kollektiven auf das Verhalten von Individuen zurückführbar sei. Demnach bestimmen allein die Eigenschaften der Einzelnen das kollektive Verhalten einer Organisation (vgl. Erlei et al. 2016: 5f.). In den Untersuchungen wird deshalb stets vom handelnden Individuum ausgegangen.

Die NIÖ basiert wie nahezu alle ökonomischen Theorien auf dem Menschenbild des *homo oeconomicus*. Hierbei handelt es sich um ein Analyse-Modell der Ökonomik, welches den Menschen als zweckrationalen individuellen Nutzenmaximierer typisiert (vgl. Söllner 2015: 43; Rogall 2013: 74). Auch wenn die Annahme der individuellen Nutzenmaximierung beibehalten wird,

---

11 Bei sogenannten Transaktionskosten handelt es sich um „alle mit der Durchsetzung und mit dem Transfer von Verfügungsrechten verbundenen Kosten, zu denen insbesondere Informations-, Verhandlungs- und Kontrollkosten gehören" (Söllner 2015: 130). Vereinfacht gesagt: „Kosten, die entstehen, wenn Austauschprozesse durchgeführt werden sollen" (Rogall 2013: 45).

werden diese durch realitätsnahe Annahmen ergänzt und an die Marktgeschehnisse angepasst. Da das menschliche Gehirn nur begrenzt aufnahmefähig ist, ist es uns nicht möglich sämtliche vorliegende Informationen und Reize aufzunehmen, geschweige denn verarbeiten zu können. Es finden stets Selektionsprozesse statt. Diese grundlegende Funktion des menschlichen Gehirns ermöglicht uns die Vielzahl wahrgenommener Reize und Informationen bewältigen zu können. (vgl. Bonazzi 2014: 375). Aufgrund der Komplexität an Umwelteinflüssen und der Vielzahl an Informationen, mit denen Menschen tagtäglich konfrontiert werden, werden die Informationen entsprechend mit bekannten und vorhandenen abgeglichen und eingeordnet. Daher sind die kognitiven Fähigkeiten, über die ein Mensch verfügt, unterschiedlich ausgeprägt und stehen auch immer im Zusammenhang mit vergangenen individuellen Erfahrungswerten. Wir verfügen somit in aller Regel nie über sämtliche Informationen. Infolge dessen geht die NIÖ von der Annahme aus, dass handelnde Akteur*innen unterschiedliches Wissen aufweisen und Informationen asymmetrisch verteilt sind. Sie spricht in diesem Zusammenhang von einer begrenzten Rationalität, da die Akteur*innen zwar weiterhin intendieren rational zu agieren, jedoch dieses nur im Rahmen ihrer Fähigkeiten sowie der ihnen zugrundeliegenden Informationen realisierbar ist. Menschliches Handeln bleibt letztlich also nur beschränkt rational (vgl. Bardmann 2011: 345ff.).

Zusammenfassend lässt sich somit feststellen, dass die NIÖ von unvollkommenen Marktinformationen ausgeht, und eine vollkommene Markttransparenz nicht mit den realen Gegebenheiten übereinstimmt. Aufgrund von Informations- und Wissensdefiziten entsteht demnach ein Machtgefälle sowie eine gewisse Abhängigkeit zwischen den Akteur*innen.

Die unter den Akteur*innen ausgehandelten und getroffenen Vereinbarungen werden in aller Regel schriftlich in Form eines Vertrages festgehalten. Jedoch beinhaltet eine Vertragsgestaltung keine Gewährleistung darauf, dass hierdurch jegliche Informationsasymmetrien aufgehoben werden. In Abhängigkeit begrenzter rationaler Handlungsmöglichkeiten erscheint es somit auch kaum möglich, jegliche Unsicherheiten im Hinblick einer ordnungsgemäßen Vertragserfüllung zu eliminieren (vgl. ebd.: 344f.; Bonazzi 2014: 375ff.). Hinzukommt, dass „[u]nvollständige Informationen und [die] damit im Zusammenhang stehende begrenzte Rationalität sowie die Annahme eigennütziger Akteure (...) opportunistisches Verhalten möglich [machen]“ (Bardmann 2011: 356).[12] Diesen wesentlichen Aspekt schließt

[12] „Opportunismus bedeutet, dass die Akteure skrupellos, unter Missachtung moralischer Werte, nur auf den eignen Vorteil bedacht, günstige Positionen auf Kosten anderer zum eigenen Vorteil ausnutzen“ (Bardmann 2011: 356).

die NIÖ in ihren Analysen mit ein und berücksichtigt, dass Menschen von solch einer Verhaltensweise durchaus Gebrauch machen, wenn hierdurch eigene Interessen verfolgt werden können (vgl. ebd.: 355f.).

Bei der Vereinbarung von Verträgen kann davon ausgegangen werden, dass diese Sicherheitslücken aufweisen und sämtliche künftige Entwicklungs- sowie Verhaltensmöglichkeiten niemals ausnahmslos kalkulierbar und vorhersehbar sind. Daher spricht die NIÖ von unvollkommenen Verträgen, die zugleich oftmals mit überhöhten Transaktionskosten einhergehen. Da sich Verträge auch im Rahmen von Institutionen als bedeutungsvoll erweisen, analysiert die NIÖ diesen Aspekt. Hierbei werden Verträge auf *Koordinations- und Motivationsprobleme* untersucht, welche aus den Verhaltensweisen begrenzter Rationalität und der Tendenz zu opportunistischem Verhalten resultieren (vgl. Bonazzi 2014: 375f.; Bardmann 2011: 349).

Die Analyse sogenannter *Koordinationsprobleme* setzt sich mit der Fragestellung auseinander, wie das Verhalten von Akteur*innen so aufeinander abgestimmt werden kann, dass Verlässlichkeit (Bereitstellung der gewünschten Mittel) und Sicherheit gewährleistet sind. Hier geht es um eine Anpassung der institutionellen Rahmenbedingungen, die eine gemeinsame Kooperation ermöglichen sollen. Im Mittelpunkt der Betrachtung steht die Koordinationsfunktion und zentrale Frage, wie Angebot und Nachfrage aufeinander abgestimmt werden können: „Das Koordinationsproblem beschreibt die Überwindung des Nichtwissens der Akteure" (Picot et al. 2015: 8). Beruhend auf der Grundlage begrenzter Informationen ergeben sich hieraus zwei Teilansätze: das *Bereitstellungsproblem* und das *Suchproblem*.

Das *Bereitstellungsproblem* behandelt die Bereitstellung der gewünschten Mittel bzw. die Übertragung von Informationen, mithilfe derer das entsprechende Bedürfnis realisiert werden soll. Um das gewünscht Ziel zu erreichen, bietet sich eine Arbeitsteilung an. Hieraus ergeben sich drei Möglichkeiten für die Problembehebung: der Dienstvertrag, der Werkvertrag und der Kaufvertrag. Alle drei Ansätze haben Vor- und Nachteile hinsichtlich ihrer Verlässlichkeit und ihrer Kosten.

Das *Suchproblem* hingegen setzt sich mit den anfallenden Kosten auseinander, die bei der Suche nach geeigneten Vertragspartner*innen einhergehen. Hierbei sei die geeignetste Form ein Dienstvertrag, da dieser in aller Regel nur mit einer einmaligen Suche einer Vertragspartner*in einhergehen würde und dadurch Vertragsabschlusskosten gemindert werden können (vgl. Göbel 2002: 55ff.; Faust 2016: 100f.).

Das *Motivationsproblem* untersucht unter Berücksichtigung des vorherrschenden Menschenbildes des *homo oeconomicus* die individuellen Präferenzen sowie Handlungen, von denen ein Mensch geleitet und gelenkt wird. Thematisiert wird hier die Sicherstellung der vereinbarten Leistungen sowie des vertraglich geregelten Tauschhandels: „Beim Motivationsproblem geht es um die Überwindung des Nichtwollens“ (Picot et al. 2015: 9). Auch hier lässt sich das Problem in zwei Teilaspekte untergliedern: das *Messproblem* und das *Spezifitätsproblem*.

Das *Messproblem* setzt sich mit den Möglichkeiten einer Täuschung und Nicht-Erfüllung vertraglicher Vereinbarungen auseinander.

Das *Spezifitätsproblem* behandelt den Fall einer äußert spezifischen geforderten Leistung, die nur ein*e oder äußerst wenige passende Anbieter*innen erbringen. Hierdurch besteht mitunter die Gefahr, dass die Anbieter*in diese Umstände zu seinen*ihren Gunsten ausnutzen könnte (vgl. Göbel 2002: 55ff.; Faust 2016: 100f.).

Uneinigkeit im wissenschaftlichen Diskurs über die Forschungsfelder der NIÖ erschwert eine klare Ab- und Eingrenzung dieser. Es handelt sich hierbei also um eine noch nicht abschließend definierte Theorieeinheit. Wenn auch letztlich unter den Theoretiker*innen unterschiedliche Perspektiven hinsichtlich vorhandener Parallelen und/oder Differenzen vorliegen, herrscht weitestgehend Einigkeit darüber, dass sich die verschiedenen inhaltlichen Aspekte in drei Teilströmungen einteilen lassen können (vgl. Erlei et al. 2016; Rogall 2013; Göbel 2002).: (1) die *Property-Right-Theorie – die Verfügungsrechte*, (2) die *Principal-Agent-Theorie – Agencytheorie* und (3) die *Transaktionskostentheorie*. Diese „stellen (...) den gemeinsamen ökonomischen Gestaltungsrahmen dar“ (Faust 2016: 101). Die Konzepte werden im Folgenden in komprimierter Form dargestellt und es werden wesentliche Grundzüge aufgegriffen, die für den weiteren Verlauf von Relevanz sind.

(1) Der *Property-Right-Ansatz – die Verfügungsrechte* setzen sich mit der Frage auseinander, welche Wirkung die Verteilung von Verfügungsrechten (property-rights) und Distributionsobjekten sowie die Inanspruchnahme von Gütern und Ressourcen auf das Verhalten der Akteur*innen hat (vgl. Rogall 2013: 107). Im Mittelpunkt der Institutionenanalyse steht hier also die Gestaltung und Verteilung von Verfügungsrechten: „Als Verfügungsrecht im Sinne der Verfügungsrechtstheorie gilt jede Art von Berechtigung, über Ressourcen (materielle oder immaterielle) zu verfügen, sei es von Gesetz wegen, aus Vertrag oder aufgrund sozialer Verpflichtungen“ (Göbel 2002: 67). Die Übertragung von Handlungs- und Verfügungsrechten gehen je nach Abkommen mit entsprechenden Einschränkungen einher, da deren Nutzung sowie Durchsetzung stets abhängig von den festgelegten Rechten ist. Ebenfalls gehen mit der Übertragung, deren Nutzung und Durchsetzung entsprechende Transaktionskosten einher (vgl. Bardmann 2011: 360). Daher untersucht das *Koordinationsproblem* die Anreizwirkungen für Individuen hinsichtlich der Gestaltung und Verteilung von Rechten an Gütern und Dienstleistungen. Das *Motivationsproblem* beschäftigt sich mit dem

Verhalten der Akteur*innen und wie sich die Art der Verteilung von Verfügungsrechten, wenn sich mehrere Personen diese Rechte teilen, auswirkt (vgl. Faust 2016: 102). Einerseits sollen durch Institutionen diese Rechte sowie deren Inhalte geregelt bzw. gesichert werden. Dies soll zur Reduktion von Unsicherheiten sowie zum Zweck einer besseren Vorhersehbarkeit beitragen. Andererseits soll eine Bündelung von Teilrechten der Handelnden* zugeordnet werden, um hierdurch Transaktionskosten zu minimieren (vgl. Bardmann 2011: 359ff.).

(2) Die *Principal-Right-Theorie bzw. Agencytheorie* beschäftigt sich vorrangig mit der vertraglichen Delegationsbeziehung zwischen Auftraggeber*in (Prinzipale) und Auftragnehmer*in (Agent). Aufgrund des jeweiligen Interesses, den persönlichen Nutzen zu maximieren, werden zwischen den Akteur*innen in aller Regel unterschiedliche Intentionen verfolgt (vgl. Erlei et al. 2016: 71). Die Auftraggeber*in, dessen Ziel sich an einer Gewinnmaximierung orientiert auf der einen Seite, und die Auftragnehmer*in mit dem Ziel, den eigenen größtmöglichen Nutzen für sich herauszuholen, auf der anderen Seite. Die begrenzte Rationalität findet sich in der asymmetrischen Informationsverteilung zwischen Auftraggeber*in und Auftragnehmer*in wieder. Diese tritt sowohl vor als auch nach Vertragsabschluss in Erscheinung. Hierbei herrscht die Annahme, dass die Auftraggeber*in einen Informationsvorsprung hinsichtlich der Ausführung und Bearbeitung der der Auftragnehmer*in übertragenen Aufgabe besitzt. Informationsdefizite seitens der Auftraggeber*in ergeben sich aufgrund der Ungewissheit bezüglich des Verhaltens der Auftragnehmer*in. Die Auftragnehmer*in hat entsprechende Handlungs- und Entscheidungsspielräume, die sich jene*r zu Eigennutzen machen kann und die die Auftraggeber*in benachteiligen können. Zwei mögliche Optionen, die sich hieraus ergeben und von der Auftragnehmer*in genutzt werden können, sind zum einem: vorhandene Informationen werden nicht oder nicht vollständig der Auftraggeber*in mitgeteilt. Dieses Vorgehen wird als ‚hidden information' bezeichnet (vgl. Bardmann 2011: 364f.). Mit diesem Phänomen beschäftigt sich auch das *Koordinationsproblem* (vgl. Faust 2016: 102). Zum anderen beschreibt die ‚hidden action' Problematik, dass eine vollständige Überwachung sowie Kontrolle der Auftragsnehmer*in hinsichtlich ihrer Verhaltens- und Vorgehensweisen im Rahmen der auszuführenden Tätigkeit von der Auftraggeber*in kaum zu realisieren sind (allein schon aus Kostengründen). So kann die Auftraggeber*in letztlich nur die Ergebnisse der Handlungen einsehen. Ob eine adäquate sowie qualitative Vorgehensweise stattfindet, ist für die Auftraggeber*in allerdings nur sehr schwer einzuschätzen (vgl. Bardmann 2011: 364f.). Das *Motivationsproblem* hingegen beschäftigt sich mit den Gestaltungsmöglichkeiten und der Frage, inwiefern trotz unterschiedlicher

Ziele und Vorstellungen beider Akteur*innen ein beiderseits befriedigendes Tauschergebnis erreicht werden kann (vgl. Faust 2016: 102).

(3) Der *Transaktionskostenansatz* untersucht letztlich die einzelnen Transaktionen als Folge der Arbeitsteilung zwischen den beteiligten Akteure*innen und die mit der Verwendung des Marktes einhergehenden Kosten. „Im Fokus des Transaktionskostenansatzes steht die Übertragung einer Leistung über die eine Schnittstelle hinweg, was sowohl über den Markt (..) als auch im Unternehmen (..) stattfindet" (ebd.). Hier geht es um die Ausgestaltungsmöglichkeiten, die zu einer Reduktion der Transaktionskosten führen (vgl. Rogall 2013: 107; Göbel 2002: 63). Entstehen können Transaktionskosten sowohl vor Vertragsabschluss *(ex-ante)* als auch nach Vertragsabschluss *(ex-post)*. Bei ersteren handelt es sich um die Vertragsanbahnungskosten, die beispielsweise mit der Suche nach einer geeigneten Vertragspartner*in einhergehen, sowie die damit verbundenen Verhandlungs- und Entscheidungskosten. Zweites umfasst solche Kosten, die unter anderem aufgrund von Vertragsanpassungen sowie Überprüfungen anfallen können (vgl. Picot et al. 2015: 70). Die Ebene der *Koordination* beinhaltet die grundlegende institutionelle Anordnung in die genannten Markt-, Hierarchiekosten oder eine Kombination von beiden. Diese Unterscheidung beruht auf den Verträgen, die je nach Konstellation entsprechend andere Auswirkungen haben bzw. Kosten verursachen. Es geht somit um eine bewusste und gut durchdachte Entscheidung, welche Vertragsform sich als effektivste und kostengünstigste erweist (vgl. Göbel 2002: 63f.; Faust 2016: 102). Das *Motivationsproblem* bezieht sich auf die oftmals nicht ausreichend formulierten Verträge, wie beispielsweise Arbeitsverträge. Durch die Entstehung eines Machtgefälles stellt sich die Frage, wie innerhalb einer Hierarchie durch das Einbeziehen von Interaktionen und Sanktionen eine Bindung sowie Vertrauen aufgebaut und Anreize geschaffen werden, um hierdurch opportunistische Verhaltensweisen zu mindern (vgl. ebd.).

Abschließend lässt sich zusammenfassend festhalten, dass sich die NIÖ insbesondere mit den Transaktionen und den Verfügungsrechten auseinandersetzt (vgl. Picot et al. 2015: 101) und sich als erweitertes Verhaltensmodell zur Neoklassik versteht, welche ein ökonomisches Verständnis von Vertrauen ermöglicht. Hinsichtlich der aufgeführten *Koordinations-* und *Motivationsprobleme* wird Moral und mit ihr das Vertrauen zwischen den Transaktionsaktionspartner*innen zu einem bedeutsamen Faktor, da es positive Auswirkungen auf die Zusammenarbeit hat, es die Kooperation sowie die Konfliktregelung verbessert und hierdurch schließlich die ökonomische Leistungsfähigkeit erhöht sowie Transaktionskosten minimiert werden können.

2.3 Bürokratiemodell versus Neue Institutionenökonomik: Eine Gegenüberstellung

In diesem Kapitel sind wir mit Max Weber als Klassiker eingestiegen, der im Jahre 1921/1922 die modernen, leistungsfähigen Strukturen von Wirtschaft und Verwaltung beschrieben hat. Diese zeichnen sich aus durch bewusste Regeln und auf Dauer eingerichtete ‚Verwaltungen' in Büros, deren Stellenbesetzung in Form von hauptamtlichen, fachlich ausgebildeten Angestellten erfolgt. Mit Webers Schilderungen wird die im privaten und öffentlichen Sektor typische Herrschaftsform dargestellt. Vorteile, die sich aus der Bürokratie als ‚reinster Typ' legaler Herrschaft ergeben, beruhen unter anderem auf der Berechenbarkeit und Einheitlichkeit des Verwaltungshandelns. Dadurch werden Entscheidungen weitgehend willkürfrei und nach festgelegten Verfahren getroffen, welche nachvollziehbar und überprüfbar sind. Die Kehrseite der Medaille beruht auf einer übergroßen Bandbreite an Regeln und Vorschriften, fehlender Flexibilität sowie einer Entmenschlichung. Gemeinhin erfolgt das Gesellschaftshandeln schließlich stets nach bürokratischen Mustern, ohne jegliche Anerkennung individueller Besonderheiten bzw. Aspekte. Der Mensch als Individuum bleibt letztlich unberücksichtigt. In Webers Auseinandersetzung mit bürokratischen Organisationen wird ihre Beschaffenheit analog zu einer Maschine gesetzt. Er fokussiert sich dabei ausschließlich auf formale Organisationsstrukturen als Grundvoraussetzung gelungener Arbeitsprozesse.

Die NIÖ hingegen hebt in ihren Ausarbeitungen nicht nur die zentrale Relevanz formaler Organisationen, sondern auch die der informalen hervor. Informalen Organisationsstrukturen werden spätestens seit den im Jahre 1924 beginnenden Hawthorne-Experimenten[13], welche durch Harvard-Professor Fritz J. Roethlisberger und ab 1928 in Zusammenarbeit mit Georg Elton Mayo durchgeführt wurden, in der Organisationsforschung eine höhere Gewichtung zugeteilt (vgl. Mund 2019: 62f.). Die Berücksichtigung der informalen Organisation ist deshalb von entscheidender Bedeutung, da diese „im Gegensatz zur formalen Organisation (...) [durch] nicht festgeschriebenen Regeln, Kommunikationswege und Hierarchien, (...) [also] durch das individuelle Handeln der AkteurInnen in und neben der formal vorgeschriebenen Struktur selbst erzeugt wird" (ebd.: 91).

---

13 Die Studien setzte sich mit der zentralen Frage auseinander, welche Faktoren zu einer Steigerung der Arbeitsleistung beitragen. Daraus resultierte eine Verschiebung des Forschungsinteresses, welches auch soziale und zwischenmenschliche Aspekte involvierte. Letztlich waren die Ergebnisse ausschlaggebend für die Entwicklung des Human-Relations-Ansatzes (vgl. Mund 2019: 62f.), auf den jedoch im weiteren Verlauf nicht weiter eingegangen werden soll.

Offensichtlich wird, dass soziale Strukturen und zwischenmenschliche Beziehungen unvermeidbar sind und unwillkürlich von selbst entstehen. Daher gilt es diese in einer theoretischen Betrachtung mit einzubeziehen. Das im Weberschen Bürokratiemodell nicht mitgedachte Individuum findet somit im Gegensatz dazu in den Theorien der NIÖ Berücksichtigung. Hier werden moralische Aspekte und Vertrauen als mögliche Ressource involviert und individuelle Verhaltens- und Handlungsweisen seitens der NIÖ als grundlegende Einflussfaktoren auf die Interaktionen in betrieblichen Organisationen anerkannt. Beide Ansätze beinhalten wesentliche Aspekte, deren Grundannahmen ebenso auf die Soziale Arbeit, deren Rahmenbedingungen sowie auf deren Organisationsgestaltung Auswirkungen haben. Hier können sowohl als Wirkmechanismen Hierarchie, Kontrolle und bürokratische Prinzipien genannt werden als auch Kooperation, gegenseitiges Vertrauen sowie Verantwortungsteilung und Ebenbürtigkeit. Zwei Theorien, die sich dennoch gewissermaßen (auch) gegenüberstehen: Webers Bürokratiemodell, in dem individuelle Komponenten nicht berücksichtigt werden und die NIÖ mit der ‚Wiederentdeckung des Menschen'.

Zusammenfassend lässt sich zunächst festhalten, dass beide theoretischen Ansätze als Organisationssysteme Strukturen bilden, in denen sich Soziale Träger und Dienstleistungsunternehmen bewegen, und die zu einem gewissen Grad die Formalstrukturen mitbestimmen. Dadurch tragen sie zu den Rahmenbedingungen Sozialer Träger bei. Diese beiden Theorien allein erweisen sich jedoch im Hinblick auf den Themenschwerpunkt der Teamarbeit in sozialen Einrichtungen als eindimensional. Der Blickwinkel verbleibt abstrakt und ist ökonomisch orientiert. Denn um gegenseitiges Vertrauen überhaupt generieren zu können, ist eine Kontaktaufnahme mit anderen Menschen Voraussetzung. Letztlich baut nicht nur Vertrauen, sondern jegliche Form von Interaktion auf Sprache auf, dem grundlegenden Kommunikationsmittel des Menschen. Erkenntlich wird, dass das Thema der Kommunikation als grundlegender Bestandteil erachtet werden muss.

3 Kommunikation und Interaktion – der Mensch in sozialen Prozessen

3.1 Merleau-Pontys Grundannahmen zur Sprache als Ausdrucksgeschehen

Kommunikation ist das fundamentale Medium, welches eine Interaktion zwischen Menschen überhaupt erst ermöglicht und bestimmt maßgeblich die Zusammenarbeit innerhalb eines Teams. Um sich der Thematik der Kommunikation anzunähern, beruht der Fokus des folgenden Kapitels auf den sprachtheoretischen Annahmen von Maurice Merleau-Ponty. Der französische Philosoph und Phänomenologe hat bereits im 20. Jahrhundert das Zusammenwirken von Leib (Körper) und Geist erkannt. Er hat auf theoretischer wie praktischer Ebene das Fundament zur Analyse von Sprache, Ausdruck und Leib für weitere Studien zu dieser Thematik gelegt. Merleau-Pontys theoretischen Grundannahmen von Sprache und Leib sollen ein grundlegenderes Verständnis von Kommunikation ermöglichen. Seine Werke zeichnen sich durch interdisziplinäres Denken sowie Vorgehen aus, wodurch er neue Perspektiven eröffnete. Diese Vorgehensweise war bis dato unüblich. Im Mittelpunkt seiner Phänomenologie steht die intensive Auseinandersetzung mit dem Leib als vermittelnder Instanz, durch den der Mensch sich selbst und die Welt erfährt. Im Besonderen steht hier sein Streben nach der Auflösung cartesianischer Oppositionen[14] und somit der von Descartes hervorgehobenen Gegenüberstellung von Geist und Körper sowie von Denken und Materie. Somit seien Körper und Geist als Einheit zu verstehen und eben nicht strikt voneinander trennbar. So konstituiere sich die subjektiv wahrgenommene Wirklichkeit zwischen Sinneserfahrungen des Leibes auf der einen und dem Geist auf der anderen Seite (vgl. Faust 2012: 26f.).

Faust hebt hervor, dass der von Merleau-Ponty eingeführte Feldbegriff, in welchem sich alle Menschen bewegen, „für das sinnliche Wahrnehmen und für das geistige Erkennen (gilt)“ (Faust 2019: 80). Die Metapher des ‚Feldes‘ stellt zugleich auch einen Gegenentwurf zum Extremismus dar. „Unser Handlungs-Feld strukturiert sich entsprechend unseren Handlungsmöglichkeiten. Das Bewusstsein unserer selbst als leiblich Handelndes ist konstitutiv für unser Feld“ (ebd.: 79), wodurch zugleich auch verdeutlicht wird, dass wir nur in einem begrenzten System handeln können. So gestalte unsere Wahrnehmung auch gleichzeitig unsere Grenzen. Allerdings ist es uns Menschen möglich, unseren Horizont, also bereits vorhandene Strukturen, durch neue Anordnungen und entsprechende Veränderungen innerhalb des ‚Feldes‘ zu verschieben und/oder zu erweitern (vgl. ebd.: 79ff.).

Wir können nicht völlig losgelöst vom individuellen spezifischen Kontext existieren, da wir uns stets in einer vorgeprägten Welt bewegen und dadurch Sozialisationsprozessen unterliegen[15]. Alles baut aufeinander auf, entsteht

---

14 Die Cartesianische Philosophie ist auf den Begründer der modernen Philosophie René Descartes zurückzuführen. Bei dem Cartesianismus handelt es sich um eine strikte Abtrennung von Geist und Körper/Materie. Diese würden in keinerlei Verbindung zueinanderstehen (vgl. Faust 2012: 40f.). Descartes ging von einer Vernunftsforschung aus: „cogito ergo sum – ich denke, daher bin ich“ (ebd.: 41).

15 Aufgrund dieser Feststellung spricht Merleau-Ponty vom ‚Kontext‘ als Bezeichnung für subjektive Wahrnehmungsprozesse sowie von individuellen Bedeutungszusammenhängen (vgl. Giuliani-Tagmann 1983: 171).

und vergeht in gegenseitiger Wechselwirkung und Abhängigkeit voneinander. Wir sind immer schon mittendrin, welches Merleau-Ponty mit dem Ausdruck ‚*Zur-Welt-Sein*' beschreibt. So seien wir mit unserem Leib und Bewusstsein stets involviert (vgl. Faust 2019: 92; Giuliani-Tagmann 1983: 68). Der Mensch ist nicht nur Teil seiner Lebenswelt, sondern bewegt und gestaltet diese durch sein Tun und Wirken permanent mit. Somit steht auch „das Symbol, d. h. das sprachliche Zeichen (...) immer schon mit anderen Zeichen in einer Beziehung" (Giuliani-Tagmann 1983: 42). Die Übernahme und Verwendung bereits vorhandener Symbole befähigt uns zugleich dazu, bereits vorhandenen Strukturen zu nutzen, diese aber auch zu deformieren und somit neue zu kreieren (vgl. ebd.; Faust 2019: 85).

Für Merleau-Ponty ist Sprache allumfassend. Wir können uns auf verschiedene Weise zum Ausdruck bringen (vgl. Faust 2019: 87). Die Basis des Spracherwerbs und -vollzugs beruht auf den bereits vorhandenen instituierten Sprachstrukturen, sowie auf der jeweiligen Konstellation individueller Wahrnehmungsprozesse und dem Handlungskontext, in dem sich das Individuum bewegt (vgl. Giuliani-Tagmann 1983: 68). Durch die Verbindung von Leib und Geist erfolgt Kommunikation stets durch beide. Merleau-Ponty spricht hier über „die unlösbare Verschmelzung von Ausdruck und Ausdrücklichem [die] als ‚inkarnierte Bedeutsamkeit' ausschlaggebend sind" (ebd.: 74). Für Merleau-Ponty weist der Leib eine Ambiguität auf, da dieser zugleich subjektiv sowie objektiv erfahren werden kann. Durch unseren Leib sowie die durch das ‚Feld' bedingten Wahrnehmungsmöglichkeiten (vgl. Faust 2019: 92) wird zugleich bewirkt, dass das, was wir zum Ausdruck bringen, nie vollends auch das ausdrückt, was sich eigentlich dahinter verbirgt, da es zugleich auch in einem anderen Kontext und einer bestimmten Intention stehen würde und/oder verstanden werden kann (vgl. Giuliani-Tagmann 1983: 70ff.; 145).

Anhand des Terminus ‚Stil' veranschaulicht Merleau-Ponty, dass die Begriffsbestimmung des Stils verschiedenen Bedeutungen unterliegt, und kein einheitliches Verständnis über diesen herrsche. Hiermit wolle er die gleichzeitig bestehende Diskrepanz der Bedeutung jedes produktiven Ausdrucks verdeutlichen. Für ihn bezieht die Begrifflichkeit des Stils „eine mögliche untergründige Wirksamkeit individueller Sprech- und Verstehensweisen mit ein, die sich nicht in syntaktische, semantische oder pragmatische Regeln auflösen lässt" (Giuliani-Tagmann 1983: 147). Als Grundlage sind diese ‚Regeln' zwar unerlässlich für den Sprachgebrauch, jedoch stehen sie dadurch nicht auch zwangsläufig im Zusammenhang mit der subjektiv persönlichen Verbindung, die die Einzelne* mit einem Wort assoziiert, sondern gehen durchaus über die Syntax, Semantik und Pragmatik hinaus (vgl. ebd. 146f.).

Unsere Wahrnehmung ist stets subjektiv, und somit eröffnen sich im direkten Vergleich mit unseren Mitmenschen auch immer mehrere Perspektiven, aus denen etwas gesehen und wahrgenommen werden kann (vgl. ebd.: 149f.). Es wird uns niemals möglich sein, alle Seiten einsehen und betrachten zu können, sondern stets nur eine ‚mögliche' Perspektive von vielen. Aufgrund dessen kann ein und derselbe Gegenstand von meinem Gegenüber gänzlich anders aufgefasst und wahrgenommen werden, sodass ein unterschiedliches Verständnis über die vorliegenden Gegebenheiten herrschen kann. Wenn Kommunikationspartner*innen von einem gemeinsamen Konsens ausgehen sowie einer Übereinstimmung des Gesagten mit dem Gemeinten, kann dies durchaus dazu führen, dass die eigentliche Bedeutung des Gesagten in einer Konversation unbemerkt bleibt, „die bewirken kann, dass man nachträglich meint, sich ohne Sprachbrücken verstanden zu haben" (ebd.: 152). Merleau-Pontys ‚*Leib-Phänomenologie*' betrachtet den Menschen also nicht als isoliert für sich selbst, sondern geht davon aus, dass wir nur mit der Welt in Austausch existieren können. Beruhend auf der Interkorporalität, einer Zwischenleiblichkeit, existieren wir mit unserem Leib und Bewusstsein im Sinne eines informierten Leibes im Kontext und Kontinuum, als Leibsubjekt in der Lebenswelt (vgl. Faust 2019: 92f.). Hier (in unserem Feld) befinden wir uns in einer permanenten Entwicklung mit anderen. Somit sind wir mit der Welt und den Mitmenschen verbunden. Ohne Mitmenschen wäre Leben nicht möglich.

Daraus schlussfolgernd beruht der Ausgangspunkt für Kommunikation also auf der Verbundenheit und Gemeinsamkeit in der Welt, und nicht auf einem Getrenntsein als Individuum. Wir sind zugleich auch immer Teil des anderen und somit miteinander verbunden. Durch diese Verbindung ist Verstehen möglich (vgl. ebd.: 82). Menschliche Kommunikation ist nach Merleau-Ponty ein Ort „gemeinsamer Sinn- und Bedeutungsbildung; dort kreuzen sich die Zielsetzungen von Subjekten mit überindividuellen Situationsbestimmtheiten und Regelsystemen, die Sprechen und Handeln mitbestimmen. (...) Sprechen findet nicht nur innerhalb eines Kontextes statt, sondern die Intersubjektivität produziert selbst neue Kontexte, indem sie an das Bestehende anknüpft und dieses weiterführt" (Giuliani-Tagmann 1983: 180f.).

3.2 Kommunikation und Axiomatik bei Paul Watzlawick

Die vorherige Heranführung an Merleau-Pontys theoretischen Grundannahmen über Sprache und Leib ermöglichen es eine theoretische Brücke zu Watzlawick zu schlagen. Der österreichische Kommunikationswissenschaftler, systemische Psychotherapeut, Philosoph und Konstruktivist Paul Watzlawick steht zwar zunächst in keinerlei Beziehung zu Maurice Merleau-Ponty, gelangt jedoch zu ähnlichen Grundannahmen. Watzlawick formuliert diese dabei in fünf praxistauglichen Kommunikationsaxiome[16] als eine Art Anleitung für die zwischenmenschliche Kommunikation sowie deren Interpretation. Der anschließende Abschnitt widmet sich der Kommunikationstheorie und den Formulierungen möglicher Grundregeln menschlicher Verständigung, die aus den Untersuchungen von Watzlawick, Beavin und Jackson hervorgehen.

Auch Watzlawick bemüht sich, wie es Merleau-Ponty bereits tat, den Kontext getroffener Aussagen zu berücksichtigen. Losgelöst von der Monadenlehre, welche die Einzelne* isoliert betrachtet (vgl. Giuliani-Tagmann 1983: 182), beruht ihrer beider Fokus auf der Wechselwirkung und gegenseitigen Beeinflussung menschlichen Verhaltens (vgl. Watzlawick/Beavin/Jackson 2017: 24).

Anhand dreier Beispiele unterschiedlicher Untersuchungen verdeutlicht Watzlawick, von welcher enormen Bedeutung die Berücksichtigung des Kontextes sowie die Involvierung zwischenmenschlicher Beziehung ist. Unter anderem bezieht er sich in einem seiner aufgegriffenen Beispiele aus der Kulturanthropologie auf eine Untersuchung, in der es um die Aufdeckung widersprüchlicher Aussagen gegangen sei (vgl. ebd.: 21ff.). Hierbei standen während des Krieges auf der einen Seite die in England stationierten amerikanischen Soldaten und deren Auffassung, dass die aus England stammenden Frauen „sexuell überaus leicht zugänglich [seien]" (ebd.: 22). Diese andererseits äußerten, dass die „amerikanischen Soldaten (..) übertrieben stürmisch [seien]" (ebd.). Aus den Untersuchungsergebnissen ging hervor, dass es in beiden Ländern rund 30 verschiedene Stufen geben würde, die eine potenzielle Partnerschaft durchlaufen könne. Diese würden von der ersten Begegnung bis hin zum Geschlechtsverkehr reichen. Allerdings unterschieden sich die Länder hinsichtlich ihrer Reihenfolge. So habe beispielsweise für die Amerikaner auf der fünften Stufe das Küssen gestanden, bei den Engländerinnen sei das aber auf der 25.ten Stufe angesiedelt (vgl. ebd.). Beide Kulturen waren sich der jeweiligen unterschiedlichen kulturell bedingten Verhaltensformen jedoch nicht bewusst, sodass diese unweigerlich zu Missverständnissen und Beziehungskonflikten führten. „[D]erartige kulturbedingte Verhaltensformen und -abläufe [sind] meist völlig außerbewusst (..). Ins Bewusstsein dringt das undeutliche Gefühl: der *andere* benimmt sich falsch" (ebd.: 22f., Hervorh. i. Orig.). Anhand dieser Beispiele ging es Watzlawick um das Kenntlichmachen, „dass bestimmte Phänomene unerklärlich

[16] An dieser Stelle ist der Verweis von Watzlawick, Beavin und Jackson nennenswert, dass es sich bei den 5. Axiomen um provisorische Formulierungen handle, „die weder Anspruch auf Vollständigkeit noch auf Endgültigkeit erheben können" (Watzlawick/Beavin/Jackson 2017: 57).

bleiben, solange sie nicht in genügend weitem Kontext gesehen werden, oder dass in diesem Fall dem betreffenden Organismus Eigenschaften zugeschrieben werden müssen, die er nicht besitzt" (ebd.: 23).

Watzlawicks Interesse beruht auf der Beobachtung und der Erforschung sprachlicher Zusammenhänge menschlicher Beziehungen: „*Das Medium dieser Manifestationen ist die menschliche Kommunikation*" (ebd.: 24, Hervorh. i. Orig.). Hierfür orientiert er sich an den theoretischen Grundlagen nach Morris sowie Carnap, die bei der Semiotik folgende Gliederung vornahmen: *Syntaktik, Semantik und Pragmatik* (vgl. ebd).

Bei der *Syntaktik* gehe es um die Verknüpfung sprachlicher Zeichen, also Wörter und Sätze.

Die *Semantik* hingegen fokussiere den Sinngehalt der verwendeten Symbole. Eine exakte Übermittlung syntaktischer Symbolserien würde sich als nutzlos erweisen, sofern zwischen Sender*in und Empfänger*in kein semantischer Konsens herrsche.

Die *Pragmatik* hingegen beziehe sich auf die gegenseitige Einflussnahme, also auf das Verhalten aller beteiligter Akteur*innen.

Begrifflich können Syntax, Semantik und Pragmatik zwar voneinander getrennt werden, praktisch allerdings bedingen sich alle drei in einer gegenseitigen Abhängigkeit voneinander (vgl. ebd.: 24f.). Watzlawick fokussiert sich primär auf „die verhaltensmäßigen Wirkungen der Kommunikation" (ebd.), also den pragmatischen Aspekt. Dieser würde neben den Bedeutungen und Zusammenhängen der Syntaktik und Semantik auch alle nonverbalen Aspekte involvieren: „In dieser pragmatischen Sicht ist demnach nicht nur die Sprache, sondern alles Verhalten Kommunikation, und jede Kommunikation – selbst die kommunikativen Aspekte jedes Kontexts – beeinflusst das Verhalten" (ebd.: 26): „Wir sind wie eingesponnen in Kommunikation; selbst unser Ichbewusstsein hängt (...) von Kommunikation ab" (ebd.: 42). Für Watzlawick umfasst Kommunikation demnach „Verhalten jeder Art" (ebd.). Da wir Menschen uns immer in irgendeiner Weise ‚verhalten', existiert kein Gegenteil: sich nicht zu verhalten ist nicht möglich. Wenn diese Gegebenheit akzeptiert wird, ist die logische Schlussfolgerung daraus, dass alles Verhalten auch zugleich Mitteilungscharakter hat: „Handeln oder Nichthandeln, Worte oder Schweigen" (ebd.: 59) teilen anderen etwas mit und machen es unmöglich nicht darauf zu reagieren. Hieraus ergibt sich das *1.Axiom* auf der Metaebene: „*Man kann nicht* nicht *kommunizieren*" (ebd.: 60, Hervorh. i. Orig.).

Bei genauerer Betrachtung enthält jede Mitteilung stets zwei Aspekte, die es zu berücksichtigen gilt. Einerseits beinhaltet eine Mitteilung das, was jemand sagt, also *worüber* etwas gesagt wird. Auf der anderen Seite geht es um den Aspekt, *wie* jemand *was* sagt. Dies offenbart zugleich, wie die Sender*in von der Empfänger*in verstanden werden möchte, und in welchem Verhältnis diese zu ihrem Gegenüber steht. Hier geht es um Verhalten, und wie die Sender*in die Beziehung zur Empfänger*in definiert. Demnach beinhaltet jede Mitteilung sowohl einen Inhaltsaspekt als auch einen Beziehungsaspekt: „Der Inhaltsaspekt vermittelt die ‚Daten', der Beziehungsaspekt weist an, wie diese Daten aufzufassen sind" (ebd.: 63). Eine Mitteilung kann stets mehrfache Interpretationsmöglichkeiten bieten. Diese sind immer abhängig von der Art und Weise der Betonung der Wörter. Daher lautet das *2. Axiom: „Jede Kommunikation hat einen Inhalts- und Beziehungsaspekt, derart, dass letzterer den ersteren bestimmt und daher eine Metakommunikation*[17] *ist"* (ebd.: 64, Hervorh. i. Orig.).[18]

Ein weiteres Attribut von Kommunikation sei die Interaktion. Watzlawick kennzeichnet eine Interaktion als eine aufeinanderfolgende Sequenz von zwei oder mehreren Interaktionspartner*innen. Jede Interaktion beruhe dabei auf einer Reiz-Reaktion-Verstärkungsfolge einer jeden Beteiligten, welche stets zeitgleich erfolgen würde (vgl. ebd.: 58ff.). Kommunikation beruht somit auf einem Wechselspiel von Aktion und Reaktion und ist demzufolge immer Ursache und Wirkung zugleich. Das eigene Verhalten bezieht sich also stets auf das Vorangegangene, auf den von der Sender*in empfangenen Reiz, auf welchen entsprechend reagiert wird. Diese Reaktion ist zugleich aber auch ein neuer Reiz, welcher an mein Gegenüber übermittelt wird. Es resultiert gewissermaßen eine Verstärkung, da diese letztlich eine Folge des vorherigen Verhaltens darstellt. Jede Kommunikationsparter*in einer Interaktion gibt der Beziehung eine Struktur. Es werden konstruktive Regeln geschaffen, die das Verhalten wechselseitig verstärken (vgl. ebd.: 65f.). Durch diese sogenannte ‚Interpunktion von Ereignisfolgen' soll erkenntlich werden, „dass sie [die Interpunktion] Verhalten *organisiert* und daher ein wesentlicher Bestandteil jeder menschlichen Beziehung ist" (ebd.: 66, Hervorh. i. Orig.). Beruhend auf dem *1. Axiom,* dass wir *nicht* nicht *kommunizieren* können, sowie der Verhaltenskette, dass auf jeden Reiz eine Reaktion folgt, wird auch erkenntlich, dass Kommunikation einen zirkulären Verlauf hat und ein Anfangspunkt objektiv nicht ausfindig gemacht werden kann. Das sich hieraus ableitende *3. Axiom* lautet somit: *„Die Natur einer Beziehung ist*

---

17 Watzlawick orientiert sich bei der Begriffsbestimmung der ‚Metakommunikation' an der ‚Metamathematik'. Bei der Metakommunikation handelt es sich um die Kommunikation *über* die Kommunikation (vgl. Watzlawick/Beavin/Jackson 2017: 46f.).

18 Watzlawick verweist an dieser Stelle darauf, dass es auch ebenso möglich sowie plausibel sei, vom umgekehrten Fall auszugehen, und „die Beziehung vom Inhaltsaspekt (...) bestimmt wird" (ebd.: 65). Da jedoch das Interesse und der Fokus auf den pragmatischen Kriterien der Metakommunikation beruhe, würde sich hieraus das genannte *2. Axiom* ableiten (vgl. ebd.: 61ff.).

durch die Interpunktion der Kommunikationsabläufe seitens der Partner bedingt" (ebd.: 69f., Hervorh. i. Orig.).

Die vierte Grundannahme bezieht sich auf die Darstellungsformen innerhalb einer Kommunikation. Watzlawick unterscheidet hier zwischen der digitalen und der analogen Kommunikation. Demnach kann etwas durch Sprache, also mit Worten verbalisiert werden oder aber nonverbal durch Gestik, Mimik sowie Tonfall zum Ausdruck gebracht werden. Beruhend auf dem Aspekt, dass jede Mitteilung einen Inhalts- und Beziehungsaspekt beinhaltet, kann daraus geschlussfolgert werden, dass sich die digitale und analoge Kommunikation gegenseitig ergänzen. Dabei handle es sich auf der Inhaltsebene um die digitale Mitteilung und die analoge Kommunikation erfolge auf der Beziehungsebene (vgl. ebd.: 70ff.) Die digitale Kommunikation bedient sich der Worte. Mit ihr besteht die Möglichkeit etwas zu beschreiben. Sie ist entsprechend mannigfaltig, intellektuell und komplex. Der analogen Kommunikation hingegen fehlen „so grundlegende Sinnelemente wie ‚wenn – dann', ‚entweder – oder' und viele andere (...) [,] dass ferner der Ausdruck abstrakter Begriffe in ihr so schwierig oder unmöglich ist" (ebd.: 76). Hier scheint sich eine Ambiguität abzuzeichnen, denn es gibt beispielsweise sowohl Tränen der Freude als auch des Schmerzes, ein Lächeln kann Teilnahme und Wertschätzung ausdrücken aber durchaus auch ein Zeichen von Geringschätzigkeit und Missachtung sein. Der Empfänger*in obliegt es, diese oftmals konträren Bedeutungen intuitiv zu ‚übersetzen' bzw. entsprechend einzuordnen (vgl. ebd.: 76f.). Das *4. Axiom* umfasst schließlich den folgenden Grundsatz: *„Menschliche Kommunikation bedient sich digitaler und analoger Modalitäten. Digitale Kommunikationen haben eine komplexe und vielseitige logische Syntax, aber eine auf dem Gebiet der Beziehungen unzulängliche Semantik. Analoge Kommunikationen dagegen besitzen semantische Potenzial, ermangeln aber der für eindeutige Kommunikationen erforderlichen logische Syntax"* (ebd.: 78, Hervorh. i. Orig.).

Wie bereits aus dem *3. Axiom* hervorging, hat jede Kommunikation auch immer Einfluss auf das Verhalten der Kommunikationspartner*innen. Sie kann die Beziehung der Kommunikationspartner*innen zueinander beeinflussen und diese gegebenenfalls auch verändern. Das fünfte und letzte pragmatische Axiom befasst sich abschließend mit den Beziehungsformen, die symmetrisch oder komplementär sein können. Die symmetrische Beziehung zeichnet sich durch das Streben nach Gleichheit der Kommunikationspartner*innen aus. Beide sind bemüht, die vorhandenen Ungleichheiten untereinander zu verringern. Sie beruht auf dem Aspekt der Ebenbürtigkeit. Die Grundlage der komplementären Beziehung hingegen basiert auf der Unterschiedlichkeit der Partner*innen. Hierbei wird das Verhalten der einen Person durch das der anderen ergänzt (vgl. ebd.: 79f.). Das *5. Axiom* lautet somit: „*Zwischenmenschliche Kommunikationsabläufe sind entweder symmetrisch oder komplementär, je nachdem, ob die Beziehung zwischen den Partnern auf Gleichheit oder Ungleichheit beruht*" (ebd.: 81, Hervorh. i. Orig.).

3.3 Zwischenfazit

Zusammenfassend kann festgestellt werden, dass es Merleau-Ponty mit seiner ‚*Leib-Phänomenologie*' gelungen ist, den Dualismus aufzuheben und eine Fusion von Leib und Geist herbeizuführen. Durch seine theoretischen Grundannahmen von Leib und Sprache wurde das verdeutlicht, was Watzlawick letztlich durch seine Axiomatik praxistauglicher zum Ausdruck gebracht hat. Merleau-Ponty und er betrachten die menschliche Kommunikation aus unterschiedlichen Blickwinkeln und akzentuieren entsprechende Schwerpunkte. Beide Theoretiker verdeutlichen dabei, dass menschliche Kommunikation auf bestimmten Regeln beruht, die wir seit Beginn des Lebens erlernen. Unser menschliches Dasein hat Mitteilungscharakter. Dieser basiert auf einer Wechselwirkung des jeweils eigenen Verhaltens mit dem der Gesprächspartner*in. Sämtliche Kommunikationsabläufe beruhen schließlich auf dieser gemeinsamen Wechselbeziehung und folgen dabei stets „strengen, komplexen Gesetzmäßigkeit[en]" (ebd.: 49). Dabei laufen diese Prozesse in aller Regel unbewusst ab. Sie stehen in Abhängigkeit der jeweiligen vorliegenden Beziehungsstruktur der Kommunikationspartner*innen sowie den gesammelten individuellen Erfahrungswerten im Umgang mit Gesprächssituationen. Dargestellt wurde, dass es sich bei Kommunikation um einen vielschichtigen und gegensätzlichen Prozess handelt. Insbesondere die Beschreibung der Merkmale und Eigenschaften der Axiome veranschaulichen die Komplexität von Kommunikation, und dass diese viel Interpretationsspielraum aufweist. Demnach erscheint es nicht verwunderlich, dass zwischenmenschliche Probleme aufgrund mangelnder oder fehlgeleiteter Kommunikation auftreten können. Mithilfe des Kommunikationsmodells von Paul Watzlawick besteht die Möglichkeit zu erkennen, worauf Konflikte basieren und wie sie entstanden sind.

In Anlehnung an die theoretischen Erkenntnisse des zweitens Kapitels wurde unter anderem dargelegt, dass Organisationen geregelte und festgelegte Strukturen sowie Positionen (Hierarchien) beinhalten. Werden diese jetzt im Kontext mit den aus diesem Kapitel hervorgegangenen theoretischen Annahmen betrachtet, stellt sich heraus, dass auch diese Organisationsstrukturen Mitteilungscharakter besitzen. Sie regeln maßgeblich, welchen Stellenwert eine Aussage hat, und zugleich offenbaren sie die Machtverhältnisse und hierarchische Organisationsordnung (vgl. Happel 2017: 127).

„Unausgesprochen, aber vermittelt über Ton, Gestik, Mimik, Zuordnung der Sprechenden, Umfang der Nachricht usw. bestimmen sie die Kommunikation in Organisationen wesentlich" (ebd.). Demnach wird die Kommunikation innerhalb eines Unternehmens stets auch durch den organisatorischen Kontext geprägt. Denn schließlich sind es auch die Rahmenbedingungen eines Unternehmens, welche die Kommunikation und Interaktion entsprechend eingrenzen (vgl. Wahren 1987: 45).

Zurückblickend auf Max Webers Bürokratiemodell, herrschte in diesem ein Organisationsverständnis, welches mit einer Maschine gleichgesetzt wurde. Die Steuerung organisatorischer Abläufe beruhte dabei auf Planbarkeit, Berechenbarkeit sowie festgelegten Regeln und Normen. Durch sie sollten geregelte Ablaufprozesse sichergestellt werden und die Erreichung gesetzter Ziele garantiert werden: „Strukturen und Abläufe sollen so organisiert sein und so reguliert werden, dass ‚ein Rad ins andere greift' und die Ergebnisse entsprechend den vorher definierten Zielen verlässlich erzeugt werden" (Merchel 2015: 44).

Im Vergleich dazu ist in Merleau-Pontys ‚*Leib-Phänomenologie*' Sprache allumfassend, sodass der Mensch nicht nur Teil seiner Lebenswelt, sondern ebenso Mitgestalter*in aufgrund seines ‚*Zur-Welt-Seins*' ist. Hieraus kann geschlussfolgert werden, dass Organisationsstrukturen „in der Folge nicht an sich [wirken], nicht automatisch, sondern (...) durch alltägliche Kommunikationsweisen immer wieder neu in Geltung gesetzt, bestätigt, modifiziert, verändert werden [müssen], oder sie werden durch andere Modalitäten ersetzt" (ebd.: 45f.). Erkenntlich wird hier die von Merleau-Ponty beschriebene Fähigkeit menschlicher Kommunikation: ein Ort „gemeinsamer Sinn- und Bedeutungsbildung (...), [welche] Sprechen und Handeln mitbestimmen" (Giuliani-Tagmann 1983: 180). Wird nun noch der Aspekt hinzugezogen, dass jeder Mensch seine eigene subjektive Wirklichkeit konstruiert und subjektive Wahrnehmungsprozesse sowie individuelle Bedeutungszusammenhänge unterschiedliche Weltanschauungen zustande bringen, ist die Schlussfolgerung naheliegend, dass die Individuen entsprechend als Mitglieder in Organisationen Einfluss nehmen und bei deren Gestaltung mitwirken (vgl. hierzu Merchel 2015: 47ff.).

Schließlich ist es auch die Soziale Arbeit, deren fachliches Handeln sich stets in Organisationen vollzieht. Hierbei spielt insbesondere die Institutionalisierung[19] Anfang des 20. Jahrhunderts eine wesentliche Rolle, welche die

---

19 Angelehnt an die Sozialwissenschaften umfasst der Begriff der ‚Institutionalisierung' „in der Sozialen Arbeit die Prozesse zur sozial- und gesellschaftspolitischen, rechtlichen und mit beidem verbundenen organisatorischen Absicherung ihrer vielfältigen Angebote und Leistungen" (Mund 2019: 11).

Rahmenbedingungen Sozialer Arbeit maßgeblich beeinflusst. Nicht nur aufgrund des doppelten Mandats[20] erfolgt die Erbringung sozialarbeiterischer Dienstleistungen stets im Kontext der von Organisationen vorgegebenen sozialpolitischen Aufträge. Daraus ergeben sich für die Soziale Arbeit gewisse Anforderungen im Hinblick auf die Organisationsgestaltung:

„Die Balance zwischen administrativ-zweckrationalen Strukturen auf der einen und Hilfebeziehungen ermöglichenden Strukturen auf der anderen Seite" (Mund 2019: 19). Wie von Merchel zutreffend formuliert, soll anhand dieser Aufführungen hervorgehen, dass letztlich „[i]n einer Organisation der Sozialen Arbeit (..) viele unterschiedlich geprägte ‚Systeme' aufeinander[treffen]: die ‚Organisation' mit der ihr eigenen organisationalen Logik und die unterschiedlichen ‚individuellen Systeme' mit ihren jeweiligen personalen Logiken" (Merchel 2015: 48). Diese Systeme müssen entsprechend miteinander in Einklang gebracht werden und nach Möglichkeit langfristig harmonisieren. Das erfordert, dass Sozialarbeiter*innen einer Organisation miteinander von Angesicht zu Angesicht kommunizieren und als ein Team zusammenarbeiten.

4 Zusammenarbeit in einem Team

Merleau-Pontys Schilderungen über Sprache und Leib haben im vorangegangenen Kapitel dargelegt, dass der Mensch als Individuum stets in Verbindung mit anderen Menschen steht. Der Mensch ist ein soziales Wesen und will in irgendeiner Form einer Gruppe angehören. Jeder Mensch wird durch Gruppen sozialisiert und geprägt. Jede*r von uns hat in aller Regel mindestens bereits in einem Team agieren und Erfahrungen sammeln können, nämlich in dem System der Familie. Jeder Mensch wird „in ein bereits bestehendes System hineingeboren" (Bender 2015: 27). Die Familie weist Ähnlichkeiten mit der gruppendynamischen Grundstruktur eines Teams auf. Allerdings sind sich die Familienbeteiligten meistens nicht bewusst, dass sie in einen gruppendynamischen Prozess integriert sind. Die in der Familie angeeig-

[20] Auf der einen Seite steht hier das Mandat der Kontrolle: die sozialstaatliche Beauftragung, beruhend auf gesetzlichen Grundlagen und der Finanzierung durch öffentliche Gelder mit jeweils eigenen Zielvorstellungen. Auf der anderen Seite steht das Mandat der Hilfe: die Klient*innen und Bewältigung unterschiedlicher Problemlagen, in der sich die Unterstützung an den individuellen Bedürfnissen ausrichten sollte (vgl. Mund 2019: 16). Rückblickend auf Max Webers Herrschafts- und Machtbegriff, kennzeichnet das Mandat der Kontrolle die Wirkmechanismen einer Herrschaft: politisch geregelte Grundbedingungen und Verwaltungsbehörden. Bei dem Mandat der Hilfe ergibt sich gewissermaßen ein Machtgefälle, welches sich auf die Interaktionsbeziehung zwischen Sozialarbeiter*in und Mandat auswirken kann.

neten Mechanismen und erworbenen Verhaltensweisen werden nicht nur verinnerlicht, sondern auch weitgehend beibehalten und meist intuitiv in künftigen Gruppen angewandt (vgl. ebd.: 27f.). Mit Blick auf die menschliche Evolutionsgeschichte besteht Grund zur Annahme, dass die Gemeinschaftsarbeit und der Zusammenschluss zu Gruppen als entscheidende Komponenten in der menschlichen Weiterentwicklung anzusehen sind. Als Gruppe ist die gemeinsame Jagd ergebnisreicher gewesen, die Lebensmittelverfügbarkeit ist entsprechend angestiegen und Reserven konnten gebildet werden. Auch sind hierdurch die Abwehrmöglichkeiten und Überlebenschancen bei Angriffen angestiegen (vgl. Dick/West 2013: 1; Scholz 2018: 15).

Gruppen- bzw. Teamarbeit in Verbindung mit Organisationsformen in Unternehmen ist laut Warnecke (1997: 2) seit Mitte des 20. Jahrhunderts ein immer wiederkehrendes Thema, über welches zwecks neuer Organisationsstrukturen debattiert wurde. Hierunter fällt unter anderem die bereits im Kapitel 2.3 erwähnte ‚Human-Relations-Bewegung' sowie die in den 1970er Jahren in Deutschland entstandene ‚Humanisierung der Arbeit'. Diese seien im Sinne einer humanistischen Gegenbewegung zum Taylorismus/Fordismus entstanden (vgl. hierzu: Kieser/Ebers 2019). Anfang der 1990er Jahre rückt die Gruppen- bzw. Teamarbeit erneut in den Fokus deutscher Unternehmen. Die Beweggründe beruhen jedoch auf betriebswirtschaftlichen und wettbewerbsorientierten Faktoren, mithilfe derer den sich verändernden Umweltbedingungen erfolgversprechend entgegengetreten werden soll (vgl. Warnecke 1997: 2; Kröll/Schnauber 1997: 5f.). Es handelt sich demnach bei dem Phänomen der Teamarbeit um keine Neuheit. Allein ein Blick in die Stellenanzeigen zeigt, dass nahezu alle Beschreibungen den Terminus ‚Team' beinhalten. Sei es in der Stellenbeschreibung, die den Bewerber*innen die Möglichkeit bietet, als vollwertiges Teammitglied einzusteigen, oder aber, dass diese ein Team erwarten würde, welches gemeinsam jeden Tag ein bisschen besser werden möchte. Die Aufzählung weiterer Slogans, wie „Werden Sie Teil unseres Teams…", „Entdecken Sie, was wir zusammen erreichen können", ließe sich an dieser Stelle beliebig fortführen.

Bei Betrachtung der Anforderungsprofile sind es dann die ‚Team-' und/oder ‚Kommunikationsfähigkeit', die dem Anschein nach zu einer der gefragten Schlüsselqualifikationen schlechthin gehören. Diese Annahme wird durch eine Online-Umfrage in Deutschland bestärkt. Die von Harris Interactive erhobenen Daten, welche im Auftrag von CareerBuilder erfolgte, beruhte auf den Einstellungskriterien bzw. der Frage nach den von Arbeitgeber*innen häufigsten gesuchten Begriffen im Lebenslauf. Die Umfrage, bei der 238 Personalchef*innen und Human-Resources-Experten*innen befragt wurden, ergab, dass 46 Prozent gezielt nach dem Begriff der Teamfähigkeit in einer Bewerbung suchen würden. An zweiter Stelle, haben 44 Prozent die Schlüsselqualifikation der Kommunikationsfähigkeit benannt (vgl. CareerBuilder.com 2008). Die von Rundstedt in Zusammenarbeit mit dem Marktforschungsunternehmen INNOFACT AG durchgeführte Online-Befragung befasste sich mit den Kündigungsgründen seitens der Arbeitnehmer*innen. Insgesamt 1020 Teilnehmer*innen nahmen an der Umfrage teil. Hier wurde mit 64,8 Prozent als zweithäufigster Kündigungsgrund eine schlechte kollegiale Atmosphäre angegeben (vgl. von Rundstedt 2018). Die Ergebnisse dieser beiden exemplarisch aufgeführten Umfragen verdeutlichen die Relevanz der Teamarbeit bzw. Teamfähigkeit sowie den Wert der Kommunikationsfähigkeit in der Zusammenarbeit.

Ob in der Wirtschaft, der Verwaltung, dem Staatsapparat oder im Sozialen Sektor: das Phänomen der Teamarbeit ist heutzutage in nahezu allen Bereichen einsetzbar und auffindbar (vgl. Dick/West 2013; Bender 2015; Herwig-Lempp 2016). Dieses Kapitel befasst sich mit grundlegenden Aspekten der Zusammenarbeit im Team. Zunächst einmal steht hier die Frage im Raum, was sich hinter dem Teambegriff verbirgt und wie dieser definiert werden kann (Kapitel 4.1). Anschließend stellt sich noch die Frage nach der Bedeutung von Teamarbeit, welche Vorzüge sie aufzuweisen hat und welche möglichen Nachteile diese bergen kann (Kapitel 4.2). Abschließend werden die Teamrollen nach Dr. Meredith Belbin vorgestellt (Kapitel 4.3).

4.1 Definitionsansätze über den Terminus Team

Der aus dem englischsprachigen Raum stammende Terminus ‚Team' beschreibt unter anderem ein Gespann von Tieren, die einst vor einem Wagen gespannt wurden und gemeinsam mehr Kraft erzeugten. „Durch die gemeinsame Anstrengung mehrerer Tiere erhöhte sich die Arbeitsleistung – worauf sich im Englischen TEAM als Abkürzung für ‚Together Everyone Achieves More' (Gemeinsam erreicht jeder mehr) lesen lässt" (Balz/Herwig-Lempp 2012: 237).

Bei einem Blick in den wissenschaftlichen Diskurs offenbart sich, dass der Teambegriff in der Fachliteratur keiner einheitlichen Definition unterliegt und häufig als Synonym für den Begriff der ‚Arbeitsgruppe' genutzt wird (vgl. Herwig-Lempp 2016: 18ff.; Rosenstiel/Molt/Rüttinger 2005: 126; Dick/West 2013: 3ff.; Erger 2016: 6; Bender 2015: 17). Bei der Vielzahl an verschiedenen Definitionen sind Überschneidungen erkennbar, aber auch Aspekte, in denen sich diese voneinander differenzieren. Eines jedoch haben alle gemeinsam: dass es sich bei einem Team um einen Zusammenschluss mehrerer Personen handelt. So beschreiben Dick/West, dass „[e]in Team (...) eine Gruppe von Menschen [ist], die gemeinsam an der Erreichung geteilter Ziele arbeiten, dabei verschiedene Rollen übernehmen und die miteinander kommunizieren, um so ihre Anstrengungen erfolgreich [zu] koordinieren" (Dick/West 2013: 1). Diese

Beschreibung erweist sich dabei relativ deckungsgleich mit der von Rosenstiel genannten Gruppendefinition, „unter [der] (...) eine Mehrzahl von Personen verstanden werden [soll], die relativ überdauernd in direkter Interaktion stehen, durch Rollendifferenzierung und gemeinsamen Normen gekennzeichnet sind und die ein Wirgefühl verbindet“ (Rosenstiel/Molt/Rüttinger 2005: 124).

Francis und Young wiederum definieren den Teambegriff wie folgt: „Ein Team ist eine aktive Gruppe von Menschen, die sich auf gemeinsame Ziele verpflichtet haben, harmonisch zusammenarbeiten, Freude an der Arbeit haben und hervorragende Leistungen bringen“ (Francis/Young 2002: 19). Diese und ähnliche idealisierende Definitionsansätze über das, was ein Team kennzeichnet oder auch ‚auszeichnet‘, lassen sich in der Fachliteratur ausfindig machen. Eine allgemeingültige Abgrenzung der Begrifflichkeiten ‚Team, Gruppe bzw. Arbeitsgruppe‘ ist jedoch nicht gegeben. So vertreten Teile der Fachliteratur die Meinung, dass zwar jedes Team gleichermaßen auch eine Gruppe sei, aber nicht jede Gruppe auch grundsätzlich ein Team darstelle (vgl. Rosenstiel/Molt/Rüttinger 2005: 126). Menschen, die an einer Haltestelle stehen und gemeinsam auf die nächste Straßenbahn warten, sind zwar in dem Moment gewissermaßen eine Gruppe, aber als Team würde sie wohl kaum jemand bezeichnen.

In Anlehnung an Herwig-Lempp wird der Begriff ‚Team‘ in diesem Beitrag wie folgt verstanden: „Ein Team ist eine Arbeitsgruppe,

- die unter Nutzung der unterschiedlichen Ressourcen ihrer Mitglieder,
- an einem oder mehreren gemeinsamen Ziel(en) arbeitet,
- dies in einer geregelten, strukturierten und organisierten Form tut und
- über diese Struktur und Organisation (hin und wieder) reflektiert“ (Herwig-Lempp 2016: 23).

Ergänzend hierzu bedient sich dieser Beitrag an der vom Deutschen Verein öffentlicher und privater Fürsorge genannten Definition des Teambegriffs. Dieser beschreibt die Organisationsform als System mit flacher Hierarchie, die durch direkten persönlichen Kontakt gemeinsame Lösungsstrategien erarbeitet, so „beraten und/oder entscheiden [sie] gemeinsam über die Art der Zielerreichung und verantworten die Ergebnisse ihrer Arbeit als Gruppe“ (Deutscher Verein 2010: 13).

4.2 Bedeutung von Teamarbeit

Der Deutsche Verein für öffentliche und private Fürsorge führt auf, dass es sich bei der Teamarbeit um „eine kooperative Arbeitsform [handelt]. Sie erfolgt prozess- und ergebnisorientiert. Die Arbeitsweisen und Ergebnisse werden gemeinsam reflektiert und verantwortet“ (Deutscher Verein 2010: 16). Diese Definition erweist sich demnach weitestgehend deckungsgleich mit den zuvor genannten Merkmalen eines ‚Teams'. Um den Nutzen von Teamarbeit zu unterstreichen, soll an dieser Stelle zunächst auf die Studie ‚The link between the management of employees and patient mortality in acute hospitals' von West, Borrill, Dawson, Scully, Carter, Anelay und Waring (2002) verwiesen werden. In dieser großangelegten Erhebung mehrerer britischer Universitäten wurde in 61 Krankenhäusern mit Hilfe von Interviews nach Zusammenhängen zwischen der Sterblichkeitsrate von Patient*innen und der Zusammenarbeit in Teams, beziehungsweise der Abwesenheit dieser geforscht. Krankenhäuser, in denen mehr als 60 Prozent der Beschäftigten ihren Arbeitsalltag in Team bewältigten, wiesen im Vergleich eine fünf Prozent niedrigere Mortalitätsrate auf (vgl. West et al. 2002). Diese Ergebnisse bestärken vorangegangene Studien aus dem Gesundheitssektor, wie beispielsweise diejenige der Forscher*innen Borill et al., welche dargelegt, dass eine Zusammenarbeit im Team zu erhöhter Zufriedenheit, reduziertem Stress sowie gesteigerter Kreativität bei den Mitarbeiter*innen führt (vgl. Borrill et al. 2000).

Resümierend kann zunächst festgehalten werden, dass die Zusammenarbeit in Teams als unterstützende Maßnahme im Kontext mit der ‚Humanisierung der Arbeit' steht. Des Weiteren erweist sich die Teamarbeit als Mittel, um Arbeitsprozesse effizienter gestalten zu können. Aufgrund der fortschreitenden technischen Entwicklung, wachsender Arbeitsanforderungen mit Bewältigung mannigfaltiger Aufgaben, welche allein in hierarchisch strukturierten Führungssystemen schwerer bewältigt werden können, dient hier das Konzept der Teamarbeit als Lösungsansatz. So stellen die komplexeren zu bewältigenden Aufgaben der modernen Arbeitswelt große Anforderungen an die Mitarbeiter*innen. Um diesen gerecht zu werden, bedarf es einer Bündelung von Fachkräften mit unterschiedlichen Fähigkeiten und Voraussetzungen. Durch die Zusammenarbeit im Team ergänzen sich individuelle Fähigkeiten, Fachwissen und Lebenserfahrungen. Der gemeinsame Austausch fördert zudem die fachliche sowie persönliche Weiterentwicklung der Mitarbeiter*innen (vgl. Deutscher Verein 2010: 8f.). Auch kann diese Arbeitsform aufgrund flacherer Hierarchien flexibler agieren und Kommunikationswege fallen kürzer aus (vgl. Dick/West 2013: 18). Aufgrund der Konstellation unterschiedlicher Individuen mit ihren jeweiligen Fähigkeiten und Fertigkeiten, verfügt demnach ein Team über vielseitige Ressourcen und spezielle Fähigkeiten. Durch einen Zusammenschluss können Synergieeffekte gebildet werden. Nach Balz/Herwig-Lempp beruhen diese auf der Grundannahme, dass „ein Team (...) mehr ist als die Summe seiner Mitglieder" (Balz/Herwig-Lempp 2012: 240).

Freilich hat die teambasierte Arbeitsform auch eine Kehrseite, welche nicht vollkommen außer Acht gelassen werden soll. Erwähnenswert sind hier unter anderem die Phänomene des ‚sozialen Faulenzens' sowie des ‚Trittbettfahrers'. Das sogenannte ‚soziale Faulenzen' beruht auf Motivationsdefiziten. In Gruppen, in denen die Mitglieder noch nicht lange zusammenarbeiten oder eine Tätigkeit als weniger relevant erscheint, ist dieser Effekt verstärkt zu beobachten. Die Person bleibt hier hinter ihren individuellen Möglichkeiten zurück und schöpft ihr Potenzial nicht voll aus. Ein*e ‚Trittbettfahrer*in' ruht sich auf den Leistungen der anderen aus in der Erwartung, dass die Mitglieder die zu bewältigenden Aufgaben für einen mit erledigen. Die genannten Phänomene können einen weiteren Effekt bedingen: Entsteht bei einem Teammitglied der Eindruck, dass ein*e Kolleg*in sich auf den Leistungen anderer ausruht oder sich aus einem gewissen Desinteresse nicht einbringt, kann die Reaktion hierauf sein, die eigene Anteilnahme und Beteiligung ebenfalls zu verringern (vgl. Dick/West 2013: 21f.). Die drei genannten Wirkkräfte stehen stellvertretend für mögliche negative Effekte. Die Darstellung der Vor- und Nachteile erheben nicht den Anspruch auf Vollständigkeit und wurden auf einige, in der Literatur benannte relevante Aspekte reduziert.

4.3 Das Teamrollenmodell nach Meredith Belbin

Zu Beginn des Kapitels wurde bereits ersichtlich, dass jeder Mensch in aller Regel die ersten Teamerfahrungen in der Familie sammelt. Gewissermaßen werden die hier erworbenen Erfahrungen zur Basis, welche das jeweilige Rollenverständnis im weiteren Leben prägen. Die im Familiensystem erlernten Verhaltensmechanismen und Bewältigungsstrategien „bilden die Grundlage (...), wie man in dieser Welt mit anderen umgeht und am besten überlebt" (Bender 2015: 27). Somit sind gewisse Verhaltensmuster und Reaktionen der beteiligten Akteur*innen eines Teams mitunter auf die in der Kindheit erlernten und erfahrenen Interaktionsmechanismen zurückführbar. Diese erweisen sich als möglicher Erklärungsansatz, wenn bestimmte Äußerungen oder Handlungen eines Teammitglieds für Außenstehende zunächst nicht nachvollziehbar erscheinen. Nach Bender „bringt [jeder Erwachsene] aus seiner Familie das mit, was er in seiner persönlichen Geschichte noch nicht erledigt oder gelernt hat" (ebd.: 31).

Letztlich nehmen alle Menschen unterschiedliche Rollen im Laufe ihres Lebens ein, manche davon längerfristig, andere kürzer oder nur im Kontext bestimmter Gegebenheiten. Demnach kann es insbesondere für Führungskräfte förderlich sein, diese Kriterien in der Zusammenarbeit zu berücksichtigen. Für ein tiefgreifendes Verständnis verschiedener Teamrollen erweist sich das Teamrollenmodell nach Dr. Meredith Belbin als unterstützendes Instrument. Hierbei handelt es sich um ein weit verbreitetes Modell mit hohem Nutzungsgrad in Unternehmen. Belbin legte mit seiner Studie Ende der 60er Jahre die Grundlage für das Rollenverständnis innerhalb eines Teams. Er untersuchte in Großbritannien über einen Zeitraum von neun Jahren, welchen Einfluss verschiedene Persönlichkeitsmerkmale innerhalb einer Teamkonstellation auf die Teamleistung haben. Hierbei konstatierte er gemeinsam mit seinem Forschungsteam zunächst acht unterschiedliche Teamrollen, die 1988 um eine neunte ergänzt wurden (vgl. Bell 2013: 45). Idealerweise ergänzen sich jene Rollen mit ihren Charakterzügen komplementär innerhalb der Teamarbeit (vgl. Erger 2016: 32). Das Wissen über die verschiedenen Rollen sollte jedoch nicht mit einer Kategorisierung einer Person gleichgesetzt werden, „da die Rollenbegriffe eher offen zu sehen sind" (ebd.). Vielmehr erweist es sich als ein nützliches Instrumentarium, mit dessen Hilfe die verschiedenen Potenziale erkannt werden können sowie deren Wirkmechanismen innerhalb der Zusammenarbeit, aber auch Konflikte innerhalb eines Teams nachvollziehbarer werden können (vgl. ebd.). Im Folgenden sollen diese neun Teamrollen verkürzt aufgeführt werden.

Die Umsetzer*innen – Implementor: Die Vorzüge der Umsetzer*innen beruhen auf ihren organisatorischen Fertigkeiten. Sie kennzeichnen sich durch ihr diszipliniertes und strukturiertes Vorgehen aus. So wird sichergestellt, dass das geplante Vorhaben auch realisiert werden kann. Verlässlichkeit, Sorgfalt sowie Effektivität sind charakteristisch für sie. Die eigenen Interessen stellen sie hinten an, sodass die Umsetzer*innen stets „das tun, was getan werden muss" (ebd.: 33). Auf Neuerungen reagieren die Umsetzer*innen jedoch eher konservativ und dogmatisch. Dennoch richten sie den Fokus stets auf das Wesentliche und gewährleisten durch ihre Talente einen fortwährenden Arbeitsablauf innerhalb des Teams (vgl. ebd.: 32f.; Bell 2013: 46).

Die Beobachter*innen – Evaluater zeichnen sich durch ihre Nüchternheit, analytische Fertigkeiten sowie Distanziertheit aus. Sie sind entsprechend zurückhaltend und stillere Persönlichkeiten. Sie gelten als weniger emotional und ruhigere Weggefährt*innen. Ihr analytisches Können erweist sich insofern als vorteilig, dass das geplante Vorhaben und Ideen von ihnen auf ihre Realisierbarkeit hin überprüft werden und durch ein gutes Urteilsvermögen Fehlentscheidungen vermieden werden können (vgl. Erger 2016: 33; Bell 2013: 46).

Perfektionist*innen – Completer gehören zu jenen Persönlichkeiten, welche präzise genau ihr Vorhaben verfolgen und Begonnenes stets auch zu Ende bringen. Sie arbeiten detailgetreu und gewissenhaft. Daher bevorzugen sie es, Tätigkeiten selbst zu erledigen, anstatt diese an andere zu übergeben. Dies geschieht aufgrund der Sorge, dass die Aufgabenerledigung nicht den eigenen Maßstäben entsprechend absolviert werden würde. Sie haben einen hohen Anspruch an sich selbst und sind stets besorgt über mögliche künftige Schwierigkeiten und Problematiken. Sie erweisen sich jedoch als zuverlässig und arbeiten termingerecht (vgl. Erger 2016: 33f., Bell 2013: 46).

Spezialist*innen – Specialist kennzeichnen sich dadurch, dass diese sich einem bestimmten fachspezifischen Arbeitsbereich widmen und hier ihre Fertigkeiten weiter ausbauen wollen. In ihrem Gebiet sind sie zielstrebig und aufgrund ihrer fachspezifischen Kenntnisse in ihren Entscheidungen zielsicher. Spezialist*innen richten ihren Fokus jedoch in aller Regel nur auf ihre eigenen Interessen und „haben keinen Blick für größere Zusammenhänge" (Erger 2016: 34, vgl. auch 33f.; Bell 2013: 46).

Die Stärken von Teamarbeiter*innen – Teamworker liegen insbesondere in der Fähigkeit, mit unterschiedlichen Situationen und Menschen zurechtzukommen. Sie erweisen sich als gute Zuhörer, sind feinfühlig und entgegenkommend. Aufgrund ihrer kooperativen, umgänglichen und einfühlsamen Art gelingt es ihnen Spannungen im Team abzubauen. Zugleich erweisen sie sich als Motivator für das Team, stärken den Teamgeist, helfen den Teammitgliedern effektiver zu arbeiten und verbessern die Kommunikation innerhalb des Teams (vgl. Erger 2016: 34; Bell 2013: 46).

Die Wegbereiter*innen – Resource Investigator gelten als gesellig und kommunikativ. Sie sind kontaktfreudig und offen, sodass sie sowohl intern als auch extern schnell Kontakte aufbauen und Beziehungen zu potenziellen Kooperationspartner*innen pflegen. Sie wissen wie vorhandene Mittel und Möglichkeiten effektiv genutzt werden können und bauen auf Ansätzen anderer auf, um diese weiterzuentwickeln. Sie neigen jedoch auch dazu, schnell ihr Interesse an etwas zu verlieren (vgl. Erger 2016: 35; Bell 2013: 46).

Koordinator*innen – Co-ordinator stechen durch ihre Selbstsicherheit sowie Beherrschtheit hervor. „Die unsichtbare Fähigkeit des Koordinators ist es, andere zu bewegen, auf ein Ziel hinzuarbeiten" (Erger 2016: 35). Koordinator*innen werden von ihren Teammitgliedern geachtet und wissen gleichermaßen, diese mit ihren jeweiligen individuellen Stärken in die Teamarbeit miteinzubinden. Hierdurch behalten sie auch den Überblick. Sie gelten insgesamt als jene, die sich nicht aus der Ruhe bringen lassen. Sie steuern Aufgabenprozesse, klären Ziele und fördern das Team bei der Entscheidungsfindung (vgl. ebd.; Bell 2013: 46).

Macher*innen – Shaper, sind äußerst erfolgsorientierte Persönlichkeiten und wollen Resultate sehen. Daher spornen sie ihre Teammitglieder an und überwinden Trägheit sowie Hindernisse. Sie sind dynamisch und aufgeschlossen, nehmen jedoch wenig Rücksicht auf die Gefühle ihrer Teammitglieder. So würden sie schnell dazu tendieren ungeduldig zu werden und zu provokantem Verhalten neigen (vgl. ebd.). „Sie sehen das Team als Ausführungsorgan und sehen die Hauptaufgabe darin, die Arbeit des Teams voranzutreiben" (Erger 2016: 36).

Erfinder*innen – Planter involvieren neue Ideen, suchen nach möglichen Optionen und arbeiten lösungsorientiert. Sie sind fantasievoll, intellektuell und bevorzugen es, zurückgezogen zu arbeiten. Sie setzten sich gerne über Regeln und Normen hinweg und ignorieren Nebensächlichkeiten (vgl. ebd.; Bell 2013: 46). Es kommt jedoch zu Kommunikationsschwierigkeiten „mit Menschen anderer Wellenlänge" (Erger 2016: 36).

Aus dem Rollenmodell geht hervor, dass demzufolge ein optimales Team idealerweise aus neun Personen zusammengestellt werden müsste. In der Realität sind die Gegebenheiten jedoch oftmals andere und ein Team besteht bereits, dessen Besetzung unabhängig von den neun Teamrollen erfolgte. Nach Erger „kommt [es] selten vor, dass in sozialen Organisationen die neuen Mitarbeiter nach ihren Teamrollen eingestellt werden, die sie in der Einrichtung ausfüllen könnten" (ebd.: 37). Das Modell zeigt auf, von welcher Bedeutung Vielfalt in einem Team ist. Das Wissen über die verschiedenen Persönlichkeiten erweist sich als nützlich, um Konflikte innerhalb eines Teams besser zu verstehen. Denn erkenntlich wird, dass manche Verhaltensweisen innerhalb der Teamrollen mit anderen kollidieren können. Ebenfalls verhilft es, einzelne Stärken der Mitarbeiter*innen zu erkennen und zu nutzen, in dem die Aufgabenverteilung entsprechend den Persönlichkeiten erfolgt. Eine aufgabenspezifische Verteilung kann motivierend auf die Mitarbeiter*innen wirken. Berücksichtigt werden sollte jedoch, dass Teammitglieder oft Eigenschaften mehrerer Rollen besitzen, welche unterschiedlich stark ausgeprägt sind. Hier sind die Grenzen wohl oftmals fließend.

5 Teams als Bestandteil Sozialer Arbeit

Nachdem im vorangegangenen Abschnitt allgemeine Grundlagen und Definitionsansätze zum Phänomen Team und Teamarbeit behandelt wurden, widmet sich das abschließende Kapitel der teambasierten Arbeitsform mit Blick auf die Soziale Arbeit.

Der Deutsche Verein für öffentliche und private Fürsorge e.V. gründet 1973 den Fachausschuss IV ‚Organisation sozialer Dienste', „um der Praxis bei den Bemühungen um systematische Durchdringung und modellhafte Lösung der Organisation sozialer Dienste Hilfen zu geben" (Deutscher Verein 1976: 3). Ihr erster Schwerpunkt umfasst die Ausarbeitung von grundlegenden Aspekten der Teamarbeit innerhalb sozialer Dienste. Mit den im Jahr 1976 herausgegebenen ‚Empfehlungen zur Teamarbeit in sozialen Diensten' geht es dem Fachausschuss IV in erster Linie darum, die Bedeutung von Teamarbeit, deren Notwendigkeit sowie Nutzen in sozialen Diensten hervorzuheben und konkrete Möglichkeiten aufzuführen, mithilfe derer eine teambasierte Arbeitsform realisiert werden kann (vgl. Deutscher Verein 2010: 7). Hierbei setzt sich der Fachausschuss IV ebenfalls mit den Organisationsstrukturen auseinander und empfiehlt, die teambasierte Arbeitsform ergänzend zu dem Leitliniensystem zu involvieren.

Das vorliegende Organisationsverständnis erinnert stark an das Webersche bürokratische Idealmodell einer legalen Herrschaft. So seien hierarchische Strukturen mit klar geregelten Tätigkeitsbereichen und Aufgabenteilungen „auch in der Sozialverwaltung nach wie vor [die] zweckmäßigste Organisationsform" (Deutscher Verein 1976: 33). Dabei sei die „Hierarchie (...) als ein Ordnungsinstrument von zeitloser Bedeutung [anzusehen]" (Grün, Stichwort „Hierarchie" in: Handwörterbuch der Organisationen [HWO], Sp. 682, zit. n. Deutscher Verein 1976: 33). Hier werden die Parallelen zu Max Webers Bürokratiemodell erkennbar und, dass sich die von ihm beschriebenen Grundannahmen und Ausführungen bürokratischer Administrationen als ein fester Bestandteil von Organisationen erweisen.

Aus den Empfehlungen des Deutschen Vereins geht hervor, dass die gegebenen formalen Organisationsstrukturen mit ihren Regeln, Vorschriften und Hierarchien allerdings auch kritisch betrachtet werden müssen: Dies liege in den erhöhten und zunehmend komplexer werdenden Anforderungen begründet, die es zu berücksichtigen gelte. Die Bewältigung einzelner Aufgaben beruht auf vielschichtigen Aspekten und Zusammenhängen mehrerer Faktoren. „Dabei dürfen Strukturen und Abläufe nicht starr und überorganisiert sein" (Mund 2019: 19). Es bedarf einer fachgerechten sowie im Hinblick auf die Klient*innen individuellen, an die Bedürfnislage angepassten Entscheidungs- und/oder Lösungsfindung. Hierbei können hierarchische Organisationsstrukturen hinderlich und einschränkend wirken. Bei vielschichtigen Problemlagen und unterschiedlichen Informationszugängen kann eine Fachkraft ihr Vorgehen nicht starr nach standardisierten Vorgaben ausrichten. So bedarf es mitunter bei schwerwiegenden Entscheidungen, die von einer Fachkraft zu treffen ist, einer kooperativen Arbeitsform. Die teambasierte Arbeitsform erweist sich dann als „erforderlich, wenn bei ungenauen Zielbestimmungen, unerprobtem methodischen Vorgehen oder einem großen Umfang an Informationen Einzelarbeit kein qualitativ vergleichbares Resultat erbringen kann" (Deutscher Verein 1976: 32).

Erkenntlich wird, dass der Deutsche Verein mit seinen ‚Empfehlungen zur Teamarbeit in sozialen Diensten' 1976 zum einem an dem System bürokratischer Organisationen festhält, gleichermaßen aber auch verdeutlicht, dass diese formalen Organisationsstrukturen ein Hemmnis für sozialarbeiterisches Vorgehen und Handeln darstellen können. Daher wird die teambasierte Organisationsform als notwendige Ergänzung im Leitliniensystem erachtet. Diese verschafft den Fachkräften sozialer Dienste hinsichtlich des gestiegenen Komplexitätsgrads sozialarbeiterischer Tätigkeiten Unterstützung. So können sie sich bei Entscheidungen beraten, Fachkenntnisse und

Erfahrungswerte austauschen sowie ihre Schwarmintelligenz nutzen. Hierdurch können schwerwiegende Entscheidungen über künftige Hilfeleistungen und/oder Maßnahmen von mehreren Personen getragen werden.

Aus heutiger Sicht zeigt sich, dass die Organisationsform Teamarbeit als fester Bestandteil Sozialer Arbeit eingebunden ist und deren Relevanz anerkannt wird (vgl. Deutscher Verein 2010: 7). Die Mitglieder des Fachausschusses IV des Deutschen Vereins haben ihre Empfehlungen seither überarbeitet und 2002 die ‚Empfehlungen zur Teamarbeit und Teamentwicklung in der sozialen Arbeit' herausgegeben. Diese dienen der Weiterentwicklung einer teamgerechten Zusammenarbeit. Es werden wesentliche Sachkenntnisse und Voraussetzungen herausgearbeitet und aktualisiert. Demnach hat die teambasierte Arbeitsform in erster Linie das Ziel „komplexe Beratungs- und Entscheidungsprozesse zu qualifizieren, indem Fachlichkeit gebündelt, Kreativität entwickelt, Ressourcen ausgeschöpft und Wirtschaftlichkeit unterstützt wird" (ebd.: 8). „Weitere Ziele der Teamarbeit sind

- qualifizierte Problemlösungsfähigkeit,
- höhere Qualität und Fachlichkeit, bei wachsender Komplexität der Aufgaben,
- Weiterentwicklung und Nutzen der Fähigkeiten der Fachkräfte,
- Wirtschaftlichkeit,
- Bürgerorientierung und Transparenz" (ebd.).

Hier zeigen sich die Gründe für die Entwicklung hin zu einer Organisation in Teams in sozialen Dienstleistungsunternehmen. Diese finden sich unter anderem in der Qualitätsdiskussion Sozialer Arbeit wieder. Die Teamarbeit wird als eine der wesentlichen Faktoren erachtet, um den Qualitätsanforderungen besser gerecht zu werden. Somit wird in der teambasierten Arbeitsform auch eine Antwort auf die eingangs (im ersten Kapitel) erwähnten Umstrukturierungsmaßnahmen im Sozialsektor gesehen. Die damit zusammenhängenden Kosteneinsparungen unter marktwirtschaftlichen Gesichtspunkten haben den Effektivitäts- und Effizienzdruck sozialer Dienstleistungsunternehmen erhöht. Daher erachtet es der Fachausschuss VI für relevant, die Grundbedingungen für die Etablierung einer teambasierten Arbeitsform aus einem neuen Blickwinkel zu betrachten. Beruhend auf den benannten Veränderungen der strukturellen Organisationsgestaltung müssen die Voraussetzungen entsprechend angepasst und abgeändert werden (vgl. ebd.: 7). Demzufolge wurden Hierarchien abgeflacht und teambasierte Arbeitsformen in sozialen Einrichtungen involviert. Teamarbeit beruht auf der Basis von Interaktionen und Fachgesprächen und löst somit Weisungsstränge und Dienstwege ab. Aufgrund dessen befasst sich dieses Kapitel im weiteren Verlauf mit einigen grundlegenden Kompetenzen und für die Praxis hilfreiche Aspekte, die die Interaktionsfähigkeit, den gemeinsamen Austausch und die Zusammenarbeit im Team fördern sollen.

5.1 Das Verantwortungsbewusstsein und die Reflexionskompetenz

Zwei der wesentlichen Grundvoraussetzungen für eine gelungene Teamarbeit stellt das Verantwortungsbewusstsein und die Reflexionskompetenz dar. Bei der Teamarbeit handelt es sich um eine aktive Prozessgestaltung. Um die gemeinsame Zusammenarbeit aufrecht zu erhalten, ist somit auch die Beteiligung aller Teammitglieder erforderlich sowie die Bereitschaft eigenverantwortlich zu handeln. Da die Teamarbeit die Integrität eines jeden einzelnen Mitglieds betrifft, trägt somit auch jedes Teammitglied Verantwortung. Um als Team gemeinsam zu fungieren, bedarf es also eines entsprechenden Verantwortungsbewusstseins in Bezug auf das eigene Handeln (vgl. Bender 2015: 14).

Rückblickend auf das dritte Kapitel wurde mit Merleau-Pontys Schilderungen über Sprache und Leib und Paul Watzlawicks Axiomatik hervorgehoben, dass es einem Menschen nicht möglich ist, sich nicht zu verhalten: Jedes Teammitglied sendet ununterbrochen Signale und steht – durch unser ‚*Zur-Welt-Sein*' bedingt – mit den Kolleg*innen in einem anhaltenden Dialog. Es bedarf keiner Worte, und dennoch teilt sich jede Person über ihren Leib mit: Die Körperhaltung, Mimik oder Gestik, selbst ein vermeintliches ‚Nicht-Verhalten' sagen etwas aus. In einer Teamsitzung könnte dies beispielsweise ein zustimmendes Nicken der Kolleg*in sein. Aber auch das Zurücklehnen und Verschränken der Arme, ein in sich gekehrter Blick u. a. haben Mitteilungscharakter. Dieses Verhalten kann von den Kolleg*innen als positiv und negativ gewertet werden. Auch wenn diese Vorgänge oftmals unbewusst verlaufen, ist es für Teammitglieder hilfreich, wenn sich alle vor Augen führen, dass sie stets auch an Zusammenhängen, die das Team betreffen, beteiligt sind. Nur ihre körperliche Anwesenheit trägt zum Teamverhalten und weiteren Prozess bei. Sich diesen Gegebenheiten bewusst zu werden und zu sein, lässt die Teammitglieder erkennen, dass sich ebenso ein passives Verhalten auf das Team auswirkt. Und wie bereits in Kapitel 4.2 beschrieben, ist es vor allem die Passivität, welche sich auf die Teamarbeit und Dynamik durchaus negativ auswirken kann. Offensichtlich wird, dass sich kein Teammitglied der Verantwortung entziehen kann und somit als ein Teil des Teams auch Mitwirkende*r zugleich ist. Daraus resultiert, dass Misserfolge, Defizite oder Fehler nicht anderen oder den äußeren Umständen zugeschrieben werden können, um sich dadurch der eigenen Verantwortung zu entziehen.

In der Interaktion und in zwischenmenschlichen Beziehungen erweist sich eine Perspektivenerweiterung und akzeptierende Grundhaltung gegenüber gewissen Verhaltens- und Handlungsweisen anderer Teammitglieder als praktisch und nützlich. Hierbei handelt es sich in erster Linie um grundlegende Bausteine, welche auf die subjektiven sowie selektiven Wahrnehmungsprozesse zurückzuführen sind. Bender (2015: 15) benennt hierzu fünf

Kriterien. Das Verständnis dieser kann eine Grundlage von professioneller Reflexion bieten:

(1) „Etwas wahrnehmen heißt immer auch, etwas interpretieren und bewerten" (Wahren 1987: 17). Dieser grundlegende Aspekt wurde bereits im dritten Kapitel aufgegriffen und verwies auf die vielseitigen subjektiven Interpretationsmöglichkeiten, mit denen auf etwas geblickt werden kann. Daher sollten sich alle Teammitglieder der Tatsache bewusst sein, dass es nicht nur eine Betrachtungsweise gibt, sondern viele Perspektiven, von denen ein Standpunkt aus begutachtet werden kann. „So ist für die Optimisten das Glas halb voll, für die Pessimisten halb leer. Und beide haben Recht" (Bender 2015: 15).

(2) Ein weiteres Element, welches die einzelnen Teammitglieder bei der Zuschreibung möglicher Ursachen für das Verhalten der Teamkolleg*in in Betracht ziehen sollten, ist, dass jede Verhaltensweise eines Teammitglieds auch ihren Grund hat und diese*r mit ihrem Handeln eine bestimmte Intention verfolgt. Jedes Tun ist für die Person selbst in aller Regel auch von Sinnhaftigkeit, auch wenn es für Außenstehende nicht ersichtlich oder nachvollziehbar erscheinen mag. „Dies bedeutet nicht Verneblung, Verleugnung und Beschwichtigung ‚negativer' Aspekte" (ebd.).

(3) Bei beraterischen Tätigkeiten innerhalb des Teams und/oder Überlegungen weiterer Möglichkeiten sowie alternativer Vorgehensweisen, sind diese stets konstruktiv zu gestalten. Sie „dürfen nicht auf Kosten des Selbstwerts irgendeiner Person gehen" (ebd.).

(4) In einem gemeinsamen Austausch über alternative Möglichkeiten und/oder Handlungsoptionen erweisen sich meist „abgetrennte Theorien und Lebensweisheiten [als weniger hilfreich]" (ebd). Wirkungsvoller sowie ergebnisreicher verlaufen Interaktionen in der Regel, wenn diese am bestehenden Konzept oder den gegenwärtigen Präferenzen anknüpfen und/oder weiterentwickelt werden (vgl. ebd.).

(5) Abschließend hilft es den Teammitgliedern zu erkennen, dass aufgrund selektiver Wahrnehmungsprozesse die Auswahl von Informationen gefiltert wird und unsere Aufnahmefähigkeit entsprechend begrenzt ist. Bei der Bewertung dieser Informationen kann es zu einer Uminterpretation kommen. Sie „ist überall dort zu beobachten, wo es um die Bewertung nicht völlig eindeutiger Sachverhalte geht" (Wahren 1987: 20). Somit sind Menschen auch oftmals dazu verleitet, sich ihr ‚eigenes Bild' über Mitmenschen oder Situationen zu konstruieren. Es werden Spekulationen betrieben, Hypothesen aufgestellt und Rückschlüsse gezogen. Es wird sich eine entsprechende Meinung über etwas gebildet, ohne diese wohlmöglich am Ende jemals verifiziert zu haben. Werden diese Rückschlüsse schließlich in irgendeiner Form bestätigt, beispielsweise in einem Gespräch mit einer Teamkolleg*in,

entsteht letztlich ein Urteil über etwas oder jemanden, dessen Fundament gewissermaßen auf Vermutungen baut. Der konstruierte Sachverhalt wird somit zu unserer Wirklichkeit und als gegeben angesehen, deren Korrektheit dann meist nicht mehr hinterfragt oder angezweifelt wird (vgl. Bender 2015: 15). Wenn nun auf die von Merleau-Ponty und Watzlawick vorangegangenen Aspekte geblickt wird, erfolgt jedes Verhalten, Sprechen und Handeln immer innerhalb eines Kontexts, den es gilt zu berücksichtigen. Hierdurch wird erkenntlich, dass solch ein konstruierter Sachverhalt Einfluss auf das jeweils eigene Verhalten hat, „auf (...) [dem] ich mein weiteres Handeln aufbaue, ohne es je bei meinem Gegenüber abgeklärt zu haben" (ebd.).

Dieses Wissen trägt wesentlich zur Reflexionsfähigkeit eines jeden Teammitglieds bei und bietet einen Beitrag, welcher die konstruktive Zusammenarbeit im Team fördert. Dewey bezeichnet dieses Vermögen als reflexives Denken: „Reflektierendes Denken besteht in einem regen, andauernden, sorgfältigen Prüfen von etwas, das für wahr gehalten wird, und zwar im Lichte der Gründe, auf die sich die Ansicht stützt, und der weiteren Schlüsse, denen sie zustrebt" (Dewey 2002 (1910): 11). Somit besteht die Möglichkeit, wahrgenommene Eindrücke, eigene Verhaltens- und/oder Handlungsweisen sowie die der Teammitglieder nicht voreilig und ohne Bedacht zu beurteilen und darauf zu reagieren, sondern diese zu überprüfen. Des Weiteren erweist sich das Wissen, dass es stets mehrere Standpunkte geben kann, als hilfreich: Es bietet Teammitgliedern die Möglichkeit, ihren Blickwinkel zu erweitern und ‚neue' Perspektiven anzunehmen (vgl. Herwig-Lempp: 2016: 103ff.). Die Fähigkeit, Verantwortung für das eigene Verhalten sowie Handeln zu übernehmen, und das Vermögen, als Team und -mitglied reflektiert mit Verhaltens- und Handlungsweisen umgehen zu können, gehören mitunter zu den Kriterien, die Teamfähigkeit kennzeichnen (vgl. Gellert/Nowak 2014: 89).

Die Bund-Länder-Koordinierungsstelle für den Deutschen Qualifikationsrahmen für lebenslanges Lernen (kurz: B-L-KS DQR) fasst diese Kriterien in ihrem herausgegebenen ‚Handbuch zum Deutschen Qualifikationsrahmen' (kurz: DQR)[21] unter dem Oberbegriff der ‚Personalen bzw. Humankompetenz' zusammen. Diese Kategorie umfasst die *Selbstständigkeit* und die *Sozialkompetenz.* Bei ersterer handelt es sich um „die Fähigkeit und Bereitschaft eigenständig und verantwortlich zu handeln, eigenes und das Handeln anderer zu reflektieren und die eigene Handlungsfähigkeit weiterzuentwickeln" (B-L-KS

[21] „Die Bund-Länder-Koordinierungsstelle DQR (B-L- KS DQR) ist in Deutschland die Nationale Koordinierungsstelle im Sinne der Empfehlung des Europäischen Parlaments und des Rates vom 23. April 2008. Sie hat ausschließlich koordinierende Aufgaben und setzt sich aus Beauftragten der Kultusministerkonferenz und des Bundesministeriums für Bildung und Forschung sowie der Wirtschaftsministerkonferenz und des Bundesministeriums für Wirtschaft und Technologie zusammen" (B-L- KS DQR 2013: 43).

DQR 2013: 14). Die *Sozialkompetenz* meint „die Fähigkeit und Bereitschaft, zielorientiert mit anderen zusammenzuarbeiten, ihre Interessen und sozialen Situationen zu erfassen, sich mit ihnen rational und verantwortungsbewusst auseinanderzusetzen und zu verständigen sowie die Arbeits- und Lebenswelt mitzugestalten" (ebd.).

Mit den vorangegangenen Schilderungen, in welcher Weise die subjektive Wahrnehmung das eigene Verhalten sowie Handeln mitbestimmt, werden insbesondere die von Merleau-Ponty, aber auch die von Watzlawick beschriebenen theoretischen Grundannahmen im dritten Kapitel bestätigt. Anhand der von Bender genannten Kriterien wird verdeutlicht, wie sich aus dem jeweiligen individuellen Kontext heraus ein Konstrukt der Wirklichkeit bilden kann. Auch wurde ersichtlich, dass „alles erst durch Deutung eine bestimmte Wirklichkeit erhält" (Wahren 1987: 21). Watzlawick formulierte hierzu, „dass der Glaube, es gäbe nur eine Wirklichkeit, die gefährlichste Selbsttäuschung ist; dass es vielmehr zahllose Wirklichkeitsauffassungen gibt, die sehr widersprüchlich sein können, die alle das Ergebnis von Kommunikation und nicht der Widerschein ewiger, objektiver Wahrheiten sind" (Watzlawick 2017: 7). Demnach, so Watzlawick, ist „Wirklichkeit (...) vermutlich das, was wir für wirklich halten" (Watzlawick/Beavin/Jackson 2017: 289). Das mithilfe *„durch Kommunikation und Interaktion* [gebildete] *soziale Konstrukt der Wirklichkeit"* (Wahren 1987: 21, Hervorh. i. Orig.), findet sich ebenso in Organisationen Sozialer Arbeit wieder.

5.2 Kommunikation und Interaktion in der Zusammenarbeit

Zusammenarbeit bedeutet in erster Linie Kommunikation. Doch um sein eigenes kommunikatives Verhalten deuten und verstehen zu können, ist es erforderlich, sich über das Verhalten der anderen Teammitglieder ein Bewusstsein zu schaffen: Denn „[u]m sich selbst zu verstehen, muss man von einem anderen verstanden werden. Um von anderen verstanden zu werden, muss man den anderen verstehen" (Watzlawick/Beavin/Jackson 2017: 42).

Wie bereits festgestellt wurde, gehört zu den grundlegenden Kommunikationsfähigkeiten, „die Fähigkeit zur Selbstreflexion und Selbstkritik" (Deutscher Verein 2010: 18). Die Kommunikation in einem Team bedarf einer konstanten Fürsorge und Reflexion, um sie zu pflegen und weiterzuentwickeln. Dies setzt voraus, eigene und fremde Gefühle wahrzunehmen, zu verstehen und beeinflussen zu können (vgl. ebd.). Egal, wie Teammitglieder innerhalb des Teams agieren, jedes Verhalten drückt auch etwas aus. Da stets kommuniziert wird, wird zugleich auch „Wertschätzung oder Entwertung zwischen den Teammitgliedern transportiert" (Erger 2016: 43) und diese wirken sich wiederum auf die Dynamik eines Teams aus (vgl. ebd.). Eine entscheidende Schlüsselfunktion für eine gute Kommunikationsbasis im Team beruht auf einer gegenseitigen Wertschätzung.

Nur durch Kommunikation und Interaktion kann Vertrauen gebildet und das Zugehörigkeitsgefühl gestärkt werden. In der praktischen Umsetzung bedeutet dies Teamberatung, Teambesprechung, Supervision u. a.. So haben Forschungsergebnisse gezeigt, dass menschliches Verhalten nicht nur „durch Egoismus und Individualismus geprägt [ist]“ (Wiek 2015: 14) und Verhaltens- und Handlungsweisen der Intention, Anerkennung und Wertschätzung zu erhalten, folgen (vgl. ebd.). Die Quantität allein ist jedoch nicht entscheidend, an erster Stelle steht die Qualität der Kommunikation. Hierbei spielt die offene und direkte Interaktionsfähigkeit eine entscheidende Rolle.

Auch die Teamleitung übernimmt eine wesentliche Funktion. Ihre Kernaufgabe liegt „im kommunizierenden und koordinierenden Bereich“ (Erger 2016: 93). Führungskräfte übernehmen eine entscheidende Vorbildfunktion, welche das Team lenkt, die Teamleistungen anerkennt und eine gute Atmosphäre schafft, die den Zusammenhalt stärkt (vgl. ebd.; Gellert/Nowak 2014: 66). Denn wesentlich sind auch die persönliche Motivation und der innere Tatendrang, etwas bewegen zu wollen (vgl. Bender 2015: 24). Allein die Wortwahl der Teamleitung kann die Zusammenarbeit unterstützen und positiv hervorheben. „Je häufiger Führungskräfte über Kooperation und Zusammenarbeit sprechen, desto mehr werden Mitarbeiter ihr Verhalten darauf ausrichten“ (Wiek 2015: 33). Auch wenn die Teamleitung selbst ein offenes, kooperatives Miteinander vorleben sollte, sind es ebenso die Teammitglieder, welche als Vorbild fungieren. Denn, wie bereits im dritten Kapitel bei Merleau-Ponty und Watzlawick hervorgehoben wurde, beruht alles auf einer gegenseitigen Wechselwirkung und beeinflusst sich gegenseitig. Somit hat das eigene Verhalten Einfluss auf das Verhalten des anderen und umgekehrt. Demnach übernimmt jedes Teammitglied gleichermaßen auch eine Vorbildfunktion.

5.2.1 Die Kunst des aktiven Zuhörens

Wie sich gezeigt hat, beruht Kommunikation nicht nur auf einem bloßen Austausch von Informationen. Jede Mitteilung bietet stets einen Raum für diverse Interpretationsmöglichkeiten, sei es aufgrund verbaler Aussagen, nonverbaler Zeichen oder aufgrund des Tonfalls. Zusammen bilden diese Komponenten zugleich auch die Basis, auf der es zu Missverständnissen und Störungen innerhalb der Kommunikation kommen kann. „Verstehen setzt Zuhören voraus“ (Wiek 2015: 34).

Aus dem vorherigen Abschnitt ging hervor, dass vor allem eine wertschätzende und anerkennende Haltung die Qualität der Kommunikation steigert.

Eine Möglichkeit, Wertschätzung sowie Anerkennung zu transportieren stellt das aktive Zuhören dar. Durch eine wohlwollende Haltung kann dem Gegenüber gespiegelt werden, dass seine*ihre Meinung Bedeutung besitzt. Es trägt zu einer gelungenen Kommunikation bei und hilft Missverständnissen in einem Team vorzubeugen. So eignet es sich unter anderem, um bei Teammitgliedern Informationen einzuholen oder hilft bei konfliktbehafteten Situationen bzw. Auseinandersetzungen. Auch bietet es sich als unterstützende Maßnahme zur Reflexion oder Lösungsfindung an (vgl. Bender 2015: 268f.).

Doch wie höre ich jemand aktiv zu? Zunächst einmal bedeutet es, den Fokus auf die Gesprächspartner*in zu richten, Blickkontakt zu halten, sich dieser zuzuwenden und ihr mit einer offenen Körperhaltung zu signalisieren, dass die Zuhörer*in ihr ihre ganze Aufmerksamkeit widmet. Auch wenn oftmals das Bedürfnis groß ist, die Gesprächspartner*in zu unterbrechen, um dieser unmittelbar die eigene vermeintliche gutgemeinte Lösung oder Antwort zu präsentieren, gilt es, die Person, welche uns gegenübersitzt, aussprechen zu lassen. Ebenso wichtig ist es, nicht den Fokus zu verlieren und gedanklich abzuschweifen oder sich bereits entsprechende Gegenbemerkungen zurechtzulegen, während die andere Person noch spricht.

Aktives Zuhören beinhaltet jedoch mehr als nur ein zustimmendes Nicken und verbale Äußerungen, die durch ein ‚Ja', ‚Hm', ‚Aha' bestätigen sollen, dass ihren Worten aufmerksam gefolgt wird. Um Störungen oder Missverständnisse zu verhindern, ist es bedeutsam, der Gesprächspartner*in eine Rückmeldung zu geben und wesentliche Inhalte des Gesagten zusammengefasst zu paraphrasieren. Auch beinhaltet es Nachfragen zu stellen, um einen Sachverhalt besser nachvollziehen oder verstehen zu können. Ebenso können wahrgenommene Gefühle, die die Sprecher*in durch ihre Körpersprache mit überträgt, verbalisiert werden. Hierdurch kann zusätzlich überprüft werden, ob das Gesagte richtig verstanden und interpretiert wurde (vgl. Wiek 2015: 35; Bender 2015: 268f.).

5.2.2 Gute Zusammenarbeit benötigt konstruktives Feedback

„Ein wesentliches Element in Teams ist die Entwicklung einer konstruktiven Feedbackkultur" (Gellert/Nowak 2014: 262). Dieses ist sowohl für die gemeinsame Weiterentwicklung als auch für die Weiterentwicklung eines jeden einzelnen Teammitglieds bedeutungsvoll. Oftmals fällt es jedoch Menschen schwer, jemandem Feedback zu geben, aus Sorge, dass diese*r sich hierdurch angegriffen oder verletzt fühlen könnte. Allerdings hilft Feedback, wenn es konstruktiv formuliert wird, „um Beziehungen und gute Leistungen zu verstärken" (Erger 2016: 54). Letztlich bedeutet Feedback immer, seinem Gegenüber einen Spiegel vorzuhalten. Es kann dazu dienen, Teammitglieder zu stärken und zu motivieren oder jemandem die Möglichkeit bieten, aus dem Feedback etwas zu lernen (vgl. ebd.). Wichtig ist es, ein Feedback so zu formulieren, dass deutlich wird, dass es sich hierbei um die eigene subjektive Wahrnehmung und Meinung handelt. Daher sollte ein Feedback stets in einer „klaren Ich-Aussage" (Wiek 2015: 38) formuliert werden und jemandem frei zur Wahl stellen, inwiefern diese*r die positive oder negative Rückmeldung annehmen oder ablehnen will (vgl. Erger 2016: 56). Es ist stets wertfrei zu formulieren und beschreibt ausschließlich das, was wahrgenommen wurde, welche Wirkung dieses auf einen selbst hatte sowie ggf. die sich hieraus für einen selbst ergebenen Auswirkungen bzw. Folgen (vgl. Wiek 2015: 39; Bender 2015: 274f.). Unter Umständen ist auch „die Formulierung als Anregung oder Wunsch oder die Nachfrage, was sich der Kritisierte für Alternativen vorstellen kann [, nützlich]" (Wiek 2015: 39). Eine gesunde Feedbackkultur trägt erheblich zur Teamdynamik bei. Destruktive Rückmeldungen oder Kritik wirken sich vor allem auf die Beziehungsebene aus und erschweren den Umgang miteinander. Daher erweist es sich sinnvoll, „im Team gemeinsam Feedbackgrundsätze zu diskutieren und gegebenenfalls Regeln hierzu aufzustellen" (ebd.).

5.3 Einblicke und kommunikative Hilfsmittel für die Teamarbeit in der Sozialen Arbeit

Zu Beginn hat sich dieses Kapitel mit den Gründen für die Entwicklung hin zu der Zusammenarbeit in Teams in sozialen Dienstleistungsunternehmen auseinandergesetzt und diese grob umrissen. Im weiteren Verlauf wurde aufgezeigt, dass jedes Teammitglied durch seine Anwesenheit, stets auch Mitwirkende*r und für Teamgeschehnisse und deren Arbeitsgestaltung mitverantwortlich ist. Es wurde deutlich, dass es durchaus von Bedeutung ist, sich seiner ‚Selbst' sowie der Wirkung auf Andere bewusst zu sein, und dass nicht nur Worte, sondern auch die Körperhaltung, Gestik und Mimik sowie der Tonfall stets als Ausdruck und Teil der Kommunikation zu berücksichtigen sind. In Erinnerung an das *4. Axiom* nach Watzlawick gilt es, sich bewusst zu werden, dass eine Übereinstimmung auf digitaler und analoger Ebene bedeutsam ist. Weiterhin wurde die Bedeutung von Reflexionsfähigkeit als Kompetenz für Teammitglieder erläutert. Es wurde dargelegt, dass Prozesse im Team stets subjektiv wahrgenommen werden und die jeweiligen Handlungs- und Verhaltensweisen entsprechend beeinflussen. Deshalb gilt es Eindrücke stets zu hinterfragen und zu reflektieren. Es ist wichtig, dabei die eigene Perspektive verlassen zu können und zu versuchen, sich in die des Gegenübers hineinzuversetzen. Nur so kann es gelingen, die Beweggründe und das Verhalten der gegenüberstehenden Person besser einordnen, verstehen und berücksichtigen zu können. Neben diesen Kriterien tragen ebenso Empathie, die Erweiterung der eigenen Perspektiven und die Fähigkeit, etwas von einem anderen Standpunkt aus betrachten zu können, entscheidend zur Kommunikation und Interaktion in sozialarbeiterischen Teams bei.

Insgesamt wurde mehrfach erkenntlich, dass das ausschlaggebende Kommunikationsmittel das Verhalten eines jeden einzelnen Teammitglieds darstellt. Jedes Teammitglied besitzt gleichzeitig auch immer Vorbildfunktion. Denn ihr Verhalten ist stets Ausdruck für die zwischenmenschliche Verständigung, die auf einer wechselseitig wirkenden Einflussnahme zwischen den Teamkolleg*innen beruht. Wird auf das von Watzlawick formulierte *3. Axiom* zurückgeblickt, so folgt auf jede Aktion auch eine Reaktion, und demnach besteht Kommunikation stets aus einer Ursache-Wirkung Korrelation. Daran konnte verdeutlicht werden, dass, wenn nur auf das wahrnehmbare Verhalten reagiert wird, dies mit einer Verhärtung vorliegender Kommunikationsstörungen einhergeht, wenn die tieferen Beweggründe unhinterfragt bleiben. Störungen entstehen nicht selten in Folge von zwischenmenschlicher Zurückweisung, mangelnder Anerkennung oder geringschätziger Würdigung der Gesprächsteilnehmer*innen. Es ging darum, kenntlich zu machen, dass vor allem unterschiedliche und nicht kommunizierte Wahrnehmung Grauzonen für Kommunikationsstörungen innerhalb eines Teams schaffen kann. Offensichtlich werden sollte zudem, wie vielseitig Missverständnisse in der Kommunikation in Erscheinung treten können, und welche Bedeutsamkeit einem gemeinsamen offenen Austausch, der Fähigkeit des Zuhörens sowie dem Feedback zukommen.

6 Zusammenfassung und Wertung

In diesem Beitrag wurden aus unterschiedlichen Blickwinkeln die verschiedenen Wirkmechanismen, die auf die Organisationsstrukturen Sozialer Träger sowie auf die internen Regularien einer Zusammenarbeit im Team Einfluss nehmen, betrachtet.

Um sich dem Phänomen der Teamarbeit anzunähern wurde zu Beginn dieser Arbeit mit zwei konträren Theoriesträngen begonnen, die sich den Wissenschaftszweigen der Soziologie und der Ökonomie bedienten: Dem Weberschen Bürokratiemodell und der Neuen Institutionenökonomik. Resümierend ist festzuhalten, dass Max Webers Schilderungen über die „Schicksalshaftigkeit‘ [des Fortschritts,] der auf der Verwertung des Kapitals beruhenden kapitalistischen Wirtschaft und vom (...) unaufhaltsamen, ebenso schicksalhaften Siegeszug des ‚okzidentalen Rationalismus‘, mit seiner zunehmenden

‚Rationalisierung' und ‚Bürokratisierung' aller Lebensbereiche, (...) in den gegenwärtigen Zeiten (...) relevante – individuelle wie kollektive – Erklärungen (...) [liefert], was mit den Menschen und ihren Gesellschaften geschieht" (Kaesler 2014: 8). Seine theoretischen Grundannahmen von Behörden und bürokratischer Verwaltung haben sich realisiert und ausgeweitet. Das, was einen Idealtypus bürokratischer Verwaltung kennzeichnet, findet sich zugleich auch in grundlegenden Erscheinungen demokratischer Prinzipien, wie die der Bundesrepublik Deutschland, wieder. Die öffentliche Verwaltung agiert im Sinne einer Institution auf der Grundlage politischer Entscheidungen und Gesetze. Mithilfe einer soziologisch-ökonomischen Perspektive anhand des Bürokratiemodells konnte aufgezeigt werden, welche Mechanismen für die struktur- und handlungsbezogene Organisationsgestaltung in der Sozialen Arbeit mitverantwortlich sind und diese grundlegend mitbestimmen.

Richtet sich der Blick in die Einrichtungen selbst, in der die Fachkräfte Sozialer Arbeit tätig sind, konnte anhand der beiden Theorien folgendes verdeutlicht werden: Auf der einen Seite, wie sich soziale Ordnung mittels Hierarchie und Kontrolle konstituiert. Andererseits wie sich soziale Ordnung in der NIÖ durch den Aufbau sozialer Beziehungen gestaltet, die auf Vertrauen beruhen und individuelle Verhaltens- und Handlungsweisen berücksichtigen. Es ist offensichtlich, dass in der Sozialen Arbeit starre hierarchische Organisationsstrukturen sowie eine standardisierte Prozessgestaltung betrieblicher Abläufe letztlich mit einer Kontrollfunktion einhergehen. Da bleibt die Frage nicht aus, ob die Soziale Arbeit hierdurch nicht auch eine Einbuße in ihrer Professionsautonomie erleidet. Denn es ist unumstritten, dass Tätigkeitsfelder Sozialer Arbeit flexible Handlungsmöglichkeiten benötigen, um den individuellen Bedürfnissen sowie Problemlagen ihrer Klient*innen gerecht werden zu können.

Die existenzielle Basis für Soziale Arbeit liegt in zwischenmenschlichen Beziehungen. Mit der teambasierten Arbeitsform wird nicht nur ein Segment etabliert, um dem gestiegenen Komplexitätsgrad von Arbeitsprozessen Genüge zu leisten. Wenn die Fachkräfte sich als ein gemeinsames Team verstehen und als dieses auch agieren wollen, erweist sich die Teamarbeit ebenso als unterstützende Maßnahme, um Aufgaben effizienter und effektiver zu bewältigen. Das wiederum führt zu einer erhöhten Zufriedenheit der Mitarbeiter*innen, die sich wiederum positiv auf die Klient*innen auswirkt. Denn eine motivierte und zufriedene Mitarbeiter*in geht präziser bei der Aufgabenerledigung vor, agiert in aller Regel offener, einsatzfreudiger und mit einem Lächeln auf den Lippen, im Vergleich zu jemanden, der unzufrieden und unmotiviert ist. Klient*innen nehmen diese nonverbalen Verhaltensweisen in aller Regel unbewusst wahr, was somit auch eine positive Wirkung auf deren Wohlbefinden hat. Fühlen sich Klient*innen wohl, trägt dies zu der Außendarstellung der sozialen Einrichtung bei. Hier wird das Kausalprinzip deutlich, welches auch in den sprachtheoretischen Grundannahmen von Merleau-Ponty und Watzlawick thematisiert wurde. Merlau-Pontys Ausführungen liefern die wesentliche Grundlage für das Verständnis zwischenmenschlicher Kommunikation, das mithilfe der formulierten Axiome von Watzlawick erweitert werden konnte. Der von Watzlawick erstellte Katalog von Regeln bietet durchaus eine Chance, Störfaktoren einer Kommunikation, in denen der vermeintliche ‚Wurm drin steckt', auf die Spur zu kommen. Durch eine Erörterung der Kommunikation an sich – deren unterschiedlicher Merkmale, der Kontaktpunkte der Codierung, der Übermittlung und Decodierung einer Nachricht – wird ermöglicht, die meisten Ursachen für eine fehlerhafte oder gestörte Kommunikation aufzudecken. Außer Acht sollte hierbei jedoch nicht gelassen werden, dass trotz der Möglichkeit, jedes Axiom einzeln analysieren zu können, diese Axiome in der Kommunikation selbst immer gleichzeitig auftreten.

Anhand der soziologischen sowie ökonomischen Perspektive im zweiten Kapitel konnte mithilfe der im dritten Kapitel aufgegriffenen philosophischen-psychologischen Perspektive mehrfach aufgezeigt werden, wie Kommunikations- und Interaktionsmöglichkeiten durch Organisationsstrukturen beeinflusst werden. Denn die vorgegebenen Regularien und Befugnisse der Mitglieder werden hierdurch entsprechend eingegrenzt bzw. eingeschränkt. Auch wurde deutlich, dass hierarchische Strukturen, insbesondere im Sozialen Sektor, in vielerlei Hinsicht mit Kommunikations- und Interaktionsschwierigkeiten einhergehen. Anweisungen werden vertikal nach unten kommuniziert. Sie orientieren sich an die Über- und Unterordnungsverhältnissen der Mitarbeiter*innen. Horizontale Kommunikationswege sowie kooperative Beziehungen finden erst in den Theorien der NIÖ Berücksichtigung und werden als bedeutsam erachtet. Dass diese sich für die Soziale Arbeit sowie die Teamarbeit als notwendig erweisen, wurde verdeutlicht.

Die verschiedenen aufgeführten Zugangsweisen bedienten sich vier unterschiedlicher Fachdisziplinen und bildeten somit das Fundament für eine differenzierte Betrachtungsweise des Phänomens Teamarbeit. Hierbei wurden Teilaspekte aufgegriffen, welche einen Einblick in die Genese der teambasierten Arbeit in der Sozialen Arbeit ermöglichten. Weitergehend verhalf das Teamrollenmodell von Meredith Belbin, ein besseres Verständnis von der Vielfalt an Persönlichkeiten der im Team wirkenden Mitglieder zu erlangen. Hier wird die Komplexität des menschlichen Charakters deutlich und die Mannigfaltigkeit an unterschiedlichen Zugängen zu zwischenmenschlichen Beziehungen.

Im Weiteren richtete sich der Fokus auf drei rudimentäre Elemente der Interaktion, welche die Grundlage für jegliche Teamarbeit bilden. Die Betrachtung verblieb hierbei eher oberflächlich. Die Auswahl beruht darauf, dass nach meiner Ansicht ein Team für diese essenziellen Aspekte erst ein Bewusstsein schaffen muss, bevor tiefgreifendere Methoden implementiert werden. Wenn ein Team einen wertschätzenden Umgang miteinander pflegt und jede*r die eigenen Verhaltens- und Handlungsweisen regelmäßig reflektiert, ist eine Basis für die gemeinsame Zusammenarbeit gegeben. Denn Teamarbeit „ist ein voraussetzungsvoller Prozess, der viel persönliche Investition von Vertrauen, Engagement und Frustrationstoleranz (...) benötigt" (Balz/Spieß 2008: 15).

Meines Erachtens ist essenziell, dass wir uns mehr Bewusstheit darüber verschaffen, wie subjektiv unsere Wahrnehmung ist, und dass wir uns mit unserem Dasein bzw. ‚*Zur-Welt-Sein*' zugleich auch immer in einem ‚Feld' bewegen. In diesem ‚Feld' bringen wir uns zum Ausdruck und befinden uns somit stets in einem wechselseitigen Austausch mit unseren Mitmenschen. Ich glaube, diese Aspekte gehen im ‚Alltag des Lebens' oftmals unter, und wir sind uns ihrer zu wenig bewusst. Die gleichzeitige Präsenz von Körper und Geist leistet einen grundlegenden Beitrag für eine gelungenere Kommunikation. Soviel zumindest in der Theorie. In der Praxis jedoch gestaltet sich das Aufbringen der vollen Aufmerksamkeit und Anwesenheit im ‚Hier und Jetzt' oftmals schwieriger, und unsere Gedanken schweifen ab, sodass der Eindruck entsteht, als seien wir manchmal doch nur ‚körperlich' anwesend.

Was am Ende verbleibt, ist der Vermerk, dass im Sinne der Popperschen „Scheinwerfertheorie der Wissenschaft" (Popper 1944: 322) der von mir gewählte Weg letztlich nur einen möglichen Zugang zur Thematik darstellt. So hätte sich der Scheinwerfer auch auf andere Theorien oder Methoden richten können. Hier bilden beispielsweise der Taylorismus sowie die Human-Relations-Bewegung, die im zweiten und vierten Kapitel am Rande erwähnt wurden, weitere interessante Aspekte, um auf das Phänomen der Teamarbeit zu blicken. Ebenso ließen sich unter anderem theoretische Grundannahmen über Kommunikation von Niklas Luhmann, Jürgen Habermas oder aber der symbolische Interaktionismus nach Georg Herbert Mead hinzuziehen. Es gäbe daneben auch noch zahlreiche weitere interessante Verknüpfungen, die sich aus den verschiedenen Themen meines Beitrags entwickeln ließen.

Literatur

Balz, Hans-Jürgen / Herwig-Lempp, Johannes (2012): Gestaltungsfragen gelingender Teamarbeit in der Kinder- und Jugendhilfe. In: *Evangelische Jugendhilfe*, Nr. 4, Jg. 89, 237–249.

Balz, Hans-Jürgen/ Spieß, Erika (2008): *Kooperation in sozialen Organisationen. Grundlagen und Instrumente der Teamarbeit; ein Lehrbuch*. Stuttgart: Kohlhammer (Module angewandter Psychologie).

Bardmann, Manfred (2011): *Grundlagen der Allgemeinen Betriebswirtschaftslehre*. Wiesbaden: Gabler Verlag / Springer Fachmedien.

Baumgarten, Eduard (1964): *Max Weber. Werk und Person*. Tübingen: Mohr Siebeck.

Baurmann, Michael (1991): Recht und Moral bei Max Weber. In: Heike Jung (Hg.): *Recht und Moral. Beiträge zu einer Standortbestimmung*. Baden-Baden: Nomos-Verl.-Ges, 113–138.

Bell, Gareth (2013): Teamwork makes the team work: An interview with Dr Meredith Belbin. Interview by Gareth Bell. In: *Human Resource Management International Digest*, Nr. 2, Jg. 21, 45–47.

Bender, Susanne (2015): *Teamentwicklung. Der effektive Weg zum ‚Wir'.* München: C.H. Beck.

Bonazzi, Giuseppe (2014): *Geschichte des organisatorischen Denkens.* Herausgegeben von Veronika Tacke. (2. Aufl.) Wiesbaden: Springer.

Borrill, Carol et al. (2000): Team working and effectiveness in health care. In: *British Journal of Healthcare Management* Nr. 8, Jg. 6, 364–371.

Deutscher Verein für Öffentliche und Private Fürsorge e.V. (1976): *Empfehlungen zur Teamarbeit in sozialen Diensten*. Stuttgart: Kohlhammer (Deutscher Verein für Öffentliche und Private Fürsorge (Frankfurt M.). Kleinere Schriften. 56).

Deutscher Verein für Öffentliche und Private Fürsorge e.V. (2010): *Empfehlungen zur Teamarbeit und Teamentwicklung in der sozialen Arbeit*. (unveränd. Nachdr. 2010). Frankfurt am Main: Dt. Verein für Öffentliche und Private Fürsorge (Empfehlungen und Stellungnahmen, 2).

Dewey, John (Hg.) (2002 (1910)): *Wie wir denken.* Unter Mitarbeit von Horlacher, Rebekka/Oelkers, Jürgen. (2. Aufl.) Zürich: Verl. Pestalozzianum (John-Dewey-Reihe).

Dick, Rolf van/ West, Michael A. (2013): *Teamwork, Teamdiagnose, Teamentwicklung. [mit Arbeitsmaterialien und Fallbeispielen]*. (2., überarb. und erw. Aufl.), Göttingen: Hogrefe (Praxis der Personalpsychologie, 8).

Erger, Raimund (2016): *Teamarbeit und Teamentwicklung in sozialen Berufen*. Berlin: Cornelsen (Sozialmanagement).

Erlei, Mathias/Leschke, Martin/Sauerland, Dirk (2016): *Institutionenökonomik*. (3. Aufl.), Stuttgart: Schäffer-Poeschel Verlag.

Faust, Wolfgang (2016): Moral und andere Kleinigkeiten. In: Wöhrle, Armin (Hg.): *Moral und Geschäft. Positionen zum ethischen Management in der Sozialwirtschaft*. Baden-Baden: Nomos (Blätter der Wohlfahrtspflege, Sozialwirtschaft, Sonderband), 93 – 110.

Faust, Wolfgang (2012): *Abenteuer der Phänomenologie. Philosophie und Politik bei Maurice Merleau-Ponty*. (2., überarb. und erw. Aufl.), Würzburg: Königshausen & Neumann.

Francis, Dave / Young, Don (2002): *Mehr Erfolg im Team. Ein Trainingsprogramm mit 46 Übungen zur Verbesserung der Leistungsfähigkeit in Arbeitsgruppen.* (Neuaufl., 5. Aufl., unveränd. Nachdruck), Hamburg: Windmühle.

Gellert, Manfred/Nowak, Claus (2014): *Teamarbeit, Teamentwicklung, Teamberatung. Ein Praxisbuch für die Arbeit in und mit Teams.* (5. unveränd. Aufl.), Meezen: Limmer.

Giuliani-Tagmann, Regula (1983): *Sprache und Erfahrung in den Schriften von Maurice Merleau-Ponty.* Bern: Lang (Europäische Hochschulschriften Reihe 20, Philosophie, 96).

Göbel, Elisabeth (2002): *Neue Institutionenökonomik. Konzeption und betriebswirtschaftliche Anwendungen.* Stuttgart: Lucius & Lucius.

Happel, Herbert (2017): *Hierarchie als Chance. Für erfolgreiche Kommunikation und Kooperation in Team und Organisation.* Wiesbaden: Springer Fachmedien.

Herwig-Lempp, Johannes (2016): *Ressourcenorientierte Teamarbeit. Systemische Praxis der kollegialen Beratung: ein Lern- und Übungsbuch.* (4., unveränd. Aufl.), Göttingen u. a.: Vandenhoeck & Ruprecht.

Kaesler, Dirk (2014): *Max Weber. Eine Einführung in Leben, Werk und Wirkung.* (4., akt. Aufl.), Frankfurt am Main: Campus-Verl.

Kieser, Alfred (2019): Max Webers Analyse der Bürokratie. In: Kieser, Alfred/ Ebers, Mark (Hg.): *Organisationstheorien.* (8., erw. und akt. Aufl.), Stuttgart: Verlag W. Kohlhammer, 45–74.

Kröll, Martin/ Schnauber, Herbert (1997): Lernen in der Organisation durch Gruppen- und Teamarbeit – Herausforderung, Vision und Handlungsbedarf. In: Kröll, Martin/ Schnauber, Herbert (Hg.): *Lernen der Organisation durch Gruppen- und Teamarbeit. Wettbewerbsvorteile durch umfassende Unternehmensplanung.* Berlin u. a.: Springer, 5–12.

Merchel, Joachim (2015): *Management in Organisationen der Sozialen Arbeit. Eine Einführung.* Weinheim u. a.: Beltz Juventa (Studienmodule Soziale Arbeit).

Mikl-Horke, Gertraude (2011): Max Weber und die Theorie der Unternehmung. In: Mikl-Horke, Gertraude/Pirker, Reinhard/Resch, Andreas (Hg.): *Theorie der Firma. Interdisziplinär.* Wiesbaden: VS Verlag / Springer Fachmedien, 29–52.

Mommsen, Wolfgang J. (1974 (1959)): *Max Weber und die deutsche Politik, 1890 – 1920.* (2. Aufl.), Tübingen: Mohr Siebeck.

Mund, Petra (2019): *Grundkurs Organisation(en) in der Sozialen Arbeit.* München: Ernst Reinhardt Verlag.

Nerdinger, Friedemann W. (2019): Ausgewählte Theorien der Organisation. In: Nerdinger Friedemann W./Blickle, Gerhard/Schaper, Niclas (Hg.) *Arbeits- und Organisationspsychologie*, Berlin u. a.: Springer, 47–62.

Picot, Arnold et al. (2015): *Organisation. Theorie und Praxis aus ökonomischer Sicht.* (7., akt. Aufl.), o.O.: Schäffer-Poeschel Verlag.

Popper, Karl R. (1944): Die offene Gesellschaft und ihre Feinde. Band 2. 15. Kapitel: Hat die Weltgeschichte einen Sinn?

Resch, Andreas (2011): Neue Institutionenökonomik, kulturelle Komplexität und Wirtschaftsgeschichte. In: Mikl-Horke, Gertraude/Pirker, Reinhard/Resch, Andreas (Hg.): *Theorie der Firma. Interdisziplinär.* Wiesbaden: VS Verlag, 105–134.

Rogall, Holger (2013): *Volkswirtschaftslehre für Sozialwissenschaftler. Einführung in eine zukunftsfähige Wirtschaftslehre.* (2. Aufl.), Wiesbaden: Springer VS (Lehrbuch).

Rosenstiel, Lutz von/ Molt, Walter/ Rüttinger, Bruno (2005): *Organisationspsychologie.* (9., vollst. überarb. und erw. Aufl.), Stuttgart: Kohlhammer (Sozial-, Persönlichkeits-, Arbeits- und Organisationspsychologie, 567).

Schellberg, Klaus (2017): Ökonomisierung – was sonst? In: Wöhrle, Armin et al. (Hg.): *Sozialmanagement – eine Zwischenbilanz.* Wiesbaden: Springer VS, 263–277.

Schluchter, Wolfgang (1980): *Rationalismus der Weltbeherrschung. Studien zu Max Weber.* Frankfurt am Main: Suhrkamp (Suhrkamp-Taschenbuch Wissenschaft, 322).

Scholz, Detlef (2018): *Keiner kann so viel wie alle. Teamarbeit und Teamentwicklung im Sozial- und Gesundheitswesen.* Wien: facultas (Pflegepraxis).

Seithe, Mechthild (2010): *Schwarzbuch Soziale Arbeit.* (2., durchgesehene und erw. Aufl.), Wiesbaden: VS Verl. für Sozialwiss.

Söllner, Fritz (2015): *Die Geschichte des ökonomischen Denkens.* (4., korr. Aufl.), Berlin: Springer Gabler (Springer-Lehrbuch).

Vaanholt, Silke (1997): *Human Resource Management in der öffentlichen Verwaltung.* Wiesbaden: Deutscher Universitätsverlag.

Wahren, Heinz-Kurt E. (1987): *Zwischenmenschliche Kommunikation und Interaktion in Unternehmen. Grundlagen, Probleme und Ansätze zur Lösung.* Berlin, De Gruyter.

Warnecke, Hans-Jürgen (1997): Einleitung: Lernen durch Gruppen- und Teamarbeit. In: Kröll, Martin/ Schnauber, Herbert (Hg.): *Lernen der Organisation durch Gruppen- und Teamarbeit. Wettbewerbsvorteile durch umfassende Unternehmensplanung.* Berlin u. a.: Springer, 1–4.

Watzlawick, Paul (2017): *Wie wirklich ist die Wirklichkeit? Wahn, Täuschung, Verstehen.* 18. Aufl. München: Piper.

Watzlawick, Paul/Beavin, Janet H./Jackson, Don D. (2017): *Menschliche Kommunikation. Formen, Störungen, Paradoxien.* (13., unveränderte Aufl.), Bern: Hogrefe (Klassiker der Psychologie).

Weber, Max (2016): *Gesammelte Aufsätze zur Wissenschaftslehre.* Paderborn: Salzwasser-Verlag GmbH.

Weber, Max (2010): *Wirtschaft und Gesellschaft. Grundriss der verstehenden Soziologie*; zwei Teile in einem Band. Frankfurt, M. u. a.: Zweitausendeins; Buch 2000 (Die Zweitausendeins Klassiker-Bibliothek).

West, Michael A. et al. (2002): The link between the management of employees and patient mortality in acute hospitals. In: *The International Journal of Human Resource Management*, Nr. 8, Jg. 13, 1299–1310.

Widulle, Wolfgang (2012): *Gesprächsführung in der Sozialen Arbeit. Grundlagen und Gestaltungshilfen* (2., durchgesehene Aufl.), Wiesbaden: VS Verlag für Sozialwissenschaften.

Wiek, Ulrich (2015): *Zusammenarbeit fördern. Kooperation im Team – ein praxisorientierter Überblick für Führungskräfte*. Berlin: Springer Gabler (essentials).

Wöhrle, Armin (2018): 25 Jahre Sozialmanagement – ein kritischer Rückblick. In: Grillitsch, Waltraud/Brandl, Paul/Schuller, Stephanie (Hg.): *Gegenwart und Zukunft des Sozialmanagements und der Sozialwirtschaft. Aktuelle Herausforderungen, strategische Ansätze und fachliche Perspektiven.* (2. Aufl. 2018), Wiesbaden: Springer Fachmedien, 7–34.

Online

Bund-Länder-Koordinierungsstelle für den Deutschen Qualifikationsrahmen für lebenslanges Lernen (Hg.) (2013): Handbuch zum Deutschen Qualifikationsrahmen. Online im Internet: https://www.dqr.de/media/content/DQR_Handbuch_01_08_2013.pdf, zuletzt aktualisiert am 30.07.2019, [Stand: 12.02.2020].

CareerBuilder.com (2008): *Lebenslauf – Begriffe, die Arbeitgeber am häufigsten suchen | Statista.* Hg. v. Statista GmbH. Online im Internet: https://de.statista.com/statistik/daten/studie/2216/umfrage/begriffe-die-arbeitgeber-am-haeufigsten-im-lebenslauf-suchen/, [Stand: 03.02.2020].

von Rundstedt (2018): *Warum Unternehmen ihre Mitarbeiter verlieren*. Unter Mitarbeit von INNOFACT AG. Online im Internet: https://innofact-marktforschung.de/news/von-rundstedt-studie-warum-mitarbeiter-kuendigen/-zu-gruenden-fuer-einen-arbeitsplatzwechsel/, [Stand: 09.01.2020].

Skripte

Faust, Wolfgang (2019): Sommersemester 2019: *Wenn die Alten erzählen...* Manuskript: Modul 15. Frankfurt am Main, FRA-UAS / FB 4.

Geschichte und Sprache. Zum Verhältnis von konkretisierter Phänomenologie und praktischer Politik bei Maurice Merleau-Ponty. Plädoyer für eine andere Lesart[1]

Wolfgang Faust

In jeder Epoche muss versucht werden, die Überlieferung von neuem dem *Konformismus* abzugewinnen, der im Begriff steht, sie zu überwältigen.[2]

Die Tradition der Unterdrückten belehrt uns darüber, dass der Ausnahmezustand, in dem wir leben, die *Regel* ist. Wir müssen zu einem Begriff der Geschichte kommen, der dem entspricht.[3]

1 Zu den *Sachen*

In diesem Aufsatz möchte ich die Frage stellen, welche Rolle, wenn überhaupt, die Phänomenologie für die Erklärung des Politischen spielen kann? Ehe ich einige der Argumente, die einem *für* politische Phänomenologie in den Sinn kommen, betrachte, sei an die offensichtliche Stärke der Merleau-Pontyschen *Leib*phänomenologie erinnert: Phänomenologie kann als ein Denken bezeichnet werden, das sich (zumindest seiner Intention nach) unentschieden hält zwischen denjenigen Philosophien, welche das Bewusstsein zum anth-

---

1 Eine frühe und gekürzte Version dieses Aufsatzes habe ich an der TUD im Januar 2006 vorgetragen. Vortrag und Aufsatz beziehen sich auf meine Publikation: Abenteuer der Phänomenologie. Philosophie und Politik bei Maurice Merleau-Ponty, Würzburg, 2., überarbeitete und erweiterte Auflage, 2012. Die dort vorgeführte Auseinandersetzung mit Merleau-Pontys Philosophie und Politik (oder *Nicht-Politik*) wurde im vorliegenden Aufsatz festgehalten. Das heißt in erster Linie, dass meine philosophisch-hermeneutische respektive soziologisch-historische Auseinandersetzung mit der Merleau-Pontyschen Phänomenologie, die sich im Buch (kapitelübergreifend) fortentfaltet, nicht in den Aufsatz einbezogen wird. Dieser beinhaltet aber verschiedene Anmerkungen, um dem Anliegen Merleau-Pontys einerseits, der Nachvollziehbarkeit der Gedankenführung andererseits möglichst gerecht zu werden. Damit ist der Rahmen abgesteckt, in dem dieser Aufsatz wirkt.

2 Walter Benjamin, Über den Begriff der Geschichte (1939), in: Gesammelte Schriften, Bd. I/2: Abhandlungen, Frankfurt am Main, 2. Auflage, 1978, S. 695.

3 Ebd., S. 697.

ropologischen Kern erklären, und solchen, die einem (wie auch immer im einzelnen gefassten) *Unbewussten* diese Stellung einräumen. Im weiten Feld der Phänomenologie will die Philosophie Merleau-Pontys eine grundsätzliche Neubestimmung des Verhältnisses von Bewusstsein und Natur. Von der Einbeziehung des Phänomens des Leibes in die philosophische Reflexion erwartet Merleau-Ponty die Überwindung der Alternative *Realismus-Idealismus.* Er versucht, den Dualismus von Körper und Geist, von res extensa und res cogitans zu überwinden, indem er phänomenologisch jenes Ganze beschreibt, als welches der Mensch sich erfährt. Der Leib nimmt in der philosophischen Reflexion Merleau-Pontys eine ausgezeichnete Position ein und ist daher die Grundlage einer Neubestimmung von Existenz und Welt. Allerdings bevorzugt er ein indirektes Verfahren der Annäherung an *Phänomene.* Dabei hat er es weniger auf praktische Konsequenzen abgesehen als darauf, einem Ethos der Wahrnehmung zu folgen. (Diese Denkweise erschwerte Merleau-Ponty den Zugang zu einer politischen Philosophie respektive zu den politischen *Sachen.*) Merleau-Ponty wollte Strukturen einer leibhaftigen Existenz gegenüber einer weltlosen Subjektivität zur Geltung bringen. Seine *Leib*phänomenologie favorisiert nicht den Egozentrismus, sondern eröffnet ein intersubjektives *Feld.* Diese Situierung *in* der Welt macht das Subjekt (wieder) zu einem *interessierten, leibhaften* Akteur. Ich möchte diese Ansätze zu einer neuen Wahrnehmungslehre, die Merleau-Ponty in seinen (Früh-)Werken liefert, nämlich in „Die Struktur des Verhaltens“ (1942) und „Phänomenologie der Wahrnehmung“ (1945) hier jedoch nicht weiterverfolgen. Ich konzentriere mich auf die *politischen Sachen* und frage speziell danach, ob sich aus der Merleau-Pontyschen *Leib*phänomenologie eine politische Philosophie *ergibt.*

Damit sind wir bei der zweiten Seite der Sache: Merleau-Ponty *verknüpft* die phänomenologische Analyse auch mit zeitgeschichtlichen Fragen. Es zeigt sich aber, dass Merleau-Ponty weder das Interesse hat, dass seine Phänomenologie sich an den Phänomenen selbst bewährt, noch die Absicht verfolgt, die Phänomene als Phänomene zu begreifen. Dementsprechend sind seine einzelnen Analysen – etwa das intersubjektiv agierende Subjekt oder die Ambiguität des Verhaltens – nur Mittel zum Zweck. Auch die Moskauer (Schau-)Prozesse sind nur das politische Material zur Sicherung seiner phänomenologischen Theorie. Weder setzt sich der Philosoph mit Trotzkis Analysen des Sowjetthermidors auseinander, noch findet eine Auseinandersetzung mit Trotzkis Situation im Exil statt. Merleau-Pontys Phänomenologie im Ausgang von Interkorporalität, Ambiguität und Mehrsinnigkeit bietet keinen Zugang zum Verständnis des terroristischen Sowjetthermidors. Seine Philosophie, in der (ontologischen) Grenzzone *zwischen* dem Sichtbaren und Unsichtbaren situiert, schlägt weder eine Brücke zur politischen Praxis, noch ist sie in der Lage, politische Verantwortung anders als *doppelsinnig* und *retrospektiv* zu denken. Merleau-Ponty missbraucht die Phänomenologie zu apologetischen Zwecken. (Dass die spätidealistische Phänomenologie zu dergleichen taugt – in diesem Zusammenhang ist auch Heidegger zu nennen – spricht natürlich gegen sie.) Seine Phänomenologie ist weniger ein Beitrag zur Erhellung eines an sich opaken *Feldes*, als vielmehr der Missbrauch philosophischer Kategorien zur Rechtfertigung des Quietismus als *philosophischer* Haltung. Schlussfolgernd muss man sagen, dass Merleau-Ponty versuchte, Husserls Phänomenologie zu konkretisieren, aber eben daran scheiterte, sie auch geschichtlich zu konkretisieren.

Wenn ich das sage, dann revidiere ich nicht meine Ansicht, die Merleau-Pontysche *Leib*phänomenologie sollte und könnte im Rahmen demokratischer und egalitaristischer Politik genutzt werden (vgl. diesen Band: „Erkennen und Handeln"). Ich dränge aber auf Zurückhaltung und Überlegung beim Nachdenken darüber, mit welchen interpretatorischen und praktischen Mitteln ihr begegnet werden sollte. Wir sollten an dieser Stelle nicht den vorangestellten Text von Walter Benjamin vergessen und übersetzen so: Die Grenzen des Konformismus kann ich nur erkennen, wenn ich in irgendeiner Weise über das hinaus bin, was mich begrenzt. Ich muss also immer schon den konformistischen Regelfall im Blick haben, wenn ich meine geschichtlichen und politischen Interpretationen bedenken können soll.

2 Das politische *Feld*

Ich möchte versuchen, die Frage der Politik bei Merleau-Ponty aus einem anderen Blickwinkel zu betrachten, als dies in der Merleau-Ponty-Forschung bisher geschehen ist. Ohne Zweifel ist die Merleau-Pontysche Leib-Phänomenologie auch für eine *Phänomenologie des Politischen* von Bedeutung. Ich gehe davon aus, dass der *Leib*phänomenologie eine Rolle für die Erklärung politischer *Phänomene* und „minuziöse(r) Analyse" (Plessner 1985 (1938), S. 126) zufällt. Aber das ist nicht mein Interesse hier, sondern mich beschäftigt die Frage nach dem Verhältnis von Philosophie *und* Politik bei Merleau-Ponty. Ich werde systematisch und thesenhaft einige Überlegungen entwickeln, die das genannte Verhältnis betreffen. Dabei thematisiere ich zunächst den phänomenologischen Denk-*Stil* seiner Philosophie ebenso wenig wie seine Übernahme der sozialphilosophischen Themen und Konzepte anderer. Meine Frage lautet: Lässt sich mit Hilfe von Merleau-Pontys *konkretisierter Leib*phänomenologie das politische *Feld* erschließen? Sofern man unter *Politik* die Deutung der geschichtlichen Situation und Parteinahme, also eine politische Philosophie versteht, werde ich diese Frage negativ beantworten.

Doch zunächst ist noch eine Vorbemerkung nötig: nämlich die, was denn eigentlich an meiner Fragestellung aktuell sei. Dazu passt der Umstand, dass neuere Veröffentlichungen die politische Relevanz Merleau-Pontys nicht in seiner Beziehung zu den zeitgeschichtlichen Umständen der politischen Ereignisse und des politischen Engagements suchen, sondern vor allem in einer *Phänomenologie des Politischen* (vgl. dazu Schnell 2000). Charakteristisch für diese Situation ist, dass sich die politischen und sozialen Akzente der aktuellen Merleau-Debatten bis hin zu (geschlechterpolitisch-)feministischen (vgl. dazu Stoller 2000) und (naturphilosophisch-)ökologischen (vgl. dazu Kapust 2000) Themen verschieben. Merleau-Pontys im engeren Sinne *politische* Schriften, also „Humanismus und Terror" und „Die Abenteuer der Dialektik", *scheinen* an ihr Ende gekommen zu sein. *Scheinbar* ist es also auch bezüglich gewisser Aspekte im Werk von Merleau-Ponty an der Zeit, die Toten ihre Toten begraben zu lassen. Freilich sind die Toten, wie wir spätestens seit Freud wissen, mächtige Herrscher. Ich denke, die vorschnelle Zäsur, welche einzelne Arbeiten Merleau-Pontys zu abseitigen erklärte, liefe immer Gefahr, den möglichen oder wahrscheinlichen *Zusammenhang* (oder das *Verhältnis*) von Philosophie *und* Politik zu verfehlen.

Maurice Merleau-Ponty (1908–61) begründete 1945, gemeinsam mit seinem Freund Jean-Paul Sartre, die Zeitschrift *Les temps modernes*. An dieser Stelle ist natürlich auch die Mitherausgeberin (und Mitstreiterin) Simone de Beauvoir zu nennen. Er beeinflusste, abgesehen von Sartre, politisierende Intellektuelle wie Cornelius Castoriadis, Claude Lefort und Jean-Francois Lyotard, aber auch den Soziologen Pierre Bourdieu. Merleau-Ponty gehörte – wie Herbert Marcuse, Günter Stern-Anders oder auch Sartre – zu den sogenannten *Heidegger-Marxisten*, die, ausgehend von Husserls (*egologischer*) Phänomenologie, in den dreißiger und vierziger Jahren des zwanzigsten Jahrhunderts Hegel und Marx neu interpretierten und für eine Deutung der gesellschaftlichen Entwicklung nach dem Ersten und Zweiten Weltkrieg fruchtbar zu machen suchten. Merleau-Pontys Philosophie galt der Überwindung des Cartesianischen Dualismus von Subjekt und Objekt, Geist und Materie durch den Rekurs auf die Vermittlungsmedien Leib, Sprache und Geschichte. Politisch engagierte er sich, gemeinsam mit Sartre und de Beauvoir, im Widerstand gegen die deutsche Besetzung. In den Nachkriegsjahren wurde er zu einem politischen Intellektuellen, der sich einem philosophisch verstandenen (*authentischen*) Marxismus verschrieb, und der zum anderen nicht nur für das Proletariat, sondern *abwartend* (wie er sagte) auch für den *real existierenden* Sozialismus plädierte. Von seinen Auseinandersetzungen mit Arthur Koestler (vgl. dazu „Humanismus und Terror" (1947)) führte ihn sein Weg zum Bruch mit Sartre und mit den stalinistischen Organisationen. In „Die Abenteuer der Dialektik" (1955) rief er dann zur Gründung einer *nichtkommunistischen* Linken auf. In den letzten Jahren seines Lebens konzentrierte er sich auf die Ausarbeitung seiner Spätphilosophie (vgl. dazu „Das Sichtbare und das Unsichtbare" (1964)). Merleau-Ponty hat sich nur in einer bestimmten Phase seines Lebens an politischen Debatten beteiligt. Mit seinem Austritt aus der Redaktion von *Les temps modernes* und seiner Professur am *Collège de France* (im Jahre 1952) schien sein politisches Engagement beendet.

3 *Zur-Welt-sein*

Gibt es einen demonstrierbaren Zusammenhang zwischen seinen philosophischen Entwürfen und seinen politischen Optionen, Stellungnahmen und Analysen? Eine erste Antwort auf diese Frage findet sich in Merleau-Pontys Phänomenologie selbst, die ja von der Verbindung zwischen *Wahrnehmung* und *Praxis* ausgeht. Merleau-Ponty sieht in der *Praxis* nicht eine bloße Möglichkeit, sondern eine Grundverfassung der *Wahrnehmung* als Ausdruck des menschlichen *Zur-Welt-seins* oder *Existenz. Wahrnehmung* lässt sich weder auf eine subjektive Erkenntnis, noch auf einen objektiven Prozess reduzieren. *Zur-Welt-sein* heißt: Der Zugang zur Welt erfolgt nicht von einem *reinen* Ich aus, sondern von einem immer schon, wie Merleau-Ponty sagt, *inkarnierten* Ich. Die Welt wird mir nur durch Vermittlung des Leibes bewusst, und das heißt: der Leib ist das *Vehikel* des *Zur-Welt-seins*. Daraus folgt für den *Wahrnehmungsvorgang* respektive *Existenzvollzug*, dass sich der Mensch die Welt ausgehend von seinem leiblichen Verhalten erschließt. Merleau-Ponty pointiert seine Phänomenologie also im Gegensatz zur Cartesianischen Philosophie: Die Erinnerung an die (ursprüngliche) Verleiblichung des Denkens soll den Cartesianischen Dualismus von Geist und Körper überwinden.

Aber ich will das Problemfeld noch weiter eingrenzen. Dass die *Existenz* leibliches *Zur-Welt-sein* ist, bedeutet, dass Subjektivität eine *enthüllte*, nämlich eine *Inter-Subjektivität* und *Inter-Faktizität* ist. Die Möglichkeit der Koexistenz mehrerer Bewusstseine liegt also im leiblichen *Wahrnehmungsbewusstsein*. Da jedes Bewusstsein der leiblichen Manifestation bedarf, finde ich in der Wahrnehmung eines anderen Verhaltens auch die *Spur* von einem Bewusstsein. In diesem Sinne ist *Existenz-Verweigerung* nicht möglich.

Merleau-Pontys *Leib*phänomenologie ist insofern schon von Anbeginn auch eine *Politik*. Merleau-Ponty schrieb Ende der fünfziger Jahre: „(...) in gewissem Sinne ist die Sprache alles, wie Valéry sagt, / weil sie niemandes Stimme ist, weil sie die Stimme sogar der Dinge, der Wellen und Wälder ist" (Merleau-Ponty 1994 (1959/60), S. 203). Die *Existenz*, das *Zur-Welt-sein* selbst artikuliert sich in der Sprache (wie im leiblichen Verhalten); die

Sprache bildet für mein Denken und das der anderen einen *gemeinsamen Boden*. Die *Leib*phänomenologie hat also auch eine politische Implikation, denn die Sprache (und sei es die *schöpferische Sprache* der Malerei) verlangt notwendigerweise nach der Anwesenheit des Anderen. Sprache gibt es nur für den Anderen und mit den Anderen. (Das impliziert aber keineswegs eine Politik – oder auch eine Ethik – des Altruismus.)

Wenn das *Zur-Welt-sein* (zuallererst) ein Handeln ist, dann kann sich dies nur aus der Beziehung zum anderen ergeben. Dies ist der *politische* Kern *in* der Merleau-Pontyschen Phänomenologie. Folgt daraus nun, dass Merleau-Pontys *konkretisierte* Leib-Phänomenologie und das *politische Feld* einen gemeinsamen Horizont besitzen und deshalb *ineinandergreifen*, *verwoben* sind? (Tatsächlich neigen manche zu dieser Ansicht.) Die Merleau-Pontysche Leib-Phänomenologie eröffnet zwar ein intersubjektives *Feld*, nicht aber auch per se schon einen Zugang zum geschichtlich-gesellschaftlichen *Feld*.

Ich werde im Folgenden die zentralen Aspekte der phänomenologischen Untersuchungen Merleau-Pontys umreißen, und dann ihre politische Anwendung oder *Konkretisierung* – zunächst in „Humanismus und Terror“ und dann in „Die Abenteuer der Dialektik“ – aufzeigen.

4 Das *inkarnierte* Bewusstsein

Merleau-Pontys dreiteilige Artikelserie *Le Yogi et le prolétaire* in *Les temps modernes*, die den Hauptteil seines 1947 publizierten Buches „Humanismus und Terror“ bilden, bezieht sich schon im Titel auf Koestlers Essaysammlung *Der Yogi und der Kommissar*. Merleau-Ponty konzentriert sich aber vor allem auf Koestlers Roman *Sonnenfinsternis*, in dem Koestler (s)eine Deutung der Moskauer Schauprozesse gibt. Doch hat „Humanismus und Terror“ nicht etwa die Verurteilung der stalinistischen Verbrechen zum Gegenstand. Es handelt sich vielmehr um einen prostalinistischen Traktat, in der die *Leib*phänomenologie (oder Kategorien der Leibphilosophie) zu apologetischen Zwecken eingesetzt wird.

Exemplarisch für einen derartigen Missbrauch der Phänomenologie ist Merleau-Pontys Begriff der Gewalt. Er behauptet, *wir* hätten „nicht die Wahl zwischen Unschuld und Gewalt“, „sondern (nur) zwischen verschiedenen Formen der Gewalt. Die Gewalt ist unser Los, dadurch, dass wir inkarniert sind“ (Merleau-Ponty 1990 (1947), S. 153). Die Frage ist aber: Wen meint Merleau-Ponty mit *wir*. Seine Antwort auf diese Frage lautet: „Vom Problem der Gewalt ist es (das *reine* Bewusstsein, W.F.) (...) nicht betroffen, dieses betrifft nur ein ursprünglich in die Welt, das heißt in die Gewalt verstricktes Bewusstsein (...)“ (ebd.). Achten wir darauf: Nur ein *reines* Bewusstsein ist nicht in die Gewalt *verstrickt*. Es gibt aber nur *inkarniertes* Bewusstsein, nämlich (in-der-Welt) *befindliches* Bewusstein – und das ist das menschliche *Zur-Welt-sein*. Kein Zweifel: Merleau-Ponty will mit *wir* die Menschen verstanden wissen. Und das ist nichts anderes als die Apologie *der* Gewalt als eines Schicksals. Es ist bemerkenswert, dass in Merleau-Pontys Überlegungen die Behauptung auftaucht, dass nicht die Gewalt zähle, „sondern ihr Sinn oder ihre Zukunft. Es ist das Gesetz der menschlichen Aktion, über die Gegenwart hinwegzuschreiten in Richtung auf die Zukunft, und über das Ich in Richtung auf den Anderen" (ebd.). Anders ausgedrückt: Gewalt wirkt bei *allen* Thematisierungen mit, sie *ist* fundamental, und diese fundamentale Gewalt schlägt eine Brücke zwischen Eigenem (Ich) und Fremdem (Anderen). Daher spricht Merleau-Ponty von Gewalt auch, oder besser: gerade in Hinblick auf unsere Intersubjektivität (oder Sozialität). Meines Erachtens ist es unverantwortlich, in einem politischen Pamphlet derart den Gewaltbegriff einzuführen, um die Verwandlung einer faktischen Situation anzuzeigen.[4]

Wichtig ist die Einsicht, dass sich mit Merleau-Pontys Intersubjektivitäts-Konzeption die politische Situation in der UdSSR in den dreißiger und vierziger Jahren nicht erfassen ließ. Um dies anschaulicher zu machen, betrachten wir kurz die Gewalt, die die despotisch-terroristische Herrschaft einer millionenstarken bürokratischen Kaste auf die Oppositionellen ausübte. Der GULag hat nach heutiger Schätzung vielleicht ebenso viele Menschenopfer verschlungen wie Stalins Verteidigungskrieg gegen Hitlers Armeen. In der Sowjetunion waren die russischen Oppositionellen (Trotzkisten, Bucharinisten) in den Internierungslagern (und Irrenhäusern) zum Schweigen gebracht worden. Isaac Deutscher sprach in diesem Zusammenhang von Stalins *politischem Genozid* (vgl. Deutscher 1962 (1949), 1970 (1967)). Merleau-Ponty sah in den stalinistischen Zwangsarbeits- und Vernichtungslagern ein Resultat unvermeidlicher *Widersprüche*, in die eine Revolution gerät, sobald sie Wirklichkeit geworden sei. Er meint, der Wille der Partei könne „nicht in jedem Augenblick" mit den „Gefühlen des wirklichen Proletariats" übereinstimmen (Merleau-Ponty 1990 (1947), S. 128). Diese *Widersprüche* und *Nicht-Übereinstimmungen* müsse man, wie er weiter annimmt, hinnehmen und *durchstehen*: „Entweder man will eine Revolution machen, dann

4 Der Unterschied zum Standpunkt, dass Merleau-Ponty in *Humanismus und Terror* (nur) die *Figur des Kommunisten* darstellt, wie vorgeschlagen (vgl. M. Altmeyer, Krieger des Guten, *Frankfurter Rundschau*, 17.3.2007, S. 17), liegt auf der Hand: Eine der Konsequenzen von Merleau-Pontys Argumentation für eine *Interkorporalität*, der es um die Wahrnehmung der Anderen geht, ist die Notwendigkeit von Gewalt. Mein Einwand besagt nicht, dass es nicht notwendig ist, die *Figur des Kommunisten* zu beachten. Sondern (erweitert), dass für Merleau-Ponty Gewalt *das* wesentliche Forum ist, um dem Anderen zu begegnen.

muss man das durchstehen – oder man will in jedem Augenblick jeden Menschen als Ziel an sich behandeln, dann tut man gar nichts" (ebd.). Der entscheidende Punkt, auf den es mir hier ankommt, ist nun der folgende: Diese Argumentation läuft auf die totale Rechtfertigung jeder Gewalt respektive auf die Aufopferung der Ethik und den Verzicht auf ethische Einwände gegenüber der Politik (und zugunsten der gerade herrschenden russischen Führung) hinaus. Obwohl die Oppositionellen und Trotzkisten in der UdSSR systematisch ausgerottet wurden, argumentiert Merleau-Ponty, wenn der Revolutionär politisch handlungsfähig bleiben wolle, dann müsse *man* Gewalt und Terror *durchstehen.*

Das kann zweierlei heißen: die Oppositionellen bzw. Trotzkisten müssten Gewalt und Terror *durchstehen* oder die Stalinführung und ihre Anhänger. Man könnte mit Merleau-Ponty überlegen und sagen, dass Trotzki in der Verbannung aufhörte „*situationsbedingt*" (also als Revolutionär) „zu sprechen" (ebd., S. 122). Es läge dann eine Aufforderung an die Oppositionellen vor, *in* der UdSSR Gewalt und Terror *durchzustehen*. Man könnte auch sagen: Die Oppositionellen konnten das ja nicht *durchstehen*, sondern wurden umgebracht. Dann würde sich die Aufforderung nicht an die Oppositionellen, sondern an die Stalinführung und ihre Anhänger in aller Welt richten. Ich sollte an dieser Stelle anmerken, dass ich mir nicht ganz sicher bin, wen genau Merleau-Ponty mit seinem *durchstehen* meint. Es ist nämlich unklar, wie das Merleau-Pontysche *man* zu charakterisieren ist. Wie dem auch sei: egal welche Argumentation wir bei Merleau-Ponty unterstellen, in beiden Fällen offenbart sich die perfide Form dieses Denkens. De Beauvoir schrieb in diesem Kontext (1963): „Er (Merleau-Ponty, W.F.) ordnete die Moral dem geschichtlichen Ablauf unter – viel entschiedener, als dass je ein Existenzialist gewagt hatte" (de Beauvoir 1987 (1963), S. 108).

Besonders erhellend an Merleau-Pontys Position finde ich, *wie* er die Gewalt gegen den Humanismus ins *Feld* führt. Seine Position richtet sich gegen „die Argumente des formalen Humanismus" (Merleau-Ponty 1990 (1947), S. 129), nicht gegen die „tatsächlichen Notwendigkeiten" (ebd., S. 120) der stalinisierten Sowjetunion. Letzteres kommt in der Merleau-Pontyschen Wendung zum Ausdruck, im *Chaos* „eine Richtung oder eine Idee auszumachen, da, wo sie sich zeigen" (Merleau-Ponty 2000 (1948, 1945/46), S. 231). Merleau-Ponty versucht, seinen Lesern plausibel zu machen, dass es „keine proletarische marxistische Politik klassischer Art mehr geben (kann)" (ebd., S. 230), dass es „keine politische Position für den (gibt), der im klassischen Sinn Marxist bleibt" (Merleau-Ponty 1990 (1947), S. 197). Was meint Merleau-Ponty mit *klassisch*? Er meint den proletarischen Humanismus. Das zeigt sich daran, dass Merleau-Ponty sagt, Trotzki wäre „zu sehr dem Rationalismus der Welt verbunden, als dass er in Widersprüchen hätte leben (...) können" (ebd.). Noch deutlicher wird dieser Punkt, wenn Merleau-Ponty behauptet, bei Trotzki würde „ein Element von (...) kantischer Moralität vorherrschen" (ebd., S. 122). Was können und müssen wir aus all dem entnehmen? Dies: dass es für den, der nicht mit dem Widerspruch zwischen marxistischer Idee (Humanismus) und stalinistischer Wirklichkeit (Terror) leben könne, auch keine politische Position gebe. Sondern: dass Merleau-Ponty von einer „Konsolidierung Stalins" (ebd., 118) spricht. Und das heißt: dass sich „gewisse Errungenschaften", gemeint sind die Errungenschaften der Oktoberrevolution, nämlich Sowjetdemokratie und Kollektivierung „festigen" (ebd., S. 119). Denn Merleau-Ponty versucht, die Phase des Sowjet-*Thermidors* so zu interpretieren, dass die Liquidierung – das Ende – der Oktobererrungenschaften retrospektiv gesehen *vielmehr* deren Konsolidierung – ein neuer Anfang – war.[5] Derart verstanden, verknüpft Merleau-Ponty die Thermidorianer der Französischen Revolution (historisch) mit dem Sowjetthermidor und fragt, „ob der Thermidor und Bonaparte, historisch gesehen, die Revolution liquidiert oder vielmehr deren Resultate konsolidiert haben" (ebd., S. 117). Kein Zweifel: Merleau-Ponty überträgt sein eigenes (zukunftsoffenes) Dialektikkonzept auf die politisch-stalinistische Praxis.

„Humanismus und Terror" ist aber nicht nur eine opportunistische Apologie des Stalin-Terrors, sondern *auch* ein Traktat über die *Ambiguitäten*, in die sich der politisch Handelnde verstrickt. Im Hinblick auf die Prozess-Berichte zeigt Merleau-Ponty, dass Koestler Bucharins Situation in seinem Roman nicht erfasst hat, weil er das Grundproblem eines sich politisch engagierenden Menschen gar nicht verstehe. Schon Koestlers Ausgangspunkt ist verfehlt. Es ist nicht möglich, die Absicht von der Handlung zu scheiden und dann den Menschen so darzustellen, als könne er beliebig in „einer Reihe von Pendelbewegungen" (ebd., S. 106) zwischen dem einen und dem andern ausführen. Es handelt sich vielmehr um einen „auf Wahrheit fundierten Widerspruch", eine „dialektische Beziehung" (ebd., S. 107). Diese Topoi der Verzerrung, Verkehrung und Übersteigerung von „in die Politik geworfener Intellektueller" (ebd.) haben zur Folge, dass „ein und derselbe Mensch versucht, sich auf beiden Ebenen zu verwirklichen" (ebd.). Vor diesem Hintergrund lehnt Merleau-Ponty die Alternative, wie Koestler sie aufstellt, mit der Begründung ab, dass sie die wesentliche Ambivalenz von politischer Handlung und revolutionärer Verantwortung außer Acht

[5] Der (neunte) *Thermidor* (Hitzemonat) bezeichnet den elften Monat des Französischen Revolutionskalenders und bezieht sich auf das Ende der Terrorherrschaft in der Französischen Revolution. Damit bereiteten die Thermidorianer den Weg aus der Schreckensherrschaft.

lässt. Wissenschaft und Praxis der Geschichte koinzidieren nie. Aufgrund dieser Kontingenz ist politische Handlung immer Entscheidung auf eine Zukunft hin, die nicht einheitlich vorbestimmt ist durch Situationsfaktoren. Menschliches und politisches Handeln ist weder völlig frei, noch vollständig determiniert: Es spielt sich in einem *Feld* von (historischen) Wirklichkeiten ab, die (zukünftige) Möglichkeiten zuallererst eröffnen. Die wirkliche Tragik offenbart sich in der „geschichtlichen Kontingenz“ (ebd., S. 108), in der der Mensch handelt. Politische Reflexion und politisches Handeln finden in einer *Zwischenwelt* statt, die wesentlich doppeldeutig ist, weil die Fakten der Situation niemals das Ganze darstellen und wir dennoch gezwungen sind, danach zu handeln, wie wir sie einschätzen. Aufgrund dieser doppelten Kontingenz von offener Zukunft und Einseitigkeit menschlicher Handlung sind für Merleau-Ponty Täuschungen und Gewalt irreduzible historische Phänomene. Und in der Geschichte handeln (nach dem Verständnis Merleau-Pontys) nicht isolierte Akteure, sondern Menschen, die die Geschichte intersubjektiv als sinnbeladenen Prozess erfahren, dem sie unterliegen, in den sie aber auch jederzeit eingreifen und den sie dadurch (um-)gestalten. (Hatte aber nicht eben das die sowjetische Opposition versucht?)

Merleau-Ponty identifiziert den historisch handelnden Menschen, der sich seiner Perspektiven bewusst wird, kurzerhand mit dem Proletariat. Aus seiner Konzeption der geschichtlichen Dialektik resultiert die Forderung, sich mit der Ungewissheit, die aus der Verwobenheit von Handlungsstrukturen resultiert, zu arrangieren. Und aus dieser Vorgabe leitet Merleau-Ponty seine These ab, Stalin habe die Oktoberrevolution nicht verraten, sondern sie *konsolidiert*.

Wenden wir uns nun Merleau-Pontys posthumer Polemik gegen Trotzki (und Trotzkis Interpretation der sowjetischen Entwicklung in den dreißiger Jahren) zu. Trotzki bestimmte die sowjetische Gesellschaft als eine widerspruchsvolle Übergangsgesellschaft *zwischen* Kapitalismus und Sozialismus. Seine Prognose lautete: Entweder werde eine Konterrevolution zur Restauration des Kapitalismus in der Sowjetunion führen, oder aber die Proletarier würden durch eine politische Revolution die Allmacht der Bürokratie beseitigen und die sozialistische Rätedemokratie wiederherstellen. Er bezeichnet die *Stalinsche Linie* auch als den Weg „der Einführung des *Kapitalismus auf Raten*“ (Trotzki 1997 (1927), S. 900), als ein „allmähliche(s) Aufzehren der Oktobererrungenschaften“ (ebd., S. 901). Diese Analyse des nachrevolutionären Staats- und Wirtschaftsapparates widerspricht völlig der Vorstellung, die sich Merleau-Ponty nicht nur von Trotzkis Position, sondern auch von der „herrschenden Sowjetkaste“ (Trotzki 1988 (1935/36), S. 956) machte.

Merleau-Ponty versuchte vergeblich, sich die Situation der Sowjetunion in den dreißiger und vierziger Jahren, die Rolle der kommunistischen Parteien und seine eigene Rolle als Intellektueller im Rahmen seiner philosophischen Orientierung verständlich zu machen. Die Faktizität erwies sich als stärker als alle Ambiguität, und die Abhandlungen in „Humanismus und Terror" (miss-)gerieten ihm zu einer reinen Apologie der stalinistischen Praxis. Dieses Scheitern an einer historischen Realität, zu der er Stellung nehmen wollte, obwohl sie sich seinem Verständnis entzog, dürfte ihn zu seinem baldigen Rückzug aus Partei-Politik und aus den aktuellen politischen Debatten bewogen haben.

5 Der historische Blick

Merleau-Ponty verabschiedete sich zu Beginn der fünfziger Jahre von seiner „abwartend(en)-marxistischen Haltung" (Merleau-Ponty 1968 (1955), S. 275). (Was immer der Marxismus mit dem *Abwarten* zu tun haben mag.) „Die Abenteuer der Dialektik" sind eine Art Selbstkritik der in „Humanismus und Terror" vertretenen Auffassungen. Allein: Eine wirkliche Selbstkritik gibt es nicht. Dafür spricht schon die Befähigung ihres Verfassers, hinter den detailliert dargelegten Positionen (u. a. Max Weber und Georg Lukács) fast gänzlich zu verschwinden. Indem Merleau-Ponty sich mit den Problemen der Freiheit und Wahrheit auseinandersetzt, reflektiert er hier auf die menschliche Entscheidungsfreiheit in Weberschen Begriffen. Er sah Weber als jemand, der versuchte, angesichts der schwierigen Fragen von Erkenntnis und Handeln verantwortungsbewusst zu leben. Dies war für Merleau-Ponty vor allem möglich, weil Weber verstanden hatte, dass Geschichte nicht nur Material der Geschichtsschreibung ist, und dass die Praxis der Geschichtsschreibung selbst nicht frei von Interessen und Werten sein kann. Geschichte ist für uns kein Schauspiel, weil sie unser eigenes Leben ist. (In diesem Sinne ist für Merleau-Ponty auch der Marxismus kein Schauspiel, das vor seinem Eindringen in unsere gemeinsame Geschichte sicher ist.) Daraus folgt für Merleau-Ponty, dass Weber, um die Idee einer standpunktfreien Wissenschaft zu verwirklichen, jene Idealtypen, mit deren Hilfe wir überhaupt erst unser Bild von vergangenen Zeiten und Sozialitäten erstellen können, von der wirklichen Geschichte trennen muss und einen Bruch zwischen dieser und unserem Wissen von ihr konstatieren, der unüberwindlich ist. Die Radikalisierung einer solchen Position, welche, Merleau-Ponty zufolge, Lukács in *Geschichte und Klassenbewusstsein* vornimmt, fällt nicht hinter die Einsichten Webers zurück, sondern geht vielmehr über diese hinaus: Wenn das Bild, das wir uns von der Geschichte machen, selbst ein geschichtliches Faktum ist, so steckt in jeder Abweichung, die der korrespondierenden geschichtlichen Situation geschuldet ist, ein Moment von Wahrheit. Diese aber kann nur entdeckt werden, sofern es gelingt, die Verankerung des Blicks in der Geschichte seinerseits in den Blick zu nehmen. Für den Marxisten Lukács ist das (moderne) Industrieproletariat die historische Existenzform, deren Existenzbedingungen mit dem konstitutiven Prinzip der historischen Sozialität (Totalität), nämlich im *Zur-Ware-werden* der menschlichen Arbeitskraft, übereinstimmt. Anders ausgedrückt: Im Proletariat ist jener archimedische Punkt gefunden, von dem aus ein identisches Subjekt-Objekt der Weltgeschichte die Wesensmerkmale seiner aktuellen Gesellschaft bestimmen kann.

Das Verblüffende ist nun die Stellung, die Merleau-Ponty zu den skizzierten Theorien bezieht. *Weder* lehnt er sie ab, *noch* kommt er in irgendeinem zu verwirklichenden Ziel zur Ruhe. Der historische Blick ist (auch) Konstitution: Darin liegt der Grund, warum Merleau-Ponty mit Weber die Bedeutung der Idealtypen betont. Der historische Blick ist aber keine willkürliche Interpretation, da er selbst der Geschichte entspringt und auch über seine Herkunft Auskunft gibt. Darin liegt der Grund, warum Merleau-Ponty Lukács zustimmt. Ein historisches Sehen und (s)ein Sichtbares verweisen zwar aufeinander, jedoch koinzidieren sie nicht, da kein inkarnierter Blick irgendeine geschichtliche Tatsache ohne *Gestaltung eines historischen Feldes* erfahren könnte. Das ist der Punkt, an welchem sich Merleau-Ponty von Lukács und seinem Konzept des proletarischen Klassenbewusstseins trennen muss. (Etwa von der Bindungskraft des Sozialen oder der Massivität von Institutionen.) Die Vorstellung, das Proletariat sei eine Art Agentur der Dialektik, hielt der Merleau-Ponty der *Abenteuer der Dialektik* für eine Illusion.

Geschichte und Sprache interpretierte er nun als vermittelnde „Symbolwelten", die einen direkten Kontakt zu den „Sachen" ausschließen, der nur ein „Traum" sei (ebd., S. 217). Er bezeichnet Wahrnehmung, Sprache und Geschichte als „Symbolsysteme", die „nur das werden, was sie bereits waren" (Merleau-Ponty 1973 (1952–60), S. 68). Auch die kapitalistische Gesellschaftsorganisation versuchte Merleau-Ponty nun nach Analogie einer *Sprache* zu deuten. Auch in der Gestalt der *Abenteuer der Dialektik* konnten die *konkretisierte* Phänomenologie und die *praktische* Politik nicht zusammenkommen.

Die Sprache hat für Merleau-Ponty eine zweifache Bedeutung: Zum einen *erfüllen* wir mit Hilfe von Worten eine Intention, zum anderen *überschreiten* und *modifizieren* wir den (überkommenen) Sinn der Worte. *Sprechen* bedeutet, eine (Sprach- und Sinn-)Tradition aufzunehmen und zu modifizieren. *Sprache* zeichnet sich dadurch aus, dass sie die Wirklichkeit nicht *abbildet*, sondern *kohärent deformiert*, dass sie also *schöpferische Sprache* ist. Insbesondere die Sinn-*Modulierung* des Ausdrucks in der *schöpferischen Sprache* der Malerei nimmt hier eine wesentliche Stellung ein. Nicht umsonst weist Merleau-Ponty darauf hin, dass der Vergleich von Sprache und

Malerei legitim sei, da sich auch im Malen eine „Verwandlung" vollziehe (Merleau-Ponty 1993 (1952), S. 69). Im Anschluss an Ambroise-Paul Valéry betont Merleau-Ponty die Bedeutung des „fungierenden und gegenwärtigen" Leibes, um diese „Verwandlungen" verstehen zu können: „Indem der Maler der Welt seinen Leib leiht, verwandelt er die Welt in Malerei" (Merleau-Ponty 2003 (1961), S. 278). Zum einen nutzt die bildliche Darstellung für ihre *Ausdruckstätigkeit* vorhandene Formen, Materialien und Ideen. Zum anderen überschreitet sie durch ihre Formarbeit (Kreativität) die Realität (Tradition). Letztlich liegt die Funktion eines Bildes darin, dass die Sichtweise nicht mehr dazu dient, zeigen zu müssen, wie man die Welt sieht, sondern um die Sichtbarkeit im Bild zu generieren; das Bild dient der bloßen Sichtbarkeit (des Unsichtbaren) selbst. Im Sinne dieser Sprachphilosophie (und Bildtheorie) lassen sich auch die kapitalistischen Institutionen als „zu einem bestimmten Gebrauch erfundene Instrumente" charakterisieren, die „nach und nach einen Funktionswandel erfahren" (Merleau-Ponty 1968 (1955), S. 274). Aus der grundlegenden Sozialität und *Interkorporalität* des Handelns folgt die Wandelbarkeit von Institutionen. Als Form des Verhaltens ist das Institutionelle in die Strukturen der Leiblichkeit eingefügt und partizipiert folglich an deren Inkarniertheit, das heißt Offenheit und Flexibilität. Freilich hat Merleau-Ponty weder die von ihm angekündigte „Grundanalyse dieses Bedeutungswandels" ausgearbeitet, noch das verheißene „Aktionsprogramm" (ebd.) entworfen.

Institutionen (und die zugehörigen Legitimierungen) sind gesellschaftlich konstruierte Wirklichkeit und nur *ein* möglicher Aspekt unseres Verhaltens. Und Revolutionen *sind* als Institution nicht mehr das, was sie als Bewegung *waren*. Indem für Merleau-Ponty „das Wesen der Revolution ganz in jenem *Zeitpunkt* (liegt), da die gestürzte Klasse nicht mehr und die aufsteigende Klasse noch nicht herrscht" (ebd., S. 252), er sagt, dass „die Revolution Fortschritt (bedeutet), wenn man sie mit der Vergangenheit vergleicht, aber Enttäuschung und Fehlschlag im Vergleich mit der Zukunft", gelangen wir zur Merleau-Pontyschen Behauptung, eine Revolution sei „wahr als Bewegung, aber falsch als Regime" bzw. „Institution" (ebd., S. 250). Deutlich ist, dass sich Merleau-Pontys (Um-)Deutung der (proletarischen) Revolution auf der Grenze *zwischen* der Welt der Institutionen und derjenigen der Handlungen abspielt und folglich den Handlungsbedarf problematisch gewordener Verhältnisse repräsentiert. Politisch ist Praxis dadurch, dass sich das Handeln reflexiv auf seine eigenen Bedingungen bezieht *und* diese (um-)gestaltet. Bei Merleau-Ponty liegen wenigsten zwei Stolpersteine auf diesem Weg. Zum einen beginnen und enden die Merleau-Pontyschen Untersuchungen nicht *in* den Institutionen, vielmehr sucht er *unterhalb* ihrer Macht- und Konfliktdimensionen auf, die bereits in die Sinn- und Bedeutungsbildung verwoben sind. Zum anderen spricht Merleau-Ponty zwar von einer „nichtkommunistische(n) Linken“, die durch den (Doppel-)Entschluss gekennzeichnet sei, „das Gesellschaftsproblem als Kampf zu begreifen und die Diktatur des Proletariats abzulehnen“; gegen die letztere setze man die „Freiheit der Kritik“ (ebd., S. 273). Doch wie lässt sich das soziale Problem lösen und die politische Freiheit verwirklichen? Merleau-Ponty jedenfalls lässt sich nicht darauf ein, die Mittel einer gewaltfreieren und fortschrittlich-humanistischen Politik darzustellen. Sondern: Er macht eine *nicht*kommunistische, *nicht*-revolutionäre, *nicht*-institutionalisierte (et cetera) Linke zum Bestandteil seiner *Politik*. Beide Aspekte zusammengenommen ergeben das Problem, dass die Merleau-Pontysche Politik eine *politisch-nichtpolitische* Theorie ist. Der phänomenologische Philosoph entscheidet sich angesichts seiner eigenen, gescheiterten Versuche, sich in der politischen Welt seiner Gegenwart zurechtzufinden, für das *Nicht*-Handeln.

Merleau-Ponty publizierte „Die Abenteuer der Dialektik“ zu Beginn des algerischen Unabhängigkeitskrieges. Im Laufe dieses Krieges wurden Kriegsverbrechen, zur militärischen und (sicherheits-)polizeilichen Routine. De Beauvoir schrieb (1963): „In Algerien war die Folter eine anerkannte Tatsache“ (de Beauvoir 1987 (1963), S. 437). Die Unterzeichner des *Manifests der 121* (u. a. André Breton, Marguerite Duras, Alain Robbe-Grillet, de Beauvoir und Sartre) riefen zu aktivem Widerstand gegen diese Politik der französischen Regierung in Algerien und zur Unterstützung des algerischen Volkes auf. Merleau-Ponty aber weigerte sich das *Manifest* zu unterschreiben oder an politischen Aktionen teilzunehmen. Obwohl Merleau-Ponty sich *über* den Algerienkrieg geäußert hat, sprach er sich nicht *gegen* den Algerienkrieg aus. Im Gegenteil, trotz seiner Entrüstung über die Folter: „Ich bin unbedingt gegen die Repression und insbesondere gegen die Folter“ (Merleau-Ponty 2007 (1958), S. 485), rückte er in die Nähe des Gaullismus und des Kolonialismus: „Man kann nicht mehr behaupten, das (W.F., Kolonial-)System sei *für* die Ausbeutung *gemacht*; es gibt keine *Ausbeutungskolonie* mehr, wie man es einst gesagt hat“ (ebd., S. 492). Phänomenologie und Politik waren und blieben damit einander *kontingent*.

6 Der schöpferische Ausdruck

Man kann dem Verhältnis von Philosophie und Politik bei Merleau-Ponty nur dann auf die Spur kommen, wenn man den Kontext der zeitgenössischen Philosophie und der Zeitgeschichte erschließt. Nur ein weit gespanntes, interdisziplinäres Verfahren ermöglicht es, die gescheiterten (politischen) Interpretationen zureichend zu verstehen. Die Inkarnation des Subjekts *ist* Interkorporalität, da nicht etwa meine Beziehung zu Anderen durch die Welt der Objekte vermittelt ist, sondern der Leib eines Anderen ist selbst (in Merleau-Pontyschen Worten) „der erste aller Kulturgegenstände" (Merleau-Ponty 1966 (1945), S. 400). Der Sinn meines Seins kommt mir nicht durch mich selbst zu, sondern vom Anderen her, leiblich und sprachlich vermittelt. Unzweifelhaft hat Merleau-Ponty mit seinen Reflexionen zu einer *Entmythologisierung der Revolution* beigetragen, indem er die Idee der Revolution als eine *Metapher gemeinsamen kreativen (politischen) Handelns* deutete (statt umgekehrt alles kreative Handeln als *revolutionäres* Handeln zu deuten). Im Zusammenhang mit der Lehre vom *schöpferischen Ausdruck* finden sich Aspekte, die in Richtung einer *Phänomenologie des Politischen* weisen. Möglichkeiten zur Präzisierung von Merleau-Pontys Ansatz finden sich etwa bei Hans Joas als eine *Theorie situierter Kreativität* (vgl. Joas 1992, S. 218–244) oder bei Cornelius Castoriadis, der die *Politik und Kreation* (vgl. Castoriadis 1997, S. 121–282) in den Mittelpunkt rückt. Er zeigt, dass Kreation Autonomie in sozialer und normativer Hinsicht ist, ohne sich einem Gesetz unterstellt zu wissen. Alle Gesetze sind selbst Schöpfungen. Insofern ist für Castoriadis der revolutionäre Entwurf in einer sich selbst instituierenden und damit autonomen Gesellschaft, die politische Repräsentationen aufhebt, verwirklicht.

7 Verantwortung des Denkens

Zum Schluss eine Frage, die so oder so aufgeworfen wird, wenn die Rede von Philosophie *und* Politik ist, die Frage nach der Verantwortung des Denkens (oder derjenigen des Intellektuellen). Der Begriff der Verantwortung gehört in den Bereich der Ethik. Für das, was man tut, wird man verantwortlich gemacht. Für das Denken hingegen muss man sich zunächst nicht verantworten. Es *überkommt* einen, es fällt einem etwas ein. Vor wem sollte man sich dabei verantworten?[6]

Ich möchte abschließend noch auf zwei Aspekte der Verantwortung des Intellektuellen hinweisen und werde mich dabei auf Pierre Bourdieu und

---

6 Auch Dieter Thomä wirft in: „Was heißt *Verantwortung des Denkens*"? die Frage auf, ob dem Denken Verantwortung zukommt und was unter einer solchen Verantwortung zu verstehen ist. Er weist darauf hin, dass ihm dabei Heidegger nur als Fallbeispiel dient, da es Thomä um heideggerübergreifende Hinweise geht, nämlich darum, in welcher Weise dem Denken Verantwortung sinnvoll zugeschrieben werden kann. (Der vollständige Titel: Was heißt „Verantwortung des Denkens"? Systematische Überlegungen mit Berücksichtigung Martin Heideggers, in: Deutsche Zeitschrift für Philosophie, Heft. 4/1997, Berlin). Es ist daher kein Zufall, wenn ich diese Frage auf Merleau-Ponty verlagere.

Michel Foucault beziehen. Mit Blick auf die Politik sagt Bourdieu: „Worte (üben) eine typisch magische Macht aus: sie machen sichtbar, sie vermitteln Glauben, sie bewirken Handeln. (...) Besteht politische Arbeit wesentlich in der Bearbeitung von Wörtern, so deshalb, weil die Wörter dazu beitragen, die soziale Welt zu gestalten. (...) In der Politik ist nichts realistischer als ein Streit um Worte. Ein Wort durch ein anderes zu ersetzen heißt, die Sicht der sozialen Welt zu verändern und dadurch zu ihrer Veränderung beizutragen" (Bourdieu 1989, S. 43f.). Verantwortung des Denkens besteht demnach im Bewusstsein für die Veränderungen, die sich zuallererst auf die Prägung von Wörtern beziehen, die die „Träger jener tief verborgenen Montagen sind, in denen sich eine Sozialordnung dauerhaft verankert" (ebd., S. 43). Mag auch die philosophische Sprache gegenüber der jeweiligen Sozialordnung *neutraler* sein als die politische Sprache, so entlastet das den schreibenden und publizierenden Philosophen doch nicht von Verantwortung (gegenüber seinem Publikum).

Wer denkt, muss damit rechnen, sich für seine Gedanken rechtfertigen zu müssen. Während man aber für eine frühere Handlung, wie etwa ein Verbrechen, *geradestehen* muss, wirkt dies bei Gedanken, die einer in der Vergangenheit formuliert hat, befremdlich, weil hier die subjektive Intentionalität, die Täterschaft nicht im (öffentlichen) Brennpunkt steht. Hat man ein früheres Denken schon hinter sich gelassen und ist zu neuen Ufern unterwegs, fühlt man sich für sie nicht mehr zuständig. Foucault schreibt: „Ich bin nicht da, wo Ihr mich vermutet (...). Man sage mir nicht, ich solle der Gleiche bleiben: da ist eine Moral des Personenstandes: sie beherrscht unsere Papiere. Sie soll uns freilassen, wenn es sich darum handelt zu schreiben" (Foucault 1981 (1969), S. 30). Foucault geht es weniger um die Haftbarmachung des Denkenden *weil* er sich verändert, als um die Rechenschaft *über* Veränderungen. Er sagt über die „Ethik eines Intellektuellen": „Worauf ich Wert lege, ist, dass diese Veränderung nicht die Form einer plötzlichen Erleuchtung annimmt, die *die Augen öffnet*, und ebensowenig die einer Durchlässigkeit für alle Bewegungen der Konjunktur. Ich möchte, dass es eine Erarbeitung seiner selber durch sich selber sei, eine beflissene Umformung, eine langsame und langwierige Modifikation durch beständige Sorge um die Wahrheit" (Foucault 1989, S. 25f.). Foucault besteht also auf einer Verantwortung des Denkenden gegenüber sich selbst; auf einer Rechenschaftslegung darüber, wie man vom einen Gedanken zum anderen, von der einen Konzeption zur anderen (oder konträren) kommt. Von einer solchen Sorgfalt war aber der Intellektuelle Merleau-Ponty weit entfernt.

Literatur

Beauvoir, Simone de, 1987 (1963): Der Lauf der Dinge, Hamburg/Reinbek.
Bourdieu, Pierre, 1989: Satz und Gegensatz. Über die Verantwortung des Intellektuellen, Berlin.
Castoriadis, Cornelius, 1997: Gesellschaft als imaginäre Institution. Entwurf einer politischen Philosophie, Frankfurt am Main.
Deutscher, Isaac, 1962 (1949): Eine politische Biographie, Stuttgart.
Ders., 1970 (1967): Die unvollendete Revolution, Frankfurt am Main.
Foucault, Michel, 1981 (1969): Archäologie des Wissens, Frankfurt am Main.
Ders., 1989: Pariser Gespräche, Berlin.
Joas, Hans, 1992: Die Kreativität des Handelns, Frankfurt am Main.
Kapust, Antje, 2000: Der sogenannte *barbarische Rest* der Natur und sein menschlicher Logos. Zum Projekt einer *Psychoanalyse der Natur*, in: Regula Giuliani (Hg.): Merleau-Ponty und die Kulturwissenschaften, München.
Merleau-Ponty, Maurice, 1966 (1945): Phänomenologie der Wahrnehmung, Berlin.
Ders. 1968 (1955): Die Abenteuer der Dialektik, Frankfurt am Main.
Ders., 1973 (1952–60): Vorlesungen I. Vorlesungszusammenfassungen: Collège de France, Berlin.
Ders., 1990 (1947): Humanismus und Terror, Frankfurt am Main.
Ders., 1993 (1952): Die Prosa der Welt, München.
Ders., 1994 (1959/60): Das Sichtbare und das Unsichtbare, München.
Ders., 2000 (1948, 1945/46): Für die Wahrheit, in: Sinn und Nicht-Sinn, München.
Ders., 2003 (1961): Das Auge und der Geist, in: Das Auge und der Geist, Hamburg.
Ders., 2007 (1958): Über Madagaskar (Interview in: L`Express, 21. August 1958), in: Zeichen, Hamburg.
Plessner, Helmut, 1985 (1938): Das Werk Edmund Husserls, in: Gesammelte Schriften, Bd. IX: Schriften zur Philosophie, Frankfurt am Main.
Schnell, Martin W., 2000: Merleau-Pontys Beitrag zu einer Phänomenologie des Politischen, in: Regula Giuliani (Hg.): Merleau Ponty und die Kulturwissenschaften, München.
Stoller, Silvia, 2000: Merleau-Ponty im Kontext der feministischen Theorie, in: Regula Giuliani (Hg.): Merleau Ponty und die Kulturwissenschaften, München.
Trotzki, Leo, 1988 (1935/36): Verratene Revolution, in: Trotzki Schriften, Bd. 1.2: Sowjetgesellschaft und Stalinistische Diktatur, Hamburg.
Ders., 1997 (1927): Entwurf einer Plattform der Vereinigten Opposition, in: Trotzki Schriften, Bd. 3.2: Linke Opposition und IV. Internationale, Hamburg.

Autorinnen und Autor

(in der Reihenfolge der Beiträge)

Wolfgang Faust, Prof. Dr., nach Studium von Ökonomie, Soziologie und Philosophie in Frankfurt am Main, Westberlin und Darmstadt Promotion an der Technischen Universität Darmstadt. Ab 2009 Berufung an die Hochschule Mittweida, Fachgebiet Sozialwirtschaft, seit 2015 Inhaber der Professur für Sozialökonomik an der Frankfurt University of Applied Sciences. Forschungs-/Arbeitsschwerpunkte: Sozialphilosophie und Leibphänomenologie, Ökonomiegeschichte und Sozialmanagementtheorie.
E-Mail: faust.wolfgang@fb4.fra-uas.de

Katrin Fischer, Bachelor of Arts Soziale Arbeit, Frankfurt University of Applied Sciences. Diplom-Designerin nach Studium Kommunikationsdesign Fachhochschule Rheinland-Pfalz, Mainz I; Naturpädagogin (Naturschule Freiburg); Erfahrungen im Bereich Tanz und Körperwahrnehmung, unter anderem im Zeitgenössischen Tanz.

Karen Barnes, Bachelor of Arts Soziale Arbeit, Frankfurt University of Applied Sciences. Heilpraktikerin, Hypnose- und Körpertherapeutin, von 2005 bis 2014 in eigener Praxis. Abitur auf dem 2. Bildungsweg. Jahrzehnte tätig im Projektcontrolling und -management der IT in der Finanz- und Kommunikationsbranche. Mehrjähriger Aufenthalt in Israel während der 80er Jahre. Zurzeit im Anerkennungsjahr im Sozialdienst eines Krankenhauses.
E-Mail: hp.karen.barnes@googlemail.com

Isabell Sonneborn, Bachelor of Arts Soziale Arbeit, Frankfurt University of Applied Sciences. Ernährungsberaterin (Studiengemeinschaft Darmstadt), Medizinische Fachangestellte, Beschäftigung in verschiedenen Fachbereichen und Teams unterschiedlicher Größe.